CB127867

MAGUS

ou

A MILÍCIA CELESTIAL

UM SISTEMA COMPLETO DE FILOSOFIA OCULTA

Em Três Livros

Contém a prática antiga e moderna da Arte Cabalística e da Magia Natural e Celestial, mostrando os efeitos maravilhosos que podem ser realizados por um conhecedor das Influências Celestes, das Propriedades Ocultas dos Metais, das Ervas, das Pedras e das Aplicações dos Princípios Ativos ao Passivos.

Esta obra apresenta as Ciências da Magia Natural; a Alquimia ou Filosofia Hermética; a Criação da Natureza, a Queda do Homem e de seus Dons Naturais e Sobrenaturais; o Poder Mágico inerente à Alma; uma grande variedade de raras experiências em Magia Natural; Práticas Constelatórias e Magia Talismânica.

E ainda traz a Natureza dos Elementos, dos Astros, dos Planetas e Signos; Construção e Composição de todos os tipos de Selos Mágicos, Imagens, Anéis, Espelhos; Virtude e Eficácia dos Números, Letras e Figuras dos bons e maus Espíritos; o Magnetismo e a Magia Cabalística ou Cerimonial nos quais os mistérios secretos da Cabala se aplicam; as Ações dos Espíritos BONS e MAUS; todos os tipos de Figuras Cabalísticas, Tabelas, Selos e Nomes, com seus respectivos usos.

Períodos, Conexões, Lugares e a Conjuração dos Espíritos são acrescentados à Biografia Antiga e à Vida dos mais eminentes Filósofos e Magos.

Tudo ilustrado com uma grande variedade de Gravuras Peculiares e Figuras Mágicas e Cabalísticas.

Escrito por FRANCIS BARRETT, F. R. C.

Professor de Química, Filosofia Natural e Oculta, Cabala e outras Ciências.

Francis Barrett

Estudioso de Química, Metafísica e Filosofia Natural e Oculta

FRANCIS BARRETT

MAGUS

TRATADO COMPLETO DE ALQUIMIA E FILOSOFIA OCULTA

ALFABETO

Publicado em 2023 pela Editora Alfabeto

Supervisão geral: Edmilson Duran

Tradução: Renan Papale

Revisão: Johann Heyss e Luciana Papale

Capa: Paulo Rodrigues

Diagramação: Décio Lopes

DADOS INTERNACIONAIS DE CATALOGAÇÃO DA PUBLICAÇÃO

Barrett, Francis

Magus: Tratado Completo de Alquimia e Filosofia Oculta/ Francis Barrett – 1ª edição – São Paulo: Editora Alfabeto, 2023.

ISBN 978-65-87905-62-4

1. Ocultismo 2. Magia 3. Alquimia I. Título.

Todos os direitos reservados, proibida a reprodução total ou parcial por qualquer meio, inclusive internet, sem a expressa autorização por escrito da Editora Alfabeto.

ALFABETO

EDITORA ALFABETO
Rua Protocolo, 394 | CEP 04254-030 | São Paulo/SP
Tel: (11)2351.4168 | E-mail: editorial@editoraalfabeto.com.br
Loja Virtual: www.editoraalfabeto.com.br

PREFÁCIO

Nesta obra, escrita principalmente para informação daqueles que são curiosos e incansáveis em suas investigações sobre o conhecimento oculto, foi coletado em um vasto e custoso trabalho (tanto de tempo quanto de recursos) tudo o que pode ser considerado curioso e raro em relação aos assuntos e às especulações em Magia Natural, Celestial e Cerimonial; Cabala; Alquimia e Magnetismo. O conteúdo foi dividido em dois livros, que, por sua vez, foram subdivididos em partes. No final foi ainda acrescentado um terceiro livro, que traz um relato biográfico da vida de grandes nomes, famosos e renomados por seus conhecimentos, demostrando, assim, os princípios da fundação da Ciência da Magia. Além disso, há uma grande variedade de notas que examinam imparcialmente a probabilidade da existência da Magia, tanto positiva quanto negativa, desde as primeiras até as últimas Eras da história. E exibimos um grande número de experimentos raros e incomuns ao longo deste tratado, muitos dos quais, apresentados no início desta obra, são fundamentados na simples aplicação dos princípios ativos aos passivos; os demais necessitam de especulação mais elevada.

Não omitimos nada sobre a vida dos Filósofos nesta narrativa que pudesse ser no mínimo pertinente, interessante ou satisfatório. Criamos a figura de nossos personagens históricos com base naqueles autores mais merecedores de crédito. Disponibilizamos um esboço de vários relatos correlacionados, ao qual estão anexadas notas extraídas da mais provável aparência da verdade, descrevendo imparcialmente seus personagens e ações; não nos inclinando nem para o lado daqueles que duvidam de tudo, nem para o lado daqueles que, cuja credulidade considera cada relato como circunstancialmente verdadeiro, aceitando tudo.

Nos dias atuais[1], as ciências ocultas da Natureza são mais investigadas do que séculos atrás, época em que foram quase totalmente negligenciadas. À

1. N. do T.: este prefácio foi feito pelo próprio autor, então, quando ele fala "dias atuais", está se referindo aos anos de 1800.

medida que a humanidade evoluiu, tornando-se mais esclarecida, os homens começaram a considerar os efeitos extraordinários alcançados pelos filósofos antigos nas épocas então chamadas de "obscuras". Pensaram, com o uso dos seus "conhecimentos da natureza" e mesmo sem saber as causas e os efeitos e o tempo de cada coisa, que somente com a melhoria das artes mecânicas e liberais, poderiam superá-los na produção de efeitos maravilhosos. Devido a isso, muitos homens sem cultura ou sem outra vantagem, qualquer que seja, sentem-se naturalmente impelidos a mergulhar na contemplação da natureza.

Desprovidos da educação necessária e diante da dificuldade de iniciar tais estudos, esses homens recorrem a gastos excessivos em livros. Para remediar essa inconveniência, assim como a despesa, e garantir acesso tanto ao novato quanto ao Iniciado, atingindo o público em geral, este autor se comprometeu a compor *Magus*.

Voltando ao conteúdo do nosso livro: na primeira parte explicamos repetidas vezes tudo sobre Magia Natural e mostramos que muitos efeitos maravilhosos são produzidos pela aplicação de ativos e passivos, sendo estes meramente naturais e feitos por operações manuais. Reunimos tudo o que é valioso e raro, respeitando essa subdivisão do nosso trabalho, que introduzimos sob o título de "Magia Natural" junto a uma variedade de nossas próprias experiências. Na posse deste trabalho, o estudante esforçado e aplicado vai encontrar um adorável e completo companheiro. Assim, quem há anos estuda um autor atrás de outro vai achar neste livro a essência de todos eles.

Aconselho, no entanto, que inicialmente não dependamos muito de nossa própria sabedoria na compreensão desses mistérios, pois toda sabedoria terrena é fútil aos olhos de Deus – ou seja, é tolice toda a sabedoria que o homem pretende extrair de qualquer outra fonte que não seja Deus.

A segunda parte deste primeiro livro trata da arte chamada de "Prática Constelatória" ou "Magia Talismânica", na qual demonstramos plenamente o poder e a eficácia dos Talismãs, tão falados e tão pouco compreendidos pelos homens. Explicamos da maneira mais clara e inteligível possível como fazer os talismãs para diferentes propósitos, por quais meios e como dar vida a eles, levando em conta o fato de serem instrumentos visíveis e de grandes e maravilhosos efeitos. Da mesma forma, mostramos as ocasiões apropriadas e convenientes sob quais constelações e aspectos dos planetas os talismãs devem ser formados e os momentos em que são mais poderosos para agir.

Na sequência, ensinamos que nosso próprio espírito é o veículo da atração celestial, transferindo virtudes celestiais e espirituais para os selos, imagens, amuletos, anéis, papéis, espelhos etc. Além disso, não nos esquecemos de ilustrar de forma mais clara e racional os conceitos de simpatia e antipatia, atração e repulsão. Da mesma maneira, comprovamos como as curas são realizadas em virtude de poderes de simpatia e medicamentos, por selos, sigilos, anéis e amuletos, mesmo a uma distância ilimitada; curas estas que foram testemunhadas e cuja verdade e exatidão foram confirmadas frequentemente. Sabemos como nos comunicar com qualquer pessoa e como fornecer uma indicação de nosso propósito, não importa a distância, sendo necessário uma preparação onde as partes devem ter seus horários e ocasiões designados para tal fim. Ademais, ambos devem ter a mesma firme constância de pensamento e ser discípulos ou irmãos na Arte.

Fornecemos também métodos com os quais uma pessoa previamente preparada pode receber informações verdadeiras e precisas sobre o futuro (através de sonhos), de tudo aquilo que tenha meditado antes, desde que ela esteja disposta a isso.

Da mesma maneira, citamos vários métodos usados pelos antigos para a invocação de espíritos astrais por círculos, cristais etc., suas formas de exorcismo, encantamentos, orações, laços, conjurações e uma exibição geral dos instrumentos de sua arte, tudo isso coletado das obras dos Magos mais famosos, como Zoroastro, Hermes, Apolônio, Simão do Templo, Tritêmio, Agrippa, Della Porta (o napolitano), John Dee, Paracelso, Roger Bacon e muitos outros, e subscrevemos nossas próprias notas, procurando apontar as diferenças dessas artes de modo a livrar o nome da Magia de qualquer imputação escandalosa, visto que é uma palavra originalmente significativa e não de qualquer mal, mas de toda ciência boa e louvável, com a qual se pode lucrar e ter sabedoria e felicidade. A prática está tão longe de ser ofensiva a Deus ou ao homem que a própria raiz ou fundamento de toda Magia tem origem nas Sagradas Escrituras, a saber: "O temor a Deus é o princípio de toda sabedoria" – e a caridade é o objetivo. O temor a Deus é o princípio da Magia; pois Magia é Sabedoria, por isso os sábios foram chamados de *Magi*. Os Reis Magos foram os primeiros cristãos, pois, com seu alto e excelente conhecimento, sabiam que o Salvador prometido era nascido homem – e que Cristo era nosso Redentor, Defensor e Mediador. Foram eles os primeiros a reconhecer sua glória e majestade, portanto, que ninguém se ofenda com o venerável e sagrado título de *Mago*

– um título que todo homem sábio merece ao seguir o caminho trilhado pelo próprio Cristo, o da humildade, da caridade, da misericórdia, do jejum, da oração etc. Pois um Mago de verdade é o verdadeiro cristão e o discípulo mais próximo de nosso abençoado Senhor, que deu o exemplo que devemos seguir, pois ele diz: "se você tiver fé..." e "Este tipo de coisa não se consegue por jejum ou oração..." e "vós pisareis em escorpiões...", e ainda, "seja sábio como as serpentes e inocente como as pombas". Ensinamentos como estes aparecem frequentemente nas Sagradas Escrituras. Da mesma forma, todos os Apóstolos confessam o poder de operar milagres pela fé em nome de Jesus Cristo, e que toda a sabedoria deve ser alcançada por meio dele, que diz: "Eu sou a luz do mundo!"

Achamos aconselhável também investigar o poder dos números e suas simpatias e concordâncias com os nomes Divinos de Deus. A eficácia dos números é grande, pois todo o Universo foi criado por peso e medida, sendo assim, nada representa mais claramente a Essência Divina para o entendimento humano do que os números. Todos os santos nomes Divinos se relacionam com números, de maneira que, na conclusão deste primeiro livro, temos um sistema completo de Magia matemática, na qual está reunida uma grande quantidade de selos do famoso Mago Agrippa e de Paracelso, destacando-os particularmente, pois encontrei correspondências reais à verdadeira ciência em meus experimentos.

O Segundo Livro traz um tratado completo sobre os mistérios da Cabala e da Magia Cerimonial. Neste estudo, vamos ver que um homem (que consegue separar sua vida de objetos materiais, conter o apetite sexual, abster-se da embriaguez, da gula e de outras paixões bestiais, e que vive puro e moderado, livre daquelas ações que degeneram o homem, transformando-o em um bruto) pode se tornar um recipiente da luz e do conhecimento Divinos; podendo, portanto, prever as coisas por vir, seja para suas famílias em particular ou para seus reinos, estados, impérios, batalhas, vitórias, etc.; tornando-se igualmente capaz de fazer o bem a seus semelhantes: curando todas as desordens e ajudando a dar conforto para a vida dos desafortunados e aflitos.

Temos falado amplamente de sonhos e visões proféticas em nossa Magia Cabalística, fornecendo tabelas completas da Cabala, totalmente estabelecidas para a informação dos sábios; algumas poucas coisas mais secretas, no entanto, foram reservadas por este autor apenas para seus alunos, pois não devem ser ensinadas por meios editoriais.

O Terceiro Livro traz uma Biografia Mágica completa, compilada dos mais antigos autores e de alguns manuscritos escassos e valiosos; resultado de muito trabalho de pesquisa. Portanto, quem deseja se beneficiar desses estudos, deve se livrar da sonolência e vaidade mundana, de toda leviandade ociosa, preguiça, intemperança e luxúria; para que se aquietem, se limpe, purifique e liberte de toda distração e perturbação da mente. Só assim poderá usar dignamente todo conhecimento adquirido por seus esforços. Portanto, meu bom amigo, seja você quem for, se deseja realizar essas coisas, convença-se primeiro a se dedicar à Sabedoria Eterna, suplicando que lhe conceda entendimento, para depois buscar o conhecimento com diligência e jamais se arrepender de ter tomado uma resolução tão louvável. E ainda vai poderá desfrutar de uma felicidade secreta e uma paz de espírito que o mundo nunca lhe poderá roubar.

Desejo-lhe todo sucesso imaginável em seus estudos e experimentos e espero que usufrua dos benefícios que pode receber para a honra de nosso Criador e para o auxílio de seu próximo, sempre com a satisfação de estar cumprindo seu dever. Lembre-se de nossas instruções – fique em silêncio: fale apenas com aqueles dignos de sua comunicação; não dê pérolas aos porcos; seja amigável com todos, mas não excessivamente próximo a todos, pois muitos são, como as Escrituras mencionam, lobos em pele de cordeiro.

Francis Barret

SUMÁRIO

Introdução ao Estudo da Magia Natural 19

LIVRO I – PARTE I

OS PRIMEIROS PRINCÍPIOS DA MAGIA NATURAL 27

CAPÍTULO I: Definição da Magia Natural: sobre o homem, sua criação, a imagem Divina e sobre a Virtude Espiritual e a Magia da Alma 27

CAPÍTULO II: As maravilhas da Magia Natural, exibidas em uma variedade de operações ocultas simpáticas em todas as famílias de animais, plantas, metais e pedras minerais, tratadas de formas diversas 35

CAPÍTULO III: Amuletos, Feitiços e Encantamentos 40

CAPÍTULO IV: Bálsamos, Filtros, Poções e suas Virtudes Mágicas 42

CAPÍTULO V: Suspensões, Ligações Mágicas e o Poder que lhes confere Força e Eficiência na Magia Natural 43

CAPÍTULO VI: Antipatias 44

CAPÍTULO VII: Virtudes Ocultas e as coisas que são inerentes a elas apenas em seu Tempo de Vida e que Permanecem nelas mesmo Após a Morte 46

CAPÍTULO VIII: As Maravilhosas Virtudes de alguns tipos de Pedras Preciosas ... 47

CAPÍTULO IX: As Misturas de coisas Naturais e a Criação de coisas monstruosas aplicando a Magia Natural 49

CAPÍTULO X: A Arte da Fascinação, da Amarração, dos Sortilégios, das Confecções Mágicas, Luzes, Velas, Lamparinas etc.; sendo a conclusão da Magia Natural 51

O VERDADEIRO SEGREDO DA PEDRA FILOSOFAL OU A JOIA DA ALQUIMIA 59

Epístola a Museu 61

Ao leitor 63

Primeira Parte 64

Segunda Parte 74

LIVRO I – PARTE II

CAPÍTULO I: Os Quatro Elementos e suas qualidades naturais 79

CAPÍTULO II: As Propriedades e a Natureza Prodigiosa do Fogo e da Terra 81

CAPÍTULO III: Água e Ar 83

CAPÍTULO IV: Corpos compostos ou mistos; a maneira como eles se relacionam com os elementos e como os elementos correspondem às almas, aos sentidos e às disposições dos seres humanos 86

CAPÍTULO V: Os elementos que estão nos céus, nos astros, nos demônios, nos anjos, nas inteligências e mesmo em deus 88

CAPÍTULO VI: A sabedoria de Deus, que opera por meio de causas segundas (pela inteligência, pelos céus e pelos elementos e corpos celestes) e é provada de forma incontestável, neste capítulo 89

CAPÍTULO VII: O Espírito do Mundo 91

CAPÍTULO VIII: Selos e sinais impressos pelos seres celestes nas coisas naturais .. 92

CAPÍTULO IX: Virtude e eficácia dos perfumes, sufumigações e vapores; e a quais planetas eles são adequados e corretamente atribuídos. 93

CAPÍTULO X: Composição de algumas fragrâncias apropriadas aos sete planetas 95

CAPÍTULO XI: Composição e virtude mágica dos anéis 97

CAPÍTULO XII: Os propósitos da mente, que são auxiliados pelos celestiais; e a constância mental, que é necessária em todo trabalho 99

CAPÍTULO XIII: Como a mente humana pode se unir à mente das inteligências e dos seres celestes e com eles imprimir virtudes prodigiosas nas coisas inferiores 100

CAPÍTULO XIV: A necessidade do conhecimento matemático e do grande poder e eficácia dos números na construção de talismãs, etc. 101

CAPÍTULO XV: As grandes virtudes dos números, tanto nas coisas naturais como nas sobrenaturais 103

CAPÍTULO XVI: A importância da unidade 104

CAPÍTULO XVII: A importância do número dois 106

CAPÍTULO XVIII: A importância do número três 107

CAPÍTULO XIX: A importância do número quatro 109

CAPÍTULO XX: A importância do número cinco 114

CAPÍTULO XXI: A importância do número seis 115

CAPÍTULO XXII: Sobre a importância do número sete 117

CAPÍTULO XXIII: A importância do número oito 124

CAPÍTULO XXIV: A importância do número nove 126

CAPÍTULO XXV: A importância do número dez 128

CAPÍTULO XXVI: A importância dos números onze e doze, com a escala cabalística 131
CAPÍTULO XXVII: As anotações dos hebreus e dos caldeus e outros sinais usados pelos magos 134
CAPÍTULO XXVIII: Tabelas mágicas dos planetas – sua forma e virtude – os nomes Divinos, as inteligências e os espíritos que os regem 136
CAPÍTULO XXIX: A observação dos seres celestes, necessária em todos os trabalhos mágicos 146
CAPÍTULO XXX: Quando o poder de influência dos planetas está no ponto máximo 147
CAPÍTULO XXXI: Observações sobre os astros fixos, seus nomes e sua natureza 148
CAPÍTULO XXXII: O sol a lua e suas conjunçoes mágicas 149
CAPÍTULO XXXIII: As vinte e oito mansões da lua e suas virtudes 151
CAPÍTULO XXXIV 154
Como algumas coisas artificiais (sigilos, imagens, selos e coisas do gênero) podem obter alguma virtude dos corpos celestes 154
CAPÍTULO XXXV 155
As imagens do zodíaco e as virtudes recebidas dos astros impressas nelas 155
CAPÍTULO XXXVI: As imagens de Saturno 157
CAPÍTULO XXXVII: As imagens de Júpiter 158
CAPÍTULO XXXVIII: As imagens de Marte 158
CAPÍTULO XXXIX: As imagens do Sol 159
CAPÍTULO XL: As imagens de Vênus 159
CAPÍTULO XLI: As imagens de Mercúrio 160
CAPÍTULO XLII: As imagens da Lua 160
CAPÍTULO XLIII: As imagens da cabeça e da cauda do Dragão da Lua 161
CAPÍTULO XLIV: As imagens das mansões da Lua 162
CAPÍTULO XLV: As imprecações humanas que imprimem seus poderes naturalmente sobre as coisas externas. E como a mente do homem, valendo-se de um grau de dependências, ascende ao Mundo Inteligível e se torna semelhante aos espíritos e inteligências 165
CAPÍTULO XLVI: A conclusão da prática Constelatória, ou Magia Talismânica; na qual está incluída a chave de tudo o que foi escrito sobre o assunto; mostrando a prática de imagens, etc., por meio de exemplos, assim como as observações necessárias dos astros, para o aperfeiçoamento das operações talismânicas. 168

LIVRO II – PARTE I

MAGNETISMO ... 175
CAPÍTULO I: O poder magnético ou o poder de atração ... 176
CAPÍTULO II: Os remédios simpáticos ... 179
CAPÍTULO III: Unguento magnético ou simpático, pó de simpatia, unguento para defesa, cura de feridas, doenças nervosas, bruxaria, representação inanimada, etc. ... 180
CAPÍTULO IV: Unguentos de ataque ou pomada de defesa, etc. ... 182
CAPÍTULO V: O poder da imaginação, o magnetismo dos espíritos da natureza e a atração por testemunhos. Simpatias dos espíritos astrais e seus corpos, o que fundamenta toda a arte da necromancia ... 183
CAPÍTULO VI: A bruxaria ... 187
CAPÍTULO VII: O espírito vital e algo mais ... 189
CAPÍTULO VIII: O Poder Mágico ... 190
CAPÍTULO IX: A estimulação ou o despertar da virtude mágica ... 192
CAPÍTULO X: A virtude mágica da alma e o meio pelo qual ela atua ... 194
MAGIA CABALÍSTICA ... 199
CAPÍTULO I: A Cabala e outras coisas mais ... 199
CAPÍTULO II: As dignidades e preparos essenciais para aquele que quer se tornar um verdadeiro Mago ... 200
CAPÍTULO III: Conhecer o verdadeiro Deus é necessário para um Mago ... 200
CAPÍTULO IV: As emanações divinas, os dez sefirots e os dez sacratíssimos nomes de deus que os regem, e sua interpretação ... 201
CAPÍTULO V: O poder e a virtude dos nomes divinos ... 203
CAPÍTULO VI: Inteligências e Espíritos, quais são os três tipos e seus diferentes nomes, e sobre os espíritos infernais e subterrâneos ... 207
CAPÍTULO VII: A ordem dos espíritos malignos, sua queda e suas diferentes naturezas ... 212
CAPÍTULO VIII: A perturbação dos espíritos malignos e a proteção que temos dos Espíritos bons ... 216
CAPÍTULO IX: Os três guardiães do homem e de onde cada um procede ... 219
CAPÍTULO X: A linguagem dos anjos, como eles conversam entre si e como conversam conosco ... 220
CAPÍTULO XI: Os nomes dos espíritos e de onde procedem esses nomes; e os espíritos que regem os astros, os signos, os cantos do céu e os elementos ... 221
CAPÍTULO XII: Os cabalistas deduzem das escrituras sagradas os nomes sagrados dos anjos e dos setenta e dois anjos que levam os nomes de Deus; acompanham as tabelas de Ziruph e os cálculos dos nomes e dos números ... 224

CAPÍTULO XIII: Como descobrir os nomes dos espíritos e dos gênios a partir da disposição dos corpos celestes ... 226
CAPÍTULO XIV: A arte de calcular os nomes segundo a tradição dos cabalistas .. 227
CAPÍTULO XV: Os sigilos e os selos dos espíritos ... 233
CAPÍTULO XVI: Outro meio de fazer sigilos segundo os cabalistas ... 236
CAPÍTULO XVII: Outro tipo de sigilo, ou marcas de espíritos, transmitidos somente por revelação ... 237
CAPÍTULO XVIII: A conjuração dos espíritos, como evocá-los e como expulsá-los ... 239
CAPÍTULO XIX: Como os feiticeiros e os necromantes evocam as almas dos mortos ... 240
CAPÍTULO XX: Sonhos proféticos ... 241

LIVRO II – PARTE II

A PERFEIÇÃO E A CHAVE DA CABALA OU MAGIA CERIMONIAL ... 245
Pentáculos mágicos e sua composição ... 251
Consagração dos instrumentos e os materiais mágicos usados nesta arte ... 255
Consagração da Água ... 256
Consagração do Fogo ... 256
Consagração do Azeite ... 257
Bênçãos de luzes, lamparinas, velas etc. ... 257
Consagração de lugares, solo, círculo etc. ... 257
Invocação de espíritos malignos, como conjurá-los e compeli-los a aparecer ... 259

LIVRO II – PARTE III

Sobre a composição específica do círculo mágico, exorcismos, bênçãos e as conjurações para cada dia da semana e a descrição do processo de trabalho ... 271
Tabela sobre os nomes mágicos das horas do dia e da noite ... 274
Bênção dos perfumes ... 275
O Exorcismo do fogo no qual serão colocados os perfumes ... 275
Paramento do Exorcista ... 275
Pentáculo de Salomão ... 275
Oração para quando for colocar o Hábito ou a Vestimenta ... 276
O procedimento no trabalho ... 276
Exorcismo geral dos espíritos do ar ... 277
Oração a deus a ser feita nas quatro partes do mundo, no círculo ... 278

Aparição dos Espíritos 279
Conjuração para o domingo 281
Conjuração da segunda-feira 282
Conjuração da terça-feira 283
Conjuração da quarta-feira 284
Conjuração da quinta-feira 286
Conjuração da sexta-feira 287

LIVRO II – PARTE IV

A MAGIA E A FILOSOFIA DE TRITHEMIUS DE SPANHEIM: Uma carta do Tradutor para seu Amigo, um jovem Estudante destas Ciências ocultas 293
Como fazer um cristal e como se preparar para experimentar uma visão 296

LIVRO III

BIOGRAPHIA ANTIQUA 305
Zoroastro, filho de Oromasius 305
Hermes, Chamado Trismegisto ou o Três Vezes Grande Sábio e Mensageiro 311
Apolônio de Tyana 313
Pedro de Abano ou Pedro de Apona 317
Apuleio, O Filósofo Platônico 321
Aristóteles, o Peripatético 325
Artemidoro de Éfeso, o Sonâmbulo ou Sonhador 329
Babilônios 331
A Vida de Heinrich Cornelius Agrippa, Cavaleiro 333
Alberto Magnus 343
Roger Bacon, comumente Chamado de Frei Bacon 345
Raymon Llull, Um Alquimista Famoso 349
George Ripley 351
John e Isaac Hollandus 353
Philippus Aureolus Theophrastus Paracelsus Bombast de Hoenheym, ... 355
John Rudolph Glauber 361
Doutor Dee e Sir Edward Kelly 363
CONCLUSÃO 365

ADVERTÊNCIA

Como introdução ao estudo da Magia Natural, achamos adequado apresentar um breve discurso sobre a Influência dos Astros e a Magia Natural em geral, mostrando o quanto as influências dos corpos celestes são úteis para nossos propósitos e até que ponto podemos admitir essas influências, rejeitando algumas especulações sobre as inclinações planetárias e considerando esses questionamentos abusivos, já que nos parecem vazios e sem validade, ou ainda não fundamentados em qualquer princípio de filosofia sadio ou coerente com a palavra de Deus nas Escrituras. Neste discurso, expomos plenamente nossas razões para rejeitar algumas partes da astrologia e admitir outras que se baseiam em bons princípios e coincidem com as Escrituras e a Filosofia Natural. O nosso propósito é livrar do erro o entendimento e não impor qualquer coisa que não seja substanciada pela natureza, pela verdade e pela experiência.

INTRODUÇÃO AO ESTUDO DA MAGIA NATURAL

A INFLUÊNCIA DOS ASTROS

Tem sido matéria de antigas discussões se os astros, como causas secundárias, governam e influenciam ou não a humanidade de modo a imprimir em sua natureza certas paixões, virtudes e vontades; e se essas disposições aconteceriam no exato momento crítico de seu nascimento, neste vale de miséria e de sofrimento. Discute-se, além disso, se o local e a configuração desse momento mostrariam seus futuros interesse e propósito e se, até mesmo por meio de revoluções, translações e direções os astros indicariam acontecimentos específicos em nosso corpo, como acidentes, doenças, um casamento, um trabalho e outros aspectos relacionados.

Esse debate tem sondado minha mente ao longo dos anos, sendo uma das minhas principais reflexões. Sempre defendi calorosamente a astrologia e as previsões, porém, é altamente necessário que examinemos até que ponto essa influência se estende ao ser humano, visto que, admito plenamente, a humanidade foi agraciada por Deus com o livre-arbítrio, do qual os astros de modo algum podem contrariar. O homem tem a capacidade e consegue aprender toda e qualquer divinação e maravilhas. Temos um sistema completo dentro de nós mesmo, por isso somos chamados de "microcosmo" ou de "pequeno mundo". Desde o princípio da nossa existência, Deus moldou nossa espécie com base em Si mesmo, conduzindo assim o Céu para dentro de nós. Somos o epítome de todas as criaturas, precisamos ter o cuidado de não confundir e misturar as coisas.

De acordo com as Sagradas Escrituras, os astros são estabelecidos para reconhecimento de tempo (horário) e épocas (estações) e não como causas deste ou daquele mal que possam permear reinos ou famílias em particular. Embora possa prever em certa medida, ainda assim não são de modo algum a causa. Portanto, concebo em um sentido amplamente diferente do que geralmente se entende de que "os astros governam os homens, mas um homem sábio governa os astros". Ao que respondo que os astros não governam os homens, de acordo com a opinião erroneamente aceita, como se os astros incitassem a humanidade a assassinatos, brigas, fornicações, luxúria, adultérios, bebedeiras, etc., que os astrólogos comuns apresentam como doutrina. Caso Marte e Saturno estejam em conjunção, dizem que esses e muitos outros infortúnios e aflições seriam causados por essa configuração dos dois grandes infortunados (como são chamados), quando os planetas benevolentes Júpiter, Vênus e Sol estariam enfraquecidos. Dizem então que os que são por eles influenciados seriam entusiasmados com a prática dos vícios antes mencionados. No entanto, o sábio poderia, pela liberdade de seu próprio livre-arbítrio, anular essas afeições e inclinações. Isso é o que chamam de "governar os astros". Primeiro, um só sábio não irá resistir às más inclinações, a não ser pela graça de Deus. Chamamos sábios de aqueles que são dotados de graça, pois, conforme mencionado, toda sabedoria natural das mãos do homem é tolice aos olhos de Deus. Antes não se entendia que sábio era aquele cercado de graça. Porém, como ele governaria os astros se não temesse, em nenhuma ocasião, as inclinações dominadas? Logo, o homem naturalmente sábio está tão sujeito à escravidão do pecado quanto outros mais ignorantes do que ele, mas os astros não o inclinam a pecar. Deus criou os céus sem imperfeições e os declarou bons, portanto, é um grande absurdo supor que os astros nos tentariam incessantemente a cometer esta ou aquela má ação, fato que teríamos de admitir se afirmássemos serem eles causadores dessas tendências. Saiba que as más tendências não surgem de fora, mas sim de dentro, pelo pecado. De acordo com as Escrituras, "É do coração do homem que procedem os maus pensamentos, as calúnias, os adultérios, os roubos, os assassinatos etc." Como os céus e a capacidade de captar de todas as virtudes celestes são outorgadas por Deus na alma e no espírito do homem, assim também é quando o homem se torna depravado pelo pecado e pela condescendência de seu apetite grosseiro e carnal, tornando-se a fonte dos Poderes Infernais. Pois o sentido corpóreo e carnal obscurece a pureza e a fragilidade do espírito e ele se torna o instrumento de nosso inimigo espiritual no exercício de todas as concupiscências e paixões infernais.

Por esta razão, é absolutamente necessário tomarmos cuidado para não concedermos ou acreditarmos em quaisquer efeitos das influências dos astros mais do que eles têm naturalmente. Há grandes homens neste mundo que afirmam prontamente que os astros são os causadores de qualquer tipo de doença, inclinações e fortunas, da mesma maneira que os culpam por todas as suas más condutas e infortúnios.

No entanto, neste livro, não pretendemos negar a influência dos astros totalmente, pelo contrário, afirmamos que há uma simpatia e uma antipatia natural entre todas as coisas envolvidas no Universo, e isso é demonstrado por uma variedade de efeitos. Os astros, em sua posição de signos, prenunciam grandes mutações, revoluções, a morte de homens admiráveis, a posição de governadores de províncias, reis e imperadores, assim como a previsão do tempo, tempestades, terremotos, dilúvios etc.; e isso em conformidade com as leis da Providência. O destino de todos está nas mãos do Senhor, pois Ele é o fim e o começo de todas as coisas. Ele pode remover coroas e cetros e manifestar sua força em qualquer plano humano que, quando se julga mais seguro, cai de cabeça da sede do poder e jaz rastejando no pó.

Portanto, nossos astrólogos estão no escuro na maioria de suas especulações, pois concebem que tudo pode ser conhecido ou lido nos astros. Até se uma mera colher de prata é perdida, os inocentes astros levam a culpa. Se uma senhora idosa perde seu cachorrinho favorito, ela recorre a um oráculo de adivinhação para obter informações sobre o filhote. Oh! vil credulidade, pensar que esses corpos celestes tomam conhecimento disso e dão, em suas configurações e aspectos, informações sobre questões mais triviais e fúteis que se pretendem ser resolvidas com uma conferida nas figuras dos céus. Nossos legisladores condenam com justiça todos os impostores malabaristas, desocupados e preguiçosos que infestam várias partes desta metrópole e impõem suas tolices aos simples e incautos, respondendo, por um xelim ou meia coroa, qualquer coisa ou circunstância que lhes seja proposta como se fossem os representantes de Deus na Terra e seus conselheiros particulares.

Eles não têm escrúpulos em ludibriar os pobres mortais da classe de baixa renda, mostrando imagens em espelhos como se realmente conjurassem espíritos malignos. Relato aqui um exemplo notável que aconteceu muito recentemente nesta cidade. Dois franceses mesquinhos, aproveitando-se da credulidade das pessoas comuns que se encantavam diante de tais artefatos, inventaram um telescópio ou lente espelhada para que várias letras e figuras fossem refletidas de maneira obscura, mostrando as imagens de homens e mulheres etc., de modo que, quando alguém viesse consultar esses falsários, depois de lhes pagar a taxa usual, eles, de acordo com a urgência da consulta, produziriam respostas teoricamente cedidas por aqueles algarismos ou letras. O consulente se impressionava tanto com a imagem refletida no vidro que achava que tinha algo maligno em suas mãos, permanecendo com a plena convicção de ter realmente visto as pessoas que desejava ver, embora elas pudessem estar a centenas de milhas de distância. Impressionada a partir de uma ideia preconcebida de ter visto a imagem de alguém conhecido nessa máquina ótica, a pessoa saia dali relatando, com um acréscimo de mil mentiras, que tinham testemunhado um milagre. Esse tipo de engano só acontece com pessoas ignorantes, que preferem ter sua imaginação manipulada, engolindo as mais abomináveis mentiras e presunções. Por exemplo, quem poderia supor que qualquer ser racional pudesse ser persuadido de que uma criatura do seu tamanho e estatura seria capaz de enfiar seu corpo em uma garrafa? Um malandro que não acreditava que existisse gente tão tola assim, anunciou que se propunha a executar o ato ao vivo em um teatro. Mais de 600 pessoas compareceram para testemunhar a façanha, crentes de que o sujeito manteria sua palavra, quando, para grande mortificação e desgraça dessa plateia incauta, o conjurador surgiu em meio a uma agitação geral e a gritaria começou: "Olha, é agora! vejam! vejam! ele vai entrar". Ao que respondeu o conjurador: "Senhoras e senhores, de fato, eu não o farei, pois se vocês são tão tolos a ponto de acreditar em tal absurdo, eu não sou sábio o suficiente para fazê-lo". E, para grande desconforto da plateia, ele fez sua clássica reverência e imediatamente se retirou, desaparecendo. Quanto aos supostos magos do telescópio, foram detidos pela polícia e nem seus familiares fizeram a gentileza de tentar resgatá-los.

Deixemos, então, essas coisas indignas de nossa atenção para assuntos de natureza superior. Note-se o que já dissemos a respeito das influências dos astros, que Ptolomeu, em seu quadripartido sobre generalidades, aproxima-se bastante de nossas ideias sobre as influências planetárias, das quais em nenhum momento duvidamos, mas não admitimos que cada ação de nossa vida, nossas aflições, fortunas e acidentes sejam dedutíveis aos efeitos influentes dos planetas. Os acontecimentos procedem de nós mesmos, mas admito que nossos pensamentos e ações harmonizam com os astros pelo princípio da simpatia geral. Novamente, há uma simpatia muito mais intensa entre pessoas de temperamento semelhantes, pois cada criatura mortal possui um Sol e um sistema dentro de si, portanto, de acordo com a simpatia universal, somos afetados pela influência geral ou espírito universal do mundo, como o princípio vital em todo o Universo. Portanto, não devemos procurar nas configurações dos astros a causa ou incitamento das inclinações bestiais dos homens. Os animais têm suas inclinações específicas pela propagação de seu princípio hereditário e não pela configuração do seu signo do horóscopo, conosco não seria diferente.

O homem é muitas vezes capaz de ações e excessos animalescos, e essa semente vem, naturalmente, dentro de sua composição.

Visto que a alma é imortal e dotada de livre-arbítrio, então ela age sobre o corpo e não pode ser inclinada por nenhuma configuração dos astros nem para o bem nem para o mal. Seu lado sombrio, por seu próprio poder imortal, pode ser voluntariamente seduzido pelo pecado e levado ao mal, mas quando iluminado por Deus, converte-se ao bem, em qualquer princípio. De acordo com sua própria tendência, a alma se alimenta enquanto está em um corpo frágil. Investigaremos completamente a Magia Natural da alma. E trataremos, ainda, de diversos pontos que nos foram sugeridos, ou por nossa própria imaginação, ou por estudos científicos, comprovando que sua virtude Divina foi colocada em nossa alma pelo Criador, desde a sua origem.

Daí retornaremos ao tema da astrologia, especialmente para saber que é necessário que usemos parte dela. Selecionaremos o que é puro e útil ao nosso propósito para a compreensão e realização de vários experimentos no decorrer do nosso trabalho, deixando de lado o tedioso cálculo das datas de nascimento, a astúcia de seus professores, as incessantes controvérsias e os atritos que surgem em torno dos diversos modos de prática. E que todo o resto fique na conta do elenco de especialistas, deixando claro, a propósito, que tudo o que eles acham que podem prever ao inspecionar o horóscopo com base na data de nascimento, por meio de longos estudos e contemplações tediosos e cansativos à noite; digo, tudo o que eles podem mostrar respeitando as mutações pessoais ou nacionais, mudanças, acidentes, etc, nós sabemos por um método muito mais fácil e mais imediato; e podemos mostrar e apontar de forma mais abrangente, clara e inteligível, ao pé da letra, por nossa Cabala. O que sabemos ser verdade, sem desvios, malabarismos, falácias ou conluios, ou qualquer tipo de engano ou impostura, extraímos da Cabala ou da Astrologia Espiritual, Fonte de todo Conhecimento, com toda simplicidade, humildade e verdade, sem nos vangloriarmos, mas, sim, glorificando aquele que nos ensina por sua Divina misericórdia, à luz em que vemos as coisas espirituais e Divinas, em cuja posse estamos seguros em meio às mais severas tempestades de ódio, malícia, orgulho, inveja, hipocrisia, leviandade, pobreza, prisão ou qualquer outra circunstância externa. Nada nos falta e estamos sempre fartos, alimentados com carnes deliciosas e desfrutando abundantemente de todas as coisas boas necessárias para nosso sustento. Não nos vangloriamos em vão, como algo figurativo, ideal ou quimérico, mas real, sólido e eterno, no qual nos deleitamos e louvamos seu nome para todo o sempre: Amém.

Tudo o que declaramos e propagamos ao mundo é para a honra de nosso Deus, estando sempre prontos a fazer toda a bondade que pudermos ao próximo, doente ou aflito, na medida do possível, sem sequer pedir uma recompensa por estes atos. É suficiente para nós que possamos fazê-lo e que sejamos aceitáveis para aquele que diz: "Eu sou a luz do mundo, a quem, junto ao Pai e o Espírito Santo, seja atribuído todo poder, majestade e domínio: Amém".

Ao fiel e discreto Estudante da Sabedoria

Saudações:

Siga nossas instruções. Peça conselho a Deus e ele o dará. Ofereça diariamente a seguinte oração para que o seu entendimento seja iluminado. Dependa sempre de Deus, a causa primeira com quem, por quem e em quem estão todas as coisas. Vigie para que seu primeiro cuidado seja conhecer a si mesmo, e então, com humildade, conduza a sua oração.

Prece ou Oração a Deus

Onipotente e misericordioso Deus, nós, teus servos, aproximamo-nos com temor e tremor diante de Ti, com toda a humildade rogamos a Ti de todo coração para que perdoe as múltiplas e cegas transgressões por nós cometidas a qualquer momento. Conceda, ó Pai misericordioso, por amor a aquele que morreu na cruz, que nossas mentes sejam iluminadas com o brilho Divino de tua santa sabedoria; pois vendo, ó, Senhor de força, poder, majestade e domínio, que, por causa de nossos corpos grosseiros e materiais, dificilmente somos aptos a receber as instruções espirituais que desejamos tão fervorosamente. Abre, ó, bendito Espírito, o olho espiritual de nossa alma, para que possamos ser libertados desta escuridão que nos alastra pelas ilusões dos sentidos externos e para que possamos perceber e compreender as coisas que são espirituais. Nós te pedimos, ó, Senhor, acima de tudo, para fortalecer nossas almas e corpos contra nossos inimigos espirituais, pelo sangue e justiça de nosso bendito Redentor, teu Filho, Jesus Cristo e por ele e em seu nome te suplicamos que ilumines as faculdades de nossa alma, para que possamos ouvir clara e compreensivamente com nossos ouvidos e compreender com nosso coração. Afasta de nós toda hipocrisia, engano, profanação, inconstância e leviandade, para que possamos, em palavras e atos, tornarmo-nos teus servos fiéis e permanecer firmes e inabaláveis contra todos os ataques de nossos inimigos corporais. E que estejamos igualmente à prova de todas as ilusões de espíritos malignos, com os quais não desejamos nenhuma comunicação ou interesse. Que sejamos instruídos no conhecimento das coisas naturais e celestiais, assim como vos agradou dotar Salomão de toda a sabedoria humana e Divina, ele, que no desejo de conhecimento tanto agradou a tua Divina majestade, que em numa noite, num sonho, tu o inspiraste com toda a sabedoria e conhecimento. Que nosso desejo e oração sejam graciosamente aceitos por ti, para que, por uma firme dependência de tua palavra, não sejamos levados pelas buscas vãs e ridículas de prazeres e deleites mundanos, que não são duráveis, nem de qualquer conta para nossa felicidade imortal. Concede-nos, Senhor, poder e força de intelecto para continuar esta obra, para a honra e glória do teu santo nome e para o conforto do nosso próximo. E que sem intenção de ferir ou prejudicar ninguém, podemos prosseguir em nossos trabalhos, por meio de Jesus Cristo, nosso Redentor: Amém.

SOBRE A MAGIA NATURAL EM GERAL

Antes de entrarmos nos detalhes, é necessário falar das generalidades. Para breve elucidação, mostraremos brevemente quais ciências compreendemos sob o título de "Magia Natural". Para ir direto ao ponto, passaremos regularmente da teoria à prática. A Magia Natural compreende indubitavelmente um conhecimento de toda a Natureza, ao qual não podemos chegar senão pesquisando profundamente em seu tesouro, que é inesgotável. Descobrimos, portanto, após longo tempo de estudo, trabalho e prática, muitos segredos e experimentos valiosos, que são desconhecidos ou estão enterrados no conhecimento ignorante da época. Os antigos sábios estavam cientes de que os maiores segredos e surpreendentes poderes ativos estavam adormecidos e escondidos na Natureza, a menos que despertados pela ação da mente da humanidade. Mas como ultimamente a espécie está quase inteiramente entregue ao vício e ao luxo, seus entendimentos se tornaram cada vez mais depravados, até que, sendo engolidos pelos sentidos grosseiros, eles se tornam totalmente impróprios para contemplações Divinas e especulações profundas na Natureza, deixando sua faculdade intelectual ser afogada em obscuridade e ignorância devido a sua preguiça, intemperança ou apetites sensuais.

Os seguidores de Pitágoras exigiam silêncio e proibiam o consumo de carne de animais. A exigência do silêncio era por serem cautelosos e conscientes da frivolidade do palavreado em vão e de sofismas infrutíferos. Eles se aprofundavam até o máximo nos estudos do poder dos números. Quanto à carne, proibiam o consumo não tanto por sua transmigração, mas para manter o corpo em um estado saudável e temperado, livre de humores grosseiros. Por esses meios eles se qualificavam para assuntos espirituais para desvendar grandes e excelentes mistérios e ainda continuavam no exercício das artes, da caridade e na prática de todas as virtudes morais. Porém, por seguirem o Paganismo, não alcançavam as luzes da sabedoria e do conhecimento que foram concedidas aos Apóstolos e a outros, após a vinda de Cristo. Mesmo assim, eles mortificaram suas paixões e viveram com moderação, castidade, honestidade e virtude, dais quais são tão contrárias às práticas dos cristãos modernos, que vivem como se a palavra abençoada tivesse vindo à Terra para conceder-lhes o privilégio de pecar. No entanto, deixaremos Pitágoras e seus seguidores para nos apressarmos em nosso próprio trabalho, do qual vamos explicar primeiro a fundação da Magia Natural de maneira tão clara e inteligível quanto possível.

LIVRO I – PARTE I

OS PRIMEIROS PRINCÍPIOS DA MAGIA NATURAL

CAPÍTULO I

DEFINIÇÃO DA MAGIA NATURAL: SOBRE O HOMEM, SUA CRIAÇÃO, A IMAGEM DIVINA E SOBRE A VIRTUDE ESPIRITUAL E A MAGIA DA ALMA

A Magia Natural é um conhecimento que compreende toda a Natureza, por meio da qual desvendamos os segredos e as operações ocultas em seu imenso e amplo organismo, entendendo, assim, os componentes, qualidades, virtudes e segredos dos metais, pedras, plantas e animais. Vendo pela ordem regular da Criação, o homem foi criado no sexto dia, com tudo preparado para sua Soberania aqui na Terra, satisfazendo a vontade de um Deus onipotente, que depois de ter criado o mundo, nosso macrocosmo, e pronunciá-lo satisfeito, criou o homem à imagem e expressão de Si mesmo, igualando a espécie ao modelo do mundo. Devemos descrever as maravilhosas propriedades da raça humana, na qual podemos traçar a exata semelhança do Universo, chegando a uma compreensão mais fácil de tudo que temos a entender sobre a natureza inferior, como animais, plantas, metais e pedras. Ao declararmos pela primeira vez as qualidades e propriedades que estão escondidas no pequeno mundo, isso servirá como chave para abertura de todos os segredos do macrocosmo, portanto, vamos nos apressar a falar da criação do homem e de sua imagem Divina, assim como da sua queda, em consequência de sua desobediência, pela qual todos os males, pragas, doenças e misérias foram vinculados à sua vida, através da maldição do nosso Criador, atenuados pela mediação do nosso abençoado Senhor Cristo.

A CRIAÇÃO, DESOBEDIÊNCIA E QUEDA DO HOMEM

De acordo com a palavra de Deus, nosso guia sobre todas as coisas, no primeiro capítulo de Gênesis, no verso 26, está escrito: “E disse Deus: ‘façamos o homem à nossa imagem e semelhança; e que ele domine os peixes do mar, as aves dos céus, o gado, os animais domésticos e toda a terra, e sobre toda criatura rastejante que se move sobre a terra." Eis a origem de nossa frágil natureza humana, onde toda alma foi criada pela própria luz, tendo sua Fonte de Vida em Sua própria imagem expressa e igualmente imortal, em um corpo belo e bem formado, dotado de uma excelente mente e tendo domínio sobre toda a Natureza. Apenas uma criatura se esquivava de seu mandato Divino, devendo permanecer intocada: "E ordenou o Senhor Deus ao homem, dizendo: 'de toda a árvore do jardim comerás livremente, mas da Árvore do Conhecimento do bem e do mal, dela não comerás; porque no dia em que dela comeres, certamente morrerás.'" (Gênesis 2:16-17).

Adão, portanto, foi forjado pelo dedo de Deus, o Espírito Santo, cuja figura e silhueta era bela e proporcional como a de um anjo. Em sua voz (antes de pecar) todo som era equivalente à harmonia e doçura de uma música. Tivesse ele permanecido no estado de inocência no qual foi moldado, a fraqueza dos mortais corrompidos não teria resistido à virtude e ao tom celestial de sua voz. Mas quando o "ardiloso" encontrou o homem inspirado por Deus cantando e repetindo a harmonia das esferas celestes, começou a pensar como poderia levá-lo a desobedecer seu Criador. Percebendo que sua raiva pela criação era inútil, ele ficou tão transtornado, que começou a arquitetar uma maneira de confundi-lo, para então, poder zombar do Criador ridicularizando sua criatura, o homem.

Van Helmont, no seu *Oriatrike* (cap. XCII), ao falar sobre como a morte entrou na natureza humana, trata muito bem do assunto da Criação e da desobediência. De fato, suas ideias coincidem tão bem com as minhas, que julgo oportuno transcrever aqui suas filosofias, que exemplificam claramente o texto das Escrituras, com a luz da verdade, que traz convicção, segurança e positividade.

Criado essencialmente à imagem de Deus, o homem, imprudentemente, atreveu-se a gerar a imagem Dele a partir de si mesmo; de fato, não por intermédio de um monstro, mas por algo que era sombrio como ele mesmo. Com a violação de Eva, a imagem de Deus não foi gerada como deveria, semelhante àquela que Deus, como inimitável e Divino, teria. Mas gerou intenções no sopro vital da semente, ansiando que a qualquer momento ela pudesse receber do Pai da Luz uma alma sensível, racional e vibrante, ainda que mortal e perecível. Contudo, o que ele geralmente ainda inspira pela bondade nele existente, é o espírito de uma mente substancial projetando sua própria imagem, não à maneira dos animais, mas pela copulação de sementes, que com o passar do tempo, a pedido, ganharia uma luz almificada diretamente do Criador, chamada de "alma sensível".

Porque dali derivou outra geração, concebida em conformidade ao comportamento animal, mortal e incapaz de viver eternamente, seguindo maneiras animalescas, dando à luz com dores e sujeita a doenças e morte. Uma geração muito mais triste e cheia de miséria, devidamente proporcional à ousadia de nossos primeiros pais em querer inverter os desígnios de Deus.

Por esse motivo, a indescritível bondade os avisou de que não deveriam provar daquela árvore e, do mesmo jeito, predisse que no mesmo dia eles sentiriam a morte e toda a raiz de calamidades que a acompanhavam.

Merecidamente, no entanto, Deus privou nossos pais do benefício da imortalidade. Ou seja, a morte surgiu como consequência de uma relação conjugal animalesca. Nem mesmo o espírito do Senhor se manteve com o homem a partir do momento em que ele virou carne.

Indo mais longe ainda, como a degradação de Eva continua a se propagar desde então pela posteridade e até o fim do mundo, o pecado de ter desprezado a censura paterna, levando ao desvio natural do caminho correto, está agora entre outros pecados marcados pela impureza, presentes em uma geração invertida, carnal e quase animal, levando-a a ser verdadeiramente chamada de "pecado original". Ou seja, o homem, sendo concebido no prazer da carne, sempre colherá uma inevitável morte no pecado da carne. E embora o conhecimento do bem e do mal que Deus colocou na maçã proibida contivesse em si uma virtude seminal da concupiscência da carne, isto é, uma conjunção oculta, proibida, diametralmente oposta ao estado de inocência, esse não era um estado de estupidez; pois o homem era aquele a quem – pela graça Dele e antes da corrupção da Natureza – as essências de todas as criaturas vivas foram reveladas, de acordo como deveriam ser nomeadas e à primeira vista serem essencialmente distinguidas. O homem, portanto, comendo a maçã, obteve o conhecimento de que havia perdido sua inocência primeva; pois, antes de comer do fruto ele não se percebia tão tolo ou estúpido a ponto de não perceber que estava nu. Com o efeito da vergonha e a concupiscência brutal, foi a primeira coisa que notou.

O conhecimento do bem e do mal não significa nada além do desejo carnal, segundo o testemunho do Apóstolo que o nomeou como "lei" e "desejo do pecado". Foi do agrado do Senhor do Céu e da Terra colocar na maçã um incentivo à concupiscência. Havia, no entanto, a possibilidade de se manter seguro, abstendo-se de comer a maçã. E ele foi dissuadido a fazê-lo, pois de nenhuma outra maneira havia sido tentado ou estimulado por seu membro genital. Ao comer a maçã, o homem, por alguma propriedade oculta e natural enxertada no fruto, despertou a paixão e o pecado se tornou luxúria para ele.

A partir de então gerou-se uma semente animal que, apressando-se para as disposições anteriores de uma alma sensitiva e submetida à lei de outras causas, refletiu-se no espírito vital de Adão. Assim como um fogo-fátuo que recebe um arconte ou espírito governante e uma ideia animal, concebeu-se o poder de propagar uma semente animal e mortal, terminando em vida.

Muitas passagens advindas dos textos sagrados me levaram a uma posição perfeita para Eva, tornando-a auxiliadora de Adão. Não que ela devesse fornecer o *nome* e o *lugar* de uma esposa, como foi chamada imediatamente após o pecado (pois ela era virgem na intenção do Criador, para depois se encher de miséria), pelo contrário, enquanto o estado de pureza presidiu a inocência, a vontade do homem não a dominou. A permanência do homem no Paraíso prenunciou outra condição de vida, diferente da de um animal. "Comer a maçã", portanto, é uma expressão adequada à concupiscência da *carne*, pois nela contém o "conhecimento do bem e do mal" e denomina de "ignorância" o estado de inocência. Certamente, a obtenção desse conhecimento supracitado nutriu uma morte muito dolorosa e uma privação irrevogável da vida eterna: pois se o homem não tivesse provado a maçã, ele viveria livre da concupiscência, e Eva (uma virgem) teria gerido através do Espírito Santo.

Ao comer a maçã, "imediatamente seus olhos se abriram". Adão passou a desejar com luxúria a cópula com a virgem nua e acabou deflorando aquela que Deus havia designado para ajudá-lo. O homem perverteu a intenção de Deus, criando uma geração estranha na carne do pecado, corrompendo sua natureza anterior, restando apenas a concupiscência. O texto não traz qualquer outra sugestão sobre o "conhecimento do bem e do mal" senão o fato de que eles "perceberam que estavam nus", ou, melhor dizendo, eles entenderam que suas virgindades haviam sido corrompidas, profanadas e maculadas pela paixão animalesca. Na verdade, todo o "conhecimento do bem e do mal" está incluído na vergonha apenas de suas partes íntimas. No oitavo versículo do Levítico e em muitas outras passagens das Sagradas Escrituras, tais partes do corpo recebem uma denominação: "vergonha". Pois, com a cópula da carne, seus olhos se abriram e eles perceberam que haviam perdido o bem, e isso lhes trouxe uma natureza degenerada, vergonhosa, visceral e inevitavelmente comprometida com a morte, o que seria também legado aos seus descendentes.

Infelizmente, tarde demais e mediante a vergonha, eles entenderam o porquê de Deus ter proibido com tanto zelo que comessem a maçã. Sendo a verdade agradável por si mesma, atesta-se a imundice da geração impura de Adão. A impureza recebida por qualquer contágio com qualquer fluído sexual é considerada igualmente mórbida ao que gradativamente toma conta de um cadáver, da qual deve ser redimida pelo mesmo rito cerimonial que se encontra no texto sagrado, provando que o processo de morte se iniciou pela concupiscência da carne escondida no fruto proibido. O único remédio para tais tipos de impurezas é a ablução, tal qual acontece no batismo, fortalecendo a nossa fé e esperança.

Assim que Adão soube que o primogênito de sua geração, o primeiro dentre os mortais, do qual ele gerou na concupiscência da carne, havia matado seu irmão, inocente e justo, previu os erros perversos e maléficos que os mortais cometeriam, percebendo também sua própria miséria, convencido de que tudo se originou com a mordida na maçã. Pensou então, que a coisa mais ajuizada a fazer era se abster de sua esposa, a quem tinha violado. E então Adão lamentou em castidade e tristeza por cem anos inteiros, esperançoso de que sua abstinência resultasse no processo majestoso de recuperação da sua inocência e pureza primitivas, além de aplacar a ira de uma Deidade enfurecida.

Mas tendo terminado o arrependimento de uma era, é muito provável que o mistério da encarnação de Cristo tenha sido revelado a ele; isso e o fato de que nunca o homem poderia esperar retornar ao esplendor de sua pureza anterior por seus próprios esforços e muito menos que ele próprio pudesse livrar sua posteridade da morte. E como Adão se agradou do casamento, após a queda, foi-lhe concedido o aval de Deus, que determinou sua justiça no final dos tempos, o que deveria, para a glória de seu próprio nome e confusão de Satanás, elevar a humanidade a um estado mais sublime e eminente de bem-aventurança.

Desde então, Adão voltou a se unir com sua esposa, depois da idade de cem anos, preenchendo a Terra e multiplicando sua geração de acordo com a bênção de Deus: "Sede férteis e multiplicai-vos". Sendo assim, o matrimônio foi aceito como um sacramento dos fiéis, visto a necessidade de povoar e sendo esta a única maneira.

Logo, se nossos primeiros pais, depois que comeram a maçã, ficaram envergonhados e cobriram apenas suas partes íntimas, pressupõe-se que algo foi cometido contra a justiça Divina, contra a intenção do Criador e contra a própria natureza deles. Consequentemente, essa geração, a Adâmica, não era feita da primitiva constituição de sua natureza, nem da intenção original do Criador. Quando Deus diz que a terra produziria espinhos e cardos e que o homem ganharia o pão com o suor de seu rosto, Ele não os amaldiçoou, apenas os advertiu para que isso tudo seria evidente na Terra. Os animais passaram a parir com dor, a arar com suor, a trabalhar em prol de alimento e da terra iriam brotar muitas coisas indesejáveis para o agricultor.

Foi dito também para Eva que após sua transgressão, ela daria à luz com dor. Portanto, mais uma vez fica claro que a maçã comida levou à concupiscência e então, incitou a cópula, mesmo tendo o Criado tentado impedir. Por que os genitais seriam punidos se a ação foi realizada pelos olhos que viram a maçã; pelas mãos que a pegaram e pela boca que a mordeu? Não seria suficiente castigar a vida com a morte e a saúde com as doenças?

Após a queda "seus olhos se abriram, e eles se sentiram envergonhados". Ou seja, a partir da impureza carnal adquirida, eles entenderam que o coito era proibido na castidade inocente e pura da Natureza, portanto, abriram seus olhos e se cobriram de vergonha, compreendendo que haviam cometido uma detestável impureza.

Mas somente sobre a serpente e o espírito maligno recaíram o ápice e o resumo de toda a maldição, assim como o privilégio da mulher e a misteriosa prerrogativa da bênção sobre a Terra, ou seja, que sua semente esmagaria a cabeça da serpente. De modo que não é possível que o fato de dar à luz com dor seja uma maldição, pois em verdade, com a voz mordaz do Senhor é pronunciada a bênção da mulher e a vitória sobre o espírito infernal.

Portanto, Adão foi criado na posse da imortalidade. Deus não planejava que o homem fosse um *animal* ou uma criatura *sensível*, nem que fosse concebido, nascesse ou vivesse como um animal. Fomos criados para sermos almas viventes, e isto, segundo a verdadeira imagem de Deus. Assim, ele difere o animal de uma planta e um ser mortal de um imortal, distinguindo a criatura semelhante a Deus de um animal.

Lamento que nossos eruditos recorram a argumentos orgulhosos e barulhentos para criar uma imagem animalesca do homem e atraí-lo para isso, deduzindo que esta seria sua essência natural. Embora o homem tenha adquirido a morte para si mesmo (e para suas gerações), aproximando-se, de certa forma, da natureza animalesca, ele não tem o poder de transformar a espécie criada a partir da imagem Divina. Afinal, nem o espírito maligno e nem a deturpação da alma a transformaram em animal, apesar de ter sido colocada próxima a uma vida animalesca (pela presença de vícios, ódios e doenças). Ainda assim, insistem em chamar o homem de *animal* ou criatura viva sensível, porém, o próprio texto refuta: "Mas a serpente foi mais astuta que todas as criaturas vivas criadas pelo Senhor Deus na Terra", tratando-se da astúcia e sutileza naturais do animal rastejante. Se alguma dessas falácias fosse correta, o homem não teria sido direcionado à propagação de sua prole e nem seria aspirante a uma alma sensível. Portanto, a alma da geração Adâmica não é animalesca em si, pois originou-se de uma semente advinda da ordem de todas as espécies. Sendo assim, o homem, pela presença de sua mente e principalmente de sua alma, não pertence à espécie alguma.

Podemos entender, afinal, que nem o espírito maligno, nem a natureza como um todo tem o poder de mudar a essência dada ao homem por seu Criador, que em sua onisciência, determinou que sua criatura permanecesse conforme foi criada, embora, no meio do caminho, tenha sido revestida de livre-arbítrio e estranhas propriedades, como o vício. É igualmente absurdo considerar o homem um ser glorificado perante os animais apenas devido a de sua sensibilidade. O sentimento não é uma essência inseparável de um animal.

Nossos primeiros pais sentiram no corpo inteiro os efeitos de comer do fruto. Sentiram principalmente a concupiscência da carne estando ainda no paraíso, envergonhando-os. Suas partes íntimas antes eram controladas por eles, como quisessem, e agora eram movidas por desejo e luxúria.

No mesmo dia em que a mortalidade os atingiu, ela foi levada também para futuras gerações, de modo que todos os seres humanos vindouros também foram expulsos do paraíso. A partir daí se seguiu uma geração adúltera, lasciva, animalesca, maligna e claramente incapaz de entrar no reino de Deus, completamente oposta aos Seus mandamentos. Assim, a morte, o castigo e a corrupção se fizeram presentes na vida do homem.

O desprezo à proibição (de comer o fruto) deu nascimento ao pecado original, mas o estímulo à concupiscência foi dado à árvore com propriedades luxuriosas. Quando Satanás, esperando que o descumprimento da lei de Deus fosse suficiente, viu que a criação não tinha sido eliminada como queria, olhou para a natureza vil, corrompida e degenerada do homem e viu que um poder lhes foi retirado; o de se unirem ao Deus de infinita majestade, e então ele se encheu de alegria. Essa alegria foi de curta duração, pois, aos poucos, ele também sabia que o casamento fora ratificado pelo Céu, que a bondade Divina ainda se inclinava para o homem e que as próprias falácias não durariam muito. Além disso, começou a pressupor que o filho de Deus iria restaurar todos os efeitos do contágio, entendendo que ele viria a encarnar. Com isso, iniciou a articulação de como ele deveria contaminar as próximas linhagens que surgiriam do matrimônio sagrado, tornando vã qualquer concepção de Deus. Portanto, ele despertou não apenas os fratricidas e pessoas notoriamente más, para que o mal abundasse em todos os momentos, mas também conseguiu que o ateísmo pudesse surgir e que, com o paganismo, pudesse aumentar diariamente, de modo que se ele não pudesse impedir a coligação da mente imortal com a alma sensível, poderia ao menos destruir a lei da Natureza, levando o homem a um nível maligno, sujeitando-o a punição infernal. Seu empenho era apagar totalmente, nas gerações futuras, a mente imortal.

Portanto, ele (o Diabo) estimula até hoje cópulas detestáveis em libertinos ateus, mas ele viu que dali não sairia nada além de monstros brutais ou selvagens a serem abominados pelos próprios pais; e que a cópula com mulheres era muito mais plausível para os homens; e que por esse método, a geração de homens deveria continuar firmemente. E então ele se esforçou para impedir a esperança de restaurar um remanescente, ou seja, para impedir a encarnação do Filho de Deus. Malogrados seus esforços, o Diabo tentou a possibilidade de difundir novas espécies por meio de novos cruzamentos, o que acabou sendo frustrado também. Ele tentou, por meio de uma aplicação de coisas ativas, moldar a semente do homem de acordo com seu próprio desejo maldito. Por fim, quando achou que era inútil e impossível fazer isso, tentou novamente verificar se um diabinho ou uma bruxa não poderiam ser criados por meio da sodomia. Quando viu que de um asno e de um cavalo foi criada uma mula que era mais parecida com sua mãe do que com seu pai, e que de um marreco e um arganaz, sendo o pai um marreco verdadeiro, distinto de sua mãe, o resultado foi apenas uma cauda como a do arganaz, viu que isso não atenderia plenamente às suas intenções em todos os sentidos e acabou recusando essas proezas e se dedicando a outras, dignas, de fato, apenas da astúcia sutil do Príncipe das Trevas.

Satanás então instituiu uma conexão da semente do homem com o ventre de uma bruxa ou feiticeira mais nova, para que ele pudesse excluir as predisposições para uma mente imortal a partir de uma concepção tão nova e polida: disso surgiu uma geração adúltera e lasciva de faunos, sátiros, gnomos, ninfas, silfos, dríades, hamadríades, nereidas, sereias, sirenas, esfinges, monstros, etc., usando as constelações e distribuindo a semente do homem para tais monstruosas gerações prodigiosas.

E, vendo que os faunos e as ninfas dos bosques eram preferidos aos outros em termos de beleza, permitiu que gerassem sua prole entre si e depois se casassem com homens, fingindo que, por meio dessas cópulas, obteriam uma alma imortal para eles e seus filhos. Isso tudo aconteceu graças as persuasões e ilusões de Satanás ao permitir a esses monstros a cópula carnal, da qual os ignorantes eram facilmente sucumbidos. Essas ninfas, então, passaram a ser chamadas de Súcubo. E muito embora Satanás tenha cometido algo ainda pior, transmutando-se com frequência e assumindo as feições de ambos os sexos, ou seja, dos Íncubos e dos Súcubos, apenas por meio das Ninfas que novos descendentes seriam gerados.

E então, vendo que os filhos (os homens) estavam, sem distinção e em todos os lugares, tomando as ninfas como suas esposas, Deus resolveu apagar todas as raças nascidas dessas uniões infernais e detestáveis por meio de um dilúvio, frustrando assim as intenções do espírito maligno.

Dos monstros mencionados anteriormente, darei aqui um exemplo notável criado por Helmont: segundo ele, um comerciante de Egina, seu conterrâneo, que navegava diversas vezes para as Canárias, foi questionado sobre sua séria opinião a respeito de certas criaturas que os marinheiros frequentemente traziam das montanhas, sempre que iam para aquelas bandas, e as chamavam de *Tude-squils*, ou seja, "carcaças mortas e secas", com quase noventa centímetros, tão pequenas, que um menino poderia facilmente carregar uma delas na palma da mão. Eles tinham uma forma humana exata; porém, toda a carcaça morta era clara ou transparente como qualquer pergaminho. Seus ossos, flexíveis como cartilagens, podiam ser vistos claramente contra o sol, assim como suas entranhas e intestinos, coisas que eu sabia ser verdadeiras conforme relatos dos espanhóis nativos dali. Considero até hoje que a raça destruída dos pigmeus estava lá; pois o Todo-Poderoso tornaria as expectativas do espírito maligno, apoiadas pelas ações abomináveis da humanidade, vazias e vãs; portanto, ele nos salvou de várias maneiras da astúcia e da sutileza do Diabo, a quem são devidos os castigos eternos, para sua extrema e perpétua confusão e para a santificação eterna do Nome Divino.

CAPÍTULO II

AS MARAVILHAS DA MAGIA NATURAL, EXIBIDAS EM UMA VARIEDADE DE OPERAÇÕES OCULTAS SIMPÁTICAS EM TODAS AS FAMÍLIAS DE ANIMAIS, PLANTAS, METAIS E PEDRAS MINERAIS, TRATADAS DE FORMAS DIVERSAS

O intuito deste livro é expor de maneira integral as maravilhas da Magia Animal sob o título de Magnetismo. Mas aqui nos apressamos a investigar por quais meios, instrumentos e efeitos, devemos aplicar os princípios ativos aos princípios passivos para produzir efeitos raros e incomuns; seja por meio de ações, amuletos, aligações e suspensões – seja pelo uso de anéis, papéis, unções, sufumigações, seduções, feitiços, encantamentos, imagens, luzes, sons e similares.

Começaremos então pelo mais simples: se alguém cortar um limão com uma faca totalmente nova, usando palavras que expressem ódio, desprezo ou aversão contra qualquer indivíduo, mesmo a pessoa estando distante o quanto for, ela sentirá um descontentamento no coração, junto a um frio intenso e um desfalecimento no corpo todo. O mesmo acontece com animais vivos, usados para afetar diretamente outra pessoa. Se cortamos o coração de um pombo, destinando essa ação a alguém específico, o coração da parte que se pretende afetar sofrerá uma súbita falência. Do mesmo modo que se suspendermos a imagem de um homem por um fio, induziremos ele ao medo. Também pode acontecer morte e destruição por meios semelhantes a esse. Isso tudo funciona muito bem mediante a Magia Simpática, que pode ser fatal.

O mesmo acontece com as propriedades e virtudes dos animais mais simples e das operações manuais, das quais falaremos mais adiante. Por exemplo, para retirar um espinho, aplica-se gordura de lebre, do mesmo modo, qualquer um pode curar dor de dente usando uma pedra que se encontra na cabeça do sapo. Para curar a asma, a pessoa deve pegar uma rã viva, antes do nascer do sol e cuspir dentro da boca dela. Os olhos do mesmo animal, curam a cegueira. A gordura de uma víbora cura sua própria mordida. O heléboro negro (*Helleborus nigra*) alivia a dor de cabeça quando aplicado direto na cabeça ou o pó aspirado pelo nariz em quantidade moderada. O coral, bastante conhecido contra feitiçaria e envenenamento, se fosse usado nos dias de hoje em volta do pescoço das crianças como era o costume, combateria muitas doenças às quais elas estão sujeitas nos primeiros anos de vida, período em que são vítimas de muitos encantamentos. Eu sei como compor amuletos de coral ou talismãs que, se suspensos até mesmo por um fio, devem (com a ajuda de Deus) evitar todos os danos e acidentes de violência do fogo, da água ou de bruxaria, e ajudá-los a resistir a todas as suas doenças.

Paracelso e Helmont concordam que o sapo, embora tão desagradável à nossa vista, tão nocivo ao toque e com uma antipatia tão violentamente adversa ao sangue do homem, pode produzir, a partir desse ódio, um remédio que a Divina Providência nos preparou contra várias doenças inimigas da nossa natureza. O sapo tem uma aversão natural ao homem; e essa imagem escamada ou ideia de ódio ele carrega na cabeça, nos olhos e, mais poderosamente, em todo o corpo: agora, para que o sapo possa ser altamente preparado para um remédio simpático contra a peste ou outros distúrbios, como a febre, a epilepsia e várias outras; e para que o nosso terror e o ódio natural inato possam ser mais fortemente impressos e ascender mais alto no sapo, devemos pendurá-lo no alto de uma chaminé, pelas pernas, e colocar sob ele um prato de cera amarela, para receber tudo o que possa descer ou cair de sua boca. Deixe-o pendurado nessa posição, à sua vista, por três ou quatro dias, pelo menos até que esteja morto. Não deixe de estar frequentemente presente à vista do animal, para que o medo e terror inato que ele tem de nós, com fortes ideias de ódio, possam aumentar até a sua morte.

Assim, neste único sapo, você terá um remédio intensamente poderoso, com possibilidade de cura para quarenta mil pessoas infectadas pela peste ou praga.

O processo que Va Helmont usou para fazer um amuleto de proteção contra a praga foi o seguinte:

No mês de julho, na lua minguante, eu peguei alguns sapos velhos, cujos olhos estavam cheios de vermes brancos com cabeças pretas, de maneira que ambos os olhos estavam totalmente tomados pelos bichos. Talvez uns cinquentas bem amontoados e densamente compactados, com as cabeças penduradas. Sempre que algum deles tentava sair, o sapo, aplicando a pata dianteira, impedia a tentativa. Depois de pendurar esses sapos e fazê-los vomitar da maneira mencionada anteriormente, reduzi os insetos e outras matérias expelidas pelo animal, acrescentando tudo ao prato de cera. A carcaça seca do sapo foi reduzida a pó e transformei tudo em trociscos com goma-dragão. Esta mistura, quando colocada no lado esquerdo do peito, afastava rapidamente todo contágio. Presa rapidamente ao local afetado, a mistura retirava completamente o veneno; e esses trociscos eram mais potentes depois de terem voltado a ser usados várias vezes do que quando novos. Descobri que eles eram um amuleto muito poderoso contra a praga, pois se a serpente come pó todos os dias de sua vida por ter sido instrumento do pecado, o sapo come terra (que ele vomita) todos os dias; e de acordo com a filosofia adepta, o sapo tem ódio do homem, de modo que infecta algumas ervas úteis ao homem com seu veneno para que ele morra. Mas esta diferença é notada entre o sapo e a serpente: o sapo, ao ver o homem, a partir de uma qualidade natural selada nele, sente antipatia, terror e espanto. O medo que tem do homem imprime nesse animal um efeito natural contra as imagens do amedrontado arconte. Sendo este sentimento natural e radical.

O veneno da peste é subjugado pelo veneno do sapo, não por uma ação primariamente destrutiva, mas por uma ação secundária. Como a ideia pestilenta de ódio ou terror extingue o fermento, por cuja mediação o veneno da peste subsiste e prossegue para infectar; vendo que o veneno da peste é produzido pela imagem do arconte aterrorizado, estabelece-se um odor fermentado, pútrido, que, junto ao ar mumificante, fazem o meio apropriado para a retirada do veneno.

Portanto, a oposição do amuleto formado a partir do corpo do sapo, em confronto com a doença, elimina e evita os efeitos nocivos e mais horríveis do veneno pestilento e do fermento da peste.

Entende-se que o sapo é um animal ordenado por Deus, de modo que a ideia de seu terror, sendo de fato venenoso para si mesmo, deveria ser para nós, e para a praga, um veneno temeroso. O sapo sente muito medo ao ver o homem, o que, apesar de tudo, forma em si mesmo o terror concebido e também o ódio. O medo é tanto que o veneno dele fica tão forte a ponto de sucumbir a outro veneno. Se nos colocarmos à frente de um sapo e o encararmos olho a olho, de maneira furiosa, sem que ele possa evitar, ele morre[1], repleto de terror e espanto, em menos de 30 minutos.

SOBRE A SERPENTE

Hipócrates alcançou para si honras divinas ao usar algumas partes desse animal, pois, purificando sua carne, conseguiu curar pestilências, constipações e muitas outras doenças. Ele limpou a carne de uma víbora, cortou a maior parte da cauda e da cabeça dela, tirou sua pele, dispensou as vísceras, o fel e os intestinos e reservou apenas o coração e o fígado; depois extraiu todo o sangue dela, com a veia que corria ao longo de sua espinha; triturou sua carne e as referidas entranhas com os ossos e as secou em um forno quente até que pudessem ser pulverizadas. Depois disso, espalhou este pó sobre o mel, que foi clarificado e fervido até que virasse uma coisa só, tanto no caldo quanto nos vapores; em seguida, acrescentou as especiarias de seu país para encobrir o segredo.

Esse processo de cura pelas serpentes contém um grande mistério. Lá nos primórdios, a morte fora introduzida pela serpente. Adão, conhecendo todos os atributos de todos os animais, entendia que a serpente era a mais astuta entre eles e que o bálsamo mencionado estava oculto nela. O espírito das trevas não poderia enganar nossos primeiros pais de outra maneira que não com a ajuda da serpente, pois eles, tolos, imaginaram que, com essa ajuda, poderiam escapar das consequências de Deus.

O âmbar é um amuleto. Um pedaço de âmbar vermelho usado por uma pessoa é um protetor contra pestes e venenos. Uma pedra de safira é igualmente eficaz. O óleo de âmbar, ou âmbar dissolvido no puro espírito do vinho, conforta o ventre desordenado. Fazer uma sufumigação com as verrugas das pernas de um cavalo pode curar muitos distúrbios dessa região.

1. Comprovado por meio de experiências (com sapos e outros répteis) realizadas pelo autor.

Fígado e vesícula de enguia deixados secar até virarem pó, ingeridos na quantidade de uma casca de noz dissolvido em um copo de vinho aquecido, ajudam no trabalho de parto, acelerando-o e tornando-o mais seguro. O fígado de uma serpente produz o mesmo efeito.

O ruibarbo, devido à sua violenta antipatia pela cólera, expulsa-a maravilhosamente. A música é um remédio específico bem conhecido para curar a picada de uma tarântula ou de qualquer aranha venenosa; assim como a água cura a hidrofobia.

As verrugas são curadas cortando-as ou enterrando secretamente tantas pedrinhas quantas forem as verrugas da pessoa. O "mal do rei", a escrófula, pode ser curado com o coração de um sapo usado no pescoço, secando-o primeiro. O hippomanes excita a luxúria pelo simples toque ou pendurado no indivíduo.

Se alguém cuspir na mão com a qual feriu ou machucou outra pessoa, a ferida será curada. Do mesmo modo, se alguém passar a corda com o qual um malfeitor foi enforcado pela garganta de um portador de amigdalite, ele certamente ficará curado em três dias. Já uma folha de rosácea (cinco-em-rama), colhida antes do sol nascer, cura a febre de um dia – duas folhas para dois dias e assim por diante.

Sementes de colza crescem melhor e prosperam se plantadas com maldições e imprecações. No entanto, se semeadas com louvores, elas não reproduzem. O suco da erva-moura (beladona), destilado e administrado em quantidade adequada, faz o indivíduo imaginar quase tudo o que você quiser. Aquecer a erva-gateira com suas mãos e depois segurar a mão de outra pessoa ainda com a erva aquecida, fará com que essa pessoa nunca o abandone enquanto estiver conservando essa erva com você. As ervas arsemart, confrei, erva-de-linho (linária), erva-dragão (estragão) e língua-de-víbora quando mergulhadas em água fria e aplicadas por algum tempo em uma ferida ou úlcera, se elas se aquecerem e forem enterradas em um local lamacento, curam a ferida ou a chaga na qual foram aplicadas. Além disso, se alguém arrancar as folhas da asarabacca, puxando-as para cima, isso purificará outra pessoa, mesmo sem ela saber, apenas pelo vômito; mas se as folhas forem puxadas para baixo, para a terra, a pessoa será purificada quando evacuar.

Uma safira, ou uma pedra de cor azul profunda, se for esfregada em um tumor onde a praga se manifesta (antes que a doença esteja muito avançada), e logo for removida do doente e levada para longe, a joia levará consigo todo o veneno ou epidemia que ali estavam.

E assim, tendo dito o suficiente a respeito das virtudes ocultas naturais, das quais falamos de uma maneira mista e variada, chegando a assuntos mais distintos em breve.

CAPÍTULO III

AMULETOS, FEITIÇOS E ENCANTAMENTOS

O verdadeiro instrumento de um feiticeiro é um espírito puro, vivo e com sangue pulsando nas veias, por meio do qual atraímos ou nos vinculamos às coisas que desejamos ou com as quais nos deleitamos; de modo que, por uma sincera intenção da mente, tomamos posse das faculdades de uma maneira não menos potente do que os vinhos fortes enganam a razão e os sentidos daqueles que os bebem. Portanto, encantar é atrair com as palavras, o que tem grande virtude, como o canto do poeta.

Três vezes as palavras ela pronunciou; e elas causaram um sono doce; apaziguaram as águas revoltas e as profundezas retumbantes.

De fato, a virtude das palavras do homem é tão grande que, quando pronunciadas com uma fervorosa constância da mente, são capazes de subverter a Natureza, causar terremotos, tempestades e ventanias. Eu, no campo, falando apenas algumas palavras e usando uma ou outra coisa, causei chuvas terríveis e trovões.

Quase todos os amuletos são impotentes sem palavras, porque elas são o poder do falante e a imagem daquilo falado. Portanto, qualquer que seja o efeito pretendido, que ele seja executado com a adição de palavras significativas da vontade ou do desejo do operador, pois as palavras são uma espécie de veículo oculto da imagem concebida ou gerada e enviada do corpo para alma. Todo o poder de atuação do espírito deve ser exalado com veemência e um desejo árduo e intenso. Eu sei juntar, falar e transmitir palavras de modo que possam ser levadas ao ouvinte a uma grande distância, sem que nenhum outro corpo intervenha, coisa que tenho feito com frequência. As palavras também muitas vezes são entregues mas como se viessem por outros, em nosso sono, com quem temos a impressão de conversar. Nesses casos, nenhuma comunicação vocal tem qualquer efeito, exceto quando procede de causas espirituais e ocultas. Tais espíritos têm manifestado muitas vezes coisas singulares para mim, principalmente durante o sono, os quais não dei nenhuma importância quando desperto, até que, convencido da verdade, passei a acreditar. Na última mudança de administração governamental, eu sabia, pelo menos cinco dias antes de realmente acontecer, que seria conforme descrevi a alguns amigos.

Essas coisas não se manifestam da mesma forma para todos, creio que apenas para aqueles que há muito se preocupam seriamente com contemplações dessa natureza complexa. Há quem diga que não é assim, simplesmente porque eles mesmos não podem compreender tais coisas.

No entanto, para não perder tempo, prossigamos. Existem vários encantamentos relativos a ocorrências comuns da vida, testados por mim, que criam um tipo de ligação para o efeito que desejamos: tanto ao amor quanto ao ódio, ou até mesmo a favor das coisas que amamos ou contra as que odiamos. Em tudo isso há uma Magia Simpática acima do poder da lógica, portanto, estamos convencidos desses assuntos obscuros que sentimos, refletimos e atraímos para nosso uso. Enquanto falo dessas coisas, coloco aqui um amuleto muito poderoso para estancar, imediatamente, uma hemorragia, pelo qual (com fé) ouso empenhar minha própria vida em seu sucesso e pela cura completa.

Um amuleto para hemorragia

No sangue de Adão a morte surgiu;
no sangue de Cristo a morte se esvaiu;
pelo mesmo sangue de Cristo eu te ordeno,
ó sangue, pares de fluir, ou eu lhe condeno!"[2]

Este encantamento Divino é um remédio imediato, barato e fácil para essa terrível desordem, a hemorragia, a qual ajuda um pobre miserável mais do que uma farmácia inteira. Essas quatro letras formam um poderoso amuleto contra a febre comum, escrevê-las em um pedaço de pergaminho limpo e novo, a qualquer hora do dia ou da noite, fará com que você encontre uma cura rápida e certa, e é muito mais eficaz do que a palavra *Abracadabra*. No entanto, como este antigo encanto ainda é (entre alguns que pretendem curar febres, etc.) famoso, vou aqui estabelecer a maneira como ele foi escrito[3] e a forma que ele deve ser pronunciado, ou falado, na mesma ordem em que está escrito, com a intenção ou vontade do operador declarada no mesmo momento:

ABRACADABRA
BRACADABRA
RACADABRA
ACADABRA
CADABRA
ADABRA
DABRA
ABRA
BRA
RA
A

2. A pessoa que pronunciar o trecho deve segurar a mão de outra.

3. Devemos fazer uma observação especial aqui de que o encantamento ou amuleto formulado não terá efeito nenhum a não ser que a alma do agente esteja forte e intensamente empenhada e impressionada, imprimindo a imagem da ideia no encantamento ou amuleto. Sem isso, serão vãs todas as observâncias de ocasiões, horas e constelações. Julguei adequado esclarecer de uma vez por todas, para que isto esteja sempre na consciência do agente, pois, sem observar e considerar este único fator, muitos que constroem selos, sigilos etc., não conseguem obter o efeito desejado.

CAPÍTULO IV

BÁLSAMOS, FILTROS, POÇÕES E SUAS VIRTUDES MÁGICAS

Unguentos, bálsamos, filtros, colírios, unções etc., transformam, multiplicam, transfiguram e transmutam as virtudes das coisas naturais para nossos espíritos e transpõem as próprias virtudes que estão neles, de modo que não agem somente sobre seu próprio corpo, mas também sobre o que está próximo a ele, e ainda o afeta (por raios visíveis, encantos e toques) com alguma propriedade agradável que seja semelhante a si mesmo. Como o nosso espírito é o vapor puro, sutil, lúcido, arejado e untuoso do sangue, nada, portanto, é mais adequado para colírios do que vapores semelhantes, que está mais de acordo com o nosso espírito em substância. E é devido a essa semelhança que esse vapores despertam, atraem e transformam ainda mais o espírito. O mesmo mérito se dá a outras pomadas e unguentos. Assim, pelo toque, muitas vezes pragas, doenças, enjoos, envenenamento e atração sexual são induzidos, seja pelas mãos, seja pelas roupas ungidas. O simples ato de beijar com certas coisas na boca estimula o amor.

O fato de a visão perceber as coisas de maneira mais pura e clara do que os outros sentidos nos mostra as marcas das coisas de forma mais aguda. E, acima e antes de todas as outras coisas, a visão concorda com nosso espírito fantástico; como é evidente nos sonhos, quando as coisas vistas se apresentam a nós com mais frequência do que as ouvidas, ou qualquer outra coisa relativa aos outros sentidos. Portanto, quando certos colírios afetam os espíritos da visão, eles afetam também facilmente a imaginação, a qual, por diversas espécies e formas, transmite, pelo mesmo espírito, o sentido externo da visão.

Assim acontece a percepção de tais espécies e formas, como se fossem movidas por objetos externos, que parecem imagens terríveis de espíritos e semelhantes. Existem alguns colírios que nos fazem ver imagens de espíritos do ar ou de outros lugares; uns, eu posso fazer com a bílis de um homem, com os olhos de um gato preto e algumas outras coisas. Da mesma forma, o mesmo pode ser feito com o sangue de uma ventoinha, de um morcego ou de uma cabra; e se uma peça de aço lisa e brilhante for coberta com o suco de artemísia e ela fumegar, isso fará com que os espíritos invocados apareçam. Há algumas fragrâncias, ou sufumigações e unções, que fazem os homens falarem durante o sono, andarem e fazerem coisas que são feitas por homens acordados, ou que muitas vezes não podem ou não ousam fazer quando acordados; outros, ainda, fazem os homens ouvirem sons horríveis ou agradáveis, ruídos e coisas do gênero.

Isso influencia também, até certo ponto, no fato de loucos e depressivos acreditarem ouvir e ver coisas consideradas falsas ou improváveis, terem os delírios mais bizarros, sentirem medo sem causa, ou raiva sem que nada ou ninguém a tenha provocado. Podemos induzir essas emoções com vapores mágicos, bálsamos, perfumes, colírios, poções, venenos, lamparinas e luzes. Além de espelhos, imagens, encantamentos, amuletos, sons, músicas, ritos, cerimônias e religião.

CAPÍTULO V

SUSPENSÕES, LIGAÇÕES MÁGICAS E O PODER QUE LHES CONFERE FORÇA E EFICIÊNCIA NA MAGIA NATURAL

A alma do mundo, por sua virtude, torna frutíferas todas as coisas (tanto as naturalmente geradas quanto as feitas artificialmente), selando e imprimindo nelas virtudes celestiais para a realização de algum efeito maravilhoso. Essas qualidades, no entanto, não devem ser aplicadas apenas por colírios, sufumigação, unguento ou demais formas semelhantes. Quando convenientemente amarradas, embrulhadas ou suspensas no pescoço, ou são de qualquer outra forma aplicadas ao corpo, embora por um contato superficial, elas imprimem seus atributos em nós. Essas ligações e outras coisas, portanto, transformam os acidentes do corpo e da mente em doença ou saúde, coragem ou medo, tristeza ou alegria, ou coisas similares; tornando aqueles que os carregam graciosos, terríveis, aceitáveis, rejeitados, honrados, amados ou odiosos e abomináveis.

Ora, esse tipo de paixão é concebido para ser infundido de outra forma que não a manifestada no enxerto de árvores, onde a força vital e a virtude são comunicadas do tronco ao galho enxertado nele por meio de contato e ligação. Assim, quando a palmeira fêmea se aproxima do macho, seus ramos se curvam em direção a ele. O jardineiro, vendo isso, os amarra com cordas e eles logo ficam retos, como se, pela continuação da corda, tivessem recebido uma virtude de propagação do macho. Diz-se que, se uma mulher pegar uma agulha, cobri-la com esterco, colocá-la na terra em que o cadáver de um homem foi enterrado e levá-la consigo em um pedaço de pano usado em um funeral, nenhum homem poderá desonrá-la enquanto estiver em sua posse.

Por esses exemplos é possível ver como, por meio de certas ligações, suspensões ou pelo mais simples contato ou continuação de qualquer fio, podemos receber algumas virtudes. Mas é necessário conhecer a regra de certas ligações e suspensões mágicas, sendo que a maneira que a Arte exige é que elas devem ser feitas sob uma constelação certa e adequada, com arame, fios de seda, ou tendões de certos animais, e devem ser embrulhadas em folhas de ervas, peles de animais ou pergaminhos membranosos. Se você deseja obter as qualidades solares de alguma coisa, envolva-as em folhas de louro ou na pele de um leão e pendure no pescoço com ouro, seda ou fio roxo ou amarelo: enquanto o sol reinar nos céus, você será revestido da virtude daquilo que almejou. Consequentemente, se uma qualidade ou algo saturnino for desejado, deve-se envolver o que deseja na pele de um asno enquanto Saturno reinar, ou envolva em um pano usado em um funeral, especialmente se for para induzir melancolia ou tristeza, pendurando-o no pescoço com um fio de seda preta ou de cor triste, como o cinza ou o chumbo. E assim, da mesma forma, deve proceder com o restante.

CAPÍTULO VI

ANTIPATIAS

É necessário, neste momento, falar sobre as antipatias das coisas naturais, pois é preciso, à medida que avançamos, ter um conhecimento profundo dessa obstinada contrariedade da natureza, em que qualquer coisa evita seu contrário e o expulsa, por assim dizer, de sua presença. Uma antipatia como essa tem a raiz do ruibarbo contra a cólera; o melaço contra o veneno; a pedra safira contra a bílis quente, calores febris e doenças dos olhos; a ametista contra a embriaguez; o jaspe contra o fluxo de sangue e imaginações ofensivas; a esmeralda e o agnocasto contra a luxúria; a ágata contra o veneno; a peônia contra a epilepsia; o coral contra a ebulição da peste negra e dores de estômago; o topázio contra os calores espirituais, como a cobiça, a luxúria e toda sorte de excessos. A mesma antipatia acontece também entre as formigas e o orégano e entre a asa do morcego e o coração da ventoinha, cuja presença os faz fugir. Além disso, o orégano é contrário a uma certa mosca venenosa que não resiste ao sol e, embora resista às salamandras, detesta o repolho com um ódio tão mortal, que eles não podem se suportar. Por isso, dizem que os pepinos odeiam o óleo e que a bílis do corvo atemoriza até os homens mais valentes e os expulsa do lugar onde ela for colocada. Um diamante destoa da magnetita, visto que sua presença não permite que ela atraia o ferro. As ovelhas evitam a salsa-brava como se fossem algo mortal e, o que é mais maravilhoso, a natureza retratou o sinal dessa antipatia pelos fígados das ovelhas, nos quais a própria figura da salsa aparece naturalmente. Cabras odeiam manjericão, como se não houvesse nada mais pernicioso. Camundongos e doninhas discordam, assim como um lagarto é de natureza contrária a um escorpião, e induz grande terror a tal, apenas com sua própria visão, porém, são mortos com o óleo deles, do qual também cura as feridas feitas por escorpiões. Há uma grande inimizade também entre escorpiões e ratos, portanto, se um rato for colocado por cima de uma picada de escorpião, ele a curará. Nada é tão inimigo das cobras quanto os caranguejos, portanto, quando ferido por uma cobra, cura-se com um caranguejo. Além disso, o Sol em Câncer também perturba as serpentes. O escorpião e o crocodilo se matam. O pássaro íbis imobiliza o crocodilo apenas por tocá-lo com uma de suas penas. O pássaro chamado abetarda voa para longe ao ver um cavalo. O cervo corre ao ver um carneiro ou uma víbora. Um elefante treme ao ouvir o grunhido de um porco, assim também faz o leão ao cantar do galo; e uma pantera não tocará naqueles que são ungidos com a gordura de uma galinha, especialmente se foi colocado alho nela. Há também uma inimizade entre raposas e cisnes, touros e gralhas. Alguns pássaros estão em divergência perpétua, como gralhas e corujas, pequenas aves de rapina e corvos, pombos e águias; também, cervos e dragões. Entre os animais aquáticos, há uma grande antipatia entre golfinhos e redemoinhos (de água), a tainha e o peixe lúcio, a lampreia e o safio. O gato-almiscarado não resiste à pantera, e se as peles de ambos forem penduradas uma contra a outra, a pele ou os pelos da pantera cairão. Apollo diz em seus hieróglifos que quem for cingido com a pele de um gato-almiscarado poderá passar a salvo por seus inimigos. O cordeiro corre do lobo, e se a pele ou a cabeça dos lúpus for pendurado no berço das ovelhas, elas não comerão sua carne de tanto medo. Plínio menciona que o pássaro chamado "marlim" quebra os ovos dos corvos, cujos filhotes são incomodados pela raposa; que também belisca os filhotes da raposa, e a raposa também, e que, quando o corvo vê, ajuda a raposa contra ele como se fosse um inimigo comum. O pintarroxo vive no meio dos cardos, comendo-os; no entanto, odeia o asno, porque ele come os cardos e suas flores. Existe uma inimizade tão grande entre o pequeno pássaro chamado "esalon" e o asno, que o sangue deles não se mistura; e, ao simples zurro do asno, tanto os ovos quanto os filhotes do esalon morrem. Há, também, uma total antipatia da oliveira pela meretriz; que, se ela plantar, não vingará nem prosperará, mas murchará. Um leão tem medo de tochas acesas e é domado rapidamente com isso. O lobo não teme a espada ou a lança, mas teme uma pedra; pois, pelo arremesso de uma pedra, uma ferida é feita e os vermes se reproduzem no lobo. Um cavalo tem tanto medo de um camelo que não consegue suportar a imagem daquele animal. Um elefante, quando se enfurece, acalma-se ao ver um galo. Uma cobra tem medo de um homem nu, mas persegue o homem vestido. Um touro louco é domado amarrado a uma figueira. O âmbar atrai todas as coisas para ele, exceto manjericão de jardim e coisas untadas com óleo, entre as quais há uma antipatia natural.

CAPÍTULO VII

VIRTUDES OCULTAS E AS COISAS QUE SÃO INERENTES A ELAS APENAS EM SEU TEMPO DE VIDA E QUE PERMANECEM NELAS MESMO APÓS A MORTE

Convém que saibamos que algumas coisas só conservam suas virtudes enquanto vivem e outras as mantêm mesmo depois da morte. Assim, no caso de cólicas, se um pato vivo for aplicado na barriga, isso tira a dor e o pato morre. Se você tirar o coração de um animal e, enquanto ele estiver quente, amarrá-lo a alguém com febre quartã, ele a expulsará. Assim como se alguém engolir o coração de uma ventoinha, uma andorinha, doninha ou toupeira enquanto o pássaro ainda estiver vivo e aquecido com o calor natural, melhorará seu intelecto e o ajudará a lembrar, entender e predizer o que está por vir. Daí essa regra geral! Tudo o que for retirado de animais para fins mágicos, sejam pedras, membros, pelos, excrementos, unhas, seja qualquer outra coisa, deve ser extraído enquanto ainda estiverem vivos e, se possível, que permaneçam vivos depois.

Se você retirar a língua de uma rã, coloque o animal na água novamente. Demócrito escreve que, se alguém tirar a língua de uma rã d'água, sem que nenhuma outra parte do animal fique grudada nela, e colocá-la sobre o local onde bate o coração de uma mulher, ela será obrigada, contra sua vontade, a responder a tudo o que você lhe perguntar. Além disso, pegue os olhos de um sapo, que devem ser extraídos antes do nascer do sol, amarre-os ao enfermo e deixe o sapo cego novamente na água; o doente será curado de uma febre terçã. Esses mesmos olhos, quando presos à carne de um rouxinol e envolto na pele de um cervo, pode manter uma pessoa sempre acordada sem dormir.

Diz-se que as ovas do peixe-garfo presas ao umbigo facilitam o parto se elas forem retiradas vivas e o peixe for devolvido à água. Assim como o olho direito de uma serpente, aplicado sobre a dor nos olhos, cura a dor, se a serpente for solta viva. Da mesma forma, o dente de uma toupeira quando retirado com ela viva e depois solta, cura a dor de dente; e os cães nunca latirão para aqueles que têm o rabo de uma doninha que escapou. Demócrito diz que se a língua do cameleão for apanhada viva, ela conduz ao sucesso nas provas e também ajuda às mulheres em trabalho de parto; mas ela deve ser pendurada em alguma parte externa da casa, caso contrário, se for trazida para dentro de casa, pode ser muito perigosa.

Existem muitas propriedades que permanecem após a morte. De acordo com Platão, a ideia da matéria é pouco determinante, porque, mesmo depois da morte, aquilo que for imortal irá produzir algumas coisas maravilhosas: como nas peles de vários animais selvagens que mencionamos, que se destroem e se devoram umas às outras após a morte; e um tambor, feito de peixe-foguete, que afasta todas as coisas rastejantes a qualquer distância em que o som seja ouvido; e as cordas de um instrumento feito de vísceras de lobo, e sendo esticadas em uma harpa ou alaúde, com cordas feitas de vísceras de ovelha, nunca estarão em harmonia.

CAPÍTULO VIII

AS MARAVILHOSAS VIRTUDES DE ALGUNS TIPOS DE PEDRAS PRECIOSAS

Entre os Magos há um senso comum de que as pedras herdam grandes virtudes, recebidas das esferas e das atividades das influências celestiais, por intermédio da alma ou do espírito do mundo. Os autores discordam bastante a respeito das probabilidades de simples pedras terem tantas virtudes em potencial. Alguns até refutam veementemente que qualquer virtude oculta ou secreta possa estar escondida dentro delas; outros, com o mesmo vigor, demostram as causas e os efeitos dessas propriedades simpáticas.

No entanto, deixarei esses argumentos insignificantes para aqueles que gostam mais do que eu de contendas tramas ardilosas e, como não tenho tempo nem inclinação para entrar nas listas de sofistas e filósofos da língua, digo que essas virtudes ocultas estão dispostas em todos os reinos animal, vegetal e mineral por meio de sementes ou ideias que emanam originalmente da mente Divina e que, valendo-se de espíritos e inteligências supercelestiais operantes, de acordo com seus devidos cargos e governos que lhes foram atribuídos; essas virtudes são infundidas, como dissemos, por meio do Espírito Universal, por uma simpatia e antipatia gerais e manifestas e estabelecidas na lei da natureza. Temos uma boa variedade de exemplos, mas trago aqui a magnetita, a prova mais notável de simpatia-antipatia.

Vamos à questão. As pedras que se assemelham aos raios solares, graças às suas luminescências douradas (como acontece com a reluzente aetita), se usadas no dedo, evitam epilepsia e envenenamentos. A pedra chamada de *oculis solis* ou "olho do sol", parecida com um globo ocular e da qual reluz um raio, acalma o cérebro e fortalece a visão. O carbúnculo, que brilha à noite, tem um benefício contra todos os venenos vaporosos que contaminam pelo ar. A crisólita, na cor verde-claro, emite um raio estrelado dourado quando segurada contra o sol, sendo muito boa para os pulmões, especialmente no combate à asma. E se for perfurada, e o buraco preenchido com a crina de um asno e amarrada ao braço esquerdo, afugenta todas as imaginações tolas e ociosas, os medos melancólicos e afasta a insensatez. A íris de seis ângulos, quando colocada na sombra com um único foco de raio de sol, projeta no ar um arco-íris natural. O heliotrópio, verde tal qual uma esmeralda ou um jaspe, envolto com manchas avermelhadas, traz segurança, respeitabilidade e fama a quem a possui, contribuindo também para uma vida longa. Além disso, a pedra tem uma propriedade única, a de enganar a visão das pessoas, a ponto de o usuário se tornar invisível. Essa propriedade é ativada quando se aplica a erva de mesmo nome na pedra. As escrituras de Alberto Magno e William de Paris já diziam isso.

O jacinto, como outras pedras, possui virtudes solares contra pestilências, venenos e vapores venenosos e torna a pessoa agradável e aceitável. Além disso, favorece a chegada de dinheiro. Quando mantido na boca, alegra o coração e fortalece a mente. Depois, há o pirófilo, uma mistura vermelha que, segundo relato de Albertus Magnus, Esculápio menciona em uma de suas epístolas a Otávio César, dizendo: "Há certo veneno tão intensamente frio que preserva o coração do homem, quando retirado, de se queimar; de modo que, se for colocado no fogo por algum tempo, transforma-se em uma pedra, que é chamada de 'pirófilo.'" A pedra possui uma virtude maravilhosa contra o veneno e torna seu portador infalivelmente famoso e terrível para seus inimigos.

Dizem que Apolônio encontrou uma pedra chamada "pantaura" (que atrai outras pedras, assim como a magnetita atrai o ferro) muito mais poderosa contra todos os venenos: ela tem manchas como as de uma pantera, por isso, alguns naturalistas deram-lhe o nome de *pantherus*: Aaron a chama de *evanthum*; e alguns, devido a sua variedade, a chamam de *pantochras*.

CAPÍTULO IX

AS MISTURAS DE COISAS NATURAIS E A CRIAÇÃO DE COISAS MONSTRUOSAS APLICANDO A MAGIA NATURAL

Magos, estudantes e observadores dos processos da natureza, sabem como realizar coisas prodigiosas pela aplicação de formas ativas sobre uma matéria adequadamente preparada e transformada, desde que em um meio apropriado que, aos olhos dos outros, pareça estranho e acima da natureza, principalmente pela mistura de ingredientes e seus efeitos, reunindo esta e aquela coisa benéfica e conducente ao efeito que desejamos. Entretanto, é evidente que todos os poderes e virtudes dos corpos inferiores não se encontram compreendidos em uma única coisa, mas estão dispersos entre muitos dos compostos aqui entre nós. Portanto, é necessário que, se houver cem virtudes do sol dispersas nos mais diversos animais, plantas, metais ou pedras, reunamos todas elas e as coloquemos em uma única forma, na qual veremos todas as ditas virtudes reunidas e contidas.

Agora, há uma dupla virtude nessa mistura: uma, visto ter sido uma vez fixada em suas partes, é celestial; a outra é obtida por certa mistura artificial de coisas misturadas entre si, de acordo com uma proporção adequada e em concordância com os céus sob determinada constelação; e essa virtude desce em conformidade ou semelhança entre as coisas relacionadas, pelas quais elas são puxadas ou atraídas por seus superiores e que correspondem em graus àquelas que estavam lá anteriormente, quando o passivo é adequadamente aplicado ao seu correspondente ativo.

Assim, a partir de determinadas composições de ervas, vapores e similares feita conforme as regras da Magia Natural e Celestial, resulta uma figura comum; da qual transmitiremos as regras e experimentos verdadeiros e infalíveis em nosso Segundo Livro, onde escrevemos expressamente a respeito.

Da mesma maneira, devemos entender que, quanto mais nobre e excelente for a forma de qualquer coisa, tanto mais ela estará propensa e apta a receber e poderosa para agir. Assim, as virtudes dessas fórmulas se tornam verdadeiramente prodigiosas quando os materiais usados recebem vida dos astros e são misturados e preparados nas ocasiões adequadas para lhes dar vida. Vida esta, no entanto, obtida dos astros e com o nosso próprio espírito cooperando poderosamente para isso; pois há um poder tão grande em matérias preparadas, que vemos então que elas recebem vida quando uma mistura perfeita de qualidades rompe a contrariedade anterior. Quanto mais coisas recebem essa vida perfeita, melhor será seu temperamento e sua composição permanecerá livre de contrariedades. Ora, os céus, como causa preponderante, desde o início de todas as coisas (a serem geradas pela mistura e perfeita digestão da matéria), juntamente à vida, concedem influências celestiais e dons maravilhosos de acordo com a capacidade que há nessa vida e nas almas sensíveis de receber virtudes mais nobres e sublimes. Pois a virtude celestial, de outra forma, permanece adormecida como o enxofre afastado da chama. No entanto, em corpos vivos ela sempre arde como o enxofre aceso que com seu vapor preenche todos os lugares próximos.

Há um livro chamado *A Book of the Laws of Pluto*, que fala de gerações monstruosas, que não são produzidas de acordo com as leis da natureza. Sabemos que as seguintes afirmações são verdadeiras; dos vermes são gerados mosquitos; de um cavalo, vespas; de um bezerro e de um boi, abelhas. Se um caranguejo vivo tiver suas pernas quebradas e for enterrado embaixo da terra, surgirá um escorpião. Secar um pato até virar pó e colocado na água, logo surgirão rãs; mas se ele for assado em uma torta, cortado em pedaços e colocado em um local úmido debaixo da terra, surgirão sapos. Do manjericão, amassado e colocado entre duas pedras, geram-se escorpiões. Dos cabelos de uma mulher menstruada, colocados sob esterco, são criadas serpentes. Os fios do rabo de um cavalo colocados na água recebem vida e se transformam no verme mais pernicioso. Há um feitiço com a qual uma galinha, chocando seus ovos, pode gerar a forma de um homem, que eu mesmo sei fazer, e que os Magos chamam de "mandrágora", contendo virtudes maravilhosas.

Você deve, portanto, saber quais e que tipo de matérias são provenientes da arte ou da natureza, iniciadas, aperfeiçoadas ou compostas de outras coisas, e quais influências celestiais elas são capazes de receber. Pois uma congruência de coisas naturais é suficiente para receber as influências celestes, porque, sem que nada impeça, os celestiais enviam sua luz sobre os inferiores; eles não permitem que nenhuma matéria seja destituída de sua virtude. Portanto, toda matéria que for perfeita e pura é adequada para receber influências celestiais; pois essa é a ligação e a continuidade da matéria da alma com o mundo, que flui diariamente sobre as coisas naturais e todas as coisas que a natureza preparou, de modo que é impossível que uma matéria preparada não receba vida ou uma forma mais nobre.

CAPÍTULO X

A ARTE DA FASCINAÇÃO, DA AMARRAÇÃO, DO SORTILÉGIOS, DAS CONFECÇÕES MÁGICAS, LUZES, VELAS, LAMPARINAS, ETC.; SENDO A CONCLUSÃO DA MAGIA NATURAL[4]

Até o momento, falamos das grandes virtudes e maravilhas e da eficácia das coisas naturais. Resta agora falarmos do maravilhoso poder do encantamento e dos feitiços mágicos ocultos para o amor, ódio, doença, saúde etc. Ou, mais propriamente, feitiços que impedem os ladrões de roubar ou os imobilizam após o ato; impedem os mercadores de comprar ou vender; amarram um exército para que ele não possa ultrapassar nenhum limite; anula qualquer vento ao viajar de navio, parando-o no porto; trava o movimento de um moinho, para que não possa, de forma alguma, ser colocado em funcionamento; bloqueia cisternas ou fontes para que a água não possa ser retirada; bloqueia o solo, para que não produza frutos ou floresça e para que nada possa ser construído sobre ele; bloqueia o fogo, mesmo que seja muito forte, para que nenhum combustível que lhe seja aplicado queime; amarra os relâmpagos e as tempestades, para que não causem dano algum; amarra os cães, para que não possam latir, e as aves e os animais selvagens, para que não possam correr ou voar e outras coisas semelhantes a essas, dificilmente dignas de crédito, mas conhecidas por experiência.

Agora, precisamos saber como esses tipos de amarrações são feitas e levadas adiante. Os principais meios são: por feitiçarias, colírios, unguentos, poções, feitiços feitos com talismãs ou amuletos, encantamentos, poder da imaginação, afeições, paixões, imagens, sigilos, imprecações, luzes, sons, números, palavras, nomes, invocações, juramentos, conjurações, consagrações e coisas semelhantes.

FEITIÇARIA

Sem sombra de dúvida, a força da feitiçaria é muito poderosa. De fato, ela é capaz de confundir, subverter, consumir e mudar todas as coisas inferiores; da mesma forma, há feitiçarias pelas quais podemos suspender as faculdades de homens e animais. Agora, conforme prometido, mostraremos como são alguns desses feitiços, para que, pelo exemplo, seja aberto um caminho para todo o assunto.

4. A última parte desde capítulo serve como regra a ser observada na composição de todos os tipos de experiências misturadas. É adequada também aos materiais reunidos para fazer talismãs, selos, sigilos, etc. dos quais tratamos no Segundo Livro, *Magia Celeste*.

Desses, o primeiro é o sangue menstrual, que, por todo poder que tem na feitiçaria, será o primeiro a ser considerado. Só para começar, ao aproximar do vinho novo o sangue menstrual, ele azedará; assim como se ele tocar a videira, a estragará para sempre. Também matará com seu toque, esse sangue fará estéreis todas as plantas e árvores, e as que acabaram de nascer morrem; e pode queimar todas as ervas do jardim e fazer com que os frutos caiam das árvores. O sangue menstrual diminui o brilho de um espelho, embota os gumes das facas e navalhas, ofusca a beleza do marfim polido e enferruja o ferro e o latão e tem um cheiro muito forte; pelo gosto, enlouquece os cães e, estando assim loucos, caso mordam alguém, a ferida será incurável. E ainda, o fluxo destrói colmeias inteiras, afugentando as abelhas somente ao tocá-las; torna preto o linho que é fervido com ele; faz com que as éguas expulsem seus potros e as mulheres abortem e torna as jumentas estéreis se o grão tocado pelo sangue servir de alimento. As cinzas das roupas menstruais lançadas sobre as roupas roxas que devem ser lavadas, mudam sua cor e também tiram a cor das flores. Também afasta as dores terçã e quartã se for colocado na lã de um carneiro preto e amarrado em um bracelete de prata, assim como também funciona se as solas dos pés do paciente forem ungidas com isso, especialmente se for feito pela própria mulher, sem que o paciente saiba o que ela está usando. E ainda cura a epilepsia. Contudo, especificamente, se um pano menstrual for colocado debaixo de um copo d'água, cura as pessoas que têm medo de beber água depois de terem sido mordidas por um cachorro louco. Da mesma forma, se uma mulher menstruada andar nua antes do nascer do sol em um campo de trigos, todas as coisas nocivas perecerão; mas se ela fizer isso depois do nascer do sol, o trigo murchará.

Plínio menciona ainda mais coisas deste tipo. Saiba que, se o sangue menstrual ocorrer na lua minguante, ele será um veneno muito maior do que vindo na lua crescente, e ainda maior quando ocorre entre a lua minguante e a lua nova. Porém, se ocorrer durante o eclipse do Sol ou da Lua, será um veneno incurável e violento. Esse sangue tem ainda maior força se for colhido dos primeiros ciclos de uma mulher virgem. Apenas um toque deste sangue, colocado nos batentes das portas, protege toda uma casa de qualquer mal e nenhuma injúria poderá ser feita dentro do lar. Há boatos de que se um fio de tecido entrar em contato com esse sangue, ele nunca se queimará, lançado ao fogo, ele não se espalhará. Observa-se também que a raiz de peônia, quando administrada com rícino e coberta com um pano menstrual, é cura certa para a epilepsia.

E tem mais. Se o estômago de um cervo for assado e nele for colocado um perfume feito com tecido menstrual, isso tornará uma besta (arco e flecha) inútil para matar qualquer caça. Os pelos de uma mulher menstruada, colocados sob o esterco, geram serpentes; e se forem queimados, afastarão as serpentes com a fumaça. Esse sangue contém um veneno tão grande e poderoso que são venenos até para criaturas venenosas.

Falaremos agora sobre o hipômanes, que está longe de representar pouco para a feitiçaria. Um pequeno pedaço de carne venenosa, do tamanho de um figo, de cor preta, que se encontra na testa de um potro recém-parido e que, a menos que a própria égua o coma rapidamente, dificilmente amará seus potros ou os amamentará; trata-se de um filtro muito poderoso para causar amor, se for pulverizado e bebido em uma taça com o sangue daquele que está apaixonado: tal poção foi dada a Medeia por Jasão.

Há outra feitiçaria chamada hipômanes, um licor venenoso que sai da égua no momento em que ela deseja o cavalo. O gato-almiscarado também está repleto de feitiços; os batentes uma porta quando tocadas com seu sangue, invalidam as artes dos malabaristas e feiticeiros e os espíritos malignos não podem mais de forma alguma serem convocados ou obrigados a falar com eles: este é o relato de Plínio. Além disso, os que forem ungidos com o óleo da pata esquerda desse gato, fervidas com as cinzas do osso do seu tornozelo e com o sangue de uma doninha se tornarão odiosos para todos. Isso também pode ser feito com um olho macerado. Com um pouco da tripa desse animal amarrada no braço esquerdo se faz um amuleto; se ele apenas olhar para uma mulher, o amuleto fará com que ela o siga em todas as oportunidades; e a pele da testa desse animal resiste à feitiçaria.

Agora falaremos do sangue de um basilisco, denominado pelos Magos de "Sangue de Saturno", o qual, por sua virtude, proporciona àquele que o carrega êxito em suas petições destinadas a grandes homens de poder; da mesma forma, faz com que ele tenha um sucesso incrível na cura de doenças e na concessão de qualquer privilégio. Dizem, também, que se alguém tirar um carrapato bem preto da orelha esquerda de um cachorro, quem o retirou poderá ir em direção ao doente, posicionar-se aos seus pés e lhe perguntar de sua doença; se o enfermo lhe responder, há esperança de vida. Se ele não responder, morrerá. E ainda que uma pedra mordida por um cachorro louco, colocada em uma bebida, causará discórdia. A língua ressecada de um cachorro ou um pouco do seu pó, colocada no sapato, impede qualquer cachorro de latir em sua direção. O poder deste último feitiço poderá se acentuar com a mistura da erva "língua-de-cão" ou com a membrana da placenta de uma cadela. O mesmo efeito será produzido com a posse de um coração de cachorro.

Plínio também afirma que o sapo vermelho, que vive no meio a sarças e espinheiros, é repleto de feitiçarias de potencial inimaginável. Há um pequeno osso em seu lado esquerdo que, se lançado em água fria, torna-a quente; por ele também a raiva dos cães é contida e seu amor obtido, isso se for colocado em sua bebida, tornando-os fiéis e úteis; se estiver ligado a uma mulher, desperta a luxúria. Em caso contrário, o osso do lado direito torna a água fria e, enquanto estiver em contato, impede seu aquecimento. Amarrado ao doente com a ajuda da pele de uma cobra, cura a febre quartã, assim como cura todas as febres, o fogo de Santo Antônio e restringe o amor e a luxúria. Segundo Plínio, o baço e o coração são antídotos eficazes contra os venenos do próprio sapo.

Também se diz que a espada com a qual se mata um homem tem um poder maravilhoso; pois se dela for feito um freio, uma rédea ou esporas, o mais selvagem dos cavalos se torna obediente e calmo. Se mergulhamos no vinho uma espada com a qual alguém foi decapitado, ao ingerir esse vinho, a febre quartã irá passar.

Há um licor com o qual os homens se tornam tão raivosos e furiosos quanto um urso, imaginando-se, em todos os aspectos, transformados em um desses animais. Esse licor é feito dissolvendo ou fervendo em um vinho novo, o cérebro e o coração de um urso, a mistura deve ser consumida dentro de um crânio. Enquanto a força da bebida estiver atuando, a pessoa imaginará que toda criatura viva é um urso, assim como ele mesmo. E nada poderá fazê-lo mudar de ideia ou curá-lo até que os vapores e a virtude do licor sejam totalmente consumidos, não sendo perceptível nenhuma outra doença nele.

A cura mais certa para uma dor de cabeça violenta é colher qualquer erva que cresça no topo da cabeça de uma imagem; amarrá-la ou pendurá-la na pessoa com um fio vermelho e logo a dor violenta será aliviada.

LUZES MÁGICAS, VELAS, LAMPARINAS, ETC.

Alguns tipos de lamparinas, tochas, velas e semelhantes feitas de materiais específicos e substâncias apropriadas, colhidas e reunidas para este fim, quando acesas no total escuro, produzem efeitos magníficos. Tochas feitas de um veneno extraído das éguas após elas copularem, junto da gordura e do tutano de equinos, projetam nas paredes sombras como cabeças de cavalo monstruosamente deformadas; o que é fácil e agradável de se fazer e também pode ser feito com jumentos e moscas. Já a pele de uma serpente ou de uma cobra, acesa em uma lâmpada verde, fará aparecer imagens dela mesma; as uvas produzem efeito semelhante. Quando e se elas estiverem em flores, você pode pegar um frasco cheio de óleo e amarrá-lo a elas, na planta. Deixe permanecer assim até que as uvas estejam maduras, e então, quando o óleo for aceso em uma lamparina, você verá uma quantidade prodigiosa de uvas. O mesmo acontecerá com outras frutas. E se o centauro for misturado com mel e com o sangue da ventoinha e for colocado em uma lamparina, os que estiverem ao redor terão uma estatura gigantesca; se ela for acesa em uma noite clara, as estrelas parecerão espalhadas.

A tinta do peixe choco, quando colocada em uma lamparina, faz com que os mamíferos pareçam ser negros. Da mesma forma, uma vela feita de algumas coisas sombrias, como gordura e tutano de um homem, gordura de um gato preto, miolos de um corvo ou de uma gralha, se for apagada na boca de um homem recentemente morto, trará grande horror e medo aos espectadores presentes sempre que for acesa novamente e brilhar sozinha.

De tais tochas, velas, lamparinas, etc. (dos quais falaremos mais adiante em nosso *Livro de Magnetismo e Testemunhos*), Hermes fala amplamente; assim como Platão e Chyrannides. Dentre os escritores posteriores, Alberto Magno faz menção particular à verdade e eficácia dessas coisas em um tratado sobre às luzes, etc.

ARTE DO ENCANTAMENTO OU AMARRAÇÃO PELO OLHAR OU PELA VISÃO

Chamamos de "encantamento" ou de "amarração" um feitiço realizado através de um olhar direto, uma olhada de relance ou uma observação real, na qual nos apossamos do espírito e dominamos aqueles que pretendemos encantar ou subjugar; pois os olhos são instrumentos pelo qual podemos controlar um espírito ingênuo, lúcido e sutil, gerado a partir da fermentação do sangue mais puro, pelo calor do coração e pela firme vontade determinada e ardente da alma, que o direciona para o objeto previamente disposto a ser encantado e que permite tomar posse do espírito das pessoas que pretendemos dominar. É através dos olhos que temos o instrumento pelo qual podemos enfeitiçar um espírito puro, luminoso e sutil.

Isso sempre envia raios ou feixes pelos olhos, levando consigo um espírito ou vapor sutil e puro para o olho ou sangue daquele que está do lado oposto. Assim, os olhos, quando abertos e voltados para qualquer pessoa com uma imaginação forte, lançam seus raios, que são o veículo do espírito, em qualquer coisa que queiramos afetar ou prender. O espírito que atinge os olhos de quem está enfeitiçado se agita no coração e na alma daquele que os envia e, possuindo o peito daqueles que são atingidos, fere seus corações, infecta seus espíritos e os domina.

Saiba também que entre os bruxos, os mais eficientes são aqueles que, com frequência, olham de esgalha para o canto do olho daqueles que enfeitiçam ou encantam; daí surgiram expressões como "mau-olhado", dentre outras. Pois quando seus olhos se voltam reciprocamente um para o outro, faísca com faísca, brilho com brilho, o espírito de um se une ao espírito do outro e fortes ligações são feitas. E é assim também que o amor mais violento é despertado, apenas com um súbito olhar, por assim dizer, com um lampejo penetrante no mais íntimo do coração, de onde o espírito e o sangue amoroso, sendo assim feridos, são levados adiante ao amante e ao conjurador. Nada diferente do que produz o espírito sobre o sangue daquele que é assassinado. Se o assassino estiver perto do corpo do morto, o sangue flui novamente, o que foi comprovado por repetidos experimentos.

Há um poder tão grande no encantamento que muitas coisas incomuns e maravilhosas são realizadas por meio dele, especialmente quando as emanações dos olhos são subservientes à afeição. Portanto, colírios, unguentos, pastas, etc. são usados para afetar e corroborar o espírito desta ou daquela maneira. Para induzir o amor, usa-se colírios de propriedades sensuais, como hipômanes, sangue de pombas, etc. Para induzir o medo, eles usam colírios marciais, como olhos de lobo, gordura de urso e gato-almiscarado. Para obter miséria ou doenças, usam colírios saturninos, e assim por diante.

Assim, consideramos apropriado falar sobre a Magia Natural, na qual, como pode ser dito, abrimos apenas a primeira câmara do celeiro da Natureza. De fato, deveríamos ter inserido muito mais coisas aqui, mas como elas se enquadram mais apropriadamente nos capítulos de Magnetismo, Testemunhos etc., aos quais indicamos a leitura, vamos nos despedir por ora, para que possamos lhe dar tempo para respirar e digerir o que viu até aqui. Enquanto o leitor se prepara para entrar nas câmeras destrancadas da Magia e da Natureza, providenciaremos para ele um rico banquete de carnes deliciosas, próprias para o viajante faminto e sedento que caminha pelos vastos labirintos da sabedoria e da verdadeira ciência.

FIM DA MAGIA NATURAL

O autor, sob o título de Magia Natural, coletou e organizou tudo o que era curioso, raro e valioso, tanto de seus próprios experimentos quanto de tudo aquilo que coletou da ciência e da prática de autores mágicos mais antigos e obscuros. Isso pode ser visto numa lista no final deste livro, onde foram traduzidas muitas coisas que nunca foram publicadas em nome desses autores em idioma inglês, particularmente escritos de Hermes, Paracelsus, Trithemius, Bacon, Dee, Porta, Agrippa, etc., etc. de quem o autor não se envergonhou de tomar emprestado o que pensava e sabia que seria valioso e gratificante para os filhos da Sabedoria, além de muitos outros experimentos raros e incomuns relativos a essa Arte.

O VERDADEIRO SEGREDO DA PEDRA FILOSOFAL

ou

A JOIA DA ALQUIMIA

O PROCESSO DE FABRICAÇÃO DO GRANDE ELIXIR É AGORA REVELADO; OS METAIS COMUNS PODEM SER TRANSFORMADOS EM OURO PURO; E AINDA CONTÉM AS MAIS EXCELENTES E PROVEITOSAS INSTRUÇÕES SOBRE A

ARTE HERMÉTICA

DESCOBRINDO O VALIOSO E SECRETO REMÉDIO DOS FILÓSOFOS, PARA TORNAR OS HOMENS SAUDÁVEIS, SÁBIOS E FELIZES.

Por Francis Barrett
Estudante de química, filosofia natural etc.

1801

EPÍSTOLA A MUSEU

Tu, ó Museus! Cuja mente é elevada,
Observa minhas palavras e leia-as com teus olhos,
Que estes segredos em teu peito sagrado repousem,
E em tua viagem pensa somente em Deus;
O Autor de todas as coisas, que não pode morrer;
De quem falaremos agora.

Digo-lhe agora, Museu, observe nossas palavras e as leia com seus olhos, isto é, com os olhos de seu entendimento; pois, saiba, há muitos que nos ouvem falar, mas não entendem o significado de nossas palavras. Por que você iria contemplar esses mistérios com tanta constância de espírito, se não percebesse neles um grande bem mais desejável? Então presta atenção, ó jovem, e ouve nossas palavras! Nós lhe mostraremos o perigoso precipício da vaidade e do desejo obstinado – e descreveremos a vontade teimosa e fatal de nossas paixões, mesmo com lágrimas de arrependimento e compaixão sincera por sua inexperiência – e o conduziremos, por assim dizer, pela mão, através dos labirintos do vício, pelos quais está diariamente cercado. E, por mais preconceito que você tenha contra a recepção de nossa doutrina, ainda assim, tenha a certeza de que temos em nossa posse a virtude mágica e o poder de lhe prender a nossos princípios e lhe fazer feliz, mesmo contra sua vontade. Eis aqui um grande segredo! Você dirá: "Todo homem deseja ser feliz" – o que eu concordo; mas minha resposta é: a maioria dos homens impede sua própria felicidade; eles a destroem ao se deixarem governar pelo princípio externo da carne, pensando que o maior bem está na satisfação de seus apetites carnais ou na acumulação de pilhas de riquezas, o que os leva a derrubar os mansos e pobres, elevando os padrões de orgulho, inveja e opressão. Essas coisas são confirmadas pela experiência cotidiana. Indo além, há homens tão cegos que, ao possuírem muitas riquezas, pensam que não há nada além delas; de tanto que triunfam na luxúria, na opressão, na vingança e na desonra. Mas como pode ser possível que, sendo o homem um ser racional, possa abrir mão de seu governo tão facilmente? Digamos que, quando o homem permite que sua parte irracional e bestial o deprave, ele imediatamente se torna um escravo (e a mais vil das escravidões é aquela que priva o homem de suas virtudes sociais), pois, embora possua grandes coisas mundanas, como casas, propriedades e todas as outras dádivas temporais, ele se torna um instrumento imediato do Príncipe deste Mundo e dos Poderes das Trevas, visto que as riquezas que herda são meramente dadas a ele nesta vida, para conceder a outros as necessidades e os confortos dos quais ele próprio não sente falta, e por meio dos quais ele poderia, se não estivesse cego por suas paixões e luxúrias, assegurar a si mesmo um tesouro eterno e incorruptível. Mas aquele que possui tesouros sem misericórdia, liberalidade, generosidade, caridade, etc., rouba do Eterno Autor de todo o bem a honra que lhe é devida e, em suma, está destruindo sua própria alma. Em vez de beneficiar a si mesmo e aos outros, sua riqueza acaba sendo uma maldição. Enquanto vive aqui, ele é um flagelo para a sociedade; mas depois que deixar esta vida, o Novo Testamento indica claramente qual será sua situação e condição.

Portanto, você, jovem, que tem apenas alguns anos de vida, estude como obter a pedra que ensinamos: ela prolongará a beleza de sua juventude, mesmo que você viva por séculos – ela sempre lhe fornecerá os meios de confortar os aflitos; de tal forma que, quando você tiver alcançado esse talismã verdadeiramente desejável e perfeito, sua vida se tornará suave e agradável; nenhuma preocupação, nenhuma dor corrosiva, nenhum autoflagelo jamais invadirá sua mente; nem você precisará dos meios para ser feliz, no que diz respeito à posse dos bens desta vida, mas os terá em abundância. Mas como, e de que fonte, tudo isso deve proceder – de que coisa ou matéria você alcançará o fim desejado – o estudo do próximo Tratado mostrará suficientemente.

De seu amigo,

F. B.

AO LEITOR

Embora não assumamos a perfeição em nós mesmos em nenhum ponto da ciência, ainda assim conseguimos, por meio da experiência dispendiosa, do trabalho diligente e do estudo, algo digno de ser transmitido para instruir tanto o libertino devasso como o estudioso sério – o observador da Natureza. Nossa obra está concentrada em um foco: uma essência espiritual, por assim dizer, extraída de uma grande quantidade de matéria. Podemos dizer, com propriedade, que este pequeno Tratado é verdadeiramente espiritual e essencial para a felicidade do homem. Portanto, para quem deseja ser feliz, com toda boa intenção, recomendamos este trabalho para ser seu companheiro e estudo constante, no qual, se perseverarem, não falharão em seus desejos na obtenção da verdadeira Pedra Filosofal.

PRIMEIRA PARTE

Origem divina da Alquimia; dificuldade em conseguir a perfeição na arte; o que é ser um iniciado; a cabala; os iniciados Rosacruzes; possibilidade de alguém ser um iniciado; a pedra filosofal existe na natureza, fato comprovado por autoridade suficientes; nem todos os alquimistas, ou aqueles que pretendem ser um, são impostores; a loucura e a tolice das escolas e sua sabedoria; o triunfo da filosofia química ou a arte hermética preferível a qualquer outra.

Não será necessário entrarmos aqui em um longo discurso dos méritos dos autores e filósofos alquímicos; basta dizer que a Alquimia, a grande pedra de toque da sabedoria natural, é de origem Divina e foi trazida do Céu pelo anjo Uriel.

Zoroastro, o primeiro filósofo a lidar com o fogo, fez ouro puro a partir de todos os sete metais; ele trouxe um Sol dez vezes mais brilhante do leito de Saturno e o fixou com a Lua, que, ao se cruzar com ele, gerou uma prole numerosa de natureza imortal, um puro Sol espiritual e vivo, ardendo no resplendor de sua própria luz Divina, uma semente de natureza sublime e ardente, um progenitor vigoroso. Zoroastro foi o pai da Alquimia, iluminado divinamente do alto; ele sabia tudo, mas parecia não saber nada; seus preceitos de arte foram deixados em hieróglifos, mas de tal forma que ninguém, a não ser os favoritos do Céu, jamais se beneficiou deles. Ele foi o primeiro a gravar a pura Cabala em ouro puríssimo e, quando morreu, entregou-a a seu Pai, que vive eternamente, mas não o gerou: esse Pai a deu a seus filhos, que seguem os preceitos da Sabedoria com vigilância, engenhosidade e astúcia, e com uma mente pura, casta e livre.

Hermes, Geber, Artephius, Trithemius Bacon, Helmont, Lully e Basil Valentine escreveram de forma muito profunda, mas abstrusa, e nenhum declarou o que procurava. Alguns dizem que foram proibidos; outros, que eles declararam isso de forma óbvia e inteligível, mas mantiveram alguns pequenos pontos para si mesmos. Por mais distantes que estejam do ponto principal a que nos conduzem, tenhamos certeza de que algo valioso deve ser extraído, por assim dizer, de cada um deles.

Geber é bom, Artephius melhor, mas Flamel é o melhor de todos; e ainda melhor do que eles são as instruções que damos, pois com esses ensinamentos, um homem (seguindo nossas instruções) nunca terá falta de ouro; portanto, é possível ser um Iniciado, mas primeiro "busque o reino de Deus e todas essas coisas lhe virão por acréscimo". Essa é uma verdade incontestável, e nela reside um grande segredo: "Busque e acharás"; mas lembre-se: tudo o que pedir, receberá.

Em sua pureza máxima, a Cabala está contida nos muitos preceitos apresentados neste livro. A Cabala nos capacita a compreender, a colocar nossos entendimentos em ação e, por esse meio, a alcançar o conhecimento; que é o que nos torna filhos de Deus; e Deus, dota de sabedoria quem Ele quiser. Ser um Iniciado, de acordo com a vontade de Deus, não é um chamado desprezível.

A nobre e virtuosa Irmandade da Rosacruz considera sagrada a seguinte verdade: "A virtude não foge de ninguém"; logo, que coisa mais desejável é a virtude. Ela nos ensina primeiro a sabedoria, depois a caridade, o amor, a misericórdia, a fé e a permanência; tudo isso pertence à virtude; portanto, é fisicamente possível que qualquer homem bem-intencionado se torne um adepto, desde que deixe de lado o orgulho do raciocínio, toda obstinação, cegueira, hipocrisia, incredulidade, superstição, engano etc.

Um Iniciado, portanto, é aquele que não apenas estuda para fazer a vontade de Deus na Terra, no que diz respeito a seus deveres morais e religiosos, mas que estuda e ora ardentemente a seu benevolente Criador, para que lhe conceda sabedoria e conhecimento da plenitude de seu tesouro; e ele medita, dia e noite, para alcançar a verdadeira "água da vida" e para ser preenchido com a graça de Deus; que, quando se torna muito feliz, seus olhos espirituais e internos se abrem para a gloriosa perspectiva de riquezas mortais e imortais: ele não precisa de comida, roupas, alegria ou qualquer outra coisa – ele é preenchido com o maná espiritual celestial – ele desfruta do tutano e das coisas gordurosas da terra – ele pisa o lagar, não da ira, mas da misericórdia de Deus – ele vive para a glória de Deus e morre dizendo: "Santo, Santo, Santo Senhor dos Exércitos! Bendito seja o teu nome, agora e para sempre! Amém".

Portanto, para ser um Iniciado é preciso cuidar do autoconhecimento, temer a Deus e amar o próximo como a si mesmo; e por meio disso você chegará à realização de seus desejos, ó homem; mas por nenhum outro meio sob o escopo do Céu.

Quando sua alma se embriagar com o divino néctar ambrosiano, então seu entendimento será mais claro do que o sol do meio-dia; e por meio de seu olho intelectual forte e espiritualizado, você verá o grande tesouro da Natureza e louvará a Deus de todo o coração; então, verá a loucura do mundo; e realizará infalivelmente seu desejo e possuirá a verdadeira pedra filosofal, para o benefício de seu próximo. Eu digo, você será visível e sensível, de acordo com suas faculdades corporais; não imaginária, não ilusório, mas real.

Helmont, um autor de grande reputação, afirma que realmente viu a pedra que converte metais básicos em ouro; que a viu com seus próprios olhos e a manuseou com seus dedos: extraído de seu próprio relato do fato; não obstante a declamação de Kircher contra a possibilidade de obtê-la, apontando todos os que professavam a alquimia como um conjunto de impostores e malabaristas, não dando melhor exposição de seu processo de transmutação do que esta: "Um alquimista", diz Kircher, "adquire ou deseja que lhe tragam um cadinho, no qual é colocado chumbo ou qualquer outro metal básico, que, enquanto está em fusão, ele, o alquimista, agita com uma barra de ferro e deixa cair entre seus dedos um pouco de ouro. Depois de mexer por algum tempo e de fazer o ensaio, o ouro é encontrado". Esse é, de fato, um método muito fraco de desacreditar a alquimia; no entanto, deixando Kircher tão no escuro quanto estava, daremos a declaração de Van Helmont, um filósofo muito mais notável do que esse pseudoquímico Kircher. Van Helmont afirma:

Diversas vezes manuseei essa pedra com minhas próprias mãos e vi com meus próprios olhos uma transmutação real do mercúrio adquirido comercialmente, que, proporcionalmente, excedia em muito o pó de ouro ali formado.

Era da cor do açafrão, sendo pesado quando em pó e brilhante como vidro polido, mesmo quando batido com menos precisão. Uma vez me foi dada a quarta parte de um grão (também chamo de grão a sexagésima parte de uma onça). Esse pó eu envolvi em cera e gravei nela uma certa letra, para que, ao lançá-lo no cadinho, não se dispersasse pela fumaça das brasas. Esse pedaço de cera eu joguei em um recipiente de três cantos em um cadinho, sobre uma libra de mercúrio quente e recém-comprado. Logo todo o mercúrio, com um pouco de barulho, parou de fluir e ficou como um torrão; mas o calor daquela vida argêntea era tanto quanto poderia impedir a recoagulação do chumbo derretido. Em seguida, o fogo foi aumentado sob o fole e o metal foi derretido; o recipiente de fusão foi quebrado e eu descobri que pesava oito onças do mais puro ouro.

Portanto, se for feito um cálculo, um grão desse pó converte dezenove mil e duzentos grãos de metal impuro e volátil, que é obliterável pelo fogo, em ouro verdadeiro.

Pois aquele pó, ao se unir ao citado mercúrio, preservou-o imediatamente da ferrugem eterna, da putrefação, da morte e da tortura do fogo, por mais violento que fosse, e o tornou imortal contra qualquer vigor ou indústria da arte e do fogo. E o transformou na pureza virgem do ouro; pelo menos um único fogo de brasas é necessário aqui.

Com isso, vemos que um filósofo tão erudito e profundo como Van Helmont não poderia ter sido levado tão facilmente a acreditar que existia a possibilidade de transmutação de metais comuns em ouro puro, sem que ele tivesse de fato provado a causa por meio de experimentos.

Além disso, que os monumentos permanentes da generosidade de Flamel para com os pobres, por esse meio, que podem ser vistos em Paris todos os dias, sirvam de testemunho da verdade da possibilidade existente de transmutação. Da mesma forma, Helmont menciona uma pedra que ele viu e teve em sua posse, que curava todas as doenças, exceto a peste. Relatarei a circunstância em suas próprias palavras:

Havia um certo irlandês chamado Butler que durante algum tempo foi grande amigo de James, Rei da Inglaterra. Ele foi detido na prisão do Castelo de Vilvord e lá se compadeceu de Baillius, um dos mais famosos pregadores da Grã-Bretanha e monge franciscano, que também estava preso e tinha uma erisipela no braço. Certa noite, quando o monge estava à beira do desespero, Butler rapidamente mergulhou uma pedrinha em uma colher de leite de amêndoas e logo a retirou dali. Então, ele disse ao guardião: “Entregue esta ceia ao monge; quanto ele dela tomar, ficará são no prazo de no mínimo uma hora”. E foi de fato o que aconteceu, para grande admiração do guardião e do doente, que não sabiam de onde lhe viera tão repentina saúde, pois não sabiam que ele havia tomado qualquer coisa. Seu braço esquerdo, antes muito inchado, curou-se de tal forma que não diferia do outro. Na manhã seguinte fui requisitado por alguns grandes homens influentes e me dirigi a Vilvord como testemunha de seus feitos; assim, fiz amizade com Butler.

Pouco tempo depois, vi uma pobre mulher idosa, lavadeira, que desde os dezesseis anos de idade sofria de uma intolerável enxaqueca, curada em minha presença. A propósito, Butler mergulhou levemente a mesma pedrinha em uma colher de óleo de azeitonas e logo a limpou, lambendo-a com a língua e devolvendo a pedra a sua caixa de rapé. Essa colher de óleo ele despejou em um pequeno frasco de azeite, do qual mandou ungir uma única gota na cabeça da referida mulher idosa, que foi imediatamente curada e permaneceu sã. Atesto que fiquei espantado, como se ele tivesse se tornado outro Midas; ele, sorrindo, disse: “Meu querido amigo, se conseguir chegar até aqui, de modo a poder, com um único remédio, curar todas as doenças, você permanecerá jovem, por mais velho que se torne”. Concordei facilmente com isso, porque aprendi esses segredos com Paracelso;

sendo agora confirmado pela visão e a esperança. Mas confesso que eu não estava acostumado a esse método de cura, que era desconhecido para mim. Certa vez eu lhe disse que um jovem príncipe de nossa Corte, Visconde de Gaunt, irmão do príncipe de Episuoy, de família muito importante, estava tão prostrado pela gota que passou a ficar deitado apenas de um lado, sendo miseravelmente deformado pelos muitos nódulos: Butler, então, segurando minha mão direita, disse: "Quer que eu cure o jovem? Eu o curarei por sua causa". Ao que eu respondi: "ele é tão obstinado, que prefere morrer a beber uma única poção medicinal". "Que assim seja", disse Butler; "pois também não exijo outra coisa a não ser que ele, todas as manhãs, toque esta pequena pedra que você está vendo com a ponta da língua; depois de três semanas, deixe-o lavar os nódulos dolorosos e os indolores com sua própria urina, e logo estará curado e caminhando bem. Vá e diga a ele, com alegria, o que eu disse".

Contente, retornai a Bruxelas e lhe transmiti as palavras de Butler. Porém o potentado respondeu: "Vai e dize a Butler que se ele me curar como disseste, dar-lhe-ei o quanto pedir – é só dizer o preço, que pagarei sua fiança de bom grado". Quando, no dia seguinte, levei a notícia a Butler, ele ficou furioso: "Este príncipe é louco, tolo e miserável, por isso nunca o ajudarei, não preciso do seu dinheiro, não vou assumir uma posição de submissão, nem sou inferior a ele". Depois disso não consegui convencê-lo a fazer o que tinha prometido e comecei a duvidar se as coisas que vira não tinham sido sonhos.

Neste meio tempo, aconteceu de um amigo, supervisor e mestre de uma fábrica de vidro em Antuérpia, extremamente gordo, ter pedido a Butler que o livrasse da sua gordura. Butler lhe ofereceu um pequeno pedaço daquela pedrinha, com a recomendação de lambê-la ou tocá-la com a parte superior da língua todas as manhãs. Dentro de três semanas constatei que, de fato, ele tinha ficado mais esbelto, e a partir de então, passou a levar uma vida saudável. Com isto voltei a acreditar que o príncipe que sofria de gota poderia ter sido curado por Butler.

Na mesma época, enviei um criado a Vilvord para pedir a Butler o remédio, pois eu suspeitava ter sido envenenado por algum inimigo secreto. Eu sofria dores terríveis e intermitentes em todas as articulações, o pulso acelerado e o enfraquecimento da minha mente, que drenavam minhas forças. Butler, ainda na prisão, ordenou ao criado enviado por mim que lhe trouxesse imediatamente uma garrafa de azeite de oliva. Mergulhou nele aquela pedrinha, como das outras vezes, e mandou-o para mim, dizendo ao criado que eu deveria ungir um único local dolorido ou todos com apenas uma pequena gota do azeite, o que fiz sem obter nenhum alívio. Foi quando meu inimigo, às portas da morte, pediu-me perdão por seu pecado e eu tive confirmação de ter sido envenenado. Assim, procurei eliminar o veneno lenta e cuidadosamente, e pela graça de Deus consegui escapar da morte.

Constatando depois muitas outras curas realizadas em certas mulheres da nobreza, perguntei a Butler por que com elas obtivera sucesso enquanto eu (lutando com a morte, cheio de dores em todas as articulações e órgãos) não me sentia aliviado? Ao me perguntar como tinha sido a minha doença e entender que foi o veneno que a provocara, disse que eu deveria ter ingerido o azeite ou tocado a pedra com a língua, pois o sofrimento estava sendo alimentado de dentro, não localizado ou externo. Ele disse também que com o tempo o azeite perdia sua eficácia, porque, ao mergulhar nele rapidamente a pedrinha, esta não havia impregnado o azeite todo, mas espalhado o seu aroma de leve e superficialmente. É certo que eu senti o gosto rarefeito do sal marinho espalhado pelas bordas do azeite, pois o sal não se mistura bem com o óleo.

Esse mesmo homem curou também uma Abadessa que, passou dezenove anos com o braço direito inchado, desprovido de movimento, com os dedos enrijecidos e imóveis. Muitos que testemunharam os mesmos prodígios suspeitaram que havia alguma bruxaria ou arte maligna por trás disso. As pessoas comuns têm o costume arraigado de atribuir às artimanhas de algum espírito maligno tudo que não entendem, por mais honesto que seja, protegendo, assim, sua ignorância. Eu não chegaria a tanto, pois o remédio era supostamente natural, sem necessidade de palavras, cerimônias ou qualquer outra coisa suspeita. A razão humana seria incapaz de atribuir ao demônio a glória de Deus manifesta na Natureza. Nenhuma daquelas pessoas pedira ajuda a Butler, como se ele fosse um suspeito de necromancia. Em verdade, a primeira atitude fora de pouco caso, incredulidade e desconfiança. No entanto, este método de cura fácil continuará sendo posto em dúvida por muito tempo, pois a plebe inconstante e fútil está mais pronta a atribuir tão grande benefício de cura à sagacidade diabólica do que à bondade Divina, ao Criador, ao amante, salvador e renovador da natureza humana e pai dos pobres. E estes preconceitos vis são inerentes não só às pessoas comuns, mas também aos cultos, que analisam grosseiramente os princípios de cura sem ter estudado o assunto, ou observam as estúpidas regras comuns, porque são tão sábios quanto as crianças que nunca passaram da porta de sua casa, com medo de qualquer história fabulosas. Aqueles que não chegaram a conhecer o círculo completo das doenças que afligem a humanidade incluídas no espírito vital, mesmo após lerem meus estudos e ficarem impressionados com o assunto da cura, acabarão abandonando-me com facilidade, por já terem se acostumado desde o início de seus estudos, com os preceitos dos humoristas, e voltarão para o fanatismo favorito e as opiniões antigas das escolas.

Passemos agora à preparação necessária para que a pessoa esteja qualificada para receber esses dons sublimes.

Preparação que qualifica o homem para a busca deste Tesouro e da matéria-prima (prima matéria) da Pedra

LIÇÃO I

A preparação para esse trabalho é simplesmente a seguinte: aprenda a afastar de você todas as afeições vis – toda leviandade e inconstância de espírito e deixe que todas as suas relações sejam livres de engano e hipocrisia; evite a companhia de jovens vaidosos e abomine toda prodigalidade e discurso profano.

LIÇÃO II

Guarde seus próprios segredos e os de seus vizinhos; não corteje os favores dos ricos; não despreze os pobres, pois quem o fizer será mais pobre do que os mais pobres.

LIÇÃO III

Dê aos necessitados e aos desafortunados tudo o que puder, mesmo que seja pouco, pois aquele que tem pouco e mesmo assim dá aos pobres, será amplamente recompensado por Deus.

LIÇÃO IV

Seja misericordioso com aqueles que o ofenderam ou que o feriram; pois como deve ser o coração do homem que se vinga pesadamente de uma ofensa leve? Perdoa seu irmão até setenta vezes sete.

LIÇÃO V

Não se apresse em condenar as ações dos outros, para que, na hora seguinte, não caia no mesmo erro; despreze o escândalo e a fofoca; use poucas palavras.

LIÇÃO VI

Estude dia e noite e suplique ao seu Criador para que tenha prazer em lhe conceder conhecimento e compreensão; e que os espíritos puros possam se comunicar com você e o influenciar.

LIÇÃO VII

Não se deixe dominar pela embriaguez; pois, esteja certo de que metade dos males que atinge a humanidade tem origem na embriaguez: uma quantidade muito grande de bebidas fortes priva os homens de sua razão; então, tendo perdido o uso da faculdade de seu julgamento, eles imediatamente se tornam receptores de todas as influências malignas e são justamente comparados a cata-ventos, que são levados para lá e para cá por cada rajada de vento; assim, aqueles que afogam o poder da razão são facilmente persuadidos às atividades mais leves e frívolas e, a partir delas, aos vícios mais grosseiros e reprováveis; pois os ministros das trevas nunca têm uma oportunidade tão favorável de se insinuar nas mentes e nos corações dos homens como quando estão bêbados. Peço-lhe que evite esse vício terrível.

LIÇÃO VIII

Evite a gula e todos os excessos, pois são muito perniciosos. São essas as coisas que, vindas do Diabo, constantemente tentam o homem e é assim que ele se torna presa de seu adversário espiritual, pois se torna incapaz de receber qualquer dom bom ou divino. Além disso, os poderes ou essências divinos e angélicos não se deleitam em conversar com um homem que está contaminado e fedendo à devassidão e ao excesso.

LIÇÃO IX

Não cobice muito o ouro, aprenda a ficar satisfeito com o suficiente, pois desejar mais do que o necessário é ofender a Deidade.

LIÇÃO X

Leia com frequência estas dez Lições preparatórias para que esteja pronto para a Grande Obra e para receber coisas mais elevadas; pois quanto mais puro for seu coração e sua mente, mais rapidamente perceberá os altos segredos que ensinamos e que estão inteiramente ocultos do discernimento dos viciosos e depravados, porque tal fonte de tesouro jamais será alcançada meramente para satisfazer nossos desejos e inclinações mais grosseiros, terrenos e fantasiosos. Aqui, nada deve ser pensado para ser aprendido ou arrancado deste livro, a não ser para o cumprimento de um bom fim e propósito. Quando tiver purificado seu coração, como dissemos ser indispensavelmente necessário para receber todas as coisas boas, verá com outros olhos além dos atuais – seus olhos espirituais serão abertos e lerá o homem tão claramente quanto lê nossos livros. Mas para tudo isso, não dependa da força de sua própria sabedoria, pois, mesmo assim, quando pensamos que nosso coração está seguro, se não o vigiarmos para que não durma, o Diabo ou seus ministros imediatamente nos tomam nesse momento de descuido e nos tentam a cometer um ou outro pecado: Portanto, usando as palavras de nosso abençoado Redentor – "O que vos digo, digo a todos vós: vigiai"!

Não duvido que haja quem diga, ao olhar para nossas Obras: "esse sujeito é um orador fanfarrão – ele nos diz o que já sabíamos antes, assim como ele mesmo já sabe". A esses eu digo: "deixem que leiam nosso livro apenas duas vezes; se não encontrarem algo que reconheçam como precioso (ou melhor, se não ficarem convictos de sua preciosidade, para sua própria satisfação), queimarei esses escritos e eles não serão mais lembrados por mim".

Concluindo esta parte: dizemos que a matéria-prima (Prima Matéria) foi trazida do Paraíso por Adão, que a deixou como herança para nós, seus sucessores. Tivesse ele permanecido na sua pureza original, teria tido a permissão de usá-la ele mesmo. Mas a ordem eterna decretou que ele deveria "ganhar seu pão com o suor de seu rosto"; portanto, não pôde realizar o que mais tarde foi feito por alguns de seus descendentes.

Hermes Trismegisto, o antigo filósofo, escreveu sobre como conseguir esta pedra, dizendo que ela era benéfica ao homem e uma das maiores bênçãos existentes. Embora seus escritos contenham muita verdade sublime, as figuras simbólicas as tornam extremamente difíceis de entender. Se entendidas, sem dúvida contêm alguns segredos muito grandes que podem beneficiar o homem mortal.

É nosso propósito, neste momento, saber de onde devemos extrair a matéria-prima desta pedra para que tenhamos o material com que trabalhar, avançando em nosso processo, pois todos os filósofos concordam que é só achar a matéria-prima para prosseguirmos sem muita dificuldade. Quanto à matéria-prima, (falarei o mais claramente possível) a primeira grande questão é: onde podemos encontrá-la? Digo que a encontramos em nós mesmo. Todos nós, desde o mendigo até o rei, possuímos esta matéria-prima. Todos os nascidos de uma mulher carregam-na consigo. Se nossos químicos habilidosos pudessem achar o processo de extração desta matéria, como seriam recompensados os seus esforços! A questão seguinte procede naturalmente: como retirar ou atrair para fora de nós mesmos a matéria secreta da pedra? Não é por nenhum método muito comum, no entanto, a tarefa deve ser terminada, e isso pelos meios mais simples, o que tornará possível obter a pedra filosofal. Peço-lhe, meu amigo, para que olhe para dentro de si mesmo e se esforce em descobrir em que parte daquilo que o compõe está a matéria-prima da Pedra Filosofal ou de que parte da sua substância pode ser extraída a matéria-prima da pedra. Dirias, deve estar no cabelo, ou no suor, ou no excremento. Afirmo que em nenhuma dessas partes a encontrarás, ainda assim ela se encontra em si mesmo.

Muitos grandes filósofos e químicos, que tive o prazer de conhecer, afirmam que, admitindo a possibilidade de transmutação, ela (ou seja, a primeira matéria) deve ser retirada do ouro mais puro. A isso eu respondo que *não* deve; nem tem nada a ver com o ouro extrínseco. Eles dirão, então, que o conjunto puro do ouro pode ser extraído do próprio ouro. Sim, pode ser; mas daí eu perguntaria se eles já conseguiram produzir mais ouro do que aquele do qual a alma ou essência foi extraída. Se conseguiram, de fato descobriram um segredo além dos poderes de nossa compreensão; é contra a razão supor que, se uma libra de ouro produz um dracma de sua alma ou de sua essência, isso apenas tingirá mais do que uma libra de chumbo purificado, ou mercúrio ☿, porque tentamos vários experimentos, e eu, em alguns de meus primeiros ensaios, transformei chumbo e mercúrio em ouro bom, mas não mais do que aquele do qual a substância foi extraída. Entretanto, para não perdermos nosso tempo em disputas vãs e ridículas, saibam que quaisquer que sejam as coisas ou experimentos prodigiosos que tenham sido tentados com relação à primeira matéria, por sujeitos externos, seja nos reinos mineral, animal ou vegetal, como são chamados, digo que em nós está o poder de todas as coisas maravilhosas que o Criador supremo, por sua infinita misericórdia, implantou em nossas almas; e dele deve ser extraída a primeira matéria, o verdadeiro *argent vive*, o mercúrio dos filósofos, a verdadeira essência do ☿, ou seja, o ouro vivo espiritual, ou mercúrio líquido, ou a matéria-prima, que, ao ser amadurecida, é capaz de transmutar mil partes de metal impuro em ouro bom e perfeito, que resiste ao fogo, ao teste ou ao copela.

SEGUNDA PARTE

A maneira de extrair a matéria-prima para a pedra filosofal e a sua utilização para purificar os metais imperfeitos, transmutando-os em ouro de boa qualidade

LIÇÃO XI

Considere as instruções anteriores como seu principal instrumento e saiba que a alma tem poder quando o corpo está livre de qualquer impureza e o coração sem malícia e sem ofensas, como já dissemos. Digo então que a alma atua livremente e tem o poder espiritual e mágico de agir sobre qualquer substância. Por isso eu disse que a matéria-prima está na alma, e ao extraí-la, põe-se em ação o poder adormecido do espírito puro, vivo, que respira, junto à alma eterna. Observe bem que todo agente tem seu poder de atuar sobre seu paciente. Toda essência que é destilada é recebida em um recipiente, mas esse recipiente deve primeiro ser purificado. Assim deve ser a alma e o coração do homem: as afeições vis devem ser jogadas fora e pisoteadas; então você será capaz de prosseguir em seu trabalho, e o fará da seguinte maneira.

LIÇÃO XII

A despesa que você deve ter será mínima: todos os instrumentos necessários são apenas três, a saber, um cadinho, um ovo filosófico e uma retorta com seu recipiente. Limpe 5 dwt. de ouro puro e coloque-o em seu ovo filosófico, depois, despeje sobre ele o dobro de seu peso do melhor mercúrio ☿ húngaro e feche o ovo com um selo hermético. Deixe por três meses enterrado em esterco de cavalo. Retire-o ao final desse tempo e veja que tipo de forma seu ouro e mercúrio ☿ assumiram; retire-o dali e derrame sobre ele metade de seu próprio peso de uma boa essência de sal amoníaco. Coloque tudo em uma panela cheia de areia sobre o fogo na retorta e deixe destilar em uma essência pura. Adicione uma pitada desse ☿ e duas pitadas de sua água da vida, ou prima matéria, coloque-os em seu ovo filosófico e...

LIÇÃO XIII

...deixe isto dentro de esterco de cavalo por mais três meses. Em seguida retire de lá e veja o resultado: uma essência etérea pura, que é o ouro vivo. Derrame esse licor espiritual puro sobre uma dracma de ouro fino derretido e encontrará o que satisfará sua fome e sede por esse segredo, pois o aumento de seu ouro lhe parecerá milagroso, como de fato é. Leve-o a um joalheiro ou ourives; deixe-o testá-lo em sua presença e terá motivos para bendizer Deus por sua misericórdia. Cumpra seu dever como Ele lhe ordenou e use todo o benefício que receber em ações dignas de sua natureza.

LIÇÃO XIV

Quando sua visão espiritual estiver aberta e você começar a ver para que fim foi criado, não precisará de mais nada para seu conforto ou sustento; apenas mantenha as regras que prescrevemos no início deste pequeno tratado - tema a Deus e ame seu próximo como a si mesmo; não se apresse em revelar quaisquer segredos que possa aprender, pois os bons espíritos, tanto de dia quanto de noite, serão seus instrutores e lhe revelarão continuamente muitos segredos.

Os bons espíritos, tanto de dia quanto de noite, serão seus instrutores e lhe revelarão continuamente muitos segredos. Não pense que você pode lucrar ou se beneficiar tanto com a instrução daqueles que professam grandes vantagens na educação clássica e no ensino superior; esteja certo de que eles estão, em termos de conhecimento espiritual, muito no escuro: pois aquele que não deseja o conhecimento espiritual não pode alcançá-lo de forma alguma, a não ser, em primeiro lugar, vindo a Deus; em segundo lugar, purificando seu próprio coração; em terceiro lugar, submetendo-se à vontade do Espírito Santo, para guiá-lo e dirigi-lo em toda a verdade, para a obtenção de todo o conhecimento, tanto humano quanto divino; e não arrogando nada ao nosso próprio poder ou força, mas remetendo tudo à misericórdia e à bondade de Deus. Amém.

MAGUS

ou

A MILÍCIA CELESTE

Contendo

A PRÁTICA CONSTELATÓRIA, OU MAGIA TALISMÂNICA.

Apresentando

AS VERDADEIRAS PROPRIEDADES DOS ELEMENTOS, METEOROS, ASTROS, PLANETAS ETC.; DA MESMA FORMA, A NATUREZA DAS INTELIGÊNCIAS, ESPÍRITOS, DAEMONS E DEMÔNIOS; A CONSTRUÇÃO E COMPOSIÇÃO DE TODOS OS TIPOS DE SELOS MÁGICOS, IMAGENS, ANÉIS, ESPELHOS, QUADROS ETC.; O PODER E A COMPOSIÇÃO DE NÚMEROS, FIGURAS MATEMÁTICAS E SIGILOS DE ESPÍRITOS, TANTO BONS QUANTO MAUS.

Tudo isso ilustrado por uma grande variedade de
BELAS FIGURAS, TIPOS, LETRAS, SELOS, IMAGENS, SIGILOS MÁGICOS ETC.

Formando um sistema completo de
CONHECIMENTO FASCINANTE E CIÊNCIA OCULTA;

Com a garantia de nunca antes ter sido publicado na língua inglesa.

Por Francis Barrett,
Estudante de Química, Filosofia Oculta, Cabala etc.

1801

LIVRO I – PARTE II

CAPÍTULO I

OS QUATRO ELEMENTOS E SUAS QUALIDADES NATURAIS

É necessário que conheçamos e compreendamos a natureza e a qualidade dos Quatro Elementos para que sejamos perfeitos nos princípios e na base de nossos estudos da Arte Talismânica ou Mágica.

As bases originais de todas as coisas corpóreas são os quatro elementos existentes: Fogo, Terra, Água e Ar, dos quais todos os corpos inferiores são compostos, não por aglutinação, mas por transmutação e união que, quando destruídos, decompõem-se e transformam-se nesses elementos. No entanto, nenhum elemento perceptível é puro, eles estão, em maior ou menor grau, misturados e aptos a serem transformados de um em outro: assim como a terra, sendo umedecida e dissolvida, torna-se água, mas quando condensada e rescindida, torna-se terra novamente; e, sendo evaporada pelo calor, passa para o ar, e este, sendo aceso, torna-se fogo, que sendo extinto, torna-se novamente ar, mas quando resfriado, após a queima, torna-se terra novamente, ou então pedra ou enxofre; e isso é claramente demonstrado pelo relâmpago. Agora, cada um desses elementos tem duas propriedades específicas: a primeira, que mantém como própria, e a outra, como média, que concorda com a que vem logo depois dela. Pois o Fogo é quente e seco; a Terra, fria e seca; a Água, fria e úmida; e o Ar, quente e úmido. Dessa maneira, os elementos, de acordo com duas qualidades contrárias, são opostos um ao outro: como o Fogo à Água e a Terra ao Ar. Da mesma forma, os elementos são contrários um ao outro por outro motivo: dois são pesados, como a Terra e a Água, e os outros dois são leves, como o Fogo e o Ar; por isso os estoicos chamavam os primeiros de passivos, mas os últimos de ativos. E Platão os distingue de outra maneira e atribui a cada um deles três qualidades, a saber: para o Fogo, luminosidade, agilidade e movimento; para a Terra, escuridão, densidade e quietude; então, de acordo com essas qualidades, os elementos Fogo e Terra são contrários. Agora, os outros elementos tomam emprestadas suas qualidades desses dois elementos, de modo que o Ar recebe duas qualidades do Fogo, a agilidade e o movimento, e da Terra recebe uma, a escuridão. Da mesma forma, a água recebe duas qualidades da Terra, a escuridão e a densidade, e o Fogo recebe uma, o movimento. Mas o Fogo é duas vezes mais leve que o Ar, três vezes mais móvel e quatro vezes mais reluzente; o Ar é duas vezes mais claro, três vezes mais leve e quatro vezes mais móvel. Portanto, assim como o Fogo está para o Ar, o Ar está para a Água e a Água para a Terra; e novamente, assim como a Terra está para a Água, a Água está para o Ar e o Ar para o Fogo. E essa é a raiz e o fundamento de todos os corpos, naturezas e obras maravilhosas; e aquele que puder conhecer e compreender completamente essas qualidades dos elementos e suas misturas, realizará coisas maravilhosas e surpreendentes Magia.

Agora, cada um destes elementos tem três aspectos a considerar, de maneira que o número quatro possa compor o número doze, e, passando pelo número sete para o dez, possa haver uma progressão rumo à unidade suprema da qual dependem toda a virtude e as coisas prodigiosas.

À Primeira Ordem pertencem os elementos puros, que não são compostos, modificados ou misturados, mas, sim, incorruptíveis. As virtudes de todas as coisas naturais não provêm deles, mas são acionadas por meio deles. Ninguém é capaz de definir totalmente as virtudes dos elementos, porque sua ação é vasta e abrange todas as coisas existentes. Aquele que ignora este fato nunca será capaz de realizar um fenômeno prodigioso.

Fazem parte da Segunda Ordem os elementos compostos, mutáveis e impuros. No entanto, estes podem ser reduzidos ao estado de pureza por meio de artifícios e, quando reduzidos, sua virtude, mais do que qualquer outra, aperfeiçoa todas as operações ocultas e comuns da Natureza. Estas virtudes são o fundamento de toda a Magia Natural.

À Terceira Ordem pertencem os elementos que originalmente e por si só não são elementos; mas compostos duplamente, diversificados e transformáveis um no outro. Constituem o infalível *médium*, e são chamados de "natureza média" ou "alma da natureza média". Poucos entendem os profundos mistérios que aí se escondem. Existe neles a perfeição, por meio de determinados números, graus e ordens, de cada fenômeno natural, celeste ou supraceleste. Eles estão repletos de milagres e mistérios e operam tanto na Magia Natural quanto na Divina.

Pois deles e por meio deles, procede-se a amarração, a dissolução e a transmutação de todas as coisas – o conhecimento e a previsão das coisas futuras – e também a expulsão do mal e o ganho de bons espíritos. E que ninguém se julgue capaz de realizar qualquer coisa dentro da Ciência Oculta ou da Magia da Natureza sem estes três tipos de elementos e o verdadeiro conhecimento deles.

E todo aquele que souber, por assim dizer, como reduzir os elementos de uma ordem para outra, o impuro para puro, o composto em simples, sem dividir a substância, e compreender a distinção entre a natureza, a virtude e o poder inerente aos elementos quanto ao número, grau e ordem, adquirirá o conhecimento e saberá operar com perfeição todas as coisas naturais, assim como os segredos celestes. É por ensinar tudo o que foi mencionado até agora que a Cabala é perfeita. Uma vez adquirido o conhecimento exato do assunto, podemos realizar muitas experiências raras e maravilhosas.

CAPÍTULO II

AS PROPRIEDADES E A NATUREZA PRODIGIOSA DO FOGO E DA TERRA

Segundo Hermes, há duas coisas a saber que bastam para a operação de todas as coisas maravilhosas: o Fogo e a Terra. O primeiro é ativo e o segundo é passivo. O Fogo, em tudo e através de todas as coisas, é brilhante do início ao fim; quando se manifesta em todas as coisas e através de todas as coisas; é reluzente e ao mesmo tempo oculto e desconhecido. No seu estado puro (quando desvinculado da matéria, sem uma base para manifestar sua ação específica), o fogo é ilimitado e invisível; e ainda é autossuficiente em todas as ações que são próprias de sua natureza. O Fogo é uno, interpenetra todas as coisas, espalha-se pelos céus e é reluzente. Nos infernos, no entanto, o fogo é limitado, escuro e aterrador; a meio caminho entre os dois extremos, ele partilha dos dois. O Fogo é encontrado nas pedras, de onde pode ser extraído por um golpe de metal; na terra, que, quando cavada, solta fumaça; na água, aquecendo fontes e poços; nas profundezas do mar que esquenta ao ser agitado pelos ventos e, como acontece frequentemente, no ar que vemos queimar. E em todos os animais, vegetais e todas as criaturas vivas que vivem no calor, devido ao calor que elas próprias contêm.

As principais propriedades do fogo superior são o calor que faz as coisas frutificarem, e a luz celeste, que dá vida a todas as coisas. A característica principal do fogo infernal é o calor abrasador que consome todas as coisas e a escuridão que torna tudo estéril. O fogo celestial e brilhante afasta os espíritos das trevas; assim como o nosso fogo, feito com lenha, que também os afasta na medida em que tem uma analogia com essa luz superior e é o veículo dela. Aquele que disse "Eu sou a Luz do mundo", o fogo verdadeiro, o Pai das luzes, de quem resulta tudo o que é bom, emite a luz do seu fogo primeiro o transmitindo para o Sol e para os outros corpos celestes e, através destes instrumentos mediadores, imprime luz ao nosso fogo. Assim como os espíritos das trevas são mais fortes na escuridão, os bons espíritos, que são anjos da luz, são fortalecidos não apenas por essa luz (que é Divina, solar e celeste), mas também pela luz do nosso fogo comum.

Foi por isso que os primeiros e mais sábios instituidores de religiões e cerimônias ordenaram que orações, cânticos e todos os tipos de adoração Divina não deveriam ser realizados sem velas ou tochas acesas: daí, também, o significativo ditado de Pitágoras: "Não fale de Deus sem uma luz!" E ordenaram que, para afastar os espíritos malignos, luzes e fogueiras fossem acesas junto aos cadáveres dos mortos e não fossem removidas até que as expiações fossem realizadas de maneira sagrada para depois serem enterrados. E o próprio grande Jeová, na antiga lei, ordenou que todos os seus sacrifícios fossem oferecidos com fogo, que deveria estar sempre aceso no altar. Costume este que os Sacerdotes do Altar sempre observaram e mantiveram entre os romanos. Agora, a base e o alicerce de todos os elementos é a Terra, pois ela é o objeto, o sujeito e o receptáculo de todos os raios e influências celestiais. Na terra estão contidas as sementes e as virtudes seminais de todas as coisas; por isso, diz-se que ela é animal, vegetal e mineral. Fecundada pelos outros elementos e pelos céus, a terra produz todas as coisas por si mesma. Ela recebe a abundância de todas as coisas e é, por assim dizer, a primeira fonte de onde tudo brota; ela é o centro, o fundamento e a mãe de todas as coisas. Pegue a quantidade que quiser de terra, separada, lavada, depurada e sutilizada, e se você a deixar ao ar livre por algum tempo, ela, estando cheia e abundante em virtudes celestiais, produzirá por si mesma plantas, vermes e outras coisas vivas; também pedras e faíscas brilhantes de metais. Na terra há grandes segredos: se, em algum momento, ela for purificada com a ajuda do fogo[5] e reduzida à sua natureza simples por meio de uma lavagem conveniente, será a matéria primeira de nossa criação e o remédio mais verdadeiro que pode nos restabelecer e conservar.

5. Agripa, falando do elemento Terra reduzido à sua simplicidade extrema pela purificação do Fogo e lavagem adequada, quer dizer que é o primeiro ingrediente principal necessário à fabricação da Pedra Filosofal, seja de animais ou de metas.

CAPÍTULO III

ÁGUA E AR

Os outros dois elementos, Água e Ar, não são menos eficazes do que os primeiros; tampouco a natureza deixa de realizar prodígios com eles. A necessidade que temos de água é tão grande que, sem ela, nada pode viver – nenhuma erva ou planta, seja ela qual for, pode dar frutos sem a presença da água; nela está a virtude comum de todas as coisas, especialmente dos aninais, cujo sêmen é manifestamente de natureza aquosa. Também as sementes de árvores e plantas, embora sejam terrestres, devem, não obstante, serem apodrecidas necessariamente em água antes de frutificar; podendo ser absorvidas com a umidade da terra, com o orvalho, com a chuva, ou com qualquer outra água que seja propositalmente ministrada. Pois Moisés escreve que somente a terra e a água podem gerar uma alma vivente; mas ele atribui à água uma dupla produção de coisas, a saber, coisas que giram na água e coisas que voam no ar, acima da terra; e que aquilo que se produz na terra e sobre a terra é parcialmente atribuído à própria água. A mesma escritura testifica isso quando diz que as plantas e as ervas não cresceram, porque Deus não fez chover sobre a terra. Tal é a eficácia do elemento Água que a regeneração espiritual não pode ser feita sem ela, como o próprio Cristo testificou a Nicodemos. Muito grande, também, é sua virtude na adoração religiosa de Deus, nas expiações e nas purificações. No entanto, não é menos necessária do que o fogo. Infinitos são os benefícios e diversos são os usos da água enquanto aquilo em virtude do que todas as coisas subsistem, são geradas, nutridas e aumentadas. Foi por isso que Tales de Mileto e Hesíodo concluíram que a água era o princípio de todas as coisas; e disseram ainda que este era o primeiro de todos e o mais potentes dos elementos, além de eterno. Isso, porque o elemento Água tem domínio sobre todos os outros. Pois, como diz Plínio: "As águas engolem a terra, extinguem as chamas, sobem às alturas e, pela extensão das nuvens, reivindicam os céus para si mesmas; e ainda, ao se precipitarem sobre a terra, torna-se a causa de todas as coisas que nela cresce". Muitos são os prodígios realizados pelas águas, de acordo com os escritos de Plínio, Solino e muitos outros historiadores.

Josefo também relata a natureza prodigiosa de certo rio entre Arcea e Raphanea, cidades da Síria, que corre com o leito cheio durante todo o dia de sábado, parando, repentinamente, como se as nascentes fossem bloqueadas durante os seis dias seguintes, a ponto de ser possível passar por ele sem sequer molhar os calçados. Porém, no sétimo dia, sem que ninguém saiba a razão, novamente as águas voltam, em abundância como antes! Por isso, os habitantes das redondezas o chamavam de *Sabbath-day River* "Rio do Sábado" ou "Rio do Dia do Senhor", devido ao sétimo dia, que era sagrado para os judeus. O Evangelho também fala de um tanque de ovelhas, no qual todo aquele que pisava primeiro, depois que a água era agitada pelo anjo, era curado de qualquer doença que tivesse. A mesma virtude e eficácia, lemos, estava em uma fonte das Ninfas Jônicas, que ficava nos territórios pertencentes à cidade de Elis, em uma aldeia chamada Heradea, perto do rio Citheron, na qual quem quer que entrasse, estando doente, saía inteiro, era curado de todas as suas doenças. Pausânias também relata que em Lyceus, uma montanha da Arcádia, havia uma fonte chamada "Agria", à qual, sempre que a secura da região ameaçava a destruição dos frutos, Júpiter, Sacerdote de Lyceus, ia até lá. Depois de oferecer sacrifícios, orando devotamente às águas da fonte, ele segurava um galho de carvalho na mão e o colocava no fundo da fonte sagrada; então, as águas se agitavam e um vapor subia dali para o ar e formava nuvens que, unidas, espalhavam-se por todo o céu. Além disso, Ruffus, um médico de Éfeso, além de muitos outros autores, escreveu coisas estranhas a respeito das maravilhas das águas, que, pelo que sei, não são encontradas nos escritos de nenhum outro autor.

Resta que eu fale do Ar, um espírito vital, que passa por todos os seres – dando vida e subsistência a todas as coisas e movendo e energizando tudo. Por isso os eruditos hebreus não o consideram como elemento, mas como um meio, ou unificador que une todas as coisas, como o mais retumbante espírito e instrumento do mundo. O Ar recebe imediatamente em si a influência de todos os corpos celestes e depois a transmite aos outros elementos, bem como a todos os corpos compostos. Além disso, ele recebe em si mesmo, como se fosse um espelho divino, as espécies de todas as coisas, tanto naturais quanto artificiais, bem como de todos os tipos de discursos, e os retém; e, levando-os consigo e entrando nos corpos dos homens e de outros animais por meio de seus poros, causa uma impressão neles, tanto quando estão dormindo quanto acordados, e fornece matéria para diversas adivinhações e sonhos estranhos. Por isso, dizem eles, quando uma pessoa passa por um lugar onde um homem foi morto, ou onde o cadáver foi escondido recentemente, sente medo e pavor; porque o ar daquele lugar, estando cheio da terrível natureza humana do assassino, ao ser respirado, move e perturba o espírito do homem com sentimentos alarmantes semelhantes; e é isso que leva ao medo. Pois tudo o que causa uma impressão repentina surpreende a natureza.

Muitos filósofos eram da opinião de que o ar é a causa dos sonhos e de muitas outras impressões da mente, provenientes do prolongamento de imagens, analogias ou sensações (que derivam das coisas e da palavras multiplicadas no próprio ar), até que cheguem aos sentidos e, então, cheguem à imaginação e à alma daquele que as recebe, que, estando livre de preocupações e de modo algum impedido, espera encontrar esse tipo de impressões, tomando conhecimento delas. Pois a natureza das coisas, embora por seu próprio caráter possam ser levadas aos sentidos dos homens e de outros animais em geral, elas também podem receber alguma impressão dos céus enquanto estão no ar; em razão do que, juntamente à aptidão e à disposição daquele que as recebe, podem ser levadas ao sentido de uma pessoa e não de outra.

Naturalmente, é possível que, longe de qualquer tipo de superstição e sem nenhum outro espírito interferindo, um homem seja capaz de expressar sua mente a outro homem que esteja a uma distância muito longa e desconhecida dele em um tempo muito curto. Embora ele não possa dar uma estimativa precisa do tempo em que isso acontece, ainda assim, por necessidade, este tempo não deve passar de vinte e quatro horas. Eu mesmo sei como fazer e já fiz muitas vezes. E digo e afirmo que, em tempos passados, o Abade Trithemius também sabia. Além disso, quando certas aparições (não apenas espirituais, mas também naturais) fluem das coisas, isto é, por um certo tipo fluído que sai de um corpo para outro e ganha força no ar, elas se mostram a nós tanto pela luz como pelo movimento – tanto para a nossa visão como para outros sentidos – e às vezes operam coisas maravilhosas em nós, como Platonius prova e ensina. Observamos também, que seguindo o vento sul, o ar é condensado em nuvens finas, nas quais, similar a um espelho, são refletidas representações mesmo a uma grande distância de castelos, montanhas, cavalos, homens e outras coisas. Quando as nuvens se afastam, logo essas imagens desaparecem. Aristóteles, em seu *Meteoros*, mostra que um arco-íris é concebido em uma nuvem de ar, como em um espelho. Albertus diz que as efígies dos corpos podem, pela força da Natureza, em um ar úmido, ser facilmente representadas; da mesma forma que as representações das coisas estão nas próprias coisas. E ainda, Aristóteles conta sobre um homem que, devido a fraqueza de sua visão, o ar que estava próximo a ele se tornou, por assim dizer, um espelho. O feixe óptico dele refletia a imagem de volta para si mesmo, não conseguindo penetrar no ar, de modo que, para qualquer lugar que ele fosse, pensava ver à sua frente sua própria imagem, com o rosto voltado para si mesmo. Da mesma forma, usando o artifício de alguns espelhos, podemos produzir no ar, a distância, além do reflexo de outros espelhos, as imagens que quisermos; as quais, quando os homens ignorantes veem, pensam que estão vendo aspectos de espíritos ou de almas, quando, na verdade, nada mais é do que imagens inanimadas de si mesmo. Sabemos também, que se colocarmos um papel branco ou um simples espelho contra uma única luz que vem por um pequeno orifício em um lugar escuro, poderá ser visto tudo o que é feito do lado de fora que seja iluminado pela luz do sol.

E há outro truque ainda mais maravilhoso: se alguém pegar imagens pintadas artificialmente ou letras escritas, e, em uma noite clara, colocá-las contra os raios da lua cheia, essas imagens se multiplicam no ar e são capturadas para cima e refletidas de volta com os raios da lua; se outra pessoa estiver a par do assunto, a uma longa distância, ela poderá ver, ler e as reconhecer no próprio compasso e círculo da lua. Essa arte de revelar segredos é, de fato, muito proveitosa para vilas e cidades que estão sitiadas, sendo uma coisa que Pitágoras fez há muito tempo e que não é desconhecida para alguns nestes dias. E todas essas coisas, e muitas outras, e outras ainda maiores do que essas, estão fundamentadas na própria natureza do elemento Ar, e têm suas razões e causas declaradas na matemática e na óptica. E assim como essas imagens são refletidas de volta para a visão, também o são, às vezes, para a audição, como manifesta no eco, por exemplo. No entanto, existem muitas outras artes secretas além dessas, que permitem que qualquer pessoa, a uma distância notável, ouça e compreenda distintamente o que outra pessoa fala ou sussurra.

CAPÍTULO IV

CORPOS COMPOSTOS OU MISTOS; A MANEIRA COMO ELES SE RELACIONAM COM OS ELEMENTOS E COMO OS ELEMENTOS CORRESPONDEM ÀS ALMAS, AOS SENTIDOS E ÀS DISPOSIÇÕES DOS SERES HUMANOS

Depois dos quatro elementos simples, o que vem na sequência são os quatro tipos de corpos perfeitos compostos por eles, a saber: metais, pedras, plantas e animais. Embora em sua geração cada um deles se combinem em suas composições, eles também seguem e se assemelham ao elemento que é mais predominante: pois todas as pedras, por serem terrosas, são naturalmente pesadas e tão endurecidas pela secura que não podem ser derretidas; mas os metais, que são aquosos, podem ser derretidos, o que os naturalistas e químicos consideram verdadeiro, ou seja, que são compostos ou gerados por uma água viscosa ou o *argente vive* (mercúrio) aquoso. As plantas têm tanta afinidade com o ar que, a menos que estejam expostas a ele e recebam seus benefícios, não florescem nem crescem.

O mesmo acontece com os animais em relação ao fogo, como bem expressa o poeta:

Possuem, em sua natureza, uma força abrasadora,
E também provêm de uma fonte celeste!

E o fogo é tão natural que, se for extintos, logo eles morrem.

Agora, entre as pedras, as que são escuras e pesadas são chamadas de terrosas, pois pertencem ao elemento Terra; as que são transparentes, como o cristal, o berilo e as pérolas pertencem ao elemento Água, portanto são aquosas; as que flutuam sobre a água e são esponjosas, como a pedra-pomes, a esponja e o *sophus*, são chamadas de aéreas, pois são correspondentes ao elemento Ar; as pedras que emitem fogo ou aquelas que são transformadas em fogo ou extraídas dele, como as pedras de trovão, as pedras de fogo e o amianto, por exemplo, pertencem ao elemento Fogo. Além disso, entre os metais, o chumbo e a prata são terrosos; mercúrio é aquoso; o cobre e o estanho, aéreos e o ouro e o ferro, ígneos. Nas plantas, também, as raízes se assemelham à Terra, as folhas, à Água, as flores, ao Ar, e as sementes, ao Fogo, em razão de seu espírito multiplicador. Além disso, algumas são quentes, outras frias, algumas úmidas, outras secas, tomando emprestado seus nomes das qualidades dos elementos. Dentre os animais, alguns, em comparação com outros, são terrestres, porque vivem nas próprias entranhas da terra, como vermes, toupeiras e muitos outros répteis; outros são aquáticos, como os peixes; outros sempre permanecem no ar, portanto, são aéreos; outros, ainda, são ígneos, como as salamandras, os grilos, ou aqueles que possuem um calor abrasador, como pombos, avestruzes, águias, leões, panteras, etc. etc.

Nos animais, os ossos se assemelham à Terra; o espírito vital ao Fogo; a carne ao Ar e os humores à Água. A saber, esses humores também se assemelham aos elementos: a bílis amarela ao Fogo; o sangue ao Ar, a fleuma à Água e a cólera negra ou a melancolia, à Terra. E, por fim, na própria alma, o entendimento se assemelha ao Fogo; a razão ao Ar; a imaginação à Água e os sentidos à Terra. E ainda, de acordo com os elementos, esses sentidos novamente são divididos entre si: a visão é ígnea, porque não pode perceber sem a ajuda do Fogo e da luz; a audição é aérea, porque o som é produzido pelo golpe do Ar; o olfato e o paladar se assemelham à Água, sem a umidade da qual não há cheiro nem sabor; e, por fim, o sentimento é totalmente terrestre, porque toma corpos grosseiros como seu objeto. As ações e operações do homem também são governadas pelos elementos: a Terra significa um movimento lento e firme; a Água, medo, lentidão e negligência no trabalho; o Ar significa alegria e uma disposição amável; já o Fogo, uma disposição feroz, trabalhadora, rápida e suscetível. Os elementos são, portanto, a matéria primeira e original de todas as coisas; e todas as coisas são deles e de acordo com eles, e eles em tudo e por meio de tudo difundem suas virtudes.

CAPÍTULO V

OS ELEMENTOS QUE ESTÃO NOS CÉUS, NOS ASTROS, NOS DEMÔNIOS, NOS ANJOS, NAS INTELIGÊNCIAS E MESMO EM DEUS

No mundo original e exemplar, tudo pertence a todas as coisas; assim é também no mundo corpóreo. Os elementos não estão apenas nas coisas inferiores, mas também nos céus, nas estrelas, nos demônios, nos anjos e ainda no próprio Deus, o Criador exemplar da origem de todas as coisas.

Agora, deve-se entender que nesses corpos inferiores, os elementos são grosseiros e corruptíveis; mas nos céus eles são, com suas naturezas e virtudes, mais etéreos e com maior excelência do que nas coisas sublunares: pois a firmeza da Terra celestial está lá sem a densidade da Água; e a agilidade do Ar sem exceder seus limites; o calor do Fogo sem queimar, apenas brilhando, dando luz e vida a todas as coisas por seu calor celestial. Já entre os astros ou os planetas, alguns são ígneos, como Marte e o Sol; aéreos, como Júpiter e Vênus; aquosos, como Saturno e Mercúrio e terrosos, como os que habitam o oitavo orbe e a Lua (que muitos consideram aquosa), pois, por ser terrosa, atrai para si as águas celestiais, que, devido à proximidade que está de nós, quando imbuída dessas águas, derrama-as e as transfere ao nosso globo.

Dentre os signos, existem alguns ígneos, outros aéreos, outros aquosos e outros terrosos. Os elementos também os regem nos céus, distribuindo a eles essas quatro considerações ternárias de cada um, de acordo com suas triplicidades, ou seja, o início, o meio e o fim. Da mesma forma, os demônios são distinguidos de acordo com os elementos, pois alguns são chamados de demônios da Terra, outros do Fogo, alguns do Ar e outros da Água. Daí também os quatro rios infernais: o ígneo Flegetonte, o aéreo Cócito, o aquoso Estige, o terroso

Aqueronte. Além disso, no Evangelho lemos sobre comparações dos elementos: como o "fogo do inferno" e o "fogo eterno", para o qual os amaldiçoados serão ordenados a ir; e no Apocalipse, sobre um "lago de fogo"; Isaías, falando sobre os condenados, diz que o Senhor os ferirá com ar corrompido; Jó diz que eles saltarão das águas da neve para o extremo do calor e ainda lemos que a terra é escura e coberta com a escuridão da morte e com uma escuridão miserável.

E esses elementos são colocados nos anjos do céu e nas inteligências sagradas: há neles uma estabilidade de sua essência, que é uma virtude terrena, na qual está o firme assento de Deus. O Salmista os chamam de "águas", quando diz: "aquele que governa as águas que são mais altas do que os céus"; também, neles, sua respiração sutil é o ar e seu amor é o fogo brilhante; por isso são chamados nas Escrituras de "asas do vento". Em outro lugar o Salmista fala deles assim: "aquele que faz dos anjos seus espíritos, e de seus ministros um fogo flamejante!" Além disso, de acordo com as diferentes ordens de espíritos ou anjos, alguns são ígneos, como os Serafins, as autoridades e os poderes; terrosos, como os Querubins; aquosos, como os Tronos e Arcanjos e aéreos, como os Domínios e Principados. E não lemos sobre o Criador original de todas as coisas que a Terra será aberta e trará um Salvador? Da mesma forma, fala-se que ela será uma fonte de água viva, purificadora e regeneradora espírito que sopra o sopro de vida, e, segundo Moisés e Paulo, um fogo devorador.

Que os elementos são, portanto, encontrados em todos os lugares e em todas as coisas, de acordo com sua maneira, nenhum homem ousará negar. Nos corpos inferiores, são grosseiros e impuros; nos corpos celestiais, puros e límpidos e nos supercelestiais, vivos e, em todos os aspectos, abençoados. Os elementos, portanto, no mundo primevo, são ideias de coisas a serem produzidas; nas inteligências, são poderes distribuídos; nos céus, são virtudes e nos corpos inferiores são formas grosseiras.

CAPÍTULO VI

A SABEDORIA DE DEUS, QUE OPERA POR MEIO DE CAUSAS SEGUNDAS (PELA INTELIGÊNCIA, PELOS CÉUS E PELOS ELEMENTOS E CORPOS CELESTES) E É PROVADA DE FORMA INCONTESTÁVEL, NESTE CAPÍTULO

Deve-se notar que Deus, em primeiro lugar, é o fim e o começo de toda virtude. Ele dá o selo das ideias a seus servos, e as inteligências, que, como auxiliares fiéis, assinam todas as coisas que lhes são confiadas com uma virtude ideal. Com isso, os céus e os atros atuam como instrumentos, dispondo a matéria para que possa receber as formas que residem na Majestade Divina. E é essa mesma matéria que será transmitida pelos astros e pelo Doador das formas, que vai distribui-la pelo ministério de suas inteligências, que ele ordenou como "regentes" e "controladores" de suas obras. Tal poder lhes é confiado, para que, assim, toda a virtude em pedras, ervas, metais e todas as outras coisas, possa vir das inteligências, dos regentes. Logo, a forma e a virtude das coisas vêm primeiro das ideias; depois das inteligências, que regem e conduzem; depois dos aspectos dos céus que as dispõem e, por último, dos temperamentos dos elementos dispostos, respondendo às influências dos céus, pelos quais os próprios elementos são ordenados ou dispostos. Esses tipos de operações, portanto, são executados nessas coisas inferiores por formas expressas; e nos céus, por virtudes dispositivas; nas inteligências, por regras mediadoras; na causa original, por ideias e formas exemplares; todas as quais devem necessariamente concordar na execução do efeito e da virtude de tudo. Há, portanto, uma virtude e uma operação maravilhosas em cada erva e pedra, mas que são maiores em um astro. Além disso, mesmo das inteligências e dos regentes, cada coisa recebe e obtém muitos eventos para si mesma, especialmente da Causa Suprema, com a qual todas as coisas se relacionam mútua e exatamente, concordando num consenso harmonioso. Não há outra causa, entretanto, para a necessidade de efeitos, a não ser a conexão de todas as coisas com a Primeira Causa e sua correspondência com aqueles padrões divinos e ideias eternas, de onde cada coisa tem seu lugar determinado e particular no mundo primevo, de onde vive e recebe seu ser original; e toda virtude de ervas, pedras, metais, animais, palavras, discursos e todas as coisas que são de Deus, são colocadas ali. Ora, a Causa Primeira (que é Deus), embora atue, por meio de inteligências e dos céus, sobre essas coisas inferiores, às vezes (com esses médiuns sendo deixados de lado, ou com a suspensão de suas funções) atua imediatamente sobre essas coisas por si mesmo – obras essas que são então chamadas de "milagres". Mas enquanto as causas secundárias, por ordem e indicação da Primeira Causa, necessariamente agem e são obrigadas a produzir seus efeitos, se Deus, não obstante, de acordo com sua vontade, as dispensar e suspender de tal forma que elas deixem de ser necessárias, então elas são chamadas de "os maiores milagres de Deus". Por exemplo: o fogo da fornalha caldeia não queimou as crianças; o sol parou por ordem de Josué e ficou retrógrado um dia inteiro; também, pela oração de Ezequias, retrocedeu dez graus; e quando nosso Salvador Cristo foi crucificado, escureceu, embora estivesse na lua cheia. E a razão dessas operações não pode ser descoberta ou compreendida por nenhum discurso racional, nenhuma magia ou ciência, oculta ou profunda, mas deve ser aprendida somente por meio de oráculos divinos.[6]

CAPÍTULO VII

O ESPÍRITO DO MUNDO

Agora, vendo que a alma é a forma essencial, inteligível e incorruptível, e é o primeiro motor do corpo, movida por si mesma; mas que o corpo, ou matéria, é incapaz e impróprio para o movimento por si só, degenerando a alma, parece que há aí uma necessidade de um meio mais excelente. Tal meio é concebido como sendo o "espírito do mundo", ou aquilo que alguns chamam de "quintessência"; porque não são os quatro elementos, mas certa coisa primeva, tendo seu ser acima e ao lado deles. Portanto, é necessário que haja um tipo de meio pelo qual as almas celestiais possam se unir aos corpos densos, agraciando-os com dádivas prodigiosas. Este espírito está no corpo do mundo assim como nosso espírito está no nosso corpo. Pois, da mesma maneira que os poderes de nossa alma são comunicados aos membros do corpo por meio do espírito, assim também a virtude da alma do mundo é difundida em todas as coisas por meio do espírito universal, pois não há nada no mundo inteiro que não tenha uma centelha de sua virtude. Ora, esse espírito é recebido nas coisas, em maior ou menor grau, pelos raios dos astros, na medida em que as coisas estão dispostas ou se tornam recipientes adequados para ele. Por esse espírito, portanto, toda propriedade oculta é transmitida às ervas, pedras, metais e animais, por meio do Sol, da Lua, dos planetas e dos astros mais elevados que os planetas. Agora, esse espírito pode ser mais vantajoso para nós se soubermos como separá-lo dos elementos ou, pelo menos, usarmos principalmente as coisas que são mais abundantes com esse espírito. Pois, tudo aquilo no qual o espírito está menos abafado em um corpo, menos controlado pela matéria, age de forma muito mais poderosa e perfeita e ainda gera mais prontamente seus semelhantes; pois nele estão todas as virtudes geradoras e seminais. Por essa razão, o alquimista se esforça para separar esse espírito do ouro e da prata, o qual, sendo corretamente separado e extraído, se for posteriormente projetado

6. O capítulo anterior, se bem considerado, abrirá o intelecto para uma compreensão ais fácil da Ciência Mágica da Natureza, etc.; e facilitará, em um grau maravilhoso, nossos estudos sobre esses mistérios sublimes.

em qualquer metal, transforma-o em ouro ou prata; o que não é de forma alguma impossível ou improvável, quando consideramos que, pela Arte, pode ser feito em pouco tempo o que a natureza, nas entranhas da terra (como em uma matriz), aperfeiçoa em um espaço de tempo muito longo.

CAPÍTULO VIII

SELOS E SINAIS IMPRESSOS PELOS SERES CELESTES NAS COISAS NATURAIS

Todas os astros têm suas naturezas, propriedades e condições peculiares, cujos selos e sigilos são transmitidos por meio de seus raios até mesmo às coisas inferiores, isto é, aos elementos, às pedras, às plantas, aos animais e aos seus membros. Portanto, a partir de uma disposição harmoniosa, todas as coisas recebem do astro que brilha sobre si algum selo ou sigilo particular estampado nela, que remete ao significador daquele astro ou harmonia, contendo nele uma virtude simbólica, diferente de outras virtudes presentes na mesma matéria, tanto de forma genérica quanto específica e numericamente. Tudo, portanto, tem seu sigilo impresso por seu astro para algum efeito específico, especialmente pelo principal astro que o rege.

Esses sigilos contêm em si as naturezas, as virtudes e as raízes particulares de seus astros e produzem as mesmas operações em outras coisas sobre as quais são refletidos; e ainda estimulam e ajudam as influências desses astros, sejam eles planetas, estrelas fixas, configurações ou constelações celestes. Importante saber que isso ocorre sempre que forem feitas em uma matéria adequada e em seus tempos devidos e habituais. O que os sábios antigos (considerando aqueles que trabalharam muito para descobrir as propriedades ocultas das coisas) estabeleceram por escrito são as imagens dos astros, suas configurações, selos, marcas, sigilos, como a própria natureza descreveu pelos raios desses astros nesses corpos inferiores: alguns em pedras, alguns em plantas, alguns em juntas e nós de árvores e seus galhos, e alguns em vários membros de animais. Pois o louro, o loto e a calêndula são ervas solares, e suas raízes e nós, quando cortados, mostram os sigilos do Sol; e nas pedras são frequentemente encontrados os sigilos e as imagens das coisas celestiais. Mas sendo tão grande a diversidade de tudo, há apenas um conhecimento tradicional de algumas coisas que o entendimento humano é capaz de alcançar; portanto, muito pouco de tudo aquilo que os antigos filósofos e quiromantes alcançaram, em parte pela razão e em parte pela experiência, são conhecidas por nós; e ainda há muitas coisas escondidas no tesouro da Natureza, que o estudante diligente e o pesquisador sábio contemplarão e descobrirão.

CAPÍTULO IX

VIRTUDE E EFICÁCIA DOS PERFUMES, SUFUMIGAÇÕES E VAPORES; E A QUAIS PLANETAS ELES SÃO ADEQUADOS E CORRETAMENTE ATRIBUÍDOS.

Antes de chegarmos à parte operativa ou prática da Magia Talismânica, é necessário mostrar as composições de fumigações ou vapores que são próprios dos astros. Essas emanações são de grande força para o recebimento oportuno de dádivas celestiais, sob os raios dos astros, uma vez que atuam fortemente sobre o ar e a respiração. Nossa respiração é muito alterada por esse tipo de vapor, principalmente se ambos os vapores forem do mesmo tipo. Sendo o ar facilmente modificado ou infectado por esses vapores, com as qualidades dos inferiores ou dos celestiais (diariamente penetrando rapidamente em nosso peito e órgãos vitais), ele também nos submete prodigiosamente às mesmas qualidades.

Que nenhum homem se espante com as grandes coisas que as sufumigações podem fazer no ar; especialmente se, tal como o fez Porfírio, considerar que certos vapores exalados das sufumigações apropriadas poderia despertar espíritos aéreos, tal como trovões, relâmpagos e coisas semelhantes. Assim como o fígado de um camaleão sendo queimado no topo da casa pode levantar chuvas e relâmpagos; o mesmo efeito tem a sua cabeça e garganta, se forem queimadas com madeira de carvalho.

Existem algumas sufumigações que, sob a influência dos astros, fazem com que as imagens dos espíritos apareçam no ar ou em qualquer outro lugar: pois se o coentro, o salsão, o meimendro e a cicuta forem fumegados juntos a certas invocações, logo os espíritos se reunirão, atraídos pelos vapores que são mais congruentes com suas próprias naturezas; por isso são chamados de "ervas dos espíritos". Também é dito que se for feita uma fumegação da raiz da erva *Ferula persica* com o suco da cicuta e do meimendro e com a erva *tapsus barbatus*, o sândalo vermelho e a papoula negra, estranhas formas irão aparecer; mas se for feita uma fumigação com o salsão, ela os afugentará e destruirá suas visões. Além disso, se um perfume for feito de calaminta, peônia, hortelã e palma-de-cristo, ele afasta todos os espíritos malignos e imaginações vãs. Também com certos vapores, os animais são reunidos e postos em fuga.

Em relação à pedra liparis, Plínio menciona que todos os animais são atraídos pela sua fumaça. Os ossos da parte superior da garganta de um cervo, quando queimados, atraem as serpentes; mas se for queimado o chifre do cervo, isso vai afugentá-las. Assim como a fumaça das penas de um pavão afugenta as serpentes. Além disso, queimar os pulmões de um asno põem em fuga todas as coisas venenosas. Já a fumaça do casco queimado do cavalo afugenta os ratos; o mesmo acontece com o casco da mula que, ao queimar o casco de seu pé esquerdo, a fumaça manterá as moscas afastadas. E se uma casa, ou qualquer outro lugar, for defumado com a bílis de um choco, misturada com estoraque vermelho, rosas e aloés e aspergida com água do mar ou sangue, a casa inteira parecerá estar cheia de água ou de sangue.

Devemos conceber, portanto, que esses tipos de vapores infectam um corpo e infundem nele uma virtude que perdura por muito tempo, assim como o vapor venenoso da peste, mantido por dois anos nas paredes de uma casa, infecta seus habitantes; também como o contágio da peste ou da lepra, escondido em uma roupa, infectará por muito tempo aquele que a usar. Ora, há sufumigações usadas em quase todos os nossos instrumentos de magia (sobre os quais falaremos mais adiante), como imagens, anéis, etc. Pois alguns Magos dizem que, se alguém esconder ouro, prata ou qualquer outra coisa preciosa semelhante (estando a Lua em conjunção com o Sol) e perfumar o local com coentro, açafrão, meimendro, salsão e papoula negra, cada um, em uma quantidade proporcional, triturados e temperados com suco de cicuta, aquilo que foi escondido continuará protegido pelo espírito que manterá o segredo continuamente; e se alguém tentar tirá-lo à força, será ferido ou atingido por um frenesi.

Hermes diz que não há nada como a fumaça do espermacete para evocar os espíritos; misturado com aloés, mastruço-ordinário, almíscar, açafrão e estoraque vermelho, temperados com o sangue de uma ventoinha ou um morcego, atrairá rapidamente os espíritos aéreos para o lugar. Usado sobre sepulturas, atrairá para lá espíritos e fantasmas.

O uso das sufumigações é o seguinte: sempre que nos propusermos a fazer qualquer talismã, imagem ou algo semelhante, sob a influência ou domínio de qualquer astro ou planeta, não devemos, de forma alguma, deixar de fazer uma sufumigação apropriada àquele planeta ou constelação sob o qual desejamos realizar qualquer efeito ou operação prodigiosa; como, por exemplo: quando direcionarmos qualquer trabalho para o Sol, devemos sufumigar com coisas solares; se for para a Lua, com coisas lunares; e assim por diante. E devemos ter o cuidado de observar que, assim como há uma contrariedade ou antipatia nas naturezas dos astros e dos planetas e em seus espíritos, o mesmo ocorre com as sufumigações: pois há uma antipatia entre o lignum aloés e o enxofre, o olíbano e o mercúrio; e os espíritos atiçados pelo vapor do aloés são apaziguados queimando-se enxofre. O estudioso Proclo dá um exemplo de um espírito que apareceu em forma de leão, furioso e ameaçador: ao colocar um galo branco diante daquela aparição, ela logo desapareceu. Há uma enorme contrariedade ente um galo e um leão, por assim dizer; e que isso seja suficiente como uma observação geral a respeito desses tipos de coisas.

Prosseguiremos mostrando detalhadamente a composição de vários vapores apropriados aos sete planetas.

CAPÍTULO X

COMPOSIÇÃO DE ALGUMAS FRAGRÂNCIAS APROPRIADAS AOS SETE PLANETAS

O Sol ☉

Fazemos uma sufumigação para o Sol da seguinte maneira:

Tome quantidades iguais de açafrão, âmbar-cinzento, almíscar, aloés, bálsamo, louro, cravo-da-índia, mirra e olíbano; triture e misture todos eles, de modo a produzir um odor adocicado, acrescente os miolos de uma águia ou o sangue de um galo branco, formando pílulas ou pastilhas.

A Lua ☽

Para a lua, fazemos um sufumigação com a cabeça seca de uma rã e os olhos de um touro, sementes de papoulas brancas, olíbano e cânfora, que devem ser incorporados ao sangue menstrual ou ao sangue de um ganso.

Saturno ♄

Para saturno, pegue semente de papoula preta, meimendro, raiz de mandrágora, magnetita e mirra e misture tudo com o cérebro de um gato e sangue de um morcego.

Júpiter ♃

Pegue semente de freixo, aloés, estoraque, goma de benjoim, lápis-lazúli, as pontas das penas de um pavão e incorpore ao sangue de uma cegonha ou andorinha ou ao cérebro de um cervo.

Marte ♂

Misture *euphorbium*, *bdélio*, goma amoníaco, raízes de ambos os heléboros, magnetita e um pouco de enxofre e incorpore-os com ao cérebro de um javali, sangue de um homem e sangue de um gato preto.

Vênus ♀

Pegue almíscar, âmbar gris, aloés, rosas vermelhas e coral vermelho e misture-os com cérebro de pardal e sangue de pombo.

Mercúrio ☿

Faça um composto de mastique, olíbano, cravo-da-índia, cinco-em-rama e pedra ágata e incorpore com o cérebro de uma raposa ou doninha e o sangue de uma pega.

VAPORES GERAIS DOS PLANETAS

Os vapores aromáticos para Saturno são atribuídos a raízes como a erva-pimenteira, etc., e a árvore de olíbano. Para Júpiter, todas as frutas odoríficas, como noz-moscada, cravo-da-índia, etc. Para Marte, todas as madeiras balsâmicas: como sândalo, cipreste, bálsamo e aloés. Para o Sol, todas a resinas, como o olíbano, lentisco benjoim, estoraque, ládano, âmbar-cinzento e almíscar. Para Vênus, flores como rosas, violetas, açafrão e outras. Para Mercúrio, todas as cascas ou raspas de madeira ou fruta, como canela, cássia, flor da noz-moscada, casca de limão, árvore-da-cera (ou loureiro) e sementes aromáticas. Para a Lua, as folhas de todos os vegetais, como a folha indiana, a folha da murta e do louro. De acordo com a opinião de todos os Magos, nos assuntos bons (como amor, boa vontade etc.) deve haver uma boa fragrância, aromática e valiosa, enquanto nos assuntos maus (como ódio, raiva, miséria e semelhantes), deve haver uma fumaça fétida que não tem valor.

Os doze signos do zodíaco também têm suas próprias sufumigações, a saber: Áries, mirra; Touro, erva-pimenteira; Gêmeos, mastique; Câncer, cânfora; Leão, olíbano; Virgem, sândalo; Libra, gálbano; Escorpião, opopânace; Sagitário, aloés; Capricórnio, benjoim; Aquário, eufórbio; Peixes, estoraque vermelho. Porém, Hermes especifica que o mais poderoso vapor existente é composto de sete aromas correspondentes aos poderes dos sete planetas: de Saturno, a erva-pimenteira; de Júpiter, a noz-moscada; de Marte, os aloés; do Sol, o mastique; de Vênus, o açafrão; de Mercúrio, a canela; da Lua, a murta.

Por meio de uma observação atenta da ordem de sufumigações vista, combinada com outras coisas, das quais falaremos a seguir (necessárias para a plena realização da Magia Talismânica), muitos efeitos maravilhosos podem ser causados, especialmente se mantivermos em mente o que foi dito na primeira parte de nossa Magia, ou seja, que a alma do operador deve estar de acordo com isso; caso contrário, a sufumigação, o selo, o anel, a imagem, o quadro, o espelho ou qualquer outro instrumento de magia será em vão, visto que não é meramente a disposição, mas o ato da disposição e a intenção ou imaginação firme e poderosa que produzem o efeito. Agora vamos nos apressar em falar, de modo geral, sobre a construção de anéis mágicos e suas maravilhosas e potentes virtudes e operações.

CAPÍTULO XI

COMPOSIÇÃO E VIRTUDE MÁGICA DOS ANÉIS

Os anéis, quando confeccionados oportunamente, imprimem suas virtudes em nós, afetam o espírito daquele que os carrega com alegria ou tristeza; e o tornam corajoso ou temeroso, cortês ou terrível, amável ou odioso; de modo que também nos fortalecem contra doenças[7], venenos, inimigos, espíritos malignos e todo tipo de coisas prejudiciais; e, muitas vezes, quando a lei não tem efeito, esses pequenos ornamentos auxiliam e corroboram muito o espírito perturbado de quem os usa e o ajudam, de maneira maravilhosa, a vencer seus adversários, enquanto eles se perguntam como é possível que não consigam realizar nenhuma ação prejudicial contra seus adversários. Digo que essas coisas são de grande ajuda contra homens irados, perversos e de mentalidade mundana, pois aterrorizam, ferem e invalidam as maquinações daqueles que, de outra forma, causariam nossa miséria ou destruição. Tudo isso não tememos nem nos envergonhamos de declarar, sabendo muito bem que essas coisas serão ocultadas dos ímpios e profanos, de modo que não possam induzir o santo a qualquer abuso ou malícia contra seu próximo. E, por mais simples e claros que possamos descrever alguns experimentos e operações (de modo que os bocudos filósofos das grandes escolas possam murmurar ou zombar deles),

7. O autor se empenhará em ensinar nesses estudos a composição específica dos anéis talismânicos, de modo que todos os interessados possam ser capazes de julgar por si mesmos os efeitos que devem ser produzidos por eles.

ainda assim não há nada entregue neste livro além do que pode ser, por meio de uma compreensão dele mesmo, levado a efeito, e do qual algum bem pode ser derivado. Mas vamos prosseguir.

A maneira de fazer esses anéis é a seguinte: quando (felizmente) algum astro ascende no horóscopo, com um aspecto ou conjunção favorável da Lua, pegamos uma pedra e uma erva que esteja sob esse astro e fazemos um anel com o metal também correspondente a ele. Neste anel, sob a pedra, colocamos a erva ou raiz, sem esquecer de inscrever seus efeitos, sua imagem, nome e sigilo, bem como a sufumigação apropriada. Falarei mais sobre isso em outro lugar, onde abordarei sobre imagens e sigilos. Portanto, na confecção de anéis mágicos, essas coisas devem ser observadas infalivelmente, conforme ordenamos; se alguém estiver disposto a realizar qualquer efeito ou experimento mágico, não deve, de forma alguma, negligenciar as circunstâncias necessárias que fornecemos de maneira tão uniforme. Li em Filóstrato que Jarco, um príncipe indiano, concedeu sete anéis, marcados com as virtudes e os nomes dos sete planetas, a Apolônio, dos quais ele usava um a cada dia, distinguindo-os de acordo com os nomes dos dias. Com o benefício disso, ele viveu mais de cento e trinta anos, além de sempre manter a beleza de sua juventude. Da mesma forma, Moisés, o legislador e governante dos hebreus, sendo hábil na magia egípcia, é dito por Josefo que fez anéis de amor e esquecimento. Havia também, como diz Aristóteles, entre os Cireneus, um anel de Battas, que podia obter amor e honra. Lemos que Eudamus, um certo filósofo, fazia anéis contra as picadas de serpentes, enfeitiçamentos e espíritos malignos. O mesmo relato é feito por Josefo sobre Salomão. Também lemos, em Platão, que Giges, rei da Lídia, tinha um anel de virtudes maravilhosas e estranhas, cujo selo, quando ele o virava para a palma de sua própria mão, o tornava invisível, embora ele pudesse ver todas as coisas. Com a ajuda desse anel, ele violou a rainha, matou o rei, matou seu mestre e também aqueles que ele achava que estava em seu caminho. Ninguém podia vê-lo praticando essas atrocidades, e, finalmente, com a ajuda do anel, ele e tornou o rei da Lídia.[8]

---

8. Acabamos de mostrar o poder e a virtude dos anéis mágicos; mas os sigilos, inscrições e imagens específicos a serem feitos neles ou sobre eles, remetemos o estudante ao capítulo que trata da "Composição de Talismãs", no qual descrevemos exatamente os métodos expressos para aperfeiçoá-los.

CAPÍTULO XII

OS PROPÓSITOS DA MENTE, QUE SÃO AUXILIADOS PELOS CELESTIAIS; E A CONSTÂNCIA MENTAL, QUE É NECESSÁRIA EM TODO TRABALHO

Em virtude do céu, os propósitos da mente recebem muito mais ajuda, são úteis e se tornam mais poderosos à medida que concordam com a posição celeste – seja por qualquer acordo natural, ou por eleição voluntária; pois, como diz Ptolomeu, aquele que escolhe o que é melhor, parece não diferir em nada daquele que tem isso por natureza. Portanto, isso muito nos conduz ao recebimento do benefício dos céus, em qualquer trabalho, se nós, pelo céu, nos tornarmos adequados a ele em nossos pensamentos, afeições, imaginações, escolhas, deliberações, contemplações e coisas semelhantes. Pois tais propósitos semelhantes agitam veementemente nosso espírito à sua semelhança e nos expõem, repentinamente, aos representantes superiores desses desígnios em igualdade. Devido a sua dignidade e proximidade com os superiores, eles participam mais dos reinos celestes que de qualquer coisa material; pois nossa mente pode, por meio da imaginação ou da razão, por uma espécie de imitação, ser tão conformada a qualquer astro a ponto de ser subitamente preenchida com as virtudes que ele apresenta, como se fôssemos um receptáculo adequado de sua influência. Agora, a mente contemplativa, ao se afastar de todo sentido, imaginação, natureza e deliberação, e se voltar para as coisas separadas, efetua diversos eventos pela fé, que é uma adesão firme, uma intenção fixa e uma aplicação veemente do trabalhador ou receptor àquele que coopera em qualquer coisa e dá poder à obra que pretendemos fazer. Assim, podemos dizer, é criada a imagem da virtude a ser recebida e a coisa a ser feita em nós ou por nós. Devemos, portanto, em todo trabalho e aplicação, desejar veementemente, imaginar, esperar e acreditar fortemente, pois isso será de grande ajuda. E é comprovado entre os médicos, que uma forte crença, uma esperança indubitável e o amor pelo profissional contribuem muito para a saúde; às vezes mais do que o próprio medicamento, pois quanto mais a eficácia e a virtude do medicamento funcionam, mais a forte imaginação do médico trabalha, sendo capaz de mudar as qualidades do corpo do doente, especialmente quando o paciente deposita muita confiança nele, dispondo-se assim a receber a virtude do médico e a medicina. Portanto, aquele que trabalha com magia deve ser constante na fé, confiante e não duvidar de forma alguma da obtenção do efeito; pois, assim como uma crença firme e forte realiza coisas maravilhosas, embora seja em obras falsas, a desconfiança e a dúvida dissipam e quebram a virtude da mente do trabalhador, que é o meio entre os dois extremos; por isso, acontece de ele se frustrar com a influência desejada dos superiores, que não poderia ser ordenada e unida aos nossos trabalhos sem uma virtude firme e sólida de nossa mente.

CAPÍTULO XIII

COMO A MENTE HUMANA PODE SE UNIR À MENTE DAS INTELIGÊNCIAS E DOS SERES CELESTES E COM ELES IMPRIMIR VIRTUDES PRODIGIOSAS NAS COISAS INFERIORES

Os filósofos, especialmente os árabes, dizem que a mente do homem, quando está muito empenhada em qualquer trabalho, une-se, por meio de seu propósito e desígnios, à mente dos astros e das inteligências e, estando assim unida, é a causa de alguma virtude maravilhosa ser infundida em nossos trabalhos e conceitos. E como a mente apreende todas as coisas e tem o poder sobre tudo, há uma obediência natural em relação a ela, donde provém necessariamente a força, principalmente para a mente que as deseja intensamente. De acordo com isso é verificada a arte dos sigilos, as imagens, os encantamentos, alguns discursos e muitos outros experimentos prodigiosos, para tudo o que a mente afeta. Desse modo, tudo o que a mente daquele que ama veementemente afeta, tem a eficácia de causar amor; assim como, para tudo aquilo que a mente daquele que odeia veementemente se volta, tem a eficácia de ferir e destruir. O mesmo acontece com outras coisas que a mente afeta com um forte desejo; pois em tudo que a mente age e atua por meio de personagens, figuras, palavras, discursos, gestos e coisas semelhantes, ajuda o apetite da alma e adquire certas virtudes maravilhosas, a partir da alma do operador, na hora em que um apetite semelhante a invade; assim, a partir da oportunidade e da influência celestial, movem a mente desta ou daquela maneira. Pois nossa mente, quando é levada ao grande excesso de qualquer paixão ou virtude, muitas vezes toma para si uma hora ou oportunidade mais forte, melhor e mais conveniente; é o que Tomás de Aquino, em seu terceiro livro contra os gentios, explica. Assim, muitas virtudes prodigiosas causam e seguem certas operações admiráveis por grandes afeições, naquelas coisas que a alma lhes dita naquela hora. Mas saiba que esse tipo de coisas não confere nada, ou muito pouco, a não ser ao autor delas, e àquele que está inclinado a elas, como se fosse seu autor. Essa é a maneira pela qual sua eficácia é descoberta. E é uma regra geral, que toda mente, que é mais excelente em seu desejo e afeição, faz coisas semelhantes mais adequadas para si mesma, como também eficazes para aquilo que deseja. Todo aquele, portanto, que estiver disposto a trabalhar com magia, deve conhecer a virtude, a medida, a ordem e o grau de sua própria alma no poder do Universo.

CAPÍTULO XIV

A NECESSIDADE DO CONHECIMENTO MATEMÁTICO E DO GRANDE PODER E EFICÁCIA DOS NÚMEROS NA CONSTRUÇÃO DE TALISMÃS, ETC.

As doutrinas da matemática são tão necessárias e têm tanta afinidade com a magia, que aqueles que a professam sem elas estão completamente fora do caminho, trabalham em vão e não obterão de forma alguma o efeito desejado. Pois tudo o que é e é feito nessas virtudes naturais inferiores é feito e governado por número, peso, medida, harmonia, movimento e luz; e todas as coisas que vemos nessas virtudes inferiores têm raiz e fundamento nelas; no entanto, sem as virtudes naturais das doutrinas matemáticas, apenas obras semelhantes às naturais podem ser produzidas. Como diz Platão, uma coisa que não participa da verdade ou da divindade, mas certas imagens semelhantes a elas (como corpos que andam ou falam, que ainda não têm a faculdade animal), como aquelas que, entre os antigos, eram chamadas de "imagens de Dédalo" αυτσματα (autômata), mencionadas por Aristóteles; como as imagens trípodes de Vulcano e Dédalo que se moviam e que, como diz Homero, entregavam-se por vontade própria ao exercício; e que, segundo lemos, moveram-se na festa de Hiarba, o filosófico praticante. Assim se fazem os espelhos (alguns côncavos, outros na forma de coluna) que representam coisas no ar como as sombras distantes mencionadas por Apolônio e Vitélio em seus livros *De Prospectiva e Speculis*, onde eles ensinam como fazê-los e usá-los. Lemos que Pompeu, o Grande trouxe para Roma, junto aos despojos do Oriente, um espelho onde se viam exércitos de homes armados. Há alguns vidros transparentes que, mergulhados em certos sucos de ervas e irradiados com luz artificial, enchem de visões todo o ar ao redor. E sabemos como fazer espelhos inversos, nos quais, quando o sol brilha, todas as coisas que foram iluminadas pelos seus raios são aparentemente vistas a muitos quilômetros de distância. Portanto, se um Mago (especialista em filosofia natural e matemática, e conhecedor das ciências intermediárias, que consistem em ambas, a saber, aritmética, música, geometria, ótica, astronomia e outras ciências que se referem a pesos, medidas, proporções, artigos e articulações; conhecendo também as artes mecânicas resultantes dessas ciências) pode, sem nenhum espanto, superar outras pessoas na arte e na habilidade, então, sem nenhuma dúvida, poderá realizar muitas outras coisas prodigiosas que merecem a admiração dos homens.

Existem algumas relíquias da antiguidade, como os pilares de Hércules e Alexandre; o portão de Cáspia, feito de bronze e fechado com vigas de ferro, de modo que não poderia ser quebrado por nenhuma arte; as pirâmides de Júlio César, erguidas em Roma, perto do monte Vaticano; montanhas construídas com arte no meio do mar; torres e montes de pedras, como os que vi na Inglaterra, todos montados com incrível arte. Os homens comuns, entretanto, atribuem ao demônio as obras prodigiosas ou julgam ser um milagre aquilo que na verdade é obra da filosofia natural ou matemática. Mas aqui é conveniente saber que, assim como pelas virtudes naturais coletamos virtudes naturais, também pelas virtudes abstratas, matemáticas e celestiais, nós recebemos virtudes celestiais; como os movimentos, os sentido, a vida, a fala, a predição e a adivinhação, mesmo na matéria menos predeterminada, como a artificial e não natural. E assim podem ser feitas imagens que falam e predizem coisas futuras, como, por exemplo, a cabeça de bronze, descrita por William de Paris, construída sob a ascensão de Saturno, que, segundo dizem, falava com voz humana. Um agente poderosíssimo, merecedor, escolhendo uma matéria predeterminada, sem dúvida realizará efeitos mais poderosos. Pois é de opinião geral dos pitagóricos que, como as matemáticas são mais formais do que naturais, elas também são mais eficazes; como elas têm menos dependência em seu ser, também têm em sua operação. Mas entre todas as coisas matemáticas, os números, por terem mais forma, também são mais eficazes, tanto para afetar o que é bom quanto o que é ruim. Todas as coisas que foram feitas pela natureza das coisas em sua primeira Era parecem ser formadas pela proporção dos números, pois esse era o principal padrão na mente do Criador. Decorre daí o número dos elementos, a sequência das épocas, o movimento dos astros e a revolução dos céus. O estado de todas as coisas subsiste pela união dos números. Portanto, os números contêm virtudes grandiosas e sublimes. Observando tantas virtudes ocultas nas coisas naturais manifestas nos processos da Natureza, não é de admirar que as virtudes dos números sejam muito maiores e mais ocultas, além de serem mais prodigiosas e eficientes. Os números são mais formais, mais perfeitos e existem naturalmente nos seres celestes, não se misturando com substâncias diferentes. Finalmente, os números se mesclam de maneira mais simples e acima de tudo com as ideias na mente de Deus, de onde recebem suas eficientíssimas virtudes. Por isso os números são muito fortes e, mais do que qualquer outra coisa, propiciam a obtenção de dádivas espirituais e Divinas, assim como, nas coisas naturais, as qualidades elementares são poderosas para transmudar qualquer coisa elementar. Dos números procedem todas as coisas, naturais e artificiais, que subsistem por causa deles e deles recebem suas virtudes. O tempo consiste em números, assim como todo o movimento e toda a ação e todas as coisas sujeitas ao tempo e ao movimento. O poder existente na harmonia e nas vozes advém dos números e consiste nos números e de suas proporções. As proporções numéricas formam figuras e sigilos através de linhas e pontos – estas figuras e sigilos são apropriados para as operações mágicas, deduzindo-se o meio entre os dois extremos, como no uso das letras.

E, por fim, todas as espécies de coisas naturais e aquelas que estão acima da natureza são unidas por certos números. Pitágoras, vendo isso, diz que o número é aquele pelo qual todas as coisas subsistem e distribui cada virtude a cada número. Proclo diz que o número sempre tem uma existência na voz, outra na proporção entre as vozes, outra na alma e na razão e ainda outra nas coisas Divinas. Temístio, Boécio e Averróis (o babilônio), assim como Platão, exaltam tanto os números que chegam a pensar que ninguém pode ser um verdadeiro filósofo sem o conhecimento deles. Por meio deles, há um caminho para a busca e compreensão de todas as coisas cognoscíveis; por eles, tem-se o próximo acesso à profecia natural. O Abade Joachim não procedeu de outra forma em suas profecias, a não ser por meio de números formais.

CAPÍTULO XV

AS GRANDES VIRTUDES DOS NÚMEROS, TANTO NAS COISAS NATURAIS COMO NAS SOBRENATURAIS

Que existe uma maravilhosa eficácia e virtude nos números, tanto para o bem quanto para o mal, os mais eminentes filósofos ensinam unanimemente; especialmente Jerônimo, Agostinho, Orígenes, Ambrósio, Gregório de Nazianzo, Atanásio, Basílio, Hilário, Rubanas, Beda e muitos outros. Por isso, Hilário, em seus comentários sobre os Salmos, testifica que os setenta anciãos, de acordo com a eficácia dos números, colocaram os Salmos em ordem. O número natural não é considerado aqui, mas a consideração formal que está no número. E que aquilo que falamos antes seja sempre mantido em mente, que esses poderes não estão em números vocais de comerciantes comprando e vendendo, mas em racional, formal e natural; esses são os mistérios distintos de Deus e da Natureza. Mas aquele que souber unir os números vocais e naturais com os divinos e ordená-los na mesma harmonia, será capaz de operar e conhecer coisas prodigiosas. João não teria dito no Apocalipse, a menos que houvesse um grande mistério, que: "Aquele que tem entendimento, que calcule o número do nome da besta, que é o número do homem". E esta é a maneira de calcular mais famosa entre os hebreus e os cabalistas, como veremos mais tarde. No entanto, deveis saber que números simples indicam coisas Divinas, ou seja, as dezenas; que os números celestes são as centenas; que os números terrestres são os milhares, ou seja, os acontecimentos do futuro. As partes da mente, no entanto, são interligadas segundo uma média aritmética, devido a identidade ou igualdade de excesso. O corpo, cujas partes diferem em tamanho, é composto segundo uma média geométrica. Um animal consiste em ambos, alma e corpo, segundo a média que convém à harmonia. Por isso os números produzem bastante efeito sobre a alma, os cálculos aritméticos sobre o corpo e a harmonia sobre todo o animal.

CAPÍTULO XVI

A IMPORTÂNCIA DA UNIDADE

Agora vamos tratar particularmente dos próprios números. Como o número nada mais é do que uma repetição da unidade, consideremos primeiro a própria unidade que permeia cada número. Sendo a medida comum a fonte e a origem de todos os números, cada número reunido está contido inteiramente em si mesmo. O princípio de toda multiplicidade é sempre o mesmo e é imutável; de onde, também, sendo multiplicado por si mesmo, não produz nada além de si mesmo: é indivisível, vazio em todas as partes. Não há nada antes do UM e nada virá depois. Além do UM nada existe. Todas as coisas existentes dele dependem, porque todas as coisas procedem do UM. Para que todas as coisas sejam iguais, é necessário que participem desse UM. E como tudo procede da unidade em muitas coisas, todos os seres se esforçam para retornar àquele UM, de onde procederam; sendo necessário abandonar a multiplicidade. O UM, portanto, é referido ao Deus Altíssimo, que sendo incomensurável, ainda cria e contém inúmeras coisas em de si mesmo. Existe, portanto, um só Deus – um mundo de um único Deus – um único Sol neste mundo, assim como uma única Fênix, uma rainha entre as abelhas, um líder entre os rebanhos de gado, um governante entre as manadas de animais, o bando segue uma única garça e muitos outros animais honram a unidade. Entre os membros do corpo também há um principal, pelo qual todos os demais são guiados; seja a cabeça ou (como alguns dirão) o coração. Existe, no entanto um elemento que supera e penetra todas as coisas, o Fogo. Há uma coisa criada por Deus, objeto de toda admiração existente na terra ou nos céus, que na verdade é animal, vegetal e mineral; que é encontrado em todos os lugares, conhecidos por poucos e são raros os que sabem seu nome, mas que são cobertos de figuras e enigmas, sem os quais nem a Alquimia, nem a Magia Natural podem atingir seu fim completo ou perfeição. De um só homem, todos os homens procederam: Adão. E foi por causa dele que todos se tornaram mortais. Por Jesus Cristo, todos os homens foram regenerados, e como disse São Paulo: "um só Senhor, uma só fé, um só batismo, um só Deus e Pai de todos, um só Mediador entre Deus e os homens, um só Criador altíssimo, que está sobre todos, por todos e em todos nós, pois há um só Pai, Deus, origem de tudo, e tudo está nele; um só Senhor Jesus Cristo, por todos, e nós por ele; somente um Deus Espírito Santo, que em tudo existe, e nós existimos nele".

A ESCALA DA UNIDADE

No Mundo Primevo	י Jod	Uma Essência Divina, fonte de todas as virtudes e poder, cujo nome se expressa com uma única letra simples.
No Mundo Intelectual	A Alma do Mundo	Uma Inteligência Suprema, a primeira criatura, fonte de vida.
No Mundo Celestial	O Sol	Um Rei dos astros, a fonte de vida.
No Mundo Elemental	A Pedra Filosofal	Um objeto e instrumento de todas as virtudes naturais e sobrenaturais.
No Mundo Inferior	O Coração	Um primeiro ser vivo e um último a morrer.
No Mundo Infernal	Lúcifer	Um Príncipe da Rebelião, dos Anjos e das Trevas.

CAPÍTULO XVII

A IMPORTÂNCIA DO NÚMERO DOIS

O primeiro número é o DOIS, porque é a primeira multiplicidade. O dois não pode ser medido por nenhum outro número além da unidade, a medida comum de todos os números. Ele não é composto de números, mas de uma unidade apenas. Tampouco é chamado de número não composto, posto que é um número primo. Enquanto o número três é chamado de primeiro número primo não composto, o número dois é o primeiro ramo da unidade e a primeira procriação. O dois é chamado de "número da ciência", "número da memória e da luz" e é o número do homem, chamado de "outro" no Mundo Inferior. O dois também é chamado de "número da caridade e do amor mútuo" e "número do casamento e da sociedade", como foi dito pelo Senhor: "Dois serão uma só carne". E Salomão disse: "É melhor que dois estejam juntos do que um só, porque a sociedade mútua lhes traz benefícios: se um cair, será amparado pelo outro. Ai daquele que está só, porque, caindo, não tem outro que o ajude. E, se dois dormirem juntos, irão aquecer um ao outro; como se aquecerá aquele que está só? E se alguém atacar um, os dois se defenderão".

O dois é chamado de "número do matrimônio" e "número do sexo", pois há dois sexos: masculino e feminino. E se duas pombas dão à luz dois ovos; do primeiro deles nasce o macho e do segundo a fêmea. O dois também é chamado de "intermédio", aquele que é capaz, que ao mesmo tempo é bom e ruim; aquele que compartilha; o início da divisão, da multiplicidade, da distinção; e ainda significa matéria. Às vezes é também o número da discórdia, da confusão, da desgraça, da impureza. São Jerônimo disse contra Joviano: "Não vimos dizer no segundo dia da criação do Mundo: 'E Deus disse que era bom'", porque o número dois é mau. Por isso Deus ordenou que todos os animais impuros entrassem na arca aos pares, porque, como eu disse, o número dois é um número de impureza. Pitágoras, como relata Eusébio, disse que a unidade era Deus e um bom intelecto; mas que a dualidade era um demônio e um intelecto maligno, no qual há uma multiplicidade material. Os pitagóricos, portanto, dizem que dois não é um número, mas uma certa confusão de unidades. E Plutarco escreve que os pitagóricos chamavam a unidade de Apollo; o dois de luta e coragem; o três de justiça, que é a mais alta perfeição, encerrando em si muitos mistérios. Por isso, havia duas Tábuas da Lei no Sinai; dois Querubins olhando para o propiciatório, em Moisés; duas azeitonas que gotejavam óleo, em Zacarias; duas naturezas em Cristo, divina e humana. Por isso Moisés viu duas aparências de Deus, a saber, sua face e suas costas. Há dois Testamentos; dois mandamentos de amor; duas dignidades principais; duas primeiras pessoas; dois tipos de espíritos, o bom e mau; duas criaturas intelectuais, um anjo e uma alma; duas grandes luzes; dois solstícios; dois equinócios; dois polos e dois elementos, produzindo uma alma viva: a Terra e a Água.

A ESCALA DO NÚMERO DOIS

No Mundo Primevo	יה Yah אל El		Os nomes de Deus, expressos por duas Letras.
No Mundo Intelectual	Um Anjo	A Alma	Duas substâncias Inteligentes.
No Mundo Celestial	O Sol	A Lua	Duas grandes Luzes.
No Mundo Elemental	A Terra	A Água	Dois Elementos que produzem uma Alma viva.
No Mundo Inferior	O Coração	O Cérebro	Duas Sedes principais da Alma.
No Mundo Infernal	Beemoth, pranto	Leviatã, ranger de dentes	Dois Chefes dos Demônios. Duas coisas com as quais Cristo ameaçou os condenados.

CAPÍTULO XVIII

A IMPORTÂNCIA DO NÚMERO TRÊS

O número TRÊS é um número primo não composto, um número sagrado e muito poderoso. É o número da perfeição, pois há três pessoas em Deus; há três virtudes teológicas na religião. É por isso que esse número conduz às cerimônias de Deus e da religião, cuja solenidade faz com que as orações e os sacrifícios sejam repetidos três vezes; pois as coisas corpóreas e espirituais consistem em três coisas: início, meio e fim. Por meio do três, como diz Trismegisto, o mundo é aperfeiçoado: harmonia, necessidade e ordem, ou seja, a ocorrência de causas (que muitos chamam de "destino") e a execução delas até o resultado final, ou prêmio, ou uma distribuição devida do prêmio. O ciclo do tempo também se fecha em três: passado, presente, futuro. Toda a magnitude está contida no três: linha, superfície e volume. Cada volume consiste em três distâncias: comprimento, largura e espessura.

A harmonia contém três consonâncias no tempo: diapasão, hemiólia, diatessaron. Há também três tipos de almas: vegetativa, sensitiva e intelectual. E como tal, diz o Profeta, Deus ordena o mundo pelo número, peso e medida; e o número três é atribuído às suas formas ideais, assim como o número dois é a matéria procriadora e a unidade a Deus, o Criador dela. Os Magos constituem três Príncipes do mundo – Oromasis, Mithris, Araminis; isto é, Deus, a mente e o espírito. Pelo sólido conhecido como triângulo retângulo, as coisas produzidas são distribuídas em três conjuntos de nove, quais sejam os supercelestiais em nove ordens de inteligências; os celestiais, em nove orbes; os inferiores, em nove tipos de coisas geráveis e corruptíveis. Por fim, nesse orbe eterno, por assim dizer, vinte e sete, estão incluídas todas as proporções musicais, como Platão e Proclo discorrem amplamente; e o número três tem, em uma harmonia da quinta, a graça da primeira voz. Além disso, nas inteligências, há três hierarquias de espíritos angelicais. Há três poderes de criaturas intelectuais: memória, mente e vontade. Três ordens de bem-aventurados, os mártires, os confessos e os inocentes. Há três quaternários de signos celestes, fixo, móvel e comum; e também de casas, centros, ascendentes e descendentes. Há, também, três faces e cabeças em cada signo, três Senhores de cada triplicidade e três sortes entre os planetas. Na tripulação infernal há três juízes, três fúrias e o Cérbero de três cabeças. Lemos também sobre Hécate, a três vezes dupla e sobre os três meses da Virgem Diana. São três as pessoas na Divindade suprasubstancial. Três tempos da natureza, lei e graça. Três virtudes teológicas: fé, esperança e caridade. Jonas permaneceu durante três dias no ventre da baleia; mesmo tempo que Cristo permaneceu no sepulcro.

A ESCALA DO NÚMERO TRÊS

No Mundo Primevo	O Pai	Adai, o Filho	O Espírito Santo	O nome de Deus com três Letras.
No Mundo Intelectual	Inocentes Supremos	Mártires Intermediários	O mais baixo de todos os Confessores	Três Hierarquias de Anjos. Três classes dos Abençoados.
No Mundo Celestial	Móveis, Cantos, diurnos	Fixos, Progressivos, Noturnos	Comuns, Cadentes, Partilhadores	Três quaternidades de signos. Três quaternidades de casas. Três Senhores das triplicidades.
No Mundo Elemental	Simples	Composto	Composto triplo	Três classes de elementos.
No Mundo Inferior	A cabeça, onde cresce a inteligência, correspondendo ao Mundo Intelectual	O peito, onde está o coração, sede da vida, correspondendo ao Mundo Celeste	O ventre, onde está a capacidade reprodutiva, e os órgãos genitais, correspondendo ao Mundo Elemental	Três partes, correspondendo ao mundo tríplice.
No Mundo Infernal	Alecto, Minos, Malévolos	Megera, Acaco, os Apóstatas	Ctesifonte, Radamanto, os Infiéis	Três Fúrias infernais, Três Juízes infernais. Três classes de amaldiçoados.

CAPÍTULO XIX

A IMPORTÂNCIA DO NÚMERO QUATRO

Os pitagóricos chamam o número QUATRO de Tectractis, preferindo-o antes de todas as virtudes numerais, porque ele é a base e a raiz de todos os outros números; por isso todas as bases, tanto nas coisas artificiais quanto nas naturais e divinas, são também quadrangulares, como mostraremos mais adiante.

O quatro significa solidez, algo demonstrado pela figura de quatro quadrados; pois o número quatro é o primeiro plano quadrangular que consiste em duas proporções, sendo a primeira de um para dois e a segunda de dois para quatro; e prossegue por uma dupla progressão e proporção, de um para um e de dois para dois – começando em uma unidade e terminando em uma quaternidade, cujas proporções diferem no fato de que, de acordo com a aritmética, elas são desiguais entre si, mas, de acordo com a geometria, são iguais. Portanto, o quadrado é atribuído a Deus Pai; e ele também contém o mistério de toda a Trindade: pois, por sua proporção singular, de fato a primeira de um para um, é a unidade da substância paterna, da qual procede um Filho igual a Ele. Na próxima sequência, também singular, ou seja, de dois para dois, é representado (pela segunda sequência) o Espírito Santo. De ambos, portanto, teremos o Filho igual ao Pai, pela primeira sequência; e o Espírito Santo igual a ambos, pela segunda sequência. Por conseguinte, aquele nome grandioso em excelência da Divina Trindade em Deus é escrito com quatro letras: *Jod*, *He e Vau, He*, sendo a aspiração em *He*, o que significa que a procedência do Espírito vem de ambos, pois *He*, sendo duplicado, termina ambas as sílabas assim como seu nome, sendo ele pronunciado *Jova*, de onde, como alguns irão dizer, vem aquele *Jove* dos pagãos, que os antigos retrataram com quatro carruagens. Daí o número quatro, que é a fonte e a cabeça de toda a Divindade.

Os pitagóricos chamam isso de "Fonte perpétua da Natureza, pois há quatro graus na escala da Natureza a saber: ser, viver, sentir, compreender. E há também quatro movimentos na Natureza: para cima, para baixo, para frente, ao redor. E há quatro cantos no Céu: elevação, sublimação, o meio e o fundo do Céu. E quatro elementos sob o Céu: Fogo, Ar, Água e Terra e, de acordo com esses elementos, há quatro triplicidades no Céu. Também existem quatro primeiras qualidades sob o Céu, o frio, o calor, a secura e a umidade; a partir delas, surgem os quatro humores: o sangue, a fleuma, a bílis e a bílis negra.

Além disso, o ano é dividido em quatro partes, primavera, verão, outono e inverno; o vento também é dividido em Leste, Oeste, Norte e Sul. E são quatro os rios no Paraíso e outros quatro no inferno. Além disso, o número quatro compõe todo o conhecimento: primeiro, ele preenche toda progressão simples de números com quatro termos: um, dois, três e quatro, constituindo o número dez. Na música ele tem a diatessarão – a graça da quarta voz; também contém o instrumento de quatro cordas e um diagrama pitagórico, por meio do qual são descobertas as primeiras de todas as melodias musicais e toda a harmonia da música: para duplo, agudo, quatro vezes duplo, uma parte e meia, uma parte e um terço, uma concordância de todos, uma concordância dupla de todos, de cinco, de quatro e toda consonância é limitada dentro dos limites do número quatro. Contém também toda a Matemática em quatro conjunções: o ponto, a linha, a superfície e a profundidade. E ainda compreende toda a Natureza em quatro conjunções: substância, qualidade, quantidade e movimento. Também toda a filosofia natural, na qual estão as virtudes seminais da Natureza, a origem natural, a forma crescente e a composição.

A metafísica também está compreendida em quatro limites: o ser, a essência, a virtude e a ação. E a filosofia moral está compreendida em quatro virtudes: a prudência, a justiça, a fortaleza e a temperança. Ela também tem o poder da justiça: portanto, uma lei quádrupla – da providência, de Deus; da fatalidade, da Alma do Mundo; da natureza, do Céu; da prudência, do homem. Há também quatro poderes judiciários em todas as coisas que existem, ou seja, o intelecto, a disciplina, a opinião e o sentido. Além disso, há quatro rios do Paraíso. Quatro Evangelhos, recebidos de quatro evangelistas, em toda a Igreja. Os hebreus receberam o principal nome de Deus escrito com quatro letras. Também os egípcios, árabes, persas, magos, maometanos, gregos, toscanos e latinos escrevem o nome de Deus com quatro letras, a saber: *Thet*, *Alla*, *Sire*, *Orsi*, *Abdi*, Θєòζ, Esar, Deus. Por isso, os lacedemônios costumavam pintar Júpiter com quatro asas. Por isso, também, na Divindade de Orfeu, é dito que as carruagens de Netuno são puxadas por quatro cavalos. Há também quatro tipos de fúrias divinas provenientes de várias divindades: as Musas; Dionísio; Apollo e Vênus. Além disso, o profeta Ezequiel viu quatro bestas perto do rio Quebar e quatro Querubins em quatro rodas. Em Daniel, quatro grandes animais subiram do mar e quatro ventos lutaram. No Apocalipse, quatro bestas cheias de olhos, na frente e atrás, estavam ao redor do trono de Deus, e os anjos, aos quais foi dado o poder de ferir a terra e o mar, estavam sobre os quatro cantos da terra, segurando os quatro ventos, para que não soprassem sobre a terra, nem sobre o mar, nem sobre árvore alguma.

A ESCALA DO NÚMERO QUATRO

O nome de Deus com quatro letras	י ה ו ה				No Mundo Primevo, de onde vem a lei da Providência
Quatro triplicidades, ou hierarquias inteligentes	Serafins, Querubins, Tronos	Dominações, Poderes, Virtudes	Potestades, Arcanjos, Anjos	Inocentes, Mártires, Confessos	No Mundo Intelectual, de onde a lei é fatal
Quatro anjos governando os quatro cantos do mundo	טיבאל Michael	רפאל Rafael	נברואל Gabriel	איריאל Uriel	(todos os blocos acima) No mundo Celeste, onde está a Lei da Natureza
Quatro regentes dos elementos	שרפ Serafim	ברוב Querubim	חרשיט Tharsis	אריאל Ariel	
Quatro animais consagrados	O Leão	A Águia	Homem	Um Bezerro	
Quatro triplicidades das tribos de Israel	Dã, Aser, Netfali	Judá, Issacar, Zabulon	Manassés, Benjamin, Efraim	Rubem, Simeão, Gad	
Quatro triplicidades dos Apóstolos	Matias, Pedro, Tiago, filho de Zebedeu	Simão, Bartolomeu, Mateus	João, Filipe, Tiago, filho de Alfeu	Tadeu, André, Tomé	
Quatro Evangelistas Quatro triplicidades de signos	Marcos Áries, Leão, Sagitário	João Gêmeos, Libra, Aquário	Mateus Cancer, Escorpião, Peixes	Lucas Touro, Virgem, Capricórnio	
Os astros e os planetas relacionados aos elementos	Marte e o Sol	Júpiter e Vênus	Saturno e Mercúrio	Os Astros Fixos e a Lua	
Quatro qualidades dos elementos celestes	Luz	Diafaneidade	Agilidade	Solidez	
Quatro elementos	Fogo אש	Ar ריח	Água בוים	Terra עפר	No Mundo Elemental, onde está a lei da reprodução e do perecimento
Quatro qualidades	Calor	Umidade	Frio	Secura	
Quatro estações	Verão	Primavera	Inverno	Outono	

<table>
<tr><td>Quatro cantos do mundo</td><td>Leste</td><td>Oeste</td><td>Norte</td><td>Sul</td><td rowspan="5">No Mundo Elemental, onde está a Lei da reprodução e do perecimento</td></tr>
<tr><td>Quatro tipos perfeitos de compostos</td><td>Animais</td><td>Plantas</td><td>Metais</td><td>Pedras</td></tr>
<tr><td>Quatro tipos de animais</td><td>Que andam</td><td>Que voam</td><td>Que nadam</td><td>Que rastejam</td></tr>
<tr><td>O que nas plantas corresponde aos elementos</td><td>Ouro e ferro</td><td>Cobre e estanho</td><td>Mercúrio</td><td>Chumbo e prata</td></tr>
<tr><td>O que nas pedras corresponde aos elementos</td><td>Brilhante e abrasador</td><td>Leve e transparente</td><td>Claro e solidificado</td><td>Pesado e escuro</td></tr>
<tr><td>Quatro elementos do homem</td><td>Mente</td><td>Espírito</td><td>Alma</td><td>Corpo</td><td rowspan="9">No Mundo Inferior, o homem, de quem procede a lei da prudência</td></tr>
<tr><td>Quatro poderes da alma</td><td>Intelecto</td><td>Razão</td><td>Fantasia</td><td>Sentido</td></tr>
<tr><td>Quatro poderes de julgamento</td><td>Fé</td><td>Ciência</td><td>Opinião</td><td>Experiência</td></tr>
<tr><td>Quatro virtudes morais</td><td>Justiça</td><td>Temperança</td><td>Prudência</td><td>Fortaleza</td></tr>
<tr><td>Os sentidos correspondentes aos elementos</td><td>Visão</td><td>Audição</td><td>Paladar e Olfato</td><td>Tato</td></tr>
<tr><td>Quatro elementos do corpo humano</td><td>Espírito</td><td>Carne</td><td>Humores</td><td>Ossos</td></tr>
<tr><td>Um espírito quádruplo</td><td>Animal</td><td>Vital</td><td>Reprodutivo</td><td>Natural</td></tr>
<tr><td>Quatro humores</td><td>Bílis (cólera)</td><td>Sangue</td><td>Fleuma</td><td>Bílis Negra (Melancolia)</td></tr>
<tr><td>Quatro tipos de câncer</td><td>Violência</td><td>Vivacidade</td><td>Embotamento</td><td>Lentidão</td></tr>
<tr><td>Quatro príncipes de demônios, ofensivos nos elementos</td><td>סמאל
Samael</td><td>עזאזל
Azazel</td><td>עזאל
Azael</td><td>מחזאל
Mahazael</td><td rowspan="3">No mundo infernal, onde está a lei da ira e do castigo</td></tr>
<tr><td>Quatro rios infernais</td><td>Flegeton</td><td>Cócito</td><td>Estige</td><td>Aqueronte</td></tr>
<tr><td>Quatro príncipes dos espíritos, sobre os quatro anjos do mundo</td><td>Oriens</td><td>Paymon</td><td>Egyn</td><td>Amaymon</td></tr>
</table>

CAPÍTULO XX

A IMPORTÂNCIA DO NÚMERO CINCO

O número CINCO é detentor de uma força que não é nada pequena, pois consiste no primeiro par e no primeiro ímpar, como o feminino e o masculino. O número ímpar é o masculino, o par o feminino. Os aritméticos chamam um de pai e o outro de mãe. Portanto, o número cinco é de uma perfeição ou virtude consideráveis, que procede da mistura desses números. E é, também, a média exata do número universal: o dez. Se dividirmos o número dez, haverá nove e um; ou oito e dois; sete e três; seis e quatro sendo que cada coleção faz o número dez, e o meio exato é sempre o número cinco, e seu equidistante. Por isso ele é chamado, pelos pitagóricos, de "o número do casamento", como também "o número da justiça", porque divide o número dez em uma escala constante. São cinco os sentidos no homem: visão, audição, olfato, paladar e tato; cinco os poderes na alma: vegetativo, sensitivo, concupiscível, irascível e racional; cinco dedos na mão; cinco planetas errantes nos céus, de acordo com os quais há cinco conjunções em cada signo. Nos elementos, há cinco tipos de corpos mistos: pedras, metais, plantas, animais e plantas-animais. E há outros tantos tipos de animais: o homem, animais de quatro patas, seres rastejantes, aquáticos e voadores. E cinco tipos pelos quais todas as coisas são feitas de Deus: a essência, a equivalência, a diversidade, o sentido e o movimento. A andorinha dá à luz apenas cinco filhotes, que ela alimenta com equidade, começando pelo mais velho e indo para os demais de acordo com a idade. Pois nesse número o pai Noé encontrou graça diante de Deus e foi alvo das águas do dilúvio. Em virtude desse número, Abraão, com cem anos de idade, gerou um filho em Sara (que era estéril e já tinha ultrapassado a idade de engravidar, aos noventa anos), e este cresceu e constituiu um grande povo. Portanto, no tempo da graça, o nome da Onipotência Divina é invocado com cinco letras. Na época da natureza, o nome de Deus era evocado usando-se três letras, Símbolo Sadai; na época da lei, o nome inefável de Deus era expresso com quatro letras símbolo, ao invés do qual os hebreus expressam símbolo, Adonai; na época da graça, o nome inefável de Deus era escrito com cinco letras símbolo, Yhesu, evocado não com menos mistério que o nome de três letras símbolo.

A ESCALA DO NÚMERO CINCO

Os nomes de Deus com cinco letras. O nome de Cristo com cinco letras		עליון אלהים יהשוה	Elohi, Elohim, Yhesu			No mundo modelar
Cinco substâncias inteligentes	Espíritos da primeira hierarquia, chamados Deuses ou filhos de Deus	Espíritos da segunda hierarquia, chamados Inteligências	Espíritos da segunda hierarquia, chamados Anjos, que são enviados	Almas dos corpos celestes	Heróis e almas abençoadas	No Mundo Intelectual
Cinco astros errantes, senhores das conjunções	Saturno	Júpiter	Marte	Vênus	Mercúrio	No mundo celeste
Cinco tipos de coisas perecíveis	Água	Ar	Fogo	Terra	Um corpo misto	No Mundo Elemental
Cinco tipos de corpos mistos	Animal	Planta	Metal	Pedra	Planta-animal	
Cinco sentidos	Paladar	Audição	Visão	Tato	Olfato	No mundo inferior
Cinco tormentos corpóreos	Amargura mortal	Lamento medonho	Escuridão terrível	Calor inextinguível	Mau cheiro lancinante	No mundo infernal

CAPÍTULO XXI

A IMPORTÂNCIA DO NÚMERO SEIS

Seis é um número de perfeição, porque é o mais perfeito na natureza, em todo o curso dos números de um a dez. Essa perfeição se dá, devido a soma de suas partes ser sempre o mesmo resultado, sem falta ou excesso. Suas partes, ou seja, o meio, a terceira e a sexta parte, que são três, dois e um, quando reunidas, preenchem perfeitamente todo o corpo de seis, perfeição que falta a todos os outros números. Por isso, os pitagóricos dizem que o seis deve ser aplicado à procriação e ao casamento, e é chamado de "escala do mundo", pois o mundo é feito do número seis – não há faltas, nem abundância: isso se deve ao fato de o mundo ter sido terminado por Deus no sexto dia; e Ele viu todas as coisas que havia feito, e elas eram muito boas[9]; portanto, o céu, a terra e todo o seu exército foram terminados. É também chamado o número do homem, porque no sexto dia[10] o homem foi criado. E é também o número da nossa redenção, foi no sexto dia que Cristo sofreu por nossa redenção; daí a grande afinidade entre o número seis e a cruz, o trabalho e a servidão. Por isso, a lei determina que em seis dias o maná deve ser colhido e o trabalho deve ser feito, e por seis anos a terra deveria ser semeada, tempo em que o servo hebreu deveria servir ao seu Senhor. Durante seis dias a glória do Senhor apareceu sobre o Monte Sinai, encobrindo-o com uma nuvem. Os Querubins tinham seis asas. São seis os círculos do firmamento: Ártico, Antártico, dois Trópicos, Equinocial e Eclíptico. E seis os planetas errantes: Saturno, Júpiter, Marte, Vênus, Mercúrio e a Lua, percorrendo a latitude do Zodíaco em ambos os lados da Eclíptica. Há seis qualidades substanciais nos elementos: perspicácia, leveza e movimento, e o contrário dessas qualidades: entorpecimento, rudeza e inércia. E há seis diferentes posições: para cima, para baixo, à frente, atrás, do lado direito e do lado esquerdo. Existem seis funções naturais, sem as quais nada pode existir: magnitude, cor, forma, intervalo, permanência e movimento. Qualquer figura sólida formada de quadriláteros tem seis superfícies. E ainda há cinco tons em toda a harmonia e dois meios-tons que perfazem um, que é o sexto.

A ESCALA DO NÚMERO SEIS

No Mundo Primevo	אל נבוראלוהים						Nomes de seis letras
No Mundo Intelectual	Serafins	Querubins	Tronos	Dominações	Poderes	Virtudes	Seis ordens de Anjos, que não são enviados para os inferiores
No Mundo Celeste	Saturno	Júpiter	Marte	Vênus	Mercúrio	A Lua	Seis planetas movendo-se pela latitude do Zodíaco no círculo Eclíptico

9. No sexto dia, a Sabedoria Eterna declarou que todas as coisas criadas por sua mão divina eram "muito boas".
10. Daí surgiu o mistério do número da besta, seiscentos e sessenta e seis, sendo o número do homem – DCLXVI.

No Mundo Elemental	Repouso	Sutileza	Agudez	Embotamento	Grossura	Movimento	Seis qualidades substanciais dos elementos
No Mundo Inferior	O Intelecto	Memória	Sentido	Movimento	Vida	Essência	Seis graus da mente
No Mundo Infernal	Acteus	Megalesius	Ormenus	Lycus	Nicon	Mimon	Seis Demônios, autores de todas as calamidades

CAPÍTULO XXII

SOBRE A IMPORTÂNCIA DO NÚMERO SETE

O número SETE tem um poder variado e múltiplo; pois é constituído de um e seis, ou de dois e cinco, ou três e quatro; e tem uma unidade, como se fosse o acoplamento de dois trios. Por isso, se considerarmos as várias partes deste número e a união delas, sem dúvida confessaremos que ele é, tanto pela união de suas partes quanto por sua plenitude à parte, o mais pleno de toda majestade. Os pitagóricos o chamam de "veículo da vida do homem", não apenas pelo que ele recebe de suas partes, mas também pelo aperfeiçoamento provido diretamente do todo, propriamente dito, pois contém corpo e alma. O corpo consiste em quatro elementos, dotado de quatro qualidades. O número três diz respeito à alma, em razão de seu poder ternário, que é racional, irascível e sensitiva. O número sete, portanto, por ser composto de três e quatro, une a alma ao corpo; e a virtude desse número está relacionada à dos homens, e faz com que o homem seja recebido, formado, gerado, nutrido, viva e, de fato, subsista completamente. Pois quando a semente genital é recebida no útero da mulher, se lá ela permanecer por sete horas após a efusão, lá permanecerá. Em seguida ela coagula, tornando-se, nos primeiros sete dias, firme e apta a receber a forma de um ser humano. E então ela produzirá bebês maduros, que são chamados de bebês de sete meses; visto que já podem nascer a partir deste mês. Após o nascimento, a sétima hora vai dizer se o bebê viverá ou não, pois aquele que conseguir respirar após essa hora será agraciado e viverá. Após sete dias, ele deixa cair o cordão umbilical; após duas vezes sete dias, sua visão começa a se mover de acordo com a luz; no terceiro sétimo dia, ele vira os olhos e todo o rosto livremente; depois de sete meses, cria dentes; depois do segundo sétimo mês, senta-se sem medo de cair; depois do terceiro sétimo mês, começa a falar; depois do quarto sétimo mês, fica de pé com firmeza e caminha; depois do quinto sétimo mês, começa a deixar de sugar sua amamentação; depois de sete anos, seus primeiros dentes caem e novos dentes são criados, mais aptos para carne dura, e sua fala é aperfeiçoada; após o segundo sétimo ano, os meninos amadurecem, e então é o início da geração; no terceiro sétimo ano, eles atingem a estatura de homens e começam a ter pelos, tornando-se aptos e fortes para a procriação; no quarto sétimo ano, eles param de crescer; no quinto sétimo ano, atingem a perfeição de sua força; no sexto sétimo ano, conservam sua força; no sétimo septênio, atingem o máximo de discrição e sabedoria e a idade perfeita dos homens; mas quando chegam ao décimo sétimo ano, em que o número sete é considerado um número completo, então chegam ao termo comum da vida – o Profeta diz: nossa idade é de setenta anos. A altura máxima do corpo de um homem é de sete pés. Há também sete graus no corpo, que completam a dimensão de sua altura de baixo para cima, a saber: medula, osso, nervo, veia, artéria, carne e pele. Há sete órgãos chamados pelos gregos de membros negros: língua, coração, pulmões, fígado, baço e os dois rins. Há, também, sete partes principais do corpo: a cabeça, o peito, as mãos, os pés e os membros íntimos. É evidente, com relação à respiração e à carne, que, sem a extração da respiração, a vida não permanece por mais de sete horas; e os que passam fome, não vivem mais do que sete dias sem se alimentar[11]. As veias e artérias, como dizem os médicos, são movidas pelo sétimo número. Além disso, os julgamentos das doenças são feitos com maior manifestação no sétimo dia, o que os médicos chamam de crítico, ou seja, decisivo. Também de sete porções Deus criou a alma; que por sua vez recebe o corpo em sete estágios. Os diferentes sons compõem uma escala de sete notas, após o que se repete a mesma evolução. E há sete modulações das vozes: ditonus, semiditonus, diatesseron, diapente com um tom, diapente com meio tom e diapasão. Há também, nos celestiais, um poder muito potente do número sete; pois há quatro cantos do Céu olhando diametralmente um para o outro, o que, de fato, é considerado um aspecto muito completo e poderoso e consiste no número sete; pois é feito com o sétimo sinal, formando uma cruz, a figura mais poderosa de todas, da qual falaremos em

11. Tem havido algumas exceções a essa afirmação, uma das quais foi notada por mim nos últimos anos: O Dr. Edward Spry, de Plymouth Dock, filósofo, cabalista e médico, viveu mais de dois anos com uma groselha por dia no verão, e um bolo de aveia e três copos de vinho branco por dia no restante da estação. Esse senhor era particularmente abstêmio em sua dieta.

seu devido lugar; mas não se deve ignorar que o número sete tem uma grande comunhão com a cruz. Pela mesma radiação e número, o solstício se distancia do inverno e o equinócio de inverno do verão, tudo isso feito por sete signos. Há também sete círculos nos céus, de acordo com as longitudes da árvore-eixo. Há sete estrelas ao redor do Polo Ártico, maiores e menores, chamadas Charles Wain; também há sete estrelas chamadas "Plêiades"; e sete planetas, de acordo com os sete dias que constituem uma semana. A Lua é o sétimo planeta e o mais próximo de nós. O sete é o número mais celebrado pela Lua, muito mais do que os demais planetas costumam fazer. É que esse número compõe seu movimento e sua luz. Em vinte e oito dias, a Lua percorre a bússola de todo o Zodíaco; o mesmo número de dias do sete acrescido às suas sete conjunções, ou seja, a soma de um a sete, que tem como resultado vários outros números, somando-os aos seus antecedentes. A Lua, portanto, percorre toda a longitude e latitude do Zodíaco no período de quatro vezes sete dias, perfazendo a mesma medida sucessivamente. A cada um desses sete dias, a Lua controla sua luz, mudando-a de forma crescente e gradativa, até a metade do seu orbe, quando, nos segundos sete dias, ela aumenta e enche toda seu orbe de luz; diminuindo novamente, de forma contraída, no terceiro período de sete dias, em um orbe dividido. Após a quarta sequência de sete dias, no entanto, ela é renovada com a última diminuição de sua luz; assim como nos sete dias seguintes. Seguindo os mesmos sete dias, a Lua controla o aumento e a diminuição das marés. Pois nos primeiros sete dias do aumento da Lua, a maré é pouco a pouco diminuída; no segundo período de sete dias, gradualmente aumentada; o terceiro período é como o primeiro e o quarto faz o mesmo que o segundo.

Também sob efeito do número sete está Saturno, que, subindo da parte inferior é o sétimo planeta, o que indica o descanso atribuído ao sétimo dia, significando o sétimo milésimo, no qual, como diz São João, o dragão (que é o demônio) e Satanás sendo amarrados, deixarão os homens tranquilos e levarão uma vida pacífica.

A pessoa leprosa que devia ser purificada foi aspergida sete vezes com o sangue de um pardal; e Eliseu, o Profeta, como está escrito no segundo livro dos Reis, disse à pessoa leprosa: "Vai, e lava-te sete vezes no Jordão, e a tua carne será curada, e ficarás purificado". Também é um número de arrependimento e remissão. E Cristo, com sete petições, concluiu seu discurso sobre nossa satisfação.

Sete é chamado de "o número da liberdade", porque, no sétimo ano, o servo hebreu desafiava a liberdade para si mesmo. É também o mais adequado para louvores divinos; por isso o Profeta diz: "Sete vezes por dia te louvo, por causa de teus justos juízos". Além disso, é chamado de "número da vingança", como diz a Escritura: "E Caim será vingado sete vezes". E o salmista diz: "Retribui sete vezes mais a nossos vizinhos pelos insultos que lançaram contra ti". Portanto, há sete maldades, como diz Salomão. E o Evangelho fala de sete espíritos maléficos. Este número também é consagrado ao Espírito Santo, que o Profeta Isaías descreve como sendo sete, de acordo com seu dom: o espírito da sabedoria e do entendimento, o espírito do conselho e da força, o espírito do conhecimento e da santidade e o espírito do temor ao Senhor, que lemos em Zacarias como sendo "os sete olhos de Deus". Há também sete anjos, espíritos que estão na presença de Deus, como se lê em Tobias e no Apocalipse: "Sete lâmpadas queimaram diante do trono de Deus, também sete castiçais de ouro estavam ali, e no meio aos quais, havia alguém semelhante ao Filho do Homem, e ele portava sete estrelas em sua mão direita. Também havia sete espíritos diante do trono de Deus, e sete anjos estavam em pé diante do trono, e foram-lhes dadas sete trombetas. E viu um Cordeiro, que tinha sete cabeças e sete olhos; e viu o livro selado com sete selos; e quando o sétimo selo foi aberto, fez-se silêncio no Céu".

Agora, por tudo o que foi dito, é evidente que o número sete, entre os outros números, pode ser merecidamente considerado o mais repleto de eficácia. Além disso, o sete tem grande conformidade com o número doze; pois assim como três e quatro formam sete, três vezes quatro formam doze, que são os números dos planetas celestes e dos signos resultantes da mesma raiz, sendo que pelo número três eles participam da Divindade, e pelo número quatro da natureza das coisas inferiores.

Há também nas Escrituras Sagradas, uma grande observância desse número antes de todos os outros, e grande são os seus mistérios: muitos deles decidimos contar aqui, repetindo-os a partir das Escrituras, pelos quais facilmente se verá que o número sete significa uma certa plenitude de mistérios sagrados. Em Gênesis lemos que o Senhor descansou no sétimo; que Enoque, um piedoso homem santo, era o sétimo a partir de Adão; e que havia outro sétimo homem depois de Adão, um homem perverso, chamado Lameque, que tinha duas esposas; e que o pecado de Caim deveria ser abolido na sétima geração, como está escrito "Caim será punido sete vezes; e aquele que matar Caim será vingado sete vezes". O mestre da história ainda acrescenta que houve sete pecados de Caim.

Dentre todos os animais puros, sete foram levados para a arca, como também as aves. E depois de sete dias o Senhor fez chover sobre a terra; e no sétimo dia as fontes do abismo se romperam, e as águas cobriram a terra. Também Abraão deu a Abimeleque sete cordeiras; e Jacó serviu por Lia durante sete anos, e outros sete por Raquel; e por sete dias o povo de Israel chorou a morte de Jacó. Além disso. No mesmo lugar, lemos sobre sete vacas; sete anos de grãos; sete anos de fartura e sete anos de escassez. E em Êxodo, o "sábado dos sábados", o descanso sagrado do Senhor, é ordenado para ser no sétimo dia. Também, no sétimo dia Moisés parou de orar.

No sétimo dia haverá solenidade do Senhor. No sétimo ano o servo sairá livre. Por sete dias estará o bezerro e o cordeiro com a sua mãe. No sétimo ano, a terra que foi semeada durante seis anos estará em repouso. O sétimo dia será um sábado santo e de descanso. Por ser sábado, o sétimo dia será chamado de "santo". Em Levítico, o sétimo dia será mais santo e mais observado. O primeiro dia do sétimo mês será um sábado de memória. E oferecerão sacrifícios ao Senhor no sétimo dia. E por sete dias serão celebrados os dias santos do Senhor, por sete dias do ano, perpetuamente, de geração a geração. No sétimo mês celebrareis festas e habitareis sete dias em tabernáculos. Sete vezes será aspergido diante do Senhor aquele que molhou seus dedos no sangue. E aquele que foi limpo da lepra será aspergido sete veres no sangue de um pardal. Sete dias se lavará com água corrente a mulher que estiver menstruada. Sete vezes molhará o dedo no sangue de um novilho. E sete vezes será açoitado por vossos pecados.

Em Deuteronômio, sete pessoas possuíram a Terra da Promessa. Também se lê sobre um sétimo ano de remissão e sobre sete velas colocadas no lado sul dos candelabros. E em Números, lemos que os filhos de Israel ofereceram sete cordeiros sem mancha; e que durante sete dias comeram pães sem fermento; e que o pecado foi expiado com sete cordeiros e um bode; e que o sétimo dia foi celebrado e santificado; e o primeiro dia do sétimo mês foi observado e abençoado. E foi sétimo o mês da Festa dos Tabernáculos; e sete bezerros foram oferecidos no sétimo dia; e Balaão erigiu sete altares; e em sete dias Miriã, irmã de Arão, saiu leprosa do sepulcro; também eram sete os dias necessários para purificar aquele que tocava num cadáver.

Em Josué, sete sacerdotes carregaram a arca da aliança diante do exército e, durante sete dias, eles percorreram as cidades levando sete trombetas. No sétimo dia, eles tocaram as trombetas. No livro dos Juízes, Abessa reinou em Israel por sete anos. Sansão celebrou suas núpcias por sete dias e no sétimo dia propôs um enigma à sua mulher; ele foi preso e amarrado com sete vinhas verdes, sete mechas de seus cabelos foram raspadas e durante sete anos os filhos de Israel foram oprimidos pelo rei de Maden.

Nos livros dos Reis, Elias orou sete vezes, e na sétima vez viu uma pequena nuvem; por sete dias os filhos de Israel se lançaram contra os sírios, vencendo-os no sétimo dia da batalha. Davi foi ameaçado com sete anos de fome por causa do burburinho do povo; e sete vezes espirrou a criança que foi criada por Eliseu. Sete homens foram crucificados juntos, nos dias da primeira colheita. Naaman foi purificado por Eliseu com sete lavagens. Golias foi morto no sétimo mês. Lemos em Ester que o rei da Pérsia tinha sete eunucos. Em Tobias, sete homens se casaram com Sara, filha de Raquel. Em Daniel, a fornalha de Nabucodonosor foi aquecida sete vezes mais do que o costume. No livro de Jó, há menção de sete dos seus filhos. E sete dias e noites os amigos de Jó sentaram-se com ele na terra, e, também em Jó "Em sete angústias nenhum mal chegará a ti". Em Esdras, lemos sobre os sete conselheiros de Artaxerxes; e no mesmo lugar, a trombeta soou. O sétimo mês da Festa dos Tabernáculos foi, no tempo de Esdras, enquanto os filhos de Israel estavam nas cidades; e no primeiro dia do sétimo mês, Esdras leu a lei para o povo. Nos Salmos, Davi louvava o Senhor sete vezes por dia. Refinada a prata sete vezes, dava ao próximo sete vezes mais do que recebia. Salomão disse que a Sabedoria erigira para si mesma sete pilares. Sete homens podem dar uma razão e sete são as abominações que o Senhor odeia, Sete também são as abominações no coração do inimigo, e sete supervisores e sete olhos observadores. Isaías enumera sete dádivas do Espírito Santo. E diz que sete mulheres dominarão um homem. Em Jeremias, se aquela que deu à luz sete filhos adoecer, morrerá. Em Ezequiel, o profeta permaneceu triste por sete dias. Em Zacarias há sete lanças e há sete tubos para essas sete lanças; e sete olhos correndo por toda a terra; e sete olhos em uma pedra; e o jejum do sétimo dia se transformou em alegria. E em Miqueias, sete pastores se levantam contra os assírios. Além disso, no Evangelho, lemos sobre sete bênçãos e sete virtudes, às quais se opõem a sete vícios; sete petições do Pai Nosso; sete palavras de Cristo na cruz; sete palavras da bem-aventurada Virgem Maria; sete pães distribuídos pelo Senhor; sete cestos de fragmentos; sete irmãos com uma só mulher; sete discípulos do Senhor que eram pescadores; sete vasilhas de água em Caná da Galileia; sete maldições que o Senhor ameaça aos hipócritas; sete demônios expulsos da imundície e sete demônios mais perversos que foram introduzidos depois do que foi expulso. São também sete os anos em que Cristo se refugiou no Egito; e na sétima hora a febre deixou o filho do governador.

Nas epístolas canônicas, Tiago descreve sete graus de sabedoria e Pedro sete graus de virtudes. E nos Atos, contamos sete diáconos e sete discípulos escolhidos pelos apóstolos.

No Apocalipse há muitos mistérios relacionados a esse número; pois lá lemos sobre sete castiçais, sete estrelas, sete coroas, sete igrejas, sete espíritos diante do trono, sete rios do Egito, sete selos, sete marcas, sete chifres, sete olhos, sete espíritos de Deus, sete anjos com sete trombetas, sete chifres do dragão, sete cabeças do dragão, que tinham sete diademas, sete pragas e sete taças, que foram dadas a cada um dos sete anjos, sete cabeças da besta escarlate, sete montes e sete reis assentados sobre eles, e sete trovões fizeram soar as suas vozes. Além disso, esse número tem muito poder tanto na natureza quanto no cerimonial sagrado, e também em outras coisas; por isso, os sete dias estão relacionados aqui; também os sete planetas, as sete Plêiades, as sete Eras do mundo, as sete mudanças do homem, as sete artes liberais e tantas outras mecânicas e tantas outras proibidas. Também as sete cores, os sete metais, os sete orifícios na cabeça de um homem e os sete pares de nervos. E ainda as sete montanhas na cidade de Roma, os sete reis romanos, as sete guerras civis, os sete homens sábios no tempo de Jeremias e os sete homens sábios da Grécia. Roma foi destruída em sete dias por Nero e por sete reis foram mortos dez mil mártires: havia sete adormecidos. E sete foram as igrejas principais de Roma.

A ESCALA DO NÚMERO SETE

No Mundo Primevo	Ararita	אראריהא		
No Mundo Intelectual	צפקאיל Zafkiel	צרקיאל Zadkiel	בטאל Camael	בטאל Rafael
No Mundo Celeste	שבתאי Saturno	צרק Júpiter	מאדים Marte	שמש Sol
No Mundo Elemental	A ventoinha, O choco, A toupeira, Chumbo, O ônix	A águia, O golfinho, O cervo, Zinco, A Safira	O abutre, O lúcio, O lobo, Ferro, O diamante	O cisne, O peixe-boi, O leão, Ouro, O carbúnculo
No Mundo Inferior	O pé direito, O ouvido direito	A cabeça, O ouvido esquerdo	A mão direita, a narina direita	O coração, o olho direito
No Mundo Infernal	Inferno ניחבם	Os portões da morte רצלטוה	A sombra da morte ירעשחום	O abismo da destruição באדשחת
No Mundo Primevo	Asser Eheie	אשד אהיה		O nome de Deus com sete letras
No Mundo Intelectual	האביאל Haniel	מיבאל Michael	נביאל Gabriel	Sete anjos postados na presença de Deus

No Mundo Celeste	בוגה Vênus	בובב Mercúrio	לבבה A Lua	Sete planetas
No Mundo Elemental	O pombo, O rouxinol, O bode, Cobre, A esmeralda	A cegonha, A mugem, O macaco, Mercúrio, As ágatas	A coruja; O peixe-gato; Gato; Prata; Cristal	Sete pássaros dos planetas. Sete peixes dos planetas. Sete animais dos planetas. Sete metais dos planetas. Sete pedras dos planetas.
No Mundo Inferior	Os órgãos genitais, A narina esquerda	A mão esquerda, A boca	O pé esquerdo; O olho esquerdo	Sete membros integrais correspondentes aos planetas. Sete orifícios da cabeça correspondentes aos planetas
No Mundo Infernal	A argila da morte טיטהיון	Perdição אבון	A profundidade da terra שאול	Sete habitações dos infernais, a quais o rabi José de Castilha, o Cabalista, descreve no jardim das nozes

CAPÍTULO XXIII

A IMPORTÂNCIA DO NÚMERO OITO

Os pitagóricos chamam o OITO de "número da justiça e plenitude": em primeiro lugar, porque ele se divide em dois números pares, isto é, o quatro, que por sua vez se divide em pares também, ou seja, duas vezes o dois, vezes dois. Por essa igualdade de divisão, o número oito recebeu o nome de "justiça". Mas também recebeu o nome de plenitude, em razão da contextura da sua solidez corpórea, já que o primeiro (o quatro) compõe um corpo sólido. Daí o costume de Orfeu jurar pelas oito divindades quando invocava a justiça Divina, cujos nomes são: Fogo, Água, Terra, Céu, Lua, Sol, Fanes e a Noite. Existem apenas oito esferas visíveis nos céus. O oito simboliza também a propriedade da natureza corpórea, o que Orfeu inclui em oito de seus cânticos do mar. O oito é também chamado de "aliança", ou "circuncisão", coisa que os judeus deviam fazer no oitavo dia.

Havia também, na antiga lei, oito ornamentos para o sacerdote, que eram: uma couraça peitoral, um manto, um cinto, uma mitra, uma túnica, um éfode, o cinto do éfode e uma placa de ouro. Este é o número da eternidade e do fim do mundo, pois segue o número sete, que é o mistério do tempo. Daí o número da bem-aventurança, como se pode ver em Mateus.

O oito também é chamado de "número da segurança" e "número da conservação", porque é o mesmo número de almas dos filhos de Jessé, dos quais Davi era o oitavo.

A ESCALA DO NÚMERO OITO

O nome de Deus com oito letras	Eloa Vadaath אלוה ודעת				Yehova Vedaath יהוה ודעת				No Mundo Primevo
Oito recompensas para os abençoados	Herança	Imperecibilidade	Poder	Vitória	A visão de Deus	Graça	Um reino	Alegria	No Mundo Intelectual
Oito céus visíveis	O céu estrelado	O céu de Saturno	O céu de Júpiter	O céu de Marte	O céu do Sol	O céu de Vênus	O céu de Mercúrio	O céu da Lua	No Mundo Celeste
Oito qualidades específicas	A secura da terra	O frio da água	A umidade do ar	O calor do fogo	O calor do ar	A umidade da água	A secura do fogo	O frio da terra	No Mundo Elemental
Oito tipos de homens abençoados	Os pacificadores	Aqueles que tem sede e fome de justiça	Os mansos	Aqueles que são perseguidos porque buscam a justiça	Os puros de coração	Os misericordiosos	Os pobres de espírito	Os que choram	No mundo inferior
Oito castigos dos amaldiçoados	Aprisionamento	Morte	Julgamento	A ira de Deus	Trevas	Indignação	Tribulação	Angústia	No mundo infernal

CAPÍTULO XXIV

A IMPORTÂNCIA DO NÚMERO NOVE

São nove as ordens de anjos abençoados a saber: Serafins, Querubins, Tronos, Dominações, Potestades, Virtudes, Principados, Arcanjos e Anjos, das quais Ezequiel representa por meio de nove pedras: a safira, a esmeralda, o carbúnculo, o berilo, o ônix, a crisólita, o jaspe, o topázio e o sárdio. Esse número também contém um grande e oculto mistério da cruz, pois na nona hora nosso Senhor, Jesus Cristo expirou seu espírito. Os astrólogos também observam o número nove nas idades dos homens, da mesma maneira que o fazem com o sete, que chamam de "anos climatéricos", que são eminentes por alguma mudança notável. No entanto, às vezes o nove significa imperfeição e incompletude, porque não atinge a perfeição do número dez, sendo menor em uma unidade, sem a qual é deficiente, como Austin interpreta ao falar dos dez leprosos. A longitude de nove côvados de Ogue, rei de Basã, um tipo de demônio, não deixa de ser misteriosa.

A ESCALA DO NÚMERO NOVE

O nome de Deus com nove letras	Yenovah Sabbaoth יהוה צבאוה			Yenovah Zidkenu יהוהצדקבו			Elohim Gibor אלוהים ניפוד			No Mundo Primevo
Nove coros de anjos, Nove anjos regendo os céus	Serafins, Metatron	Querubins, Ofaniel	Tronos, Zafkiel	Dominações, Zadkiel	Poderes, Camael	Virtudes, Rafael	Potestades, Haniel	Arcanjos, Michael	Anjos, Gabriel	No Mundo Intelectual
Nove esferas móveis	O primum mobile	O céu estrelado	A esfera de Saturno	A esfera de Júpiter	A esfera de Marte	A esfera do Sol	A esfera de Vênus	A esfera de Mercúrio	A esfera da Lua	No mundo celeste
Nove pedras representando as nove cores de anjos	Safira	Esmeralda	Carbúnculo	Berilo	Ônix	Crisólito	Jaspe	Topázio	Sárdio	No Mundo Elemental
Nove sentidos, para dentro e para fora ao mesmo tempo	Memória	Cogitativo	Imaginativo	Juízo	Audição	Visão	Olfato	Paladar	Tato	No mundo inferior
Nove ordens de demônios	Espíritos falsos	Espíritos da mentira	Instrumentos de iniquidade	Vingadores da maldade	Impostores	Poderes volúveis	Fúrias semeando a injúria	Investigadores ou examinadores	Tentadores ou enganadores	No mundo infernal

CAPÍTULO XXV

A IMPORTÂNCIA DO NÚMERO DEZ

O DEZ é um número completo, chamado de "número total, ou "número universal", significando o curso completo da vida; pois além dele não podemos numerar, a não ser por replicação. O dez implica todos os números em si mesmo, ou os explica por si só e o seu próprio, multiplicando-os; por isso é considerado de múltipla religião e poder e é aplicado à purificação das almas. Os antigos chamavam as cerimônias de Denário, porque deviam ser expiados e oferecer sacrifícios, e deviam abster-se de certas coisas por dez dias. Há dez partes sanguíneas do homem: a menstruação, o esperma, o espírito plasmático, a massa, os humores, o corpo orgânico, a parte vegetativa, a parte sensível, a razão e a mente. Há também dez partes integrais simples que constituem o homem: osso, cartilagem, nervo, fibra, ligamento, artéria, veia, membrana, carne e pele. E ainda dez partes das quais o homem consiste intrinsecamente: o espírito, o cérebro, os pulmões, o coração, o fígado, a vesícula, o baço, os rins, os testículos e o útero. Havia dez cortinas no templo, dez cordas no saltério, dez instrumentos musicais com os quais se cantavam os salmos, cujos nomes eram: *neza*, com o qual se cantavam as odes; *nablum*, o mesmo que órgão; *mizmor*, para os salmos; *sir*, para os cânticos; *tehila*, para as orações; *beracha*, para as ações de graça; *halel*, para os louvores; *hodaia*, para os agradecimentos; *asre*, para a felicidade de alguém e *aleluia*, somente para os louvores a Deus e para as contemplações. Há dez cantores de salmos, que são: Adão, Abraão, Melquisedeque, Moisés, Asafe, Davi, Salomão e os três filhos de Cora. E há também os dez mandamentos. E no décimo dia após a ascensão de Cristo, o Espírito Santo desceu. Por fim, esse é o número em que Jacó, lutando com o anjo durante toda a noite, venceu, e, ao nascer do sol, foi abençoado e chamado pelo nome de "Israel". Nesse número, Josué venceu trinta e um reis; e Davi venceu Golias e os filisteus; e Daniel escapou do perigo dos leões. Esse número também é circular, como unidade; porque, sendo amontoado, retorna à unidade, de onde teve seu início; e é o fim e a perfeição de todos os números e o início das dezenas.

Assim como o número dez flui de volta à unidade de onde veio, cada coisa que flui retorna para onde começou a fluir. Assim a água volta ao mar de onde se originou, o corpo volta à terra de onde foi tirado, o tempo retorna à eternidade de onde fluíra, o espírito retornará a Deus a quem pertence e, finalmente, toda a criatura volta ao nada de onde foi criada[12]. Tampouco isso é sustentado senão pela palavra de Deus, em quem todas as coisas estão ocultas, e todas as coisas com o número dez, e pelo número dez, são circulares, como diz Proclo, tendo seu início em Deus e terminando nele. Portanto, Deus (aquela primeira unidade, ou o uno), antes de se comunicar com os inferiores, difundiu-se inicialmente no número três; um dos primeiros, em seguida no número dez, como as dez ideias e medidas que fizeram todos os números e todas as coisas, e que os hebreus chamam de "dez atributos" e os enumeram em dez nomes Divinos; cuja causa não pode haver outro número. Assim, todas as dezenas têm algo de Divino nelas, e na lei são exigidas como sendo Deles, junto aos primeiros frutos, como o original de todas as coisas e o início dos números, e cada décimo é como o fim dado a ele, que é o princípio e o fim de todas as coisas.

A ESCALA DO NÚMERO DEZ

12. No final, os elementos abandonam tudo o que já receberam; o mar abandona seus mortos, o fogo abandona seu combustível; a terra abandona a virtude seminal, etc.; e o ar abandona qualquer voz, som ou impressão que tenha recebido, de modo que não há juramento, mentira ou blasfêmia secreta, mas o que aparecerá tão claro quanto a luz do meio-dia no grande dia de Deus.

No Mundo Primevo	י ה ו ה י ה ו י ה י O nome de Yehovah num conjunto de dez letras			ואו הא O nome de Yehovah de dez letras	
	אהיה Eheie בתר Kether	ויהוה Yod Yehovah חבמה Hochmah	יהוהאלהימ Yehovah Elohim בינה Binah	אל El הבר Hesed	אלהימגיבר Elohim Gibor בנורה Geburah
No Mundo Intelectual	Serafins, Haiothhacados, Metatron	Querubins, Ofanins, Yophiel	Tronos, Aralins, Zafkiel	Dominações, Hasmallins, Zadkiel	Poderes, Serafins, Camael
No Mundo Celeste	Reschith hagallalim, o primum mobile	Masloth, a esfera do Zodíaco	Sabbaathi, a esfera de Saturno	Zedeq, a esfera de Júpiter	Madim, a esfera de Marte
No Mundo Elemental	Uma pomba	Um lagarto	Um dragão	Uma águia	Um cavalo
No Mundo Inferior	Espírito	Cérebro	Baço	Fígado	Vesícula biliar
No Mundo Infernal	Falsos deuses	Espíritos mentirosos	Instrumentos de iniquidade	Vingadores da maldade	Impostores
יור הא Ampliado		אלהימצבאות O nome Elohim Sabaoth			O nome de Deus com dez letras
אליה Eloha תפארת Tifereth	יהוהצבאות Yehovah Sabaoth נצה Nezah	אלהימצבאות Elohim Sabaoth הוד Hod	שדי Sadai ימוד Yesod	אדני Adonai melech מלבוה Malchuth	Dez nomes de Deus. Dez Sefirot
Virtudes, Malaquins, Rafael	Potestates, Elohim, Haniel	Arcanjos, Bem Elohim, Michael	Anjos, Querubins, Gabriel	Almas abençoadas, Issins, A alma do Messias	Dez ordens dos abençoados, de acordo com Dionísio. Dez ordens dos abençoados, de acordo com a tradição dos homens. Dez anjos soberanos
Schemes, a esfera do Sol	Noga, a esfera de Vênus	Cochab, a esfera de Mercúrio	Levanah, a esfera da Lua	Holom Yesodoth, a esfera dos elementos	Dez esferas do mundo
Leão	Homem	A raposa	Touro	Cordeiro	Dez animais consagrados ao Deuses
Coração	Rins	Pulmões	Genitais	Útero	Dez partes intrínsecas do ser humano
Poderes volúveis	Fúrias, as instigadoras do mal	Investigadores ou examinadores	Tentadores ou enganadores	Almas maldosas que governam	Dez ordens dos amaldiçoados

CAPÍTULO XXVI

A IMPORTÂNCIA DOS NÚMEROS ONZE E DOZE, COM A ESCALA CABALÍSTICA

O número ONZE, além de exceder o número DEZ, que é o número dos mandamentos, fica aquém do número doze, que é o da graça e da perfeição; por isso é chamado de "número dos pecados e do penitente". Já o número doze é Divino, sendo aquele pelo qual os celestiais são medidos.[13] É também o número

13. O uso dessas Escalas na composição de selos, talismãs, anéis etc., deve ser óbvio para todo estudante após a inspeção e são indispensavelmente necessárias para a produção de qualquer efeito que o artista possa propor a si mesmo; pois, como observamos anteriormente, todas as coisas foram formadas de acordo com a proporção dos números, parecendo ser esse o padrão principal na mente do Criador; portanto, quando, a qualquer momento, iniciarmos qualquer trabalho ou experimento em Magia Celestial, devemos ter especial atenção à regra dos números e proporções. Por exemplo, se quisermos obter a influência celestial de qualquer astro, devemos, em primeiro lugar, observar em que momento esse astro está poderoso nos céus, ou seja, em seu aspecto favorável e benéficos, sendo governado no dia e na hora apropriados para o planeta e em lugares favoráveis da imagem. Em seguida, devemos observar quais nomes divinos estão regendo as inteligências, ou espíritos, aos quais os referidos planetas estão sujeitos com seus sigilos (que você pode ver em grande parte nas Tabelas Mágicas de Números). Em seguida, consultando as Tabelas das Escalas anteriores, podemos ver, por inspeção, a que números são atribuídos os nomes divinos e, sob eles, as ordens das inteligências; as esferas celestiais; os elementos e suas propriedades; os animais, metais e pedras; os poderes da alma; os sentidos do homem; as virtudes; os príncipes dos espíritos malignos; os lugares de punição; os graus das almas condenadas; os graus de tormentos no futuro e tudo o que existe no céu, na terra ou no inferno. Todos os nossos sentidos, movimentos, qualidades, virtudes, palavras ou obras são submetidos às proporções dos números, como se pode ver plenamente exemplificado nas diferentes Escalas dos Números; e todas as coisas que são conhecíveis são demonstráveis por eles e atribuídas a eles; portanto, grande é o conhecimento e a sabedoria que podem ser derivados dos números. Portanto, o artista deve estar bem familiarizado com suas virtudes e propriedades, por meio delas há um caminho aberto para o conhecimento e a compreensão de todas as coisas. Então que ele contemple diligentemente essas escalas e, da mesma forma, o que estabelecemos em nosso décimo quarto e décimo quinto capítulos que precedem as Escalas, onde, com boa autoridade, explicamos suficientemente a extensão e a força dos números formais, que devem ser bem compreendidos e atentamente considerados, como a base e o fundamento de todas as nossas operações nessa ciência, sem os quais somos defraudados do efeito desejado: portanto, sempre que tivermos a intenção de realizar qualquer experimento, seja ele uma imagem, um anel, uma tábua, um espelho, um amuleto ou qualquer outro instrumento, devemos observar primeiro o local, a ordem, o número e o regente da inteligência e de seu planeta, e ainda sua medida de tempo, revolução nos céus, etc. Da mesma forma, devemos gravar ou escrever nela seu número, inteligência ou espírito, seja para um efeito bom ou ruim, com os sigilos e tabelas adequados. Assim também é feito com o efeito desejado e com os nomes divinos congruentes a ele; de modo que nossas operações possam ser fortes, poderosas e adequadas à constelação e ao astro, tanto em tempo quanto em número e proporção; com a devida e atenta observação de tudo o que escrevemos a respeito disso, sem o que todas as nossas operações jamais poderiam ter o efeito desejado. Devemos ter em mente que, sempre que tal instrumento for aperfeiçoado, ele será ainda mais poderoso quando o planeta ou constelação (sob o qual foi construído) estiver governando e for potente nos Céus; pois, nesse momento, tudo o que desejarmos levar à perfeição por meio do referido talismã, como meio e instrumento, não será de modo algum impedido ou dificultado. Toma isto como regra geral: que todos os instrumentos mágicos, quaisquer que sejam, não têm poder em si mesmos, a não ser quando formados sob as influências e de acordo com os tempos e números de seus próprios astro e constelações. Daí deriva o título que damos a este livro, a saber, a *Arte Constelatória ou Magia Talismânica*. Aqueles que quiserem considerar ainda mais o poder a virtude, a extensão e a harmonia dos números, que leiam Pitágoras, Platão, Avicena, Averróis, etc., que concordam com as virtudes ocultas nos números e sem o conhecimento das quais homem nenhum pode ser um verdadeiro filósofo.

de signos do Zodíaco, sobre os quais há doze anjos como chefes, apoiados pela irrigação do grande nome de Deus. Em doze anos, Júpiter completa seu curso e a Lua percorre diariamente doze graus. Sabemos, também, que há doze articulações principais no corpo do homem, sendo nas mãos, nos cotovelos, nos ombros, nas coxas, nos joelhos e nas vértebras dos pés. E um grande poder do número doze é contido nos mistérios Divinos. Deus escolheu doze famílias de Israel e colocou sobre elas doze príncipes; doze são as pedras que foram colocadas no meio do Jordão; e Deus ordenou que fossem colocadas doze pedras no peito do sacerdote. Doze leões carregaram o mar de bronze que foi feito por Salomão; e a mesmas quantidade de fontes havia em Helim. Doze foram os apóstolos de Cristo colocados sobre as doze tribos; e doze mil pessoas foram separadas e escolhidas.

A ESCALA DO NÚMERO DOZE

O nome de Deus com doze letras			הוא Santos	בריך Abençoado	הקדש Ele	
O grande nome devolvido em doze estandartes	יהוה	יההו	יוהה	הוהי	הויה	ההוי
Doze ordens dos espíritos abençoados	Serafins	Querubins	Tronos	Dominações	Poderes	Virtudes
Doze anjos regendo os doze signos	Malchidial	Asmodel	Ambriel	Muriel	Verchiel	Hamaliel
Doze tribos	Gad	Efraim	Manassé	Isacar	Judá	Neftali
Doze profetas	Malaquias	Ageu	Zacarias	Amós	Oseias	Miqueias
Doze Apóstolos	Matias	Tadeu	Simão	João	Pedro	André
Doze signos do Zodíaco	Áries	Touro	Gêmeos	Câncer	Leão	Virgem
Doze meses	Março	Abril	Maio	Junho	Julho	Agosto
Doze plantas	Ginsém	Verbena ereta	Verbena inclinada	Cosolda-maior (confrei)	Selo-de-salomão	Calaminta

Doze pedras	Sárdio	Cornalina	Topázio	Calcedônia	Jaspe	Esmeralda
Doze órgãos ou partes principais	Cabeça	Pescoço	Braços	Peito	Coração	Ventre
Doze graus dos amaldiçoados e dos demônios	Falsos deuses	Espíritos mentirosos	Instrumentos de iniquidade	Vingadores da maldade	Impostores	Poderes volúveis
		אבבןוורותהקרש Pai, Filho, Espírito Santo				No Mundo Primevo
והיה	וההי	ויהה	היהו	היוה	ההיו	
Potestades	Arcanjos	Anjos	Inocentes	Mártires	Fiéis	No Mundo Intelectual
Zuriel	Barbiel	Adnachiel	Hanael	Gariel	Barchiel	
Aser	Dã	Benjamin	Zabulon	Rúbem	Simeão	
Jonas	Abdias	Sofonias	Naum	Habaquq	Joel	
Bartolomeu	Filipe	Tiago, filho de Zebedeu	Tomé	Mateus	Tiago, filho de Alfeu	
Libra	Escorpião	Sagitário	Capricórnio	Aquário	Peixes	No Mundo Celeste
Setembro	Outubro	Novembro	Dezembro	Janeiro	Fevereiro	No Mundo Elemental
Miosótis	Artemisa	Morrião	Labaça	Serpentária	Aristolóquia	
Berilo	Ametista	Zirconita (jardão)	Crisoprásio	Cristal	Safira	
Rins	Genitais	Coxas	Joelhos	Pernas	Pés	No Mundo Inferior
Fúrias, as semeadoras do mal	Investigadores ou examinadores	Tentadores ou enganadores	Bruxas	Apóstatas	Infiéis	No Mundo Infernal

CAPÍTULO XXVII

AS ANOTAÇÕES DOS HEBREUS E DOS CALDEUS E OUTROS SINAIS USADOS PELOS MAGOS

Os sigilos hebraicos têm marcas de números atribuídas a eles com muito mais excelência do que em qualquer outra língua, uma vez que os maiores mistérios estão nas letras hebraicas, como é tratado a respeito delas na parte da Cabala que chamamos de *Notariqon*. São vinte e duas as principais letras hebraicas, das quais cinco têm várias outras figuras no final de uma palavra, que, portanto, eles chamam de cinco letras finais, as quais, sendo adicionadas a elas, formam vinte e sete; que, sendo então divididas em três graus, significam unidades que estão no primeiro grau; dezenas no segundo e centenas no terceiro grau. Agora, cada uma, se for marcada com um grande sigilo, significa tantos milhares, como vemos aqui:

3000	2000	1000
נ	ב	א

As classes dos números hebraicos são as seguintes:

9	8	7	6	5	4	3	2	1
ט	ח	ז	ו	ה	ד	נ	ב	א
90	80	70	60	50	40	30	20	10
צ	פ	ע	ם	ג	מ	ל	ב	י
900	800	700	600	500	400	300	200	100
ץ	ף	ן	ם	ך	ת	ש	ר	ק

Às vezes, as letras finais não são usadas, e assim se escreve:

1000	900	800	700	600	500
א	קתת	תת	שת	רת	קה

Portanto, pela combinação desses simples algarismos, podemos descrever todos os outros números compostos: como o onze, o doze, o cento e dez, o cento e onze, acrescentando-se ao número dez as unidades, seguindo, da mesma maneira, com os demais. Já o décimo quinto número é descrito não pelo dez e pelo cinco, mas por nove e seis, ou seja, טו, em honra do nome Divino יה, que significa quinze, para que esse nome sagrado não seja usado para coisas profanas. Assim, também, os egípcios, etíopes, caldeus e árabes tem suas marcas de números, que servem para fazer sigilos mágicos. Já os caldeus marcam seus números com as letras de seu alfabeto à maneira dos hebreus. Encontrei, em um livro muito antigo de Magia, alguns sigilos muito elegantes, que imaginei da seguinte maneira:

1 2 3 4 5 6 7 8 9

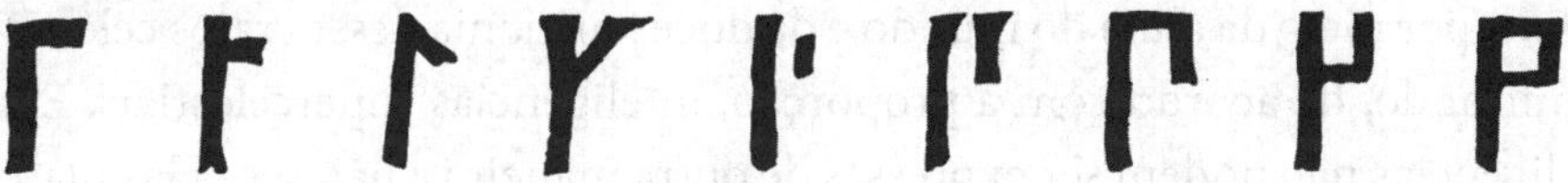

Estes sigilos, virados para a esquerda, fazem as dezenas:

10 20 30 40 50 60 70 80 90

Virados para baixo, para a direita, fazem as centenas; virados para a esquerda, os milhares.

100 200 300 400 500 600 700 800 900

1000 2000 3000 4000 5000 6000 7000 8000 9000

E pela composição e mistura desses sigilos, fazem-se de maneira elegante outros números, como se pode ver nestes exemplos:

1510 1511 1471 1486 2121 1801

CAPÍTULO XXVIII

TABELAS MÁGICAS DOS PLANETAS – SUA FORMA E VIRTUDE – OS NOMES DIVINOS, AS INTELIGÊNCIAS E OS ESPÍRITOS QUE OS REGEM

Existem certas tabelas mágicas de números que são atribuídos aos sete planetas, denominadas "Tabelas Sagradas dos Planetas"; porque, sendo corretamente formadas, elas são dotadas de grandes virtudes dos céus, representando a ordem Divina dos números celestiais, impressa nelas pelas ideias da mente Divina, por meio da alma do mundo e da doce harmonia desses raios celestiais; significando, de acordo com a proporção, inteligências supercelestiais. Essas inteligências não podem ser expressas de outra maneira a não ser pelas marcas de números, letras e sigilos. Pois os números e algarismos materiais nada podem fazer nos mistérios das coisas ocultas, a não ser representativamente por meio de números e algarismos formais, uma vez que são governados e recebem informação das inteligências e enumerações divinas, que unem os extremos da matéria e do espírito com a vontade da alma elevada, recebendo (por ter grande afinidade com o poder celestial do operador) uma virtude e um poder de Deus, aplicados por meio da alma do Universo e pela observação das constelações celestiais a uma matéria apropriada a uma forma, com a condição de que o meio esteja preparado pela habilidade e arte de um Mago.

Mas vamos nos apressar em explicar cada tabela especificamente.[14] A primeira tabela é atribuída ao planeta Saturno, e consiste em um quadrado de três, contendo os nove primeiros números com três em cada linha, sendo que, em qualquer direção e por meio de cada diâmetro, o resultado será quinze e a soma total dos números quarenta e cinco. Sobre isso são colocados nomes Divinos que preenchem os números com uma inteligência para aquilo que é bom, e um espírito para o que for ruim. Os mesmos números determinam o desenho do selo e do sigilo de Saturno, e de seus espíritos, como está atribuído a seguir na tabela.

14. Para ver as figuras das tabelas, selos, sigilos, etc. dos sete planetas, consulte as placas ilustradas ao longo deste capítulo.

Ilustração 01

As tabelas, selos e caracteres mágicos dos planetas, suas inteligências e seus espíritos

A tabela de Saturno no seu compasso ♄

4	9	2
3	5	7
8	1	6

A mesma tabela em hebraico

ד	ט	ב
ג	ה	ז
ח	א	ו

O selo de Saturno

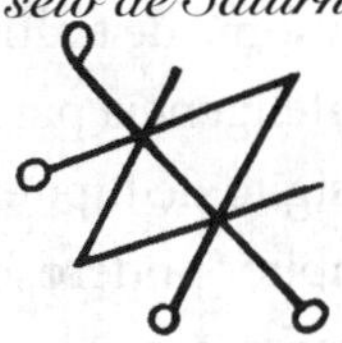

Da inteligência de ♄

Do espírito de ♄

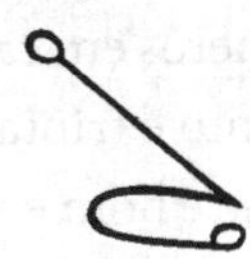

A tabela de Júpiter ♃

4	14	15	1
9	7	6	12
5	11	10	8
16	2	3	13

Em hebraico

ד	יד	טו	א
ט	ז	ו	יב
ה	יא	י	ח
יו	כ	ג	יג

O selo de Júpiter

Da inteligência de ♃

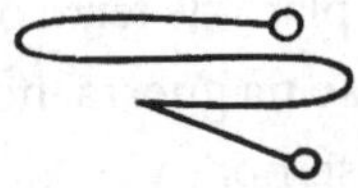

Do espírito de ♃

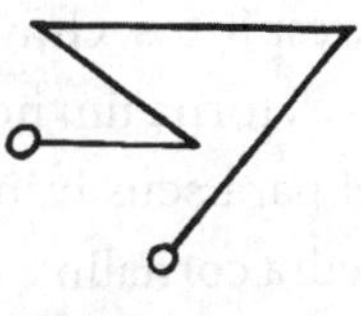

A tabela de Marte ♂

11	24	7	20	3
4	12	25	8	16
17	5	13	21	9
10	18	1	14	22
23	6	19	2	15

Em hebraico

יא	כד	ז	כ	ג
ד	יב	כה	ח	יו
יז	ה	יג	כא	ט
י	יח	א	יד	כב
כג	ו	יט	ב	יה

O selo de Marte

Da sua inteligência

Do seu espírito

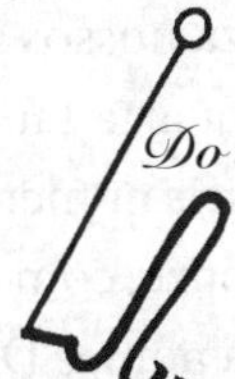

Desenhado por F. Barret *Publicado por Lackington Allen & Co.* *Gravado por R. Griffith*

Esta tabela, com Saturno favorável, gravada em uma placa de chumbo, ajuda no nascimento de crianças, torna qualquer homem seguro ou poderoso e faz com que as petições de príncipes e potências sejam bem-sucedidas; mas se for feita com Saturno desfavorável, prejudica as construções, as plantações e coisas do gênero e ainda pode privar um homem de honras e dignidades, causar discórdias, brigas e dispersar um exército.

A segunda é a tabela de Júpiter, que consiste em um quadrado desenhado dentro de si mesmo contendo dezesseis números específicos, sendo quatro números em cada linha e diâmetro, totalizando trinta e quatro; a soma de todos é cento e trinta e seis. Há nomes Divinos sobre ela, com uma inteligência para o que é bom e um espírito para o que é ruim; e dela se extrai o sigilo de Júpiter e seus espíritos. Se for gravada em uma placa de prata, sendo Júpiter poderoso e governante nos céus, ela conduz à obtenção de riquezas e favores; amor, paz e concórdia; apazigua inimigos, confirma honras, dignidades e conselhos e ainda dissolve encantamentos se for gravada em um coral.

Já a terceira tabela, que pertence a Marte, é feita de um quadrado de cinco, contendo vinte e cinco números. Destes, em cada lado e no diâmetro, são dispostos cinco números, somando sessenta e cinco, sendo a soma total trezentos e vinte e cinco. E há sobre ela nomes Divinos com uma inteligência para o bem, e um espírito para o mal, e dela são extraídos os sigilos de Marte e de seus espíritos. Gravados em uma placa de ferro ou numa espada, com Marte favorável, torna um homem poderoso na guerra, no julgamento e nas petições; terrível para seus inimigos, saindo sempre vitorioso sobre eles. Gravados em uma pedra cornalina, estanca o sangue e a menstruação. Mas se for gravado em uma placa de latão vermelho, com Marte sendo desfavorável, impede e dificulta as construções, derruba os poderosos de seus altos cargos, honras as riquezas, causa discórdia e ódio entre homens e animais, afasta abelhas, pombos e peixes e impede que os moinhos funcionem, travando-os. Da mesma forma, torna infelizes os caçadores e os lutadores, causa esterilidade em homens e mulheres, aterroriza nossos inimigos e os obriga a se submeterem.

A quarta tabela é a do Sol, composta de um quadrado de seis contendo trinta e seis números particulares, sendo seis em cada lado e diâmetro somando cento e onze, com a soma total correspondente a seiscentos e sessenta e seis. Há sobre ela nomes Divinos, com uma inteligência para o que é bom e um espírito para o que é mau, e dela se extrai o sigilo do Sol e de seus espíritos. Sendo gravado em uma placa de ouro puro, o Sol, se for favorável, torna aquele que o usa renomado, amável, aceitável, potente em todas as suas obras e o iguala a um rei, elevando sua fortuna e permitindo-lhe fazer o que quiser. Mas se o Sol for desfavorável, ele o tornará tirano, orgulhoso, ambicioso, insaciável e, por fim, terá um final infeliz.

A quinta tabela é a de Vênus, que consiste em um quadrado de sete, desenhado em si mesmo, ou seja, de quarenta e nove números, dos quais sete de cada lado e diâmetro formam cento e setenta e cinco, e a soma de todos é mil duzentos e vinte e cinco. Há também, sobre ela, nomes Divinos, com uma inteligência para o bem e um espírito para o mal; e dela se extrai o sigilo de Vênus e seus espíritos. Se for gravado em uma placa de prata, Vênus, sendo favorável, promove a concórdia, acaba com as contendas, adquire o amor das mulheres, ajuda na concepção, é bom contra a esterilidade, dá habilidades para a procriação, dissolve os encantamentos, causa paz entre o homem e a mulher e torna frutíferas todas as espécies de animais, bem como o gado. Se for colocado em um pombal ou em uma pomba, causará prosperidade; da mesma forma, afasta os distúrbios melancólicos e causa alegria; e se for carregado pelos viajantes, torna-os afortunados. Mas se for feito de bronze, Vênus, sendo desfavorável, age de forma contrária a tudo o que foi dito.

A sexta tabela é de Mercúrio, resultante de um quadrado de oito desenhado em si mesmo, contendo sessenta e quatro números, dos quais oito de cada lado e de ambos os diâmetros formam duzentos e sessenta, e a soma de todos é de dois mil e oitenta. Sobre ele estão gravados nomes Divinos, com uma inteligência para o bem e um espírito para o mal, e dele se extrai o sigilo de Mercúrio e seus espíritos. Se Mercúrio estiver favorável e você gravar o quadrado em prata, estanho ou latão amarelo, ou escrevê-lo em pergaminho virgem, ele tornará seu portador grato, aceitável e afortunado para fazer o que quiser: trazendo ganhos e evitando a pobreza; ajudando a memória, o entendimento, a adivinhação e a compreensão de coisas ocultas por meio de sonhos. Mas com Mercúrio desfavorável faz tudo o que é contrário a isso.

A sétima e última tabela é a da Lua, que consiste em um quadrado de nove, com oitenta e um números em cada lado, e diâmetro nove, produzindo trezentos e sessenta e nove. A soma de todos os lados é de três mil trezentos e vinte e um. Há nomes Divinos sobre ele, com uma inteligência para o que é bom e um espírito para o que é mal; e dele são extraídos os sigilos da Lua e de seus espíritos. Se a Lua for favorável, gravada em prata, torna o portador amável, agradável, alegre e honrado, removendo toda malícia e má vontade; causa segurança em uma viagem, aumento de riquezas e saúde do corpo e afasta inimigos e outras coisas más de qualquer lugar que você deseja que sejam expulsos. Mas se a Lua for desfavorável e for gravada em uma placa de chumbo, onde quer que seja enterrada, ela tornará desfavorável aquele lugar e seus habitantes, assim como navios, rios, fontes e moinhos; e tornará infeliz todo homem contra o qual isso for feito diretamente, fazendo-o voar de seu lugar de residência (e até mesmo de seu país) onde for enterrada; e impedirá médicos e oradores e homens de todas as profissões, contra os quais isso for feito.

Agora, a maneira como os selos e os sigilos dos planetas são extraídos dessas tabelas, o pesquisador sábio e aquele que entender a verificação das tabelas descobrirá facilmente.

Seguem os nomes divinos correspondentes aos números dos planetas, com os nomes das inteligências e demônios, ou espíritos, sujeitos a esses nomes.

Deve-se entender que as "inteligências" são os anjos bons que presidem os planetas; mas que os "espíritos" ou "demônios", com seus nomes, selos ou sigilos, nunca são inscritos em nenhum talismã, exceto para executar qualquer efeito maligno que estão sujeitos às inteligências ou espíritos bons. Vale lembrar novamente que, quando os espíritos e seus sigilos forem usados, será mais propício ao efeito acrescentar algum nome Divino apropriado ao efeito que desejamos.

Ilustração 02

As tabelas, selos e caracteres mágicos dos planetas, suas inteligências e seus espíritos

A tabela do Sol no seu compasso

6	32	3	34	35	1
7	11	27	28	8	30
19	14	16	15	23	24
18	20	22	21	17	13
25	29	10	9	26	12
36	5	33	4	2	31

O mesmo em hebraico

ו	לב	ג	לד	לה	א
ז	יא	כז	כח	ח	ל
יט	יד	יו	יה	כג	כד
יח	כ	כב	כא	יז	יג
כה	כט	י	ט	כו	יב
לו	ה	לג	ד	ב	לא

O caractere do selo do Sol

Sua inteligência

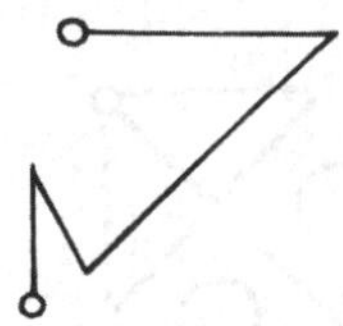

Seu espírito

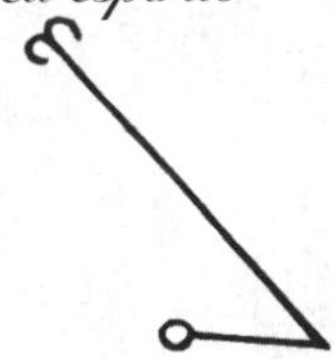

A tabela de Vênus no seu compasso

22	47	16	41	10	35	4
5	23	43	17	42	11	29
30	6	24	49	81	36	12
13	31	7	25	43	19	37
38	14	32	1	26	44	20
21	39	8	33	2	27	45
46	15	40	9	34	3	28

Em hebraico

כב	מז	יו	מא	י	לה	ד
ה	דג	מח	יז	מב	יא	כט
ל	ו	כר	מט	יה	לו	יב
יג	לא	ז	כה	מג	יט	לז
לח	יר	לב	א	כד	מר	כ
כא	לח	ח	לג	ב	בז	מה
מו	יה	מ	ט	לר	ג	כח

O selo de Vênus

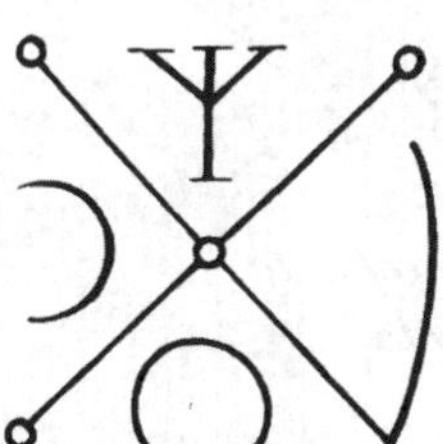

Sua inteligência

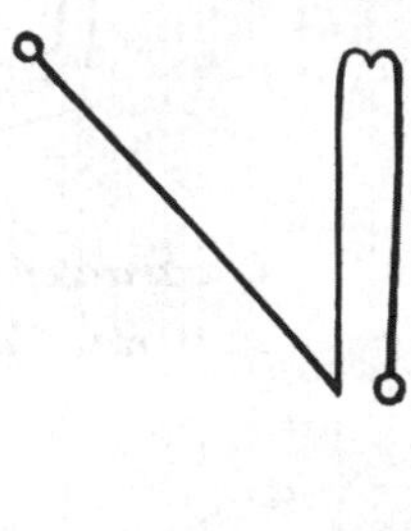

Seu espírito

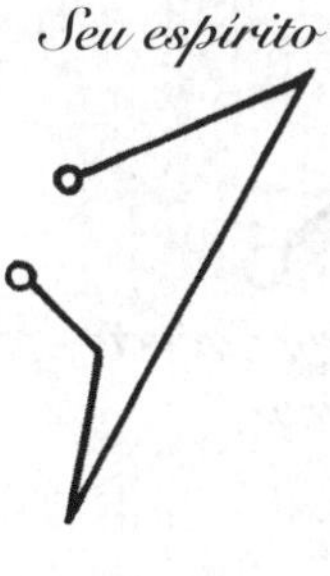

Sua inteligência

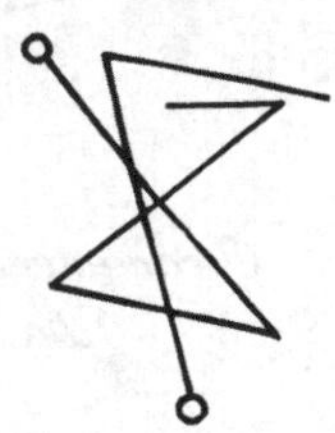

Desenhado por F. Barret *Publicado por Lackington Allen & Co.* *Gravado por R. Griffith*

Ilustração 03

As tabelas, selos e caracteres mágicos dos planetas, suas inteligências e seus espíritos

A tabela de Mercúrio em seu compasso

8	58	59	5	4	62	63	1
49	15	14	52	53	11	10	56
41	23	22	44	48	19	18	45
32	34	38	29	25	35	39	28
40	26	27	37	36	30	31	33
17	47	46	20	21	43	42	24
9	55	54	12	13	51	50	16
64	2	3	61	60	6	7	57

O mesmo em hebraico

ח	נח	נט	ה	ד	סב	סג	א
מט	יה	יד	נב	נג	יא	י	נו
מא	כג	כב	מד	מה	יט	יח	מה
לב	לד	לח	כט	כה	לה	לט	כה
מ	כו	כז	לז	לו	ל	לא	לג
יז	מז	מה	כ	כא	מג	מב	כד
ט	נה	נד	יב	יג	נא	נ	יו
סד	ב	ג	סא	ס	ו	ז	נז

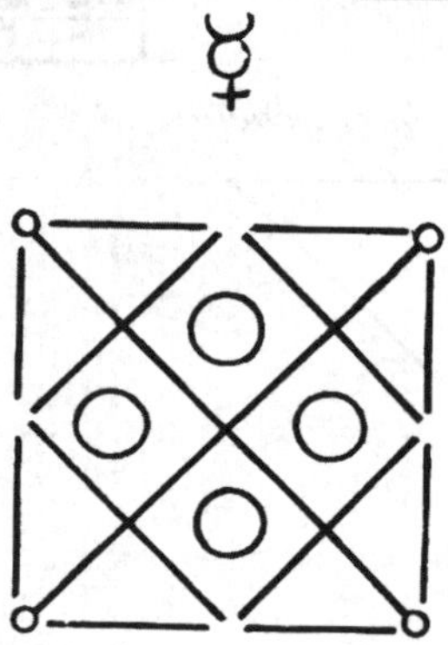

O selo ou caractere de Mercúrio

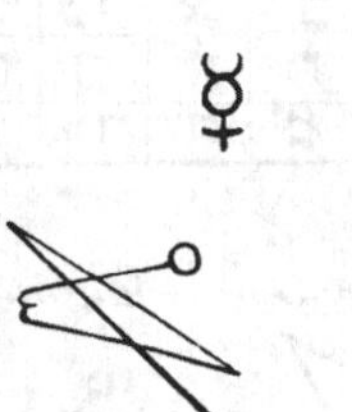

O caractere da inteligência de Mercúrio

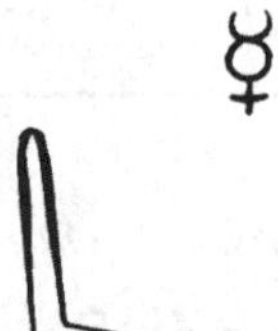

O caractere do espírito de Mercúrio

Desenhado por F. Barret *Publicado por Lackington Allen & Co.* *Gravado por R. Griffith*

Ilustração 04

As tabelas, selos e caracteres mágicos dos planetas, suas inteligências e seus espíritos

A tabela da Lua em seu compasso

37	78	29	70	21	62	13	54	5
6	38	79	30	71	22	63	14	46
47	7	39	80	31	72	23	55	15
16	48	8	40	81	32	64	24	56
57	17	49	9	41	73	33	65	25
26	58	18	50	1	42	74	34	66
67	27	59	10	51	2	43	75	35
36	68	19	60	11	52	3	44	76
77	28	69	20	61	12	53	4	45

A tabela da ☽ em anotações hebraicas

לז	עה	כט	ע	כא	סב	יג	מה	ה
ו	עח	עט	ל	עא	כב	סג	יד	מו
מז	ז	לט	פ	לא	עב	כג	נה	יה
יד	מח	ח	מ	פא	לב	סד	כד	נו
נז	יז	מט	ט	מא	עג	לג	סה	כה
כו	נח	יח	נ	א	מב	עד	לד	סו
סז	כז	נט	י	נא	ב	מג	עה	לה
לו	סח	יט	ס	יא	נב	ג	מד	עו
עז	כח	סט	כ	סא	יב	נג	ד	מה

O selo ou caractere da Lua

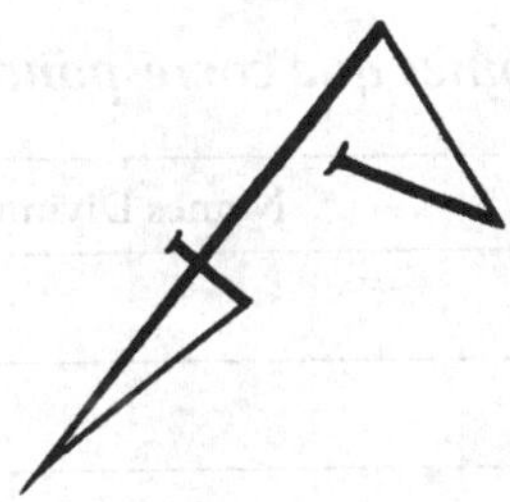

O caractere do espírito da ☽

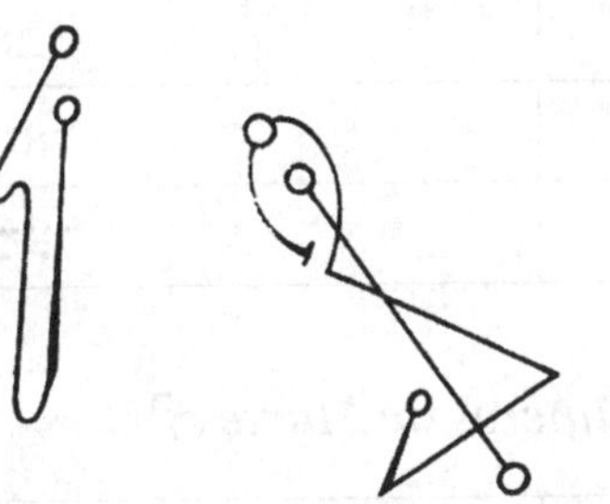

Do espírito dos espíritos da Lua

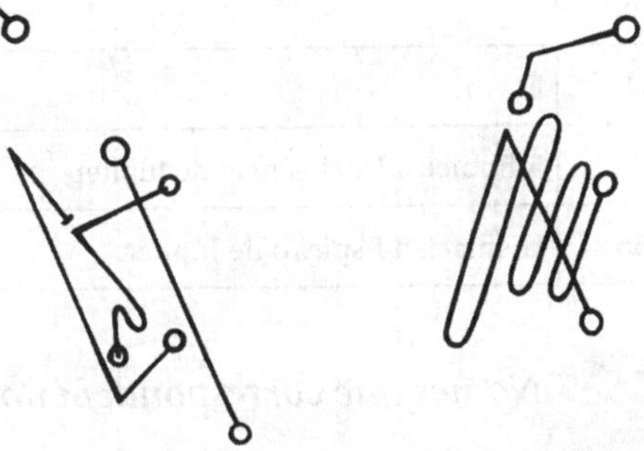

Da inteligência das inteligências da Lua

Desenhado por F. Barret *Publicado por Lackington Allen & Co.* *Gravado por R. Griffith*

Nomes que correspondem aos números de Saturno ♄

Números	Nomes Divinos	Nomes Divinos em hebraico
3	Ab	אב
9	Hod	הד
15	Jah	יה
15	Hod	הוד
45	Jeová prorrogado	יודהאואוהא
45	Agiel, a Inteligência de Saturno	אגיאל
45	Zazel, o Espírito de Saturno	זאזל

Nomes que correspondem aos números de Júpiter ♃

Números	Nomes Divinos	Nomes Divinos em hebraico
4	Aba	אבא
16		הוה
16		אהי
34	El Ab	אלאב
136	Johphiel, a Inteligência de Júpiter	יהפיאל
136	Hismael, o Espírito de Júpiter	הסמאל

Nomes que correspondem aos números de Marte ♂

Números	Nomes Divinos	Nomes Divinos em hebraico
5	Ele, a letra do nome do santo	ה
25		יהי
65	Adonai	אדני
325	Graphiel, a Inteligência de Marte	גראפיאל
325	Barzabel, o Espírito de Marte	ברצבאל

Nomes que correspondem aos números do Sol ☉

Números	Nomes Divinos	Nomes Divinos em hebraico
6	Vau, a letra do nome do santo	ו
6	Ele estendeu, a letra do nome do santo	הא
36	Eloh	אלה
111	Nachiel, a Inteligência do Sol	נביאל
666	Sorath, o Espírito do Sol	סורת

Nomes que respondem aos Números de Vênus ♀

Números	Nomes Divinos	Nomes Divinos em hebraico
7	Aha	אהא
49	Hagiel, a Inteligência de Vênus	הניאל
175	Kedemel, o Espírito de Vênus	קדמאל
1225	Bne Serafim, a Inteligência de Vênus	בני שרפים

Nomes que correspondem aos números de Mercúrio ☿

Números	Nomes Divinos	Nomes Divinos em hebraico
8	Asboga, oito prorrogado	אזבנה
64	DIN	דין
64	Doni	דני
260	Tiriel, a inteligência de Mercúrio	טיריאל
2080	Taphthartharath, o Espírito de Mercúrio	תפתרתרת

Nomes que correspondem aos números da lua ☽

Números	Nomes Divinos	Nomes Divinos em hebraico
9	Hod	הד
81	Elim	אלים
369	Hasmodai, o Espírito da Lua	השמודאי
3321	Schedbarschemoth Schartathan, o Espírito dos Espíritos daLua	שדברשמעת שרתתו
3321	Betharsisim Malcha hed schehalim beruah, a Inteligênciadas Inteligências da Lua	ועד ברוה שהקיס מובא בתרשישים

CAPÍTULO XXIX

A OBSERVAÇÃO DOS SERES CELESTES, NECESSÁRIA EM TODOS OS TRABALHOS MÁGICOS

Toda virtude natural opera coisas muito mais prodigiosas quando composta não apenas por uma proporção natural, mas também quando detém uma atenção específica dos celestiais favoráveis a isso (ou seja, quando o poder celestial estiver mais forte para o efeito que desejamos, e quando também for ajudado por outros astros), submetendo, assim os inferiores aos celestiais, como as fêmeas esperando para serem fecundadas por seus machos. Além disso, em todo trabalho devem ser observados a situação, o movimento e o aspecto dos astros e dos planetas, em signos e graus, e como tudo isso se relaciona com a extensão e a latitude do clima; pois assim variam as qualidades dos ângulos que os raios dos corpos celestes descrevem sobre a figura da coisa, de acordo com as quais as virtudes celestes são infundidas.

Portanto, ao trabalhar em algo que pertença a qualquer planeta, deve-se ater a colocar nela as dignidades favoráveis e poderosas regentes nos céus naquela dia e hora. Também não se iluda em esperar que o significado do trabalho seja poderoso sem observar a Lua, que, na ocasião, deverá estar oportunamente direcionada para isso; pois nada fará sem a ajuda da Lua. E caso tenha mais orientações sobre o seu trabalho, observe todas elas, sendo as mais poderosas aquelas que estão no auge de seu poder e em comum a outro aspecto favorável; e se não puder ter tais aspectos, será conveniente pelo menos que estejam em quadratura. Porém, deve observar a Lua quando ela estiver direcionada para ambos, ou quando estiver unida a um e voltada ao outro, ou ainda, quando ela passar da conjunção ou aspecto de um para a conjunção ou aspecto do outro; pois isso, creio eu, não deve ser omitido de forma alguma. Além de que, também, em todo trabalho, você deve observar Mercúrio, pois ele é um mensageiro entre os Deuses superiores e os Deuses infernais. Quando Mercúrio se volta para o bem, aumenta a bondade deles, quando segue para os mau, influencia a maldade deles. Chamamos de "signo ou planeta desfavorável" a condição dos astros quando estão especialmente oposto ou em quadrante ao aspecto de Saturno ou de Marte, pois esses são os aspectos de inimizade. Mas uma conjunção, uma tríade um aspecto sextil são de amizade e há uma conjunção maior. Lembrando que, caso já o estiver contemplando por meio de uma tríade e o planeta já estiver em posição, considera-se uma conjunção. A saber, todos os planetas temem a conjunção com o Sol, alegrando-se com a tríade e o aspecto sextil.

CAPÍTULO XXX

QUANDO O PODER DE INFLUÊNCIA DOS PLANETAS ESTÁ NO PONTO MÁXIMO

O poder dos planetas fica maior quando eles regem uma casa ou estão em ascensão, em triplicidade, em conjunção ou em oposição, sem tumultuar o que é ordenado pela configuração dos céus, ou seja, quando eles estiverem em certos ângulos, especialmente ascendente, na décima casa, nas casas que se sucedem ou em seu declínio. Mas devemos tomar cuidado para que eles não estejam nos limites ou sob o domínio de Saturno ou de Marte, para que não estejam em graus obscuros, em abismos ou no vazio. Porém, o ideal é observar se os ângulos do ascendente, da décima e da sétima casa são favoráveis; como também o regente do ascendente, a localização do Sol e da Lua e a posição da parte que corresponde à fortuna e seus regentes e também o regente da conjunção e dos obstáculos anteriormente citados. Mas é certo que os ângulos dos planetas malignos devem ser desfavoráveis; a menos que, por sorte, sejam indicadores de seu trabalho ou possam lhe trazer alguma vantagem, ou que tenham tido relevância em sua revolução astral, ou seja, no seu nascimento. Nesses casos, eles não devem ser desprezados de forma alguma. Agora teremos a Lua poderosa se ela estiver em sua casa, em ascensão, em triplicidade, em oposição ou em um grau conveniente para o trabalho desejado. E se ela tiver em uma dessas vinte e oito casas, adequada a si mesma e ao trabalho, que ela não seja queimada no caminho, nem lenta em seu curso. E que não seja eclipsada, nem queimada pelo Sol, a menos que esteja em união com ele, e que não desça na latitude sul, quando sair da combustão, e que ela não se oponha ao Sol, nem seja privada de luz, e que não seja impedida por Marte ou Saturno.

CAPÍTULO XXXI

OBSERVAÇÕES SOBRE OS ASTROS FIXOS, SEUS NOMES E SUA NATUREZA

Há uma consideração semelhante a ser feita em todas as coisas relativas aos astros fixos. Saiba que todas os astros fixos têm o significado e a natureza dos sete planetas principais, mas algumas são da natureza de um único planeta e outras de dois. Portanto, sempre que um planeta se une a qualquer um dos astros fixos de sua própria natureza, esse astro se torna mais poderoso e a natureza do planeta é intensificada; mas se o astro tiver duas naturezas, a mais forte predominará em significado. Por exemplo, se a natureza do astro for de Marte e Vênus, e Marte for o mais forte, sua natureza vencerá; mas se Vênus for mais forte, a natureza de Vênus predominará.

Agora, as naturezas desses astros fixos são descobertas por suas cores, pois elas concordam com certos planetas e são atribuídas a eles. As cores dos planetas são as seguintes: Saturno, reluz em azul e chumbo; Júpiter, citrino fosco, quase pálido; Marte, vermelho fogo; Sol, amarelo, mas quando nasce, cintila em tons de vermelho e em seguida ele é reluzente; Vênus, cintila em branco pela manhã e avermelhado à noite; Mercúrio é reluzente; a Lua cintila em tons claros suaves. Saiba também que, com relação aos astros fixos, quanto maiores, mais brilhantes e aparentes eles são, tanto maior e mais forte é o seu significado: esses astros são chamados pelos astrólogos de "astros de primeira e segunda grandeza".

Citarei aqui alguns dos mais potentes correspondentes a essa faculdade: o Cinturão de Andrômeda, no vigésimo segundo grau de Áries, da natureza de Vênus e Mercúrio – chamados por alguns de "Jovial" e "Saturnino". A Cabeça de Algol, no décimo oitavo grau de Touro, da natureza de Saturno e Júpiter. As Plêiades, também no vigésimo segundo grau, uma estrela lunar por natureza e de compleição marcial. Aldebaran, no terceiro grau de Gêmeos, da natureza de Marte e compleição de Vênus, porém Hermes a coloca no vigésimo quinto grau de Áries. A estrela Capella, no décimo terceiro grau de Gêmeos, da natureza de Júpiter e Saturno. A estrela do Cão Maior está no sétimo grau de Câncer e Vênus. A estrela do Cão Menor está no décimo sétimo grau também de Câncer e é da natureza de Mercúrio e da compleição de Marte. A estrela do Rei, que é chamada de "Coração do Leão", está no vigésimo primeiro grau de Leão e é da natureza de Júpiter e Marte. a cauda da Ursa Maior, que está no décimo nono grau de Virgem e é da natureza de Vênus e da Lua. A estrela que é chamada de "Asa Direita do Corvo" está no sétimo grau de Libra. No décimo terceiro grau, também de Libra, está a "Asa Esquerda", ambas são da natureza de Saturno e Marte. A estrela chamada "Espiga" está no décimo sexto grau também de Libra e é da natureza de Vênus e Mercúrio. No décimo sétimo grau ainda em Libra, está Alcameth, da natureza de Marte e Júpiter – de Marte, quando o aspecto do Sol está pleno em sua direção e de Júpiter, quando ao contrário. Elepheia, no quarto grau de Escorpião, é da natureza de Vênus e Marte. O coração do Escorpião está no terceiro grau de Sagitário e é da natureza de Marte e Júpiter. O Abutre em queda está no sétimo grau de Capricórnio é comedido e da natureza de Mercúrio e Vênus. A cauda de Capricórnio está no décimo sexto grau de Aquário, da natureza de Saturno e Mercúrio. A estrela chamada "Ombro do Cavalo" está no terceiro grau de Peixes e é da natureza de Júpiter e Marte.

Deve ser regra geral esperar as dádivas apropriadas dos astros enquanto eles governam e evitá-los quando estão desfavoráveis, como já foi demonstrado; pois os corpos celestes, na medida em que são afetados favorável ou desfavoravelmente, afetam também a nós, nossas obras e as coisas que usamos, feliz ou infelizmente. E embora muitos efeitos provenham dos astros fixos, ainda assim eles são atribuídos aos planetas, como se estivessem mais próximos de nós e fossem mais distintos e conhecidos, porque executam tudo o que os astros superiores lhes comunicam.

CAPÍTULO XXXII

O SOL A LUA E SUAS CONJUNÇOES MÁGICAS

O Sol e a Lua têm a função de governar os céus e todos os corpos sob os céus. O Sol é o regente de todas as virtudes elementares; e a Lua, em virtude do Sol, é regente da gestação, do crescimento e do declínio. Albumsar diz que a vida é infundida em todas as coisas através do Sol e da Lua, o que Orfeu chama de "olhos vivificantes do céu". O Sol dá luz a todas as coisas por si mesmo, e dá em abundância, não apenas a todas as coisas no céu e no ar, mas também na terra e nas profundezas. Qualquer bem que tenhamos, diz Jâmblico, nós o temos somente do Sol ou vem dele por intermédio de outras coisas. Heráclito chama o Sol de "Fonte de luz celestial"; e muitos dos platônicos colocavam a alma do mundo principalmente no Sol, como aquilo que, preenchendo todo o globo do Sol, envia seus raios por todos os lados, como um espírito permeando todas as coisas, distribuindo vida, sentido e movimento pelo Universo. Por isso, os antigos naturalistas chamavam o Sol de "o próprio coração do Céu", e os caldeus o colocavam no centro dos planetas.

Os egípcios também puseram o Sol no meio do Universo, ou seja, entre os dois quintos do mundo; isto é, cinco planetas acima dele e a Lua e os quatro elementos abaixo. Pois dentre todos os astros, o Sol é o conceito e a imagem do grande Príncipe dos dois mundos, o terrestre e o celeste, a verdadeira luz e a imagem mais exata de Deus, cuja essência se assemelha ao Pai, a luz ao Filho e o calor ao Espírito Santo. Para os platônicos, esta é a imagem mais evidente da essência Divina.

O Sol dissipa até mesmo o próprio espírito e a mente do homem, o que Homero diz, e é aprovado por Aristóteles, que há na mente movimentos semelhantes aos que o Sol "o príncipe e moderador dos planetas" nos traz todos os dias. Já a Lua, mais próxima da Terra, é um receptáculo de todas as influências celestiais. Pela rapidez de seu curso, a Lua une-se ao Sol e aos outros planetas e astros todos os meses; e recebe os raios e as influências de todos os astros, como uma concepção, levando-os ao Mundo Inferior, como se estivessem próximos a ele; pois todos os astros têm influência sobre ele, sendo este último o receptor, que depois comunica a influência de todos os superiores a esses inferiores e os derrama sobre a Terra. Isso dissipa mais manifestamente esses mundos inferiores do que outros. Portanto, seu movimento deve ser observado antes dos outros, como o pai de todas as concepções, que ele diversamente emite nesses inferiores de acordo com a diversa compleição, movimento, situação e diferentes aspectos dos planetas e outros astros. Embora receba poderes de todos os astros, mas especialmente do Sol, sempre que está em conjunção com o Sol este mundo é reabastecido com virtude vivificante e, de acordo com seu aspecto, ele toma emprestada sua compleição. A partir dela, os corpos celestes iniciam aquela série de coisas que Platão chama de "cadeia dourada"; pela qual cada coisa e causa, estando ligadas umas às outras, dependem da superior, até que possam ser levadas à causa suprema de todas as coisas, da qual todas as coisas dependem; por isso, sem a intermediação da Lua, não podemos, em momento algum, atrair o poder das superiores.

Para obter a virtude de qualquer astro, pegue a pedra e a erva daquele planeta quando a Lua estiver favorável sob aquela astro ou tiver um bom aspecto sobre ela.

CAPÍTULO XXXIII

AS VINTE E OITO MANSÕES DA LUA E SUAS VIRTUDES

E como a Lua mede todo o espaço do Zodíaco no tempo de vinte e oito dias, os sábios indianos e a maioria dos astrólogos antigos atribuíram vinte e oito mansões à Lua, as quais, estando fixadas na oitava esfera, desfrutam (como diz Alpharus) de diversos nomes e propriedades, devido aos vários signos e astros nelas contidos. Cada uma dessas mansões, de acordo com a opinião de Abraão, continha doze graus, cinquenta e um minutos e quase vinte e seis segundos, cujos nomes e também seus inícios no Zodíaco, da oitava esfera, são chamadas da seguinte forma e tem os seguintes significados:

Primeira Casa: Alnath, isto é, "os chifres de Áries". Seu início está na cabeça de Áries, na oitava esfera. Causa discórdias e desordens diárias.

Segunda Casa: Allothaim ou Albochan; "o ventre de Áries". Seu início é a partir do décimo segundo grau deste signo e a cinquenta e um minutos e vinte e dois segundos completos. Conduz a descoberta de tesouros e detenção de prisioneiros.

Terceira Casa: Achaomazon ou Athoray, que significa "chuva" ou "Plêiades". Seu início é a partir do vigésimo quinto grau de Áries, com quarenta e dois minutos e cinquenta e um segundos completos. É favorável aos marinheiros, caçadores e alquimistas.

Quarta Casa: Aldebaran ou Aldelamen; "o olho ou a cabeça de Touro". Seu início é a partir do oitavo grau de Touro, a trinta e quatro minutos e dezessete segundos dele mesmo, excluindo-o. Causa a destruição e o impedimento de construções, fontes, poços, minas de ouro, fuga de coisas rasteiras e gera discórdia.

Quinta Casa: Alchatay, ou Albachay. Seu início é depois do vigésimo primeiro grau de Touro, a vinte e cinco minutos e quarenta segundos. Ajuda no retorno de uma viagem, na instrução de estudiosos; confirma os editais, dá saúde e disposição.

Sexta Casa: Athanna ou Alchaya; "a pequena estrela de grande luz". Seu início é depois do quarto grau de Gêmeos, a dezessete minutos e nove segundos. Conduz à caça e ao cerco de cidades e à vingança dos príncipes; destrói a colheita e os frutos e prejudica o trabalho dos médicos.

Sétima Casa: Aldimiach ou Alarzach, "o braço de Gêmeos". Começa no décimo sétimo grau, a oito minutos e trinta e quatro segundos, e dura até o final deste signo. Garante ganho e a amizade, é uma casa vantajosa para os amantes e destrói magistraturas.

Essas sete casas, nesta ordem e neste número de graus, minutos e segundos, completam um quarto do céu. As casas restantes têm seus vários inícios em cada quarto, ou seja, no primeiro signo deste quarto iniciam-se três casas; nos outros dois signos, duas casas em cada. Portanto, as sete casas seguintes começam em Câncer:

Oitava Casa: ALNAZA ANATRACHYA; "o enevoado" ou "o nublado". Causa amor, amizade e sociedade entre os companheiros de viagem; afasta os ratos e aflige os cativos, confirmando sua prisão.

Nona Casa: ARCHAAM, ou ARCAPH, o "olho do Leão". Impede a colheita e os viajantes e gera discórdia entre os homens.

Décima Casa: ALGELIOCHE ou ALBGEBH, ou seja, "o pescoço ou a testa de Leão". Fortalece as construções, promove o amor, a benevolência e a ajuda contra os inimigos.

Décima Primeira Casa: AZOBRA ou ARDAF, "o pelo da cabeça do leão". Boa para viagens, para ganhos com mercadorias e para a redenção de prisioneiros.

Décima Segunda Casa: ALZARPHA ou AZARPHA, "a cauda de Leão". Proporciona prosperidade às colheitas e plantações, mas atrapalha os marinheiros. Boa para a melhoria de servos, cativos e companheiros.

Décima Terceira Casa: ALHAIRE, "as estrelas do Cão" (Maior ou Menor), ou "as Asas de Virgem". Favorável à benevolência, ao ganho, às viagens, às colheitas e à liberdade dos cativos.

Décima Quarta Casa: ACHURETH, ou ARIMET; também chamada por outros de AZIMETH, ATHUMECH ou ALCHEYMECH; ou seja, "a espiga de Virgem" ou "a espiga voadora". Causa o amor de pessoas casadas; cura os doentes, é proveitosa para os marinheiros, mas dificulta as viagens por terra.

Com essas estrelas o segundo quarto do céu está completo. As outras sete seguem da seguinte forma:

Décima Quinta Casa: a primeira começa na cabeça de Libra. Seu nome é AGRAPHA ou ALGRAPHA; "a coberta" ou "a coberta voando". Favorável para extrair tesouros, para cavar poços, auxilia o divórcio, a discórdia e a destruição de casas e inimigos e atrapalha os viajantes.

Décima Sexta Casa: AZUBENE ou AHUBENE, "os chifres de Escorpião". Atrapalha viagens e casamentos, colheitas e mercadorias; favorável para a redenção de prisioneiros.

Décima Sétima Casa: ALCHIL, ou seja, a coroa de Escorpião. Melhora a má sorte, torna o amor duradouro, fortalece as construções e ajuda os marinheiros.

Décima Oitava Casa: Alchas ou Altob "o coração de Escorpião". Causa discórdia, sedição, conspiração contra príncipes e poderosos e vingança dos inimigos. Também liberta os cativos e ajuda as edificações.

Décima Nona Casa: Allatha ou Achata; também chamada por outros de Hycula ou Axala, "a cauda de Escorpião". Ajuda a sitiar cidades e a tomar vilas, a expulsar homens de seus lugares, a destruir marinheiros e a perecer os cativos.

Vigésima Casa: Abnahaya, "a viga". Ajuda a domar animais selvagens e fortalece as prisões. Destrói a riqueza das sociedades e obriga um homem a ir a um determinado lugar.

Vigésima Primeira Casa: Abeda ou Albeldach, "o deserto". Boa para a colheita, para o ganho, para as construções e para os viajantes. Causa o divórcio; é nele que se completa o terceiro quarto do céu.

Restam as sete últimas mansões que completam o último quarto do céu: a primeira começa pela cabeça de Capricórnio:

Vigésima Segunda Casa: Sadahacha, Zodeboluch ou Zandeldena, "o pastor". Promove a fuga de servos e cativos, para que possam se libertar, e ajuda na cura de doenças.

Vigésima Terceira Casa: Zabadola ou Zobrach; "o ato de engolir". Boa para o divórcio, a liberdade dos cativos e a saúde dos doentes.

Vigésima Quarta Casa: Sadabath ou Chadezoad; "a estrela da fortuna". Favorável para a benevolência das pessoas casadas e para a vitória dos soldados. Prejudica a execução do governo e impede que ele seja exercido.

Vigésima Quinta Casa: Sadalabra, ou Sadalachia, "a borboleta" ou "o espalhamento". Favorece o cerco e a vingança; destrói os inimigos e causa o divórcio. Confirma prisões e edifícios, apressa os mensageiros; conduz os feitiços contra a cópula e prende cada membro do homem de tal forma que ele não pode cumprir seu dever.

Vigésima Sexta Casa: Alpharg ou Phragal Mocaden; "o primeiro desenho". Causa união, saúde dos cativos e destrói construções e prisões.

Vigésima Sétima Casa: Alchara Alyhalgalmoad ou "a segunda tiragem". Aumenta as colheitas, os rendimentos, os ganhos e cura as enfermidades. Também impede as construções, prolonga as prisões, causa perigo aos marinheiros e ajuda a inferir males sobre quem você quiser.

Vigésimo oitava Casa: a última mansão é chamada Albotham ou Atchalcy, ou seja, "Peixes". É ela que aumenta as colheitas e a produção; protege os viajantes em lugares perigosos e proporciona a alegria das pessoas casadas. Também fortalece as prisões e causa a perda de tesouros.

Nessas vinte e oito mansões estão escondidos muitos segredos da sabedoria dos antigos, por meio dos quais eles realizaram maravilhas em todas as coisas que estão sob o círculo da Lua e atribuíram a cada mansão suas semelhanças, sigilos, selos e suas inteligências, que as presidem e trabalham em virtude delas de diferentes maneiras.

CAPÍTULO XXXIV

COMO ALGUMAS COISAS ARTIFICIAIS (SIGILOS, IMAGENS, SELOS E COISAS DO GÊNERO) PODEM OBTER ALGUMA VIRTUDE DOS CORPOS CELESTES

A extensão, o poder e a eficácia dos corpos celestes são tão grandes que não apenas as coisas naturais, mas também as artificiais, quando expostas corretamente aos corpos celestes, sofrem com esse agente mais potente e obtêm uma vida maravilhosa. Os Magos afirmam que não apenas pela mistura e aplicação de coisas naturais, mas também em imagens, selos, sigilos anéis, espelhos e alguns outros instrumentos, sendo oportunamente enquadrados sob uma certa constelação, algumas ilustrações celestiais podem ser obtidas e algumas coisas maravilhosas podem ser recebidas; pois os feixes dos corpos celestiais, sendo animados, vivos e sensuais e trazendo consigo dons admiráveis e um poder mais violento, imprimem, mesmo em um momento e ao primeiro toque, poderes maravilhosos nas imagens, embora sua matéria seja menos capaz. No entanto, eles conferem virtudes mais poderosas às imagens se não forem feitas de qualquer matéria, mas de uma determinada matéria, cuja virtude natural, mas também específica, seja compatível com a obra, e a figura da imagem seja semelhante à celestial. Pois tal imagem, tanto no que diz respeito à matéria naturalmente congruente com a operação e influência celestial, como também por sua figura ser semelhante à celeste, está mais bem preparada para receber as operações e poderes dos corpos e figuras célicas e ainda incorpora, instantaneamente, a dádiva celeste em si mesma; embora aja constantemente sobre outra coisa e outras coisas lhe obedeçam.

CAPÍTULO XXXV

AS IMAGENS DO ZODÍACO E AS VIRTUDES RECEBIDAS DOS ASTROS IMPRESSAS NELAS

São muitas as configurações celestiais que servem de modelo para imagens zodiacais, de acordo com figuras semelhantes contidas nos céus. Algumas são visíveis e conspícuas, outras apenas imaginárias, concebidas e estabelecidas pelos egípcios, indianos e caldeus; e suas partes são tão ordenadas que até mesmo as figuras de algumas delas são distinguidas de outras. Por essa razão, é colocado no círculo do Zodíaco doze imagens gerais, de acordo com o número dos signos. As imagens que constituem Áries, Leão e Sagitário, a triplicidade ígnea e oriental, relatam que é favorável contra febres, paralisias, hidropisia, gota e todas as enfermidades frias e fleumáticas; e que torna aquele que a carrega aceitável, eloquente, engenhoso e honrado; porque são as casas de Marte, Sol e Júpiter. Os sábios fizeram a imagem de um leão contra fantasias melancólicas, hidropisia, peste e febres, e para expulsar doenças na hora do Sol, o primeiro grau ascendente do signo de Leão, que é a face ou decanato de Júpiter. As mesma imagem, feita com o Sol no centro de Leão, no meio do céu, servia contra pedra nos rins, doenças renais e contra ferimentos provocados por animais selvagens.

Além disso, como Gêmeos, Libra e Aquário constituem a triplicidade terrestre e ocidental, e são as casas de Mercúrio, Vênus e Saturno, diz-se que eles afastam doenças, favorecem a amizade e a concórdia, prevalecem contra a melancolia e causam saúde. Dizem ainda que Aquário alivia especialmente a febre quartã.

Câncer, Escorpião e Peixes, por constituírem a triplicidade aquosa e setentrional, prevalecem contra as febres quentes e secas, contra tuberculose e contra todas as paixões coléricas. Escorpião, por ser um dos membros que diz respeito às partes íntimas, provoca a luxúria; mas ele foi criado com esse propósito, com sua terceira face ascendente pertencente a Vênus. Fizeram o mesmo com sua segunda face ascendente, que é a face do Sol, decanato de Júpiter, contra serpentes, escorpiões, venenos e espíritos malignos. E dizem, ainda, que ele torna sábio e de cor saudável aquele que o carrega; e que a imagem é mais eficaz contra serpentes e venenos quando Sol e Lua estão em conjunção em Câncer e ascendem na primeira e na terceira faces; pois essa é a face de Vênus e o decanato da Lua; porém a segunda face da Lua é o decanato de Júpiter. Há também relatos de que as serpentes são atormentadas quando o Sol está em Câncer; e que Touro, Virgem e Capricórnio, por constituírem a triplicidade terrestre e meridional, curam as enfermidades quentes e prevalecem contra a sinusite; tornam aqueles que a carregam gratos, aceitáveis, eloquentes, devotos e religiosos; por serem as casas de Vênus, Marte e Saturno, Capricórnio também é relatado como mantendo os homens e também os lugares em segurança, por ser a ascensão de Marte.

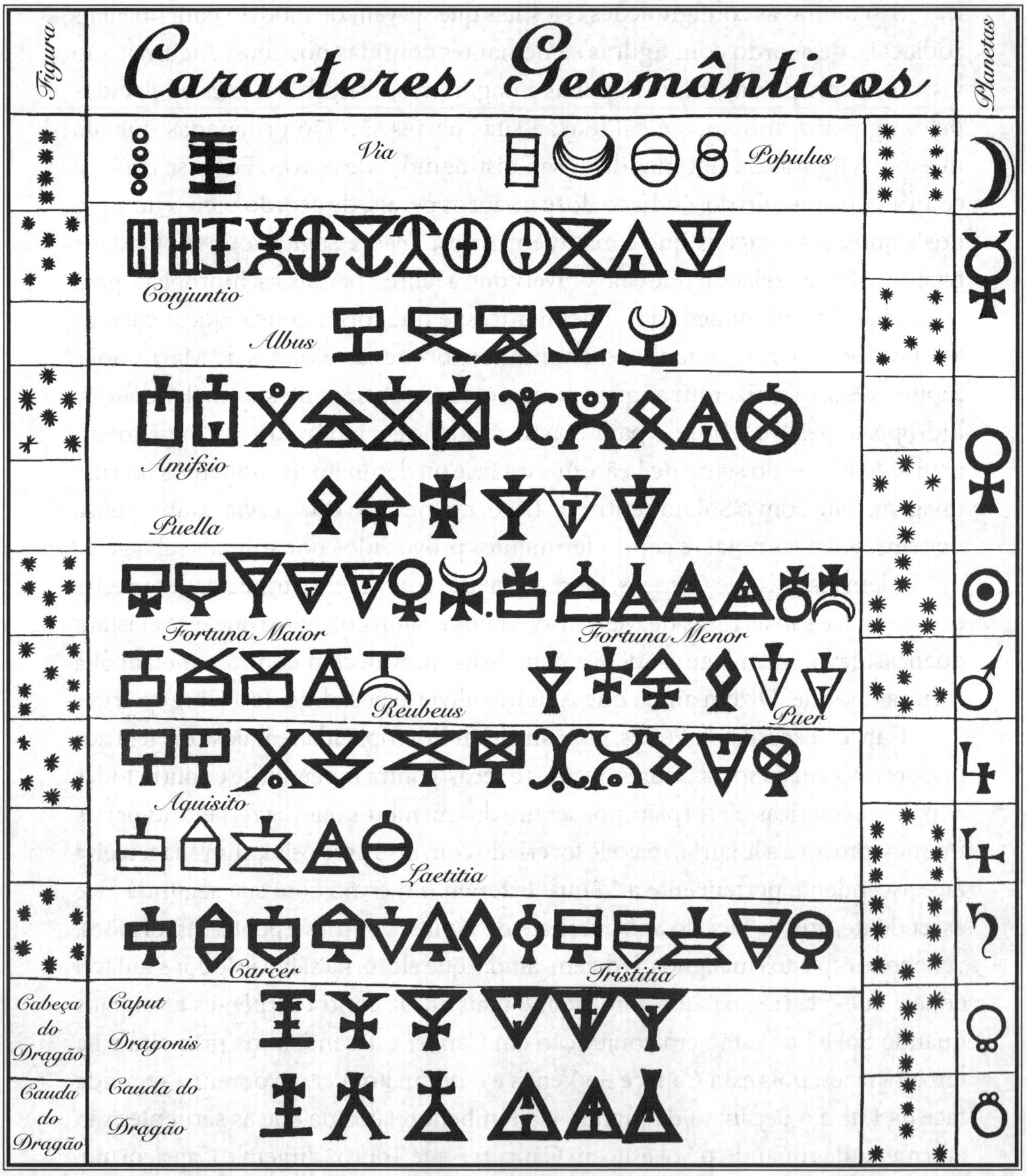

Desenhado por F. Barret — Publicado por Lackington Allen & Co. — Gravado por R. Griffith

CAPÍTULO XXXVI

AS IMAGENS DE SATURNO

Falaremos agora das imagens que os sábios da Antiguidade atribuíram aos planetas. Embora os sábios tenham escrito grandes volumes sobre esse assunto, de maneira que não haveria necessidade de declará-las aqui, vou citar apensa algumas delas.

Com base nas operações de Saturno em seu estado ascendente, foi gravado em uma magnetita a imagem de um homem com aparência de cervo e pés de camelo, sentado em uma cadeira ou em um dragão, segurando na mão direita uma foice e na esquerda um dardo; imagem que, segundo os sábio, seria propícia para o prolongamento da vida. Albumasar, em seu livro *Sadar*, atesta que Saturno contribui para o prolongamento da vida; alegando, também, que em certas regiões da Índia, pessoas sujeitas a Saturno têm uma vida muito longa e só morrem com idade bem avançada. Fizeram também, em uma safira, no dia e hora de Saturno em seu ascendente e configurado favoravelmente; uma figura de um homem velho, sentado em uma cadeira alta, com as mãos erguidas acima da cabeça e segurando um peixe ou uma foice. Sob seus pés tinha um cacho de uvas. Sua cabeça estava coberta com um pano preto ou escuro e todas as suas roupas eram pretas ou escuras. Essa imagem também foi feita contra doença dos rins, como cálculo renal, dentre outras, na hora de Saturno, quando ascendendo com a terceira face de Aquário. Fizeram também, a partir das operações de Saturno, uma imagem para o aumento de seu poder quando ascendente em Capricórnio; cuja forma era a de um homem idoso apoiado em um bastão, tendo na mão uma foice torta e vestido de preto. Eles também fizeram uma imagem de cobre derretido, com Saturno ascendente no primeiro grau de Áries ou no primeiro grau de Capricórnio; imagem esta que, segundo eles, falava com voz humana. E ainda, a partir das operações de Saturno e de Mercúrio, uma imagem de metal fundido, semelhante a um belo homem, que, segundo diziam, previa o futuro. Isso foi feito no dia de Mercúrio, na terceira hora de Saturno, com o signo de Gêmeos ascendente, que é a casa de Mercúrio e simboliza os profetas. Saturno e Mercúrio estão em conjunção em Aquário, na nona casa do céu, que também é chamada de Deus. Além disso, observa-se que Saturno tenha um aspecto trígono no ascendente e o mesmo para a Lua. O Sol, neste caso, tem aspecto no local da conjunção. E Vênus, obtendo algum ângulo, pode ser poderoso e ocidental. Marte pode estar em combustão com o Sol, mas não deve ter um aspecto em Saturno ou Mercúrio; pois eles dizem que o esplendor dos poderes desses astros foi difundo sobre a imagem, que então falava com as pessoas e indicava coisas que lhes fossem proveitosas.

CAPÍTULO XXXVII

AS IMAGENS DE JÚPITER

A partir das operações de Júpiter, os sábios criaram uma imagem na hora de Júpiter, com ele estando em sua ascensão favorável, em uma pedra clara e branca; cuja figura era um homem coroado, vestido com roupas da cor do açafrão, montado em uma águia ou um dragão, tendo em sua mão direita um dardo prestes a atingir a cabeça da águia ou do dragão de bronze, que servia para prolongar a vida. Eles também fizeram outra imagem de Júpiter em uma pedra branca translúcida, especialmente em cristal, em seu momento mais favorável. A imagem era de um homem nu, coroado, sentado em uma cadeira de quatro pés, carregada por quatro meninos alados, com as duas mãos unidas e levantadas, por assim dizer, depreciando algo. Os sábios afirmam que essa imagem aumenta a felicidade, as riquezas, as honras e confere benevolência e prosperidade, além de liberar as energias. E ainda criaram outra imagem de Júpiter, para uma vida religiosa e gloriosa e para o avanço da fortuna, cuja figura era um homem com cabeça de leão ou carneiro, pés de águia e vestido com roupas cor de açafrão.

CAPÍTULO XXXVIII

AS IMAGENS DE MARTE

A partir das operações deste planeta, os sábios fizeram uma imagem na hora de Marte (Marte ascendendo na segunda face de Áries), em uma pedra marcial, especialmente em um diamante. A forma da imagem era de um homem armado, montado em um leão, tendo em sua mão direita uma espada nua ereta, carregando em sua mão esquerda a cabeça de um homem. Eles relatam que uma imagem desse tipo torna um homem poderoso no bem e no mal, de modo que ele será temido por todos; e quem quer que a carregue, eles lhe dão o poder do encantamento, de modo que ela aterroriza os homens com sua aparência quando está com raiva e os deixa perplexos. Fizeram outra imagem de Marte para obter ousadia, coragem e boa sorte em guerras e disputas; a forma dela era a de um soldado, armado e coroado, cingido com uma espada, carregando em sua mão direita uma longa lança. E fizeram isso na hora de Marte, com a primeira face de Escorpião ascendendo com ele.

CAPÍTULO XXXIX

AS IMAGENS DO SOL

A partir das operações do Sol, os sábios fizeram uma imagem na hora do Sol e a primeira face de Leão subindo com o Sol. A forma era de um rei coroado, sentado em uma cadeira, tendo um corvo em seu peito e sob seus pés um globo; ele estava vestido com roupas cor de açafrão. Dizem que essa imagem torna os homens invencíveis e honrados, ajuda a levar seus negócios a um bom termo e a afastar sonhos vãos, além de ser eficaz contra as febres e a peste. Isso foi feito em uma pedra balanita ou em um rubi, na hora do Sol, quando em sua ascensão, ele ascendente favoravelmente. Fizeram outra imagem do Sol em um diamante, na hora em que o Sol está em sua ascensão; a figura era de uma mulher coroada, com o gesto de uma pessoa dançando e rindo, em pé em uma carruagem puxada por quatro cavalos, tendo na mão direita um óculo ou fivela, na esquerda um cajado, apoiado em seu peito e carregando uma chama de fogo na cabeça. Dizem que essa imagem torna um homem afortunado, rico e amado por todos. Essa imagem foi feita em uma pedra cornalina, na hora em que o Sol está em ascensão na primeira face de Leão, contra as paixões lunáticas, que se originam da combustão da Lua.

CAPÍTULO XL

AS IMAGENS DE VÊNUS

A partir das operações de Vênus, os sábios fizeram uma imagem que estava disponível para favorecimento e benevolência, na mesma hora em que ela ascendia em Peixes. A forma era uma imagem de uma mulher, com a cabeça de um pássaro, os pés de uma águia e segurando um dardo na mão.

Eles fizeram outra imagem de Vênus para obter o amor das mulheres. A imagem foi feita em lápis-lazúli, na hora de Vênus, estando o ascendente em Touro. A figura era de uma donzela nua, com os cabelos soltos, tendo um espelho na mão e uma corrente amarrada ao pescoço. Perto dela, um belo jovem a segurava pela corrente com a mão esquerda e, com a mão direita, penteava seus cabelos. Ambos se olhavam com amor. Ao redor deles tinha um menino alado, segurando uma espada ou um dardo. Outra imagem de Vênus tinha a primeira face de Touro, Libra ou Peixes, ascendendo com Vênus; a figura era de uma pequena donzela, com os cabelos soltos, vestida com roupas longas e brancas, segurando uma honrada maçã ou flores na mão direita e um pente na esquerda: diz-se que ela torna os homens agradáveis, alegres, fortes, felizes e belos.

CAPÍTULO XLI

AS IMAGENS DE MERCÚRIO

A partir das operações deste planeta, os sábios fizeram uma imagem de Mercúrio ascendente em Gêmeos. A forma era a de um belo jovem, barbudo, tendo em sua mão esquerda uma vara, em torno da qual uma serpente estava entrelaçada – na direita ele carregava um dardo; tendo seus pés alados. Dizem que essa imagem confere conhecimento, eloquência, diligência nos negócios e ganho; além disso, é indicada para obter paz e concórdia e curar febres. Fizeram outra imagem de Mercúrio, ascendente em Virgem, para a boa vontade, inteligência e boa memória; a forma era a de um homem sentado em uma cadeira ou montado em um pavão, com pés de águia, uma crista na cabeça e um galo de fogo na mão esquerda.

CAPÍTULO XLII

AS IMAGENS DA LUA

A partir das operações da Lua, os sábios fizeram uma imagem para os viajantes contra o cansaço, na hora da Lua, quando em sua ascensão. A figura era de um homem apoiado em um cajado, com um pássaro na cabeça e uma árvore florescente diante dele. Fizeram outra imagem da Lua para o aumento dos frutos da terra e contra os venenos e as enfermidades das crianças, na hora da Lua, que se elevava na primeira face de Câncer; cuja figura era uma mulher cornuda, montada em um touro, ou em um dragão de sete cabeças, ou em um caranguejo, tendo na mão direita um dardo e na esquerda um espelho. Ela vinha vestida de branco ou verde e tinha na cabeça duas serpentes com chifres entrelaçados. Em cada braço e em cada pé, ela também tinha uma serpente entrelaçada da mesma forma.

E isso é suficiente para falar sobre as figuras dos planetas.

CAPÍTULO XLIII

AS IMAGENS DA CABEÇA E DA CAUDA DO DRAGÃO DA LUA

Os Sábios da Antiguidade fizeram, também, a imagem da cabeça e da cauda do Dragão da Lua, ou seja, entre um círculo de ar e um círculo de fogo, a semelhança de uma serpente, com a cabeça de um falcão amarrada sobre eles, seguindo a forma da grande letra Teta e quando a cabeça de Júpiter alcançava o meio do céu. Imagem que eles afirmam ser muito útil para o sucesso das petições, significando um gênio bom e afortunado, representado pela imagem da serpente. Os egípcios e os fenícios exaltam a serpente acima de todas as outras criaturas, dizendo que ela é uma criatura Divina, de natureza grandiosa; pois nela há um espírito mais aguçado e um fogo maior do que em qualquer outra criatura, o que se manifesta tanto por seu movimento rápido, sem pés, mãos ou quaisquer outros instrumentos e renova frequentemente sua pele; com isso ela rejuvenesce. Os sábios faziam a imagem da cauda quando a Lua estava eclipsada na cauda ou desfavorecida por Saturno ou Marte, com o objetivo de provocar angústia, doença e azar. Eles a chamavam de "gênio maligno".

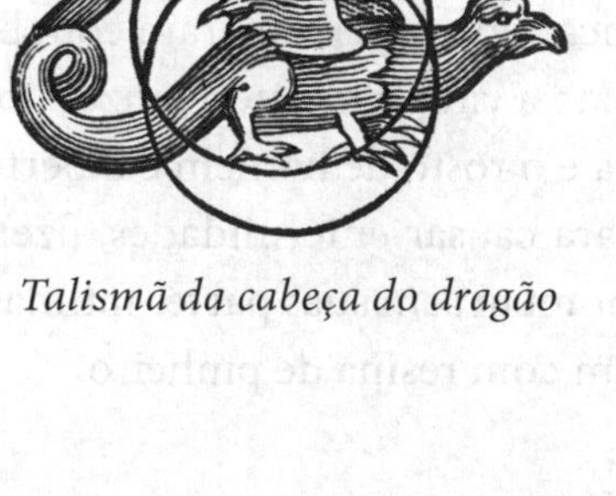

Talismã da cabeça do dragão

CAPÍTULO XLIV

AS IMAGENS DAS MANSÕES DA LUA

Os sábios também fizeram imagens para cada mansão da Lua, como veremos a seguir:

Na Primeira Casa foi gravada em um anel de ferro a imagem de um homem negro vestindo uma túnica feita de pele cingida, arremessando uma pequena lança com a mão direita com a intenção de destruir alguém mal-intencionado. Depois eles a selaram com cera preta e a perfumaram com estoraque líquido e desejaram que algum mal viesse.

Na Segunda Casa selaram em cera branca e mástique a imagem de um rei coroado e a perfumaram com aloés para combater a ira do príncipe e para reconciliação com ele.

Na Terceira Casa, fizeram uma imagem em um anel de prata, cuja mesa era quadrada; a figura era de uma mulher, bem-vestida, sentada em uma cadeira, com a mão direita erguida sobre a cabeça; eles a selaram e a perfumaram com almíscar, cânfora e cálamo aromático e afirmaram que isso proporciona boa sorte e atrai coisas boas.

Na Quarta Casa os sábios selaram em cera vermelha a imagem de um soldado sentado em um cavalo, segurando uma serpente em sua mão direita e a perfumaram com mirra vermelha e estoraque. Disseram que era para vingança, separação, inimizade e má vontade.

Na Quinta Casa, para obter o favor de reis e oficiais e bons entretenimentos, eles selaram em prata a cabeça de um homem e a perfumaram com sândalo vermelho.

Na Sexta Casa, para obter o amor entre duas pessoas, eles selaram em cera branca duas imagens que se abraçavam e as perfumaram com aloés e âmbar.

Na Sétima Casa, para obter todo bem, os sábios escalaram em prata a imagem de um homem, bem-vestido, erguendo as mãos para o céu como se estivesse orando e suplicando e a perfumaram com bons odores.

Na Oitava Casa, para a vitória na guerra, fizeram um selo de estanho com a imagem de uma águia e o rosto de homem e o perfumaram com enxofre.

Na Nona Casa, para causar enfermidades, fizeram um selo de chumbo com a imagem de um homem sem suas partes íntimas, cobrindo os olhos com as mãos e o perfumaram com resina de pinheiro.

Na Décima Casa, para facilitar a gravidez e curar os enfermos, fizeram um selo de ouro, com a cabeça de um leão e o perfumaram com âmbar.

Na Décima Primeira Casa, para temor, reverência e adoração, fizeram um selo em uma placa de ouro, com a imagem de um homem montado em um leão, segurando sua orelha na mão esquerda e na direita um bracelete de ouro e o perfumaram com bons odores e açafrão.

Na Décima Segunda Casa, para a separação dos amantes, fizeram um selo de chumbo preto com a imagem de um dragão lutando com um homem e o perfumaram com pelos de leão e assafétida.

Na Décima Terceira Casa, para o acordo entre pessoas casadas e para a dissolução de todos os feitiços contra a cópula, fizeram um selo com as imagens de ambos (do homem em cera vermelha e da mulher em cera branca) e fizeram com que se abraçassem. Eles o perfumaram com aloés e âmbar.

Na Décima Quarta Casa, para o divórcio e a separação entre homem e mulher, fizeram um selo de cobre vermelho com a imagem de um cachorro mordendo a própria cauda e o perfumaram com pelos de um cachorro preto e de um gato preto.

Na Décima Quinta Casa, para obter amizade e boa vontade, fizeram a imagem de um homem sentado, escrevendo cartas e a perfumaram com incenso e noz-moscada.

Na Décima Sexta Casa, para obter sucesso no comércio, fizeram um selo de prata com a imagem de um homem sentado em uma cadeira segurando uma balança na mão e o perfumaram com especiarias agradáveis.

Na Décima Sétima Casa, contra ladrões e assaltantes, eles imprimiram em um selo de ferro a imagem de um macaco e o perfumaram com o cheiro do animal.

Na Décima Oitava Casa, contra febres e dores de barriga, fizeram um selo de cobre, com a imagem de uma serpente com a cauda acima da cabeça e o perfumaram com chifre de boi. Disseram que esse selo de bronze afugentava as serpentes e todas as criaturas venenosas do lugar onde fosse enterrado.

Na Décima Nona Casa, para facilitar o parto e provocar a menstruação, fizeram um selo de cobre, com a imagem de uma mulher segurando as mãos sobre o rosto e o perfumaram com estoraque líquido.

Na Vigésima Casa, para a caça, fizeram um selo de estanho, com a imagem de Sagitário, metade homem e metade cavalo, e o perfumaram com a cabeça de um lobo.

Na Vigésima Primeira Casa, para causar a destruição de alguém, eles imprimiam a imagem de um homem com um rosto na frente e outro atrás e fumigaram enxofre e azeviche nela, colocando-a numa caixa de latão, misturado com enxofre e azeviche e com o cabelo daqueles que queriam prejudicar.

Na Vigésima Segunda Casa, para a segurança dos fugitivos, fizeram um selo de ferro, com a figura de um homem, com asas nos pés e com um capacete na cabeça e o perfumaram com mercúrio.

Na Vigésima Terceira Casa, para destruição e definhamento, fizeram um selo de ferro, com a figura de um gato, com cabeça de cão e o perfumavam com pelos de um cão, tirados de sua cabeça, e o enterravam no lugar onde pretendiam ferir.

Na Vigésima Quarta Casa, para multiplicar os rebanhos de gado, tomavam o chifre de um arame, de um touro ou de um bode, ou da espécie de gado que quisessem aumentar, e nele selavam, queimando-o com um selo de ferro, a imagem de uma mulher dando de mamar a seu filho e o penduravam no pescoço do gado que era o chefe do rebanho, ou o selavam em seu chifre.

Na Vigésima Quinta Casa, para a conservação das árvores e da colheita, selaram na madeira de uma figueira a imagem de um homem plantando. Eles a perfumaram com as flores da figueira e a penduraram na árvore.

Na Vigésima Sexta Casa, por amor e favor, eles selaram em cera branca e mástique a figura de uma mulher lavando e penteando seus cabelos e a perfumaram com odores agradáveis.

Na Vigésima sétima Casa, para destruir fontes, poços, águas medicinais e banhos, eles fizeram, de terra vermelha, a imagem de um homem alado segurando em sua mão um jarro vazio e perfurado; depois queimaram a imagem e colocaram assafétida e estoraque líquido no jarro e o enterraram na lagoa ou na fonte que desejam destruir.

Na Vigésima Oitava Casa, para reunir os peixes, eles fizeram um selo de cobre com a imagem de um peixe e o perfumavam com a pele de um peixe marinho, lançando-o na água onde desejavam reunir os peixes.

Além disso, junto às imagens mencionadas, escreveram também os nomes dos espíritos e suas características e invocaram e oraram pelas coisas que pretendiam obter.

CAPÍTULO XLV

AS IMPRECAÇÕES HUMANAS QUE IMPRIMEM SEUS PODERES NATURALMENTE SOBRE AS COISAS EXTERNAS. E COMO A MENTE DO HOMEM, VALENDO-SE DE UM GRAU DE DEPENDÊNCIAS, ASCENDE AO MUNDO INTELIGÍVEL E SE TORNA SEMELHANTE AOS ESPÍRITOS E INTELIGÊNCIAS.

As almas celestes enviam suas virtudes aos corpos celestes, que as transmitem a este mundo sensível; pois as virtudes do orbe terrestre não procedem de outra causa senão a celestial. Por isso, o Mago que deseja trabalhar por elas, usa uma hábil invocação dos superiores, com palavras misteriosas e certo tipo de discurso engenhoso, atraindo um para o outro, ainda que por uma força natural, por meio de algum acordo mútuo entre eles, com a qual as coisas seguem por conta própria ou, às vezes, são atraídas sem querer. Por isso, afirma Aristóteles no sexto livro de sua *Filosofia Mística*, "quando alguém, por amarração ou encantamento, invoca o Sol ou outros astros, pedindo-lhes que ajudem na obra desejada, o Sol e os outros astros não ouvem suas palavras; mas são movidos, de certa forma, por certa conjunção e série mútua, por meio da qual as partes do mundo estão reciprocamente subordinadas umas às outras e têm um consentimento mútuo, em razão de sua grande união: igual ao corpo de um homem, que move um membro ao perceber o movimento de outro; ou em uma harpa, que uma corda é movida pelo movimento de outra. Assim, quando alguém move qualquer parte do mundo, outras partes são movidas pela percepção desse movimento". O conhecimento, portanto, da dependência das coisas que seguem umas às outras, é o fundamento de toda operação maravilhosa, que é necessariamente exigida para o exercício do poder de atrair virtudes superiores. Ora, se as palavras dos homens são coisas naturais e as partes do mundo se atraem mutuamente, então, um Mago que invoca por intermédio das palavras, age pelos poderes da própria natureza, conduzindo uns pelo afeto que tem com os outros; ou atraindo outros em razão de se seguirem mutuamente; ou repelindo-os em razão da inimizade entre eles, visto haver contrariedade e diferença nas coisas.

E ainda, a multiplicidade de virtudes; que, embora sejam contrárias e diferentes, ainda assim são perfeitas em suas partes. Às vezes, também, o Mago obriga as coisas por meio da autoridade, pela virtude celestial, porque ele não é um estranho aos céus. Portanto, se um homem recebe a impressão de uma amarração ou de um encantamento, ele não a recebe de acordo com a alma racional, mas a sensorial; e se ele sofre em qualquer parte, o sofrimento é de acordo com a parte animal; pois eles não podem atrair um homem conhecedor e inteligente pela razão, mas recebem essa impressão e força pelo sentido; na medida em que o espírito animal do homem é, pela influência dos celestiais e cooperação das coisas do mundo, afetado além de sua disposição anterior e natural. Assim como o filho leva o pai a trabalhar, mesmo cansado e não querendo, no intuito de sustentá-lo e mantê-lo; assim como o desejo de governar é movido pela raiva e por outros trabalhos para obter o domínio; assim como a indigência da natureza e o medo da pobreza, e os ornamentos e a beleza das mulheres são um incitamento à concupiscência; assim como harmonia de um músico sábio move seus ouvintes com várias paixões, das quais algumas seguem voluntariamente a consonância da arte, outras se conformam por meio de gestos, embora não queiram, porque seu sentido é cativado, não sendo sua razão intencional para essas coisas. Por isso, caem em erros aqueles que pensam que essas coisas estão acima da natureza ou são contrárias a ela, o que, de fato, são por natureza e de acordo com a natureza. Devemos saber, portanto, que todo superior move seu próximo inferior, em seu grau e ordem, não apenas nos corpos, mas também nos espíritos: assim, a alma universal move a alma particular; o racional age sobre o sensorial, e este sobre o vegetal; e cada parte do mundo age sobre outra; e cada parte está apta a ser movida por outra. E ainda, cada parte desse mundo inferior sofre com os céus, de acordo com sua natureza e aptidão, assim como uma parte do corpo animal sofre por outra. E o Mundo Intelectual Superior move todas as coisas abaixo de si mesmo; e, de certa forma, contém todos os mesmos seres do Mundo Inferior, desde o primeiro até o último. Os corpos celestes, portanto, movem os corpos do Mundo Elemental, que são compostos, geráveis, sensíveis (desde a circunferência até o centro), por essências superiores, perpétuas e espirituais, dependente do intelecto primário, que é o atuante, mas sempre com a virtude colocada pela palavra de Deus; palavra essa que os sábios caldeus da Babilônia chamam de "Causa das Causas", porque dela são produzidos todos os seres: o intelecto atuante, que é a segunda causa, dela depende em razão da união da palavra com o Autor Primevo, de quem todas as coisas existentes são verdadeiramente produzidas: a palavra, portanto, é a imagem de Deus; o intelecto atuante, é a imagem da palavra; a alma é a imagem desse intelecto; e nossa palavra é a imagem da alma, pela qual ela age naturalmente sobre as coisas naturais, porque a natureza é a obra dela. E cada um deles aperfeiçoa o seu subsequente, como um pai aperfeiçoa seu filho. E nenhum dos últimos existe sem o primeiro, pois eles dependem entre si por uma espécie de conexão ordenada, de modo que, quando o último é corrompido, ele é devolvido ao que estava próximo antes dele, até chegar aos céus; depois à alma universal e, por fim, ao intelecto atuante, pelo qual todas as outras criaturas existem; e ele próprio existe no autor principal, que é a palavra criadora de Deus, à qual, por fim, todas as coisas retornam. Nossa alma, portanto, se quiser realizar qualquer coisa maravilhosa nesses seres inferiores, deve respeitar o início deles, para que possa ser fortalecida e ilustrada por isso e receber o poder de agir em cada grau, desde o primeiro Autor. Devemos, de fato, ser mais diligentes em contemplar as almas dos astros; depois seus corpos e o mundo supercelestial e intelectual; depois o celestial e corpóreo, porque isso é mais nobre, embora, também, este seja excelente e o caminho para aquele, sem o qual a influência do superior não pode ser alcançada. Por exemplo: o Sol é o "rei das astros", repleto de luz; mas ele recebe essa luz do Mundo Inteligível, acima de todas os outros astros, porque sua alma é mais suscetível ao esplendor intelectual. Portanto, aquele que deseja atrair a influência do Sol deve contemplá-lo e não apenas refletir sobre sua luz exterior, mas também da interior. E nenhum homem pode fazer isso, a menos que retorne à alma do Sol e se torne semelhante a ela, e compreenda sua luz inteligível com uma visão intelectual, como a luz sensível com o olho corpóreo. Pois esse homem será preenchido com aquela luz; um subtipo impresso pelo orbe supremo e que ele recebe em si mesmo. E seu intelecto, sendo dotado e verdadeiramente semelhante a essa luz, e sendo assistido por ela, alcançará finalmente aquele brilho supremo e todas as formas que dele participam; e quando ele tiver recebido a luz do grau supremo, então sua alma chegará à perfeição e será feita semelhante aos espíritos do Sol, alcançará as virtudes e ilustrações da virtude sobrenatural e desfrutará do poder delas, se tiver obtido fé no Primeiro Autor. Em primeiro lugar, portanto, devemos implorar a assistência do Primeiro Autor; e orar, não apenas com a boca, mas com um gesto religioso e uma alma suplicante também abundante, incessante e sinceramente, para que ele ilumine nossa mente e remova a escuridão que cresce em nossa alma por causa de nosso corpo.

CAPÍTULO XLVI

A CONCLUSÃO DA PRÁTICA CONSTELATÓRIA, OU MAGIA TALISMÂNICA; NA QUAL ESTÁ INCLUÍDA A CHAVE DE TUDO O QUE FOI ESCRITO SOBRE O ASSUNTO; MOSTRANDO A PRÁTICA DE IMAGENS, ETC., POR MEIO DE EXEMPLOS, ASSIM COMO AS OBSERVAÇÕES NECESSÁRIAS DOS ASTROS, PARA O APERFEIÇOAMENTO DAS OPERAÇÕES TALISMÂNICAS.

Vamos agora lhe mostrar as observações dos corpos celestes, necessárias para a prática desses eventos, que são resumidamente as seguintes:

Para tornar alguém afortunado, fazemos uma imagem no momento em que o significador, o doador da vida, ou o *Hylech* estejam favoráveis: isso quando os signos, os planetas e os regentes dos ascendente e do meio do céu forem favoráveis; assim como a posição que está o Sol e a Lua. Antes do nascimento da pessoa, vemos a região da fortuna e do regente da conjunção ou de seu impedimento, deprimindo os planetas malignos, ou seja, tomando os momentos em que eles estão enfraquecidos. Mas se quisermos fazer uma imagem para obter miséria, devemos fazer o contrário; aqueles que antes colocamos como favoráveis, devemos agora torná-los desfavoráveis, tomando os astros maléficos quando estes predominarem. E os mesmos meios devemos usar para tornar favorável qualquer lugar, região, cidade ou casa. Mas se quiser desfavorecer alguém que o tenha prejudicado, faça uma imagem sob a ascensão do homem que deseja tornar desfavorecido. E quando for desfavorável, você tomará o regente da casa de sua vida, o regente do ascendente e da Lua, o regente da casa da Lua, o regente da casa do regente ascendente e a décima casa e seu regente e na primeira e na décima, na segunda e na oitava casa você fará com que o regente do ascendente e o regente da casa da Lua sejam favoráveis.

Se quiser afugentar certos animais (de qualquer lugar) que lhe sejam nocivos, para que não possam ser gerados ou permanecer ali, faça uma imagem sob a ascensão do animal que você deseja afugentar ou destruir e suas semelhanças. Por exemplo, suponha que você queira afugentar escorpiões de qualquer lugar: que seja feita a imagem de um escorpião, com o signo de Escorpião ascendendo com a Lua; em seguida faça desfavorável o ascendente e seu regente e o regente da casa de Marte; e desfavorável o regente do ascendente da oitava casa. E que eles estejam unidos com um aspecto maléfico, em oposição ou quadratura. Escreva na imagem o nome do ascendente e do regente dele e da Lua, e o regente do dia e da hora. E que seja feita uma cova no meio do local de onde você deseja expulsá-los e colocado nela um pouco de terra retirada dos quatro cantos do mesmo local; em seguida, enterre a imagem ali, com a cabeça para baixo, dizendo: “Este é o enterro dos Escorpiões, para que eles sejam forçados a partir e nunca mais voltar para este lugar”. E assim faça com todos os outros.

Agora, para obter lucros, faça uma imagem sob o ascendente daquele homem a quem você gostaria de designar o ganho. Faça com que o regente da segunda casa, que é a casa da substância, esteja unido ao regente do ascendente, em um aspecto de trígono ou sextil, e deixe que haja uma recepção entre eles. Faça favorável a décima primeira casa e seu regente, assim como a oitava. E se puder, coloque parte da fortuna no ascendente ou na segunda casa e enterre a imagem naquele lugar, ou no lugar para onde queremos dirigir a prosperidade ou a sorte. Da mesma forma isso pode ser feito para acordos ou para o amor. Uma imagem deve ser feita no dia de Júpiter, sob o ascendente da natividade daquele que você deseja que seja amado. Torne favoráveis o ascendente e a décima casa e esconda o mal do ascendente. Deve-se ter favoráveis os regentes da décima casa e os planetas da décima primeira, unidos com o regente do ascendente a partir do trígono ou do sextil com recepção. Em seguida, outra imagem deve ser feita para aquele a quem você gostaria de despertar o amor. Se for um amigo ou uma mulher ou um irmão ou parente ou companheiro daquele a quem você gostaria de favorecer ou amar, se for esse o caso, faça uma imagem sob a ascensão da décima primeira casa a partir do ascendente da primeira imagem; mas se a parte for uma esposa ou um marido, que seja feita sob a ascensão da sétima casa; se for um irmão, irmã ou primo, sob a ascensão da terceira casa; se for uma mãe, da décima e assim por diante. No entanto, o significador do ascendente da segunda imagem deve ser unido ao significador do ascendente da primeira, e que haja entre eles uma recepção, e que o resto seja favorável, como na primeira imagem; depois, junte as duas imagens em um abraço mútuo, ou coloque a face da segunda nas costas da primeira, e que elas sejam embrulhadas em seda e jogadas fora ou danificadas.

Além disso, para o sucesso das petições e para a obtenção de algo negado, tomado ou possuído por outra pessoa, faça uma imagem sob o ascendente daquele que faz a petição. Faça com que o regente da segunda casa esteja unido ao regente do ascendente, em um aspecto de trígono ou sextil, e deixe que haja uma recepção entre eles; e, se for possível, deixe que o regente da segunda casa esteja nos signos obedientes e o regente do ascendente nos regentes: faça com que o ascendente e seu regente sejam favoráveis; e tome cuidado para que o regente do ascendente não seja retrógrado, nem combusto, nem descendente, nem esteja na casa oposta, ou seja, na sétima casa de seu próprio signo. E na sétima casa a partir de sua própria casa; que ele não seja impedido pelos planetas malignos, mas que seja forte e esteja em um ângulo. Deve-se tornar favorável o ascendente e o regente da segunda casa e da Lua. Agora, outra imagem deve ser feita para aquele a quem se faz a petição, começando sob o ascendente que lhe pertence: como se ele fosse um rei ou príncipe, etc. Comece sob o ascendente da décima casa a partir do ascendente da primeira imagem; se for um pai, sob a quarta, se for um filho, sob a quinta e assim por diante; em seguida, coloque o significador da segunda imagem, unido ao regente do ascendente da primeira imagem, em um trígono ou sextil, e deixe-o recebê-la. Coloque ambos favoráveis e fortes, sem qualquer impedimento; fazendo com que todo o mal se afaste. Torne favorável a décima e a quarta, se puder, ou qualquer uma delas; e quando a segunda imagem estiver perfeita, junte-a com a primeira, face a face e envolva-as em linho limpo; enterre-as no meio da casa do solicitante, sob um significador favorável, sendo a fortuna forte e deixe a face da primeira imagem voltada para o norte, ou melhor, para o lugar onde a coisa solicitada permanece; ou, se acontecer de o solicitante ir adiante para obter a coisa desejada ou solicitada, que ele leve as referidas imagens consigo.

Assim, em alguns exemplos, oferecemos a chave de todas as operações talismânicas, por meio das quais efeitos maravilhosos podem ser obtidos usando imagens, anéis, vasos, selos, sigilos, mesas ou quaisquer outros instrumentos mágicos; mas como essas operações têm sua base principal no verdadeiro conhecimento dos efeitos dos planetas e do surgimento das constelações, recomendamos que se preste muita atenção a essa parte da Astrologia, que ensina sobre o poder, as influências e os efeitos dos corpos celestes uns sobre os outros de modo geral. Da mesma forma, recomendamos que o artista seja especialista nos aspectos, movimentos, declinações, ascensões, etc. etc. dos sete planetas, e que compreenda perfeitamente suas naturezas, sejam elas mistas ou simples; também, que esteja pronto e correto na construção de uma figura, a qualquer momento, para mostrar a verdadeira posição dos céus, já que há uma grande simpatia entre os celestiais e nós mesmos. E que observe todas as outras regras que já recitamos abundantemente: e, sem dúvida, o estudante diligente terá a satisfação de fazer com que suas operações e experimentos produzam o efeito que ele deseja ardentemente. Com isso, desejando todo sucesso ao observador da criatura e do Criador.

Encerraremos aqui esta Segunda Parte de nosso Trabalho e a conclusão de nosso Livro de Magia Talismânica.

Selos Mágicos ou Talismãs

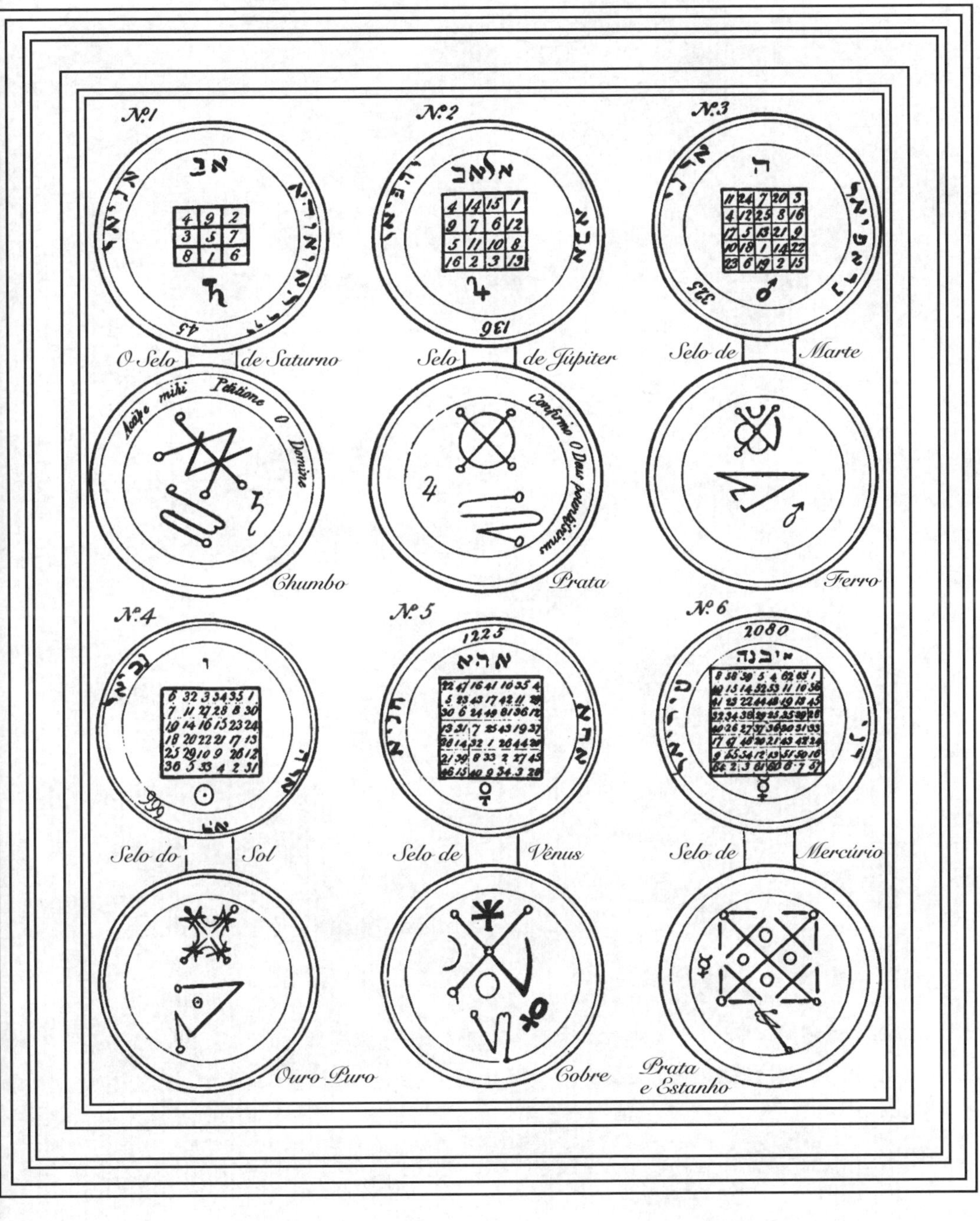

MAGUS

ou

A INTELIGÊNCIA CELESTIAL

LIVRO II – PARTE I

Contendo

MAGNETISMO *e* MAGIA CABALÍSTICA

UM TRATADO SOBRE PROFECIA, SONHOS PROFÉTICOS, INSPIRAÇÃO.

A arte dos cálculos com os Divinos nomes de Deus, mostrando a regra, a ordem e a regência dos

ANJOS, DAS INTELIGÊNCIAS E DOS ESPÍRITOS ABENÇOADOS, ALÉM DE TABELAS E SELOS SAGRADOS, TABELAS DA CABALA ETC.

Tratando também de Magia Cerimonial, Invocação de Espíritos, Consagrações, Círculos, etc. E ainda de Sonhos, Profecias, Milagres, etc.

Por Francis Barrett,

Estudante de Química, Filosofia Oculta, Cabala, etc,

Ao qual se acrescenta, uma tradução das obras de TRITEMIUS de SPANHEIM, ou seja: Seu Livro das Coisas Secretas e dos Espíritos.

LIVRO II – PARTE I

MAGNETISMO

No Tratado de Magnetismo a seguir, coletamos e organizamos algumas informações valiosas e secretas dos escritos do químico e filósofo erudito, Paracelso, que foi considerado a joia da Alemanha e da época em que viveu. Da mesma forma, extraímos a própria medula da ciência do magnetismo das copiosas e elaboradas obras do mais célebre filósofo (pelo fogo) Van Helmont, que, juntamente a Paracelso, promulgou diligentemente todos os tipos de curas magnéticas e simpáticas, as quais, devido à sonolência, à ignorância, às descrença e à obstinação da era atual, foram tão e totalmente negligenciadas e condenadas.

No entanto, por mais impudentes em suas afirmações e intolerantes com as próprias opiniões falsas que alguns de nossos filósofos modernos possam ter, vimos dois ou três indivíduos que, à força de perseverança, provaram a verdade e a possibilidade do Magnetismo, por meio de experimentos repetidos e públicos. De fato, a engenhosa invenção dos aparelhos de tração magnéticos prova imediatamente que a ciência nunca deve ser impedida por calúnias públicas ou deturpação de fatos que provaram ser de utilidade geral. E não duvidamos de que seremos capazes de demonstrar, por meio da teoria e da prática apresentadas nesta seção, que muitas curas excelentes podem ser realizadas pela devida consideração e observância atenta aos princípios sobre os quais se baseiam a simpatia, a antipatia, a atração magnética etc.; e que serão totalmente ilustrados no compêndio a seguir:

Devemos nos apressar em explicar os primeiros princípios do Magnetismo, examinando seu poder magnético ou de atração.

CAPÍTULO I

O PODER MAGNÉTICO OU O PODER DE ATRAÇÃO

No que se diz respeito a uma ação local a distância, os vinhos nos sugerem uma demonstração: pois todo tipo de vinho, embora seja produzido em províncias vizinhas e também floresça mais oportunamente em outros lugares, ainda assim é alterado enquanto a videira de nosso país floresce; e essa alteração não cessa enquanto a flor não cair de nossa videira; o que certamente acontece, seja por uma causa comum da videira e do vinho, seja por uma disposição particular da videira, o que de fato mistura o vinho e o altera em graus para cima e para baixo como em uma tempestade confusa, ou também porque o próprio vinho fica alterado por sua própria vontade, por causa das flores da videira: em ambos os casos, se houver conformidade, consentimento, comiseração ou felicitação; ao menos isso não pode ser feito senão por uma ação a distância, caso o vinho seja alterado em uma adega subterrânea, onde talvez nenhuma videira esteja próxima por alguns quilômetros, não havendo qualquer corrente de ar sob a terra, estando a flor da videira ausente.

Contudo, se for apontada uma causa comum para tal efeito, devemos correr de volta para os astros, que não podem ser controlados ao nosso prazer e atrevimento; ou, afirmo, voltamos a uma confissão de uma ação a distância. Notamos que um mesmo agente deve ser o motor que governa o vinho ausente e a videira que está a uma grande distância, ainda que seja um espírito desconhecido, e os faz se comunicarem e sofrerem juntos. No entanto, no que diz respeito ao poder dos astros, não estou disposto, nem me atrevo, de acordo com minha própria liberdade, a estender as forças, os poderes ou os limites para fora do alcance dos astros, ou para além da autoridade do texto sagrado, cuja fé (sendo pronunciada a partir de um testemunho divino), diz que os astros serão para nós os signos, as estações, os dias e os anos. Por essa regra, esse poder nunca é atribuído aos astros, de maneira que o vinho criado em um solo estrangeiro e trazido até nós de longe se altere, fique remexido ou se torne indigesto: pois a videira em algum momento recebeu o poder de aumentar e se multiplicar, antes que os astros nascessem: e os vegetais eram anteriores aos astros e ao influxo imaginário deles: portanto, eles também não podem ser coisas unidas em essência, uma das quais poderia consistir sem a outra. Sim, a videira em alguns lugares floresce mais rapidamente; e, em anos chuvosos ou mais frios, a nossa vinha floresce mais lentamente. Apesar disso, o vinho imita as flores e os estágios de florescimento de nossa vinha. Isto demonstra que o vinho não segue os astros, pois seus sinais não o alteram.

Seguindo este raciocínio, o vinho não obedece à floração de nenhum tipo de planta a não ser da vinha, portanto, não devemos fugir para uma causa universal, um regulador geral ou universal das mudanças sucessivas do mundo; ou seja, podemos preferir voltar para impossibilidades e absurdos do que para os fatos mais próximos de semelhança e unidade, embora isto ainda não seja aceito pelas escolas.

Além disso, o fenômeno em si aparece de forma muito mais evidente em fermentados como a cerveja. Quando nossos ancestrais viram que a partir da cevada fervida de diversas maneiras resultava nada mais que uma massa inútil, um caldo de cevada, ou polpa, descobriram que primeiro deviam deixar a cevada brotar (o que então chamaram de "malte") e, em seguida, ferver a cerveja como se faz com o vinho. Em primeiro lugar, algumas coisas notáveis foram observadas: há na cevada um broto vegetal que, quando seco, morre e é transformado em farinha, que é fervida novamente e perde suas propriedades de crescimento. Isso tudo, porém, não impede que se retenha o espírito embriagante do álcool, igual ao do vinho, que, na verdade, não o possui, mas obtém depois de alguns dias de fermentação. Ou seja, no seio de um único grão, um único espírito recebe diversos poderes, sendo que, quando um poder é retirado, outro permanece, o qual então se manifesta ainda mais extraordinariamente. Como a cerveja de malte se altera quando a cevada floresce, assim também é o vinho em relação à vinha, podendo se observar claramente o poder agindo a distância. E assim, um poder pode ser visto claramente a uma distância muito grande, pois há cidades nas quais os prados agradáveis estendem o crescimento da cevada por muitos quilômetros, e as cervejas provam sua concordância com a cevada que não floresce, de forma ainda mais poderosa, na medida em que a força de seu poder retira as esperanças de brotar e crescer. Por fim, a *aqua vitae*, sendo mantida dentro da cerveja nos barris e na prisão do porão, não pode, com a segurança da cerveja, vagar por algumas léguas até a espiga florida da cevada, para que assim, como um retentor tempestuoso, possa alterar a cerveja restante com muita desordem. Certamente, há uma passagem muito mais fácil para um acordo magnético ou atrativo entre alguns agentes distantes uns dos outros do que supor que uma *aqua vitae* saia da cerveja de uma adega e vá até a cevada em flor, voltando de lá para a cerveja anteriormente guardada nos barris.

Por sua vez, o sinal impresso nos filhos pelo desejo de uma mulher grávida confirma de forma adequada e igualmente clara o magnetismo ou a faculdade de atração e sua operação a distância: a saber, se houver uma mulher grávida que deseje uma cereja, basta que ela toque sua testa ou qualquer outra parte do seu corpo com o dedo que, sem dúvida, o filho será marcado com a imagem da cereja, que depois disso, a cada ano, fica verde, branca, amarela e, por fim, vermelha, de acordo com o teor das árvores: e isso expressa muito mais maravilhosamente a alteração sucessiva das maturidades na Espanha do que na Alemanha: assim, uma ação a distância não é apenas confirmada, mas também uma conformidade ou concordância das essências da cerejeira, em seu tronco lenhoso e carnudo, e uma consanguinidade, beirando quase a uma afinidade de um ser, impressa na parte pela imaginação instantânea em sua essência, por um curso sucessivo de anos. Certamente, os mais instruídos não devem imputar aos espíritos malignos coisas que, por sua própria fraqueza, ignoram; pois essas coisas ocorrem por todos os lados na natureza, as quais, por nossa fraqueza, não somos capazes de revelar; pois atribuir ao demônio todos os dons de Deus que existem na natureza (porque nossa estupidez impede de entendê-las corretamente) revela ignorância e imprudência, especialmente quando, como toda demonstração de causas a partir de uma coisa ou causa anterior é banida de nós, como também de Aristóteles, que era ignorante de toda a natureza e privado dos bons dons que descem do Pai das Luzes, a quem sejam dadas toda honra e glória.

Observação: podemos, a partir do capítulo anterior, ver o admirável poder de trabalho do espírito atrativo ou universal, que não pode ser demonstrado de outra maneira tão claramente quanto pelas simpatias nas coisas naturais, que são inerentes a toda a natureza. E sobre este princípio de simpatia e antipatia, dizemos que é fundado aquele poder espiritual que tende a coisas e objetos distantes uns dos outros, ou seja, uma atração magnética, que existe de fato, como provaremos claramente por meio de experimentos, nos quais mostramos plenamente a ação e a paixão que existe entre os espíritos naturais, pelas quais são produzidos efeitos maravilhosos que foram ignorantemente atribuídos a diversas superstições, como Bruxaria, Encantamentos, Necromancia ou Magia Negra etc.

CAPÍTULO II

OS REMÉDIOS SIMPÁTICOS

No ano de 1639, surgiu um pequeno livro, cujo título era *The Sympathetical Powder of Edricius Mohynus*, de Eburo, segundo o qual as feridas são curadas sem a aplicação do medicamento na parte afetada e sem superstição. Este livro foi peneirado pelo crivo racional de Galeno e Aristóteles. Foi suficientemente provado e comprovado, aristotelicamente, o que quer que o título tenha prometido (*O Pó Simpático de Edricius Mohynus*); mas negligenciou-se a faculdade reguladora, ou a virtude, que esse pó simpático, recebido na toalha ou no guardanapo ensanguentado, poderia levar a feridas distantes.

Assim como atestaram que o sangue venal, o pus de uma ferida ou o líquido seroso de uma úlcera, sendo contidos em uma toalha, recebem, de fato, um bálsamo de natureza sanativa ou curadora, que vem do vitríolo, um poder medicinal conectado e limitado ao referido meio. Portanto, as virtudes recebidas desse bálsamo são direcionadas ao objeto ferido não por uma virtude influente dos astros, muito menos elas se precipitam por conta própria para o objeto distante: o pensamento daquele que aplica o remédio simpático, conectado a esse meio, são direcionados pelo bálsamo para o objeto de seu desejo, assim como a ideia do desejo que fica impressa no bebê, conforme expusemos. Mohynus supôs que o poder da simpatia depende dos astros, porque é um imitador de influências; mas eu o extraio de um assunto muito mais próximo: das ideias diretas, geradas por sua mãe, a Caridade, ou desejo de boa vontade, que agem diretamente, pois o pó simpático atua com maior sucesso quando aplicado por uns e com menor sucesso quando aplicado por outros. Digo que o melhor resultado observado no processo é quando o remédio é ministrado com intuito de caridade; mas que ele tem pouco sucesso se o operador for uma pessoa descuidada ou embriagada. Com isso, tenho estimado mais os astros da mente quando o assunto são os remédios simpáticos do que os astros do céu. Mas sabemos que as imagens, sendo concebidas, podem ser levadas para um objeto distante. Uma mulher grávida é um exemplo, porque ela transfere todas as ideias de sua concepção para seu filho, que não depende da mãe de outra forma que não seja a comunhão da nutrição universal. Na verdade, como essa direção do desejo é claramente natural, não é de se admirar que o espírito maligno exija que as ideias dos desejos de seus subordinados sejam anexadas a um meio oferecido por ele. De fato, as ideias do desejo são, com base nas influências do céu, lançadas em um objeto apropriado, por mais remoto que seja. Isto é, elas são dirigidas pelo desejo, especialmente apontando um objeto para si. Assim como o toque do peixe-elétrico torpedo, ou a visão do basilisco, que são refletidos em seu objeto desejado; pois já mostrei aqui que o demônio não atribui nada à direção das coisas injetadas, visto que ele precisa de uma ação ou faculdade livre, direcionada e operativa. Mas não vou desmerecer os remédios simpáticos apenas porque o demônio age sobre as coisas injetadas no corpo: pois o que os remédios simpáticos têm em comum? Embora Satanás contribua com as injeções por meios naturais perversos exigidos de seus escravos, cada coisa será julgada culpada ou boa de acordo com seus fins e intenções; e é suficiente que os remédios simpáticos estejam em harmonia com as coisas injetadas por meios naturais ou por medicamentos.

CAPÍTULO III

UNGUENTO MAGNÉTICO OU SIMPÁTICO, PÓ DE SIMPATIA, UNGUENTO PARA DEFESA, CURA DE FERIDAS, DOENÇAS NERVOSAS, BRUXARIA, REPRESENTAÇÃO INANIMADA ETC.

Mostraremos agora algumas operações notáveis que são efetuadas pelo magnetismo e que se baseiam na simpatia e antipatia naturais, e como, por estes meios, algumas curas extraordinárias podem ser realizadas.

A bondade do Criador se estendeu por toda parte e criou todas as coisas para o uso do homem ingrato. Não foi admitido a qualquer teólogo ou sacerdote assistente do Conselho decidir quantas ou quão grandes seriam as virtudes que deveriam infundir nas coisas naturais. Mas há aqueles que se aventuram a medir as maravilhosas obras de Deus por sua própria inteligência aguçada e refinada, negando, assim, que o Criador tenha dado tal virtude às coisas; como se o homem (um verme) fosse capaz, por sua capacidade estreita e limitada, de compreender a Onisciência; medindo a mente de todos os outros homens pela sua própria, que pensa que nada pode ser feito daquilo que não pode compreender. Portanto, só podem desenvolver os mistérios da natureza aqueles que, sendo versados na arte da Cabala, do Fogo e da Magia, examinaram as propriedades das coisas e extraíram, da escuridão para a luz, os poderes ocultos do Homem, dos Animais, dos Vegetais, dos Minerais e das Pedras, separando da maldição as grosserias, as impurezas, os venenos e as heterogeneidades, que são os espinhos implantados na natureza virgem. Pois um observador da natureza vê diariamente que ela destila, sublima, calcina, funde, dissolve, coagula, fixa, etc. Portanto, somos nós os ministros da natureza que devemos fracionar, isolar etc., as propriedades, para descobrir as causas e os efeitos de cada fenômeno que ela produz.

Agora, como o magnetismo foi ordenado para o uso do homem e para a cura dos vários distúrbios incidentes à natureza humana, abordaremos primeiro este grande tema, conhecido por possuir propriedades maravilhosas, e que não apenas são evidentes a todos os olhos, mas também nos mostram bases suficientes para admitirmos a possibilidade e a realidade do magnetismo em geral.

A magnetita possui uma distinta faculdade medicinal contra muitos distúrbios violentos e implacáveis. Helmont diz que a parte de trás da pedra repele o ferro, portanto, remove a gota, inchaços, reumatismos etc., que são da natureza ou da qualidade do ferro. Essa capacidade, unida ao testemunho de uma mulher em sua representação inanimada (um boneco ou uma imagem), colocando a parte posterior da magnetita na coxa e o verso da pedra em suas costas, evita com segurança um aborto espontâneo já ameaçado. Já o verso da magnetita aplicado nas coxas da mulher, e a parte posterior da pedra em suas costas, facilita maravilhosamente o parto. Da mesma forma, o uso da magnetita previne a cãibra e outros distúrbios e dores semelhantes.

Uldericus Balk, um frade dominicano, publicou um livro em Frankfort, no ano de 1611, a respeito da lâmpada da vida, no qual encontraremos (tirado de Paracelso) a verdadeira cura magnética de muitas doenças, como hidropisia, gota, icterícia, etc. Pois se você envolver o sangue quente do doente na casca e na clara de um ovo, que é exposto a um calor nutritivo, e esse sangue, misturado a um pedaço de carne, for dado a um cão faminto, o distúrbio desaparecerá. Assim como a lepra de Naamã passou para Gehazi por causa da maldição do profeta.

Se as mulheres, ao desmamar seus bebês, ordenharem o leite sobre brasas quentes, o seio logo secará. E se alguém fizer sujeira em sua porta e você quiser impedir esse comportamento petulante no futuro, pegue o atiçador em brasa, coloque-o no excremento que, por magnetismo, as partes posteriores da pessoa ficarão muito queimadas e inflamadas. Faça uma pequena mesa com o tipo mais claro, mais branco e mais básico de chumbo e, em uma das extremidades, coloque um pedaço de âmbar. A três palmos dele, coloque um pedaço de vitríolo verde; esse vitríolo logo perderá sua cor e sua acidez: ambos os efeitos são encontrados na preparação do âmbar. A raiz do cardo-de-carolina, sendo arrancada quando cheia de suco e suas propriedades temperada com testemunhos de um homem, esgotará os poderes e a força natural daquele em cuja sombra você está; levando essa força para dentro de si mesmo.

CAPÍTULO IV

UNGUENTOS DE ATAQUE OU POMADA DE DEFESA, ETC.

O ingrediente principal desse composto é o musgo que aparece em um crânio de um homem morto, que Van Helmont chama de "excrescências" ou "superfluidades" dos astros. Ora, esse musgo, por ter recebido sua semente dos céus, mas tendo seu crescimento vindo do miolo inanimado do crânio do homem, ou de uma torre do microcosmo, obteve excelentes poderes astrais e magnéticos além da condição comum dos vegetais, embora as ervas, por si mesmas, tenham seu magnetismo próprio.

O magnetismo desse unguento extrai essa estranha disposição da ferida (que, de outra forma, por uma desunião das partes que se mantinham unidas, e pela qual, eu digo, uma estranha disposição e qualidade estranha é produzida) de onde ela se separa, não sendo sobrecarregada ou tensionada por qualquer acidente, cicatriza. Isso é efetuado pelo unguento de ataque ou pela pomada de defesa, os quais têm a propriedade de curar repentina e perfeitamente, sem dor, custos, perigo ou perda de força.

Portanto, é evidente que a virtude magnética vem de Deus. É oportuno, agora, descobrirmos a causa imediata do magnetismo nos unguentos.

Mas antes, com o consentimento dos místicos teólogos, dividimos o homem em "externo" e "interno", atribuindo a ambos os poderes de uma certa mente ou inteligência. Há, portanto, uma pretensão que pertence à carne e ao sangue, que pode não ser nem a vontade do homem nem a vontade de Deus. O Pai Celestial revela algumas coisas ao homem interior. Já a carne e o sangue podem revelar outras coisas ao homem exterior e sensível ou animal.

Pois como poderia o culto aos ídolos, à inveja etc., serem considerados justamente entre as obras da carne, visto que consistem apenas na imaginação, se a concupiscência não tivesse também sua própria imaginação e vontade eletiva?

Além disso, o fato de que há êxtases milagrosos pertencentes ao homem interno é indiscutível. Mas também não há dúvidas de que existem êxtases no homem animal, em razão de uma imaginação intensa ou elevada.

Martin del Ris, um ancião da Sociedade de Jesus, em seu *Magical Disquisitions or Enquiries*, faz menção a um certo jovem da cidade de Insulis, que foi tomado por uma vontade tão violenta de ver sua mãe que, devido a esse desejo tão intenso, como se estivesse sendo arrebatado por um êxtase, ele a viu perfeitamente, embora ela estivesse a muitos quilômetros de distância dali. Quando voltou a si novamente, lembrando-se de tudo o que tinha visto, o jovem deu muitos sinais de que verdadeiramente havia estado na presença de sua mãe. Agora, é certo que o desejo surgiu do homem exterior, isto é, do sangue e dos sentidos, ou da carne, pois, de outra forma, a alma, uma vez desalojada ou solta dos laços do corpo, não pode, exceto por milagre, ser reunida a ele. Há no sangue, portanto, um certo poder extático ou de transporte que, se em algum momento for excitado ou despertado por algum desejo ardente e por uma imaginação mais forte, é capaz de conduzir o espírito do homem exterior até mesmo a algum objeto ausente e distante. Porém esse poder fica oculto, por assim dizer, *in potentia*, ou por meio de possibilidades; e nem tampouco é posto em ação, a menos que seja despertado pela imaginação, inflamado e agitado por um desejo mais fervoroso e violento.

CAPÍTULO V

O PODER DA IMAGINAÇÃO, O MAGNETISMO DOS ESPÍRITOS DA NATUREZA E A ATRAÇÃO POR TESTEMUNHOS. SIMPATIAS DOS ESPÍRITOS ASTRAIS E SEUS CORPOS, O QUE FUNDAMENTA TODA A ARTE DA NECROMANCIA

Mais uma vez, quando o sangue é de alguma forma corrompido, de fato, todo o seu potencial antes somente em possibilidade, sem uma excitação prévia da imaginação é, por sua própria vontade, posto em ação. Através da adulteração do grão, a virtude seminal, de outra forma sonolenta e estéril, irrompe em ação. Isso ocorre, porque, não sabendo como putrificar pela dissolução da harmonia inferior, a essência das coisas e seus espíritos vitais surgem novamente como sobreviventes. A partir daí é que toda propriedade oculta, sendo o compacto de seus corpos dissolvido pela digestão anterior (que chamamos de "putrefação"), surge livre, despachado e manifesto para a ação.

Portanto, quando o ar entra em uma ferida, o corpo admite uma qualidade adversa, a partir da qual o sangue imediatamente inflama com o calor ou com a repulsa da abertura do ferimento, ao qual, de outra forma, torna-se material. Acontece que o sangue, na ferida recém-feita, devido a sua referida qualidade estranha, entra agora em algum tipo de adulteração (o mesmo sangue que ficou na arma ou em um estilhaço dela, é manchado com unguento magnético), cuja entrada da adulteração, mediando o poder extático potencialmente oculto no sangue, é posta em ação. Este poder, por ser um retardatário exilado em seu próprio corpo, em razão do êxtase oculto, faz com que esse sangue tenha um respeito individual pelo sangue de todo o seu corpo. A faculdade magnética ou atrativa, então, está ocupada em operar no unguento e, por meio da mediação do poder extático (assim o chamo por falta de uma etimologia mais adequada), suga a qualidade prejudicial dos lábios da ferida que, por fim, por meio da virtude inanimada, balsâmica e atrativa alcançada no unguento, aperfeiçoa o magnetismo.

Temos agora a razão positiva do magnetismo natural do unguento, extraído da Magia Natural, com a qual a luz da verdade concorda, dizendo: "Onde está o tesouro, aí está também o coração".

Porque, se o tesouro está no céu, então o coração, isto é, o espírito do homem interior, está em Deus, que é o paraíso, a única vida eterna.

Mas se o tesouro estiver preso ou depositado em coisas frágeis e mortais, então também o coração e o espírito do homem externo estará em coisas que se desvanecem. E não há aqui qualquer motivo para trazer isso para um sentido místico, tomando não o espírito, mas um bom senso e desejo puro para o coração; pois isso conteria uma coisa frívola, que onde quer que um homem colocasse seu tesouro em seu pensamento ou argumento, lá estaria seu pensamento.

A própria verdade, é fato, não interpreta o presente texto de forma mística. A exemplo temos as águias com sua presença local e real ao lado das carcaças mortas, de modo que o espírito do homem interior está localizado no reino de Deus dentro de nós, que é o próprio Deus; e o coração ou espírito do animal ou do homem exterior está situado em torno do seu tesouro.

Não é maravilhoso o fato de que os espíritos astrais dos homens carnais ou dos animais ainda mostrem bravura depois de seus funerais, vagando por seu tesouro enterrado, ao qual toda a Necromancia (ou arte de adivinhação pela invocação de espíritos) dos antigos se escravizou?

Digo, portanto, que o homem interno é um animal ou criatura viva, fazendo uso da razão e da vontade do sangue, mas, nesse meio tempo, não apenas um animal, vai além disso, é a imagem de Deus.

Os lógicos, portanto, podem ver o quão defeituosamente definem um homem a partir do seu discurso racional. Mas falaremos mais sobre essas coisas em outro lugar.

Portanto, vou associar o magnetismo das águias às carcaças; pois as aves voadoras também não são dotadas de um olfato tão apurado que possam, com consentimento mútuo, ir da Itália à África até a carniça. O odor também não se espalha de forma tão ampla e generalizada, pois a extensa latitude do mar e uma certa propriedade elementar os impede de consumi-la. Também não há motivo para pensar que essas aves percebem as carcaças mortas a uma distância tão grande com a visão, especialmente se estiverem ao sul, atrás de uma montanha.

Mas qual seria a necessidade de reforçar o magnetismo das aves por meio de muitos argumentos, uma vez que o próprio Deus, que é a origem e o fim da filosofia, determina expressamente que o processo do coração e do tesouro se assemelha aos da ave e da carniça de forma intercambiável entre eles?

Pois, se as águias fossem levadas a seu alimento – as carcaças –, com o mesmo apetite voraz com que os animais de quatro patas são levados a seus pastos, certamente teria se dito, em poucas palavras, que as criaturas vivas se apegam a seu alimento assim como o coração do homem a seu tesouro; o que conteria uma falsidade: pois o coração do homem não se dirige ao seu tesouro para que possa ser saciado com ele, como as criaturas vivas fazem com sua carne. A comparação entre o coração do homem e o da águia não está no fim para o qual eles tendem ou se inclinam a um desejo, mas na convergência, ou seja, eles são atraídos e levados pelo magnetismo, real e localmente.

Portanto, o espírito e a vontade do sangue retirado da ferida, tendo se introduzido no unguento pelo fato de a arma ter sido ungida com ele, tendem para o seu tesouro, isto é, o restante do sangue que ainda está desfrutando da vida do homem mais íntimo: mas ele diz, por meio de um testemunho peculiar, que a águia é atraída para a carcaça, porque ela é chamada para lá por um espírito implantado e inanimado da carcaça, mas não pelo odor do corpo putrefato. De fato, esse animal apropria-se desse espírito inanimado apenas por assimilação, é de onde vem o peculiar ditado sobre a águia "minha juventude será renovada como a da águia".

Na verdade, a renovação de sua juventude procede de uma extração essencial do espírito inanimado, sendo bem refinada por uma certa digestão singular própria dessa ave, e não de uma simples ingestão da carniça; caso contrário, os cães e as pegas também rejuvenesceriam, o que é falso.

Pode-se dizer que essa é uma razão exagerada a favor do magnetismo; mas o que se deduz disso? Se acreditar que aquilo é muito distante para sua capacidade de compreensão, isso também será considerado como algo que veio de longe. Na verdade, o *Livro de Gênesis* afirma que no sangue de todas as criaturas vivas há a alma delas.

Pois há no sangue certos poderes vitais, os quais, como se estivessem animados ou vivificados, exigem vingança do Céu, sim, e punição judicial dos juízes terrenos contra o assassino; poderes esses que, uma vez que não se pode negar que habitam naturalmente no sangue, não vejo por que rejeitar o magnetismo desse sangue e considerá-lo uma das obras ridículas de Satanás.

E direi mais, os sonâmbulos, aqueles que caminham durante o sono, por nenhum outro guia que não seja o espírito do sangue, isto é, do homem exterior, andam para cima e para baixo, realizam negócios, escalam paredes e administram coisas que, de outra forma, são impossíveis para aqueles que estão acordados. Digo isso por uma virtude mágica, natural ao homem mais externo, que Santo Ambrósio, embora estivesse distante em seu corpo, estava visivelmente presente nas solenidades fúnebres de São Martinho. Porém, ele esteve presente nessas solenidades espiritualmente, no espírito visível do homem externo, e não de outra forma. Assim como no estado de êxtase do homem mais interno, muitos santos viram muitas coisas ausentes. Isso é feito sem tempo e lugar, por meio dos poderes superiores da alma sendo reunidos em unidade e por uma visão intelectual, mas não por uma presença visível; caso contrário, a alma não está separada do corpo, mas em boa vontade, ou por completo com ele. Tampouco a alma está "reconectada" com o corpo, cuja reconexão, não obstante, é natural ou familiar ao espírito do homem mais exterior.

Não é suficiente, em um paradoxo tão grande, ter tocado no assunto uma vez, ou por uma única razão; isso deve ser propagado ainda mais. Devemos explicar como uma atração magnética acontece também entre coisas inanimadas, por uma certa percepção ou sentimento; não de fato animal ou sensível, mas natural. Para que isso possa ser feito com mais seriedade, cabe-nos primeiro mostrar para o que Satanás pode, por seu próprio poder, contribuir, e de que maneira ele pode cooperar nas ações meramente perversas e ímpias das bruxas, pois, a partir daí, poderá saber a que causa cada efeito pode ser atribuído.

A seguir veremos o que pode ser esse poder espiritual que tende a um objeto distante; ou o que pode ser a ação, a paixão e a disputa entre os espíritos naturais ou a superioridade do homem em relação a outras criaturas inferiores.

Consequentemente, veremos por que de fato nosso unguento, sendo composto de testemunhos humanos, também cura completamente os cavalos. Explicaremos o assunto no capítulo seguinte.

CAPÍTULO VI

A BRUXARIA

Se admitirmos que uma bruxa pode atormentar fortemente um homem ausente por meio de uma imagem de cera, por uma praga ou maldição, por encantamentos ou por um simples toque como já mencionado anteriormente (aqui não vamos falar de feitiçarias que matam apenas por veneno, já que qualquer boticário comum pode imitar essas coisas), não poderíamos duvidar de que esses atos sejam realmente diabólicos.

A Primeira Suposição

Em primeiro lugar, você deve observar que Satanás é o inimigo jurado e irreconciliável do homem, e deve ser considerado por todos como tal, a menos que alguém prefira que ele seja seu amigo. Portanto, não tenha dúvidas ou negligencie o fato de que ele procura prontamente qualquer mal que possa nos causar ou desejar.

A Segunda Suposição

Embora seja inimigo das próprias bruxas, o Satanás também é um inimigo muito malicioso de toda a humanidade. No entanto, ele nunca, a menos que elas contrariem sua vontade, trairia ou revelaria aos juízes e a outros as escravas de seu reino.

A partir da suposição anterior, concluo que, se Satanás fosse capaz, por si mesmo, de matar um homem culpado de um pecado mortal, ele não hesitaria. Mas ele não mata, portanto, não é capaz.

Já a bruxa muitas vezes mata. Uma bruxa pode matar da mesma maneira que um assassino o faria com uma espada em particular, com a simples liberdade de sua própria vontade.

Há, portanto, um certo poder da bruxa nessa ação que não pertence a Satanás. Consequentemente, Satanás não é o principal executor e realizador desse assassinato. Caso contrário, se ele fosse o executor, não precisaria de forma alguma da bruxa como sua assistente; somente ele já haveria tirado a maior parte dos homens do caminho.

Certamente mais miseráveis seriam as condições dos mortais que se submeteriam a tal tirano e estariam sujeitos às suas ordens. Temos um Deus fiel demais para que ele submeta a obra de suas próprias mãos ao domínio arbitrário de Satanás. Portanto, nesse ato, há um certo poder claramente próprio e natural da bruxa que não pertence a Satanás. Além disso, devemos analisar com mais precisão a natureza, a extensão e a qualidade desse poder.

Em primeiro lugar, é evidente que não se trata de uma força corpórea do sexo masculino, pois também não há nenhum toque forte nas partes extremas do corpo, e as bruxas são, em sua maioria, velhas fracas, impotentes e maliciosas; portanto, deve haver algum outro poder, muito superior a uma tentativa corpórea, mas natural ao homem.

Esse poder deveria estar assentado na parte em que mais nos assemelhamos à imagem de Deus. E embora todas as coisas também representem de alguma maneira essa venerável imagem, o homem o faz mais elegantemente, de forma mais adequada e com maior aproximação. A imagem de Deus no homem ofusca, domina e comanda as imagens de Deus em todas as outras criaturas. Por essa prerrogativa, todas as coisas se colocam a seus pés.

Portanto, se Deus age *per nutum*, ou seja, por meio de sua palavra, o homem, se quiser ser chamado de sua verdadeira imagem, deve agir apenas por meio de sua vontade. Isso não é novo, não é problemático, não é próprio apenas de Deus; pois Satanás, a mais vil e abjeta das criaturas, também move corpos localmente *per nutum*, ou seja, apenas por meio de sua vontade, visto que ele não tem extremidades ou órgãos corpóreos, por meio dos quais possa tocar, mover ou também arrebatar um novo corpo para si.

Se for usado para representar a imagem de Deus, esse privilégio deve pertencer mais ao homem interior, posto que é espírito, e que, de fato, não é de todo ocioso. E se chamarmos essa faculdade de mágica, e você, sendo mal instruído, ficar aterrorizado com essa palavra, por mim poderá chamá-la de força ou eficácia espiritual. Na verdade, não somos nada solícitos com os nomes. Eu sempre, tão imediatamente quanto posso, olho para a coisa em si, não para o se nome.

Esse poder mágico, portanto, está no homem interior. Entender essa etimologia ou palavra verdadeira com a alma ou o com espírito vital dela nos é indiferente; uma vez que há certa proporção do homem interior em relação ao exterior em todas as coisas, brilhando ou crescendo à sua própria maneira, o que é uma disposição apropriada e uma propriedade proporcional.

Portanto, o poder ou a faculdade precisa estar disperso por todo o homem; mais vigoroso na alma, de fato, mas na carne e no sangue com menos intensidade.

CAPÍTULO VII

O ESPÍRITO VITAL E ALGO MAIS

O espírito vital desempenha o papel da alma na carne e no sangue; ou seja, é o espírito mordaz no homem exterior, que, na semente, forma sua figura completa, a estrutura magnífica e o delineamento perfeito do homem, e que conhece os fins das coisas a serem feitas, porque as contém. É este espírito vital que preside e acompanha o jovem recém-formado por todo período de sua vida; e que, embora parta com ele, alguns pedaços ou pelo menos uma pequena quantidade permanece em uma carcaça morta por violência, pois está diretamente coligado ao corpo. Mas se a morte sobreveio naturalmente por sua própria vontade ou por falha da natureza, tanto o espírito implantado quanto o influído partem imediatamente.

Por essa razão, os médicos dividem esse espírito em implantado ou inanimado e em influxo ou adquirido, aqueles que deixam o corpo. Com a vida anterior e esse espírito influxo, eles posteriormente se subdividem em espírito natural, vital e animal. Nós aqui os compreendemos todos de uma vez em uma única palavra.

Sendo totalmente espírito, a alma nunca poderia mover ou agitar o espírito vital (sendo de fato corpóreo), muito menos a carne e os ossos, a menos que um certo poder natural, porém mágico e espiritual, descesse da alma para o espírito e o corpo.

De que maneira, eu pergunto, o espírito corpóreo poderia obedecer às ordens da alma, a menos que houvesse um comando dela para mover o espírito e depois o corpo?

Contra essa faculdade motora mágica, imediatamente irá objetar que esse poder é limitado dentro de seu corpo composto e de sua própria morada natural. No entanto, embora chamemos essa alma de mágica, isso será apenas uma apropriação e abuso do nome, pois a verdadeira e supersticiosa magia não se baseia na alma, uma vez que essa mesma alma mordaz não é capaz de mover, alterar ou retirar qualquer coisa de seu próprio corpo.

Respondo que esse poder e essa magia natural da alma, que não é exercitada por si mesma, em virtude da imagem de Deus, estão agora ocultos como obscuros no homem, como que adormecidos desde a queda ou pecado de Adão, e precisam ser despertados. Todos esses detalhes serão provados em breve em seus devidos lugares. Esse irônico poder, por mais adormecido e embriagado que esteja, permanece diariamente em nós o suficiente para realizar seus ofícios em seu próprio corpo.

CAPÍTULO VIII

O PODER MÁGICO

O conhecimento, o poder mágico e aquela faculdade no homem que age apenas *per nutum*, dormem desde que a consciência da maçã foi obtida. Enquanto esse conhecimento (que é da carne e do sangue, grosseiro e material, pertencente ao homem externo e às trevas) florescer, o poder mágico mais nobre estará adormecido.

Como durante o sono esse conhecimento exterior ou dissoluto fica às vezes adormecido, nossos sonhos muitas vezes são proféticos. O próprio Deus está mais próximo do homem nos sonhos. Por meio desse efeito, quando a magia mais interna da alma não é interrompida pela carne, ela se difunde por todos os lados no entendimento; assim como, quando ela se aprofunda nos poderes inferiores, conduz com segurança aqueles que caminham durante o sono, movendo-os ou conduzindo-os para onde aqueles que estão acordados não poderiam ultrapassar ou escalar.

Portanto, estabelecemos este ponto, inerente à alma há uma certa virtude mágica dada por Deus, naturalmente própria e pertencente a ela, na medida em que somos sua imagem e impressão. Nesse aspecto, ela também age de maneira peculiar, ou seja, espiritualmente em um objeto a distância e com mais poder do que qualquer assistência corpórea; pois, como a alma é a parte principal do corpo, toda ação pertencente a ela é espiritual, mágica e da maior validade.

Esse poder o homem é capaz estimular em si mesmo, pela Arte da Cabala, a seu bel prazer. Como já dissemos, esses são os chamados de "Adeptos" ou "Iniciados", os que são governados pelo Espírito de Deus.

Assim, temos nos esforçado para mostrar que o homem predomina sobre todas as outras criaturas físicas e que, por sua faculdade mágica, ele é capaz de subjugar as virtudes mágicas de todas as outras coisas. Alguns ignorantes têm atribuído esta primazia do homem ou a magia natural da alma apenas a versos, encantamentos, sinais, sigilos, etc. Quaisquer que sejam estes efeitos, eles são realizados pela hierarquia ou pela dominação sagrada inerente a homem, o que alguns (que filosofam fisicamente demais), têm atribuído ao domínio de Satanás.

Alta e sagrada é a força do espírito microcósmico, que, como é evidente nas mulheres grávidas, imprime nos rebentos a imagem e as propriedades de uma coisa desejada, como já exemplificamos em uma cereja, que, sem o tronco de uma árvore, dá à luz uma cereja verdadeira, que é de carne e osso, enobrecida com as propriedades e o poder do fruto mais interno ou real, apenas pela concepção da imaginação; daí decorrem duas consequências necessárias.

A primeira é que todos os espíritos e, por assim dizer, as essências de todas as coisas, estão ocultos em nós, e são estimulados e trazidos à tona somente pelo trabalho, poder e fantasia do microcosmo.

A segunda é que a alma, ao conceber, gera certa ideia da coisa concebida; a qual, como antes estava oculta e desconhecida, como o fogo em uma pedra, assim, pela agitação da imaginação, é produzida por certa ideia real, que não é uma qualidade nua, mas algo como uma substância, suspensa entre um corpo e um espírito, que é a alma.

Esse ser intermediário é tão espiritual que não está claramente isento de uma condição corpórea, uma vez que as ações da alma são limitadas ao corpo, do qual as ordens inferiores das faculdades dependem, porém não de forma corpóreo a ponto de ser incluído por dimensões, o que também relatamos ser próprio apenas de um ser seminal. Essa entidade ideal, portanto, quando sai do mundo invisível e intelectual do microcosmo, assume um corpo e, então, é primeiramente envolvida pela limitação de lugar e números.

O objeto do entendimento é, em si mesmo, uma essência pura e genuína, não um acidente com o consentimento pelos praticantes, ou seja, pelos teólogos ou místicos. Portanto, esse Proteu ou essência transferível, o entendimento, por assim dizer, veste e se reveste dessa essência concebida.

Entretanto, como todo corpo, seja externo ou interno, tem sua criação em sua própria imagem, o entendimento não conhece nem discerne, a vontade ama e não quer, a memória não se lembra, senão por imagens ou semelhanças.

O entendimento, portanto, veste essa imagem mordaz de seu objeto; e como a alma é a forma pura e simples do corpo, que se adapta a todos os membros, o entendimento atuante não pode ter duas imagens ao mesmo tempo, mas primeiro uma e depois a outra. Ele, que é totalmente a vida, criou todas as coisas e disse que nada deve ser esperado como morto de suas mãos. Da mesma forma, nada pode vir à nossa vista sem que ele não esteja claramente aparente ou presente; pois é dito que "o espírito do Senhor encheu todo o globo da Terra" e, novamente "que ele contém ou compreende todas as coisas". Assim, não há nada ou nenhuma criatura que não possua certo grau de fogo e vida divinos que permaneça adormecido ou inerte até que seja estimulado ou despertado pela Arte, pelo poder e pelo trabalho do homem.

CAPÍTULO IX

A ESTIMULAÇÃO OU O DESPERTAR DA VIRTUDE MÁGICA

Toda virtude mágica precisa de uma excitação pela qual certo vapor espiritual é agitado, em razão do qual a imaginação, que dorme profundamente, é despertada e começa uma ação do espírito corpóreo, como um meio, que é o Magnetismo, estimulado por um toque anterior.

Há uma virtude mágica, abstraída do corpo, que se realiza por meio da agitação do poder da alma, a partir da qual são feitas as mais potentes criações, as mais famosas impressões e os mais fortes efeitos, de modo que a natureza é, por todos os lados, pura magia e age por sua própria imaginação. Quanto mais espiritual for sua fantasia, mais poderosa ela será, portanto, a denominação de magia é verdadeiramente proporcional ou concordante.

O tipo mais elevado de magia é estimulado por uma concepção intelectual e, de fato, a do homem interior só pode ser estimulada pelo Espírito Santo e por sua dádiva, a Cabala. No homem exterior ela é estimulada por uma forte imaginação, por uma especulação diária e exacerbada. Já nas bruxas, é estimulada pelo demônio.

A virtude mágica do vapor espirituoso exalado, ou dos espíritos sutis enviados pelo corpo, que antes estavam em potência, ou apenas como possibilidade, é estimulada ou por uma imaginação mais forte, com o Mago fazendo uso do sangue como um meio e estabelecendo sua entidade acesa nele, ou pela fantasia ascendente da pomada de proteção, a excitadora da propriedade que está no sangue. Ou ainda por uma determinação anterior ou uma predisposição do sangue para a decomposição, ou seja, por meio do qual os elementos são separados e as essências (que não podem putrificar), assim como as fantasias essenciais que estavam ocultas nas propriedades, entram em ação.

Acontece que a fantasia de qualquer objeto tende a ter forte anseio pelo espírito de outras coisas, ambiciona mover alguma coisa do lugar ou busca pela atração, repulsão ou expulsão da mesma. E é aí, e não em outro lugar, que reconhecemos o magnetismo como o dom mágico natural dessa coisa firmemente plantada por Deus.

Existe certa propriedade formal separada das qualidades simpáticas e abstrusas, porque a fantasia motriz desses atributos não se dirige diretamente a um movimento local, mas apenas a um movimento alternativo do objeto. Agora, é suficiente que (se um homem recebe muitas feridas em seu corpo) o sangue seja liberado apenas de uma dessas feridas, e que as demais também sejam curadas, porque esse sangue mantém uma harmonia concordante com o espírito do todo e retira do sangue a qualidade ofensiva comunicada, não apenas aos lábios da ferida, mas a todo o homem, pois, a partir de uma única ferida, todo o homem pode ficar febril.

Portanto, o sangue que escorre na arma é introduzido no unguento magnético. Desta forma, a fantasia do sangue, que de outra maneira ainda estava sonolenta e lenta para agir, sendo estimulada pela virtude do unguento magnético e encontrando sua virtude balsâmica, deseja que a qualidade induzida nele seja concedida a si mesma por toda parte. A partir daí, por meio de um magnetismo espiritual, extrai toda a estranha tintura da ferida, o que, ao ver que não pode ser feito por si só, implora ajuda do musgo, do sangue, da gordura e do testemunho que, unidos em tal bálsamo, não é mais do que uma mistura de encanto pessoal medicinal e magnético, sendo um eliminador de todas as qualidades estranhas do corpo, cujo sangue fresco, abundante em espírito, é levado até ele, seja de um homem, seja de qualquer outra criatura viva. A fantasia, portanto, devolve, reduz ou estanca o sangue que é fresco e recém-trazido ao unguento. Essa atração magnética iniciada no sangue é aperfeiçoada pela virtude medicinal do unguento; não que o unguento atraia para si a infinitude da ferida, mas altera o sangue recém-introduzido em seu espírito, tornando-o medicinal e despertando seu poder: a partir daí, ele contrai certa virtude medicinal, que retorna a todo o seu corpo para corrigir o espírito do sangue em todo o homem.

Agora, para revelar um grande mistério, mostramos que no homem existe uma grande eficácia por meio da qual ele pode ser capaz, apenas por sua vontade (como já mencionamos), de agir fora de si mesmo e de imprimir uma virtude, uma certa influência que sempre persevera ou subsiste constantemente por si mesma e age sobre objetos a uma grande distância. Por esse único mistério, as coisas que falamos (relativas à entidade ideal transportada em um canal espiritual e que parte para longe de casa para executar seus ofícios, relativas ao magnetismo de todas as coisas geradas na imaginação do homem, como naquilo que é próprio de cada coisa, e também sobre a superioridade mágica dos homens sobre todos os outros corpos) aparecerão clara e visivelmente a superioridade mágica dos corpos humanos sobre todos os outros corpos.

CAPÍTULO X

A VIRTUDE MÁGICA DA ALMA E O MEIO PELO QUAL ELA ATUA

Antes de encerrarmos o presente assunto, acrescentaremos mais algumas coisas. Se um prego, dardo, faca ou espada, ou qualquer outro instrumento de ferro, for enfiado no coração inanimado de um cavalo, ele ligará e reterá o espírito de uma bruxa e o unirá ao espírito do cavalo, de modo que eles poderão ser queimados juntos no fogo e, com isso, a bruxa será atormentada, como por uma picada ou queimadura. Desta forma, ela poderá ser conhecida, de modo que aquela que é ofensiva para Deus e destrutiva para os homens mortais poderá ser retirada da sociedade, de acordo com a lei de Deus: "Não permitirás que uma bruxa viva". Pois, se o trabalho for limitado a qualquer objeto externo, ele nunca será feito pela alma mágica sem um meio ou um suporte: assim, ela faz uso do prego, da espada, da faca ou de qualquer outra coisa, conforme mencionado.

Agora, tendo sido provado que o homem tem o poder de agir, *per nutum*, por um gesto, ou mover qualquer objeto colocado remotamente, também foi suficientemente confirmado pelo mesmo exemplo natural, que essa eficácia também foi dada ao homem por Deus.

Como toda faculdade mágica está adormecida e precisa ser excitada ou estimulada, o que é sempre verdade, então o objeto sobre o qual ela deve agir deve estar quase pronto e sua faculdade interna deve corresponder totalmente à impressão do agente, ou o paciente deve ser igual em força ou superior a esse agente.

Contrário a isso, quando o objeto está claramente quase pronto, como o aço, por exemplo, para receber o magnetismo, o paciente, sem muito esforço, apenas com a imaginação de que o mau mais externo está sendo atraído para o trabalho ou ligado a qualquer meio adequado, cede ao magnetismo.

Portanto, repetimos, o Mago deve sempre fazer uso de um mito, pois assim as palavras ou formas dos sacramentos sempre funcionam, devido ao trabalho realizado. Mas a razão pela qual os exorcismos, conjurações, encantos, encantamentos etc. às vezes não surtem o efeito desejado, é porque a mente ou o espírito não excitado do exorcista torna as palavras enfadonhas ou ineficazes.

Portanto, nenhum homem pode ser um Mago feliz ou bem-sucedido, a não ser aquele que sabe como despertar a virtude mágica de sua alma, ou que pode fazer isso praticamente sem ciência.

Não pode haver meio mais próximo de magnetismo do que sangue humano com sangue humano.

E nada de remédios simpáticos, magnéticos ou atraentes, mas a ideia ou fantasia do operador, que imprime nele uma virtude e eficácia do poder excitado em sua própria alma.

Para concluir totalmente nosso Tratado Magnético, temos que dizer que aquele que, por ignorância ou obstinação, disser que não há validade, razão ou realidade na ciência do magnetismo, prova ser indigno do nome sagrado de filósofo, porque condena aquilo sobre o que não sabe absolutamente nada.

Pois aqueles que se derem ao trabalho de examinar a veracidade das coisas que ensinamos, não terão suas expectativas enganadas e, portanto, não a condenarão.

Mas quem quer que seja supersticioso a ponto de atribuir um efeito natural, criado por Deus e concedido à criatura, ao poder e à astúcia do diabo, rouba a honra devida ao Criador Onipotente e aplica o nome a Satanás de forma reprovável; o que (a favor) será considerado idolatria e blasfêmia expressas.

“São três” (como diz a Escritura) “os que dão testemunho no céu: o Pai, a Palavra e o Espírito Santo; e estes três são um só”.

E são três os registros na Terra: o sangue, o espírito e a água; e esses três são apenas um.

Portanto, nós, que fazemos parte da mesma humanidade, temos sangue e espírito em uma unidade semelhante; e a ação do sangue é meramente espiritual. Portanto, em *Gênesis*, ele não é chamado pela etimologia de sangue, mas é destacado pelo nome de “espírito vermelho”.

Aquele que deseja alcançar o conhecimento dessas coisas e ser perfeito naquilo que lhe é apresentado, que medite e deseje constantemente que a Primeira Causa e o Arquétipo de todas as coisas ilumine graciosa e misericordiosamente suas mentes. Sem isso, eles tateiam apenas na escuridão e na incerteza e estão sujeitos às ilusões de espíritos impuros e dos demônios, que só podem ser postos em fuga vestindo-se de toda a armadura de Deus, em quem todos nós vivemos, nos movemos, respiramos e temos em nosso ser.

FIM DO MAGNETISMO

A CABALA

ou

OS MISTÉRIOS SECRETOS DA MAGIA CERIMONIAL ILUSTRADA

Apresentando

A ARTE DE CALCULAR POR NOMES DIVINOS;
A REGRA, A ORDEM A REGÊNCIA DOS
ANJOS, INTELIGÊNCIAS E ESPÍRITOS ABENÇOADOS;

SELOS SAGRADOS, PENTÁCULOS, CONTOS DA CABALA, NÚMEROS DIVINOS, SIGILOS E RELATOS DE MILAGRES, PROFECIAS, SONHOS ETC.

Figuras raras, Pentáculos, Caracteres, etc. etc. etc.
Que fazem parte da Arte Cabalística.

Por Francis Barrett,
Estudante de Química, Filosofia Oculta, Cabala etc.

MAGIA CABALÍSTICA

CAPÍTULO I

A CABALA E OUTRAS COISAS MAIS

Vamos agora nos dedicar a explicar os segredos elevados e misteriosos da Cabala, o único meio seguro de conhecer a verdade. Veremos também como preparar nossa mente e espírito para a contemplação da maior e melhor parte da magia, que chamamos de "intelectual" e "divina", porque ela tem como objetivo principal, Deus e os bons espíritos; e ainda como a arte cabalística abre muitos e os principais mistérios e segredos da Magia Cerimonial.

No que diz respeito a explicar ou publicar os poucos segredos da Cabala, que estão entre alguns poucos homens sábios e são comunicados apenas de boca em boca, espero que o estudante me perdoe se eu passar por eles em silêncio, porque não estamos autorizados a divulgar certas coisas. A opção foi abrir todos os segredos que são necessários de serem conhecidos, pela leitura dosada dos quais, você descobrirá, de sua própria cabeça, que são tão lucrativos quanto prazerosos.

Tudo o que pedimos aqui é que aqueles que percebem esses segredos devem mantê-los juntos como segredos, e não os expor ou tagarelar aos indignos; mas revelá-los apenas a amigos fiéis, discretos e escolhidos. E gostaríamos de adverti-lo, neste início, que todo experimento mágico que foge do público, buscando ser escondido, é fortalecido e confirmado pelo silêncio, mas é destruído pela publicação; nunca se segue qualquer efeito completo com este feito. Da mesma maneira, toda virtude de suas obras será prejudicada quando derramada em mentes fracas, faladoras e incrédulas; portanto, se você quiser ser um Mago e obter frutos dessa arte, seja secreto e não renuncie a ninguém, nem a seu trabalho, nem a seu lugar, nem a seu tempo, nem a seu desejo ou vontade, exceto se for por um mestre, parceiro ou companheiro, que também deve ser fiel, discreto, silencioso e digno por natureza e educação; visto que até mesmo a conversa fiada de um companheiro, sua incredulidade, dúvida, questionamento e, por fim, indignidade, impedem e perturbam o efeito de toda operação.

CAPÍTULO II

AS DIGNIDADES E PREPAROS ESSENCIAIS PARA AQUELE QUE QUER SE TORNAR UM VERDADEIRO MAGO

É conveniente que nós, que nos esforçamos para atingir tão elevada altura, estudemos inicialmente duas coisas: primeiro, como devemos deixar as afeições vãs e carnais, os sentidos frágeis e as paixões materiais; segundo, por quais maneiras e meios podemos nos elevar a um intelecto puro e unido aos poderes dos celestiais, sem os quais nunca ascenderemos alegremente ao escrutínio das coisas secretas e ao poder de operar efeitos maravilhosos, etc. Agora, se você for um homem perfeito em seu entendimento e meditar constantemente sobre o que escrevemos neste livro e acreditar sem nunca duvidar, poderá, por meio de orações, consagrações, deprecações, invocações etc., atrair dons espirituais e celestiais e imprimi-los em quaisquer coisas que desejar; e, por meio disso, vivificar toda obra mágica.

CAPÍTULO III

CONHECER O VERDADEIRO DEUS É NECESSÁRIO PARA UM MAGO

Devemos levar em conta que o ser e a operação de todas as coisas dependem do Deus Altíssimo, Criador de todas as coisas e, a partir daí, de outros poderes divinos, aos quais também é concedido o poder de moldar e criar, não principalmente, de fato, mas instrumentalmente, em virtude do Primeiro Grande Criador (pois o início de todas as coisas é a primeira causa; mas o que é produzido pela segunda causa é muito mais frutificado pela primeira, que é a produtora da segunda causa, que, portanto, chamamos de "secundárias"). É necessário, portanto, que todo Mago conheça esse mesmo Deus, que é a primeira causa e criador de todas as coisas, e também dos outros poderes divinos (que chamamos de "causas secundárias"), e que não os ignore, e também aos ritos sagrados, às cerimônias etc., que estão em conformidade com eles. Acima de tudo, devemos adorar em espírito e em verdade e depositar nossa firme dependência naquele único Deus, que é autor e promotor de todas as coisas boas, o Pai de todos, o mais generoso e sábio; a luz sagrada da justiça e a absoluta e única perfeição de toda a natureza, seu condutor de sabedoria.

CAPÍTULO IV

AS EMANAÇÕES DIVINAS, OS DEZ SEFIROTS E OS DEZ SACRATÍSSIMOS NOMES DE DEUS QUE OS REGEM, E SUA INTERPRETAÇÃO

Embora Deus seja uma trindade, ele é uno e simples em sua essência. Contudo, não podemos duvidar de que haja muitos poderes divinos que emanam ou fluem dele mesmo.

Os cabalistas mais eruditos nas coisas divinas receberam os dez nomes principais de Deus como certos poderes divinos, ou, por assim dizer, membros do próprio Deus; os quais, por meio de dez numerações que chamamos de *Sephiroth*, como se fossem vestígios, instrumentos ou exemplares do Arquétipo, exercem influência sobre todas as coisas criadas, desde as mais elevadas até as mais baixas de acordo com certa ordem. Mas antes, e de forma imediata elas exercem influência sobre as nove ordens de anjos e sobre o coro de almas abençoadas e, por meio delas, influenciam as esferas celestiais, os planetas e os homens. São pelas *Sephiroth* que cada coisa recebe poder e virtude.

O primeiro nome é Eheia, o nome da essência divina; sua numeração é chamada *Cether*, que é interpretado como uma coroa ou diadema, e significa a essência mais simples da divindade. É também chamado de "aquilo que os olhos não veem", é atribuído a Deus, o Pai, e tem sua influência pela ordem dos Serafins, ou *Hajoth Hakados*, ou seja, "criaturas de santidade". Então, pelo *primum mobile*, concede o dom da existência a todas as coisas e preenche todo o Universo, tanto na circunferência quanto no centro; cuja inteligência particular é chamada Merattron, ou seja, o príncipe dos rostos, cujo dever é levar os outros à face do Príncipe; e por ele o Senhor falou a Moisés.

O segundo nome é Jod, ou *Tetragrammaton* unido a Jod; sua numeração é *Hochma*, isto é, sabedoria, e significa a divindade cheia de ideias, e o Primogênito. É atribuído ao Filho, e tem sua influência pela ordem dos Querubins, ou o que os hebreus chamam de *Orphanim*, ou seja, "formas" ou "rodas". Por intermédio deles influencia os céus estrelados, onde estrutura tantas figuras quanto tem ideias em si mesmo e distingue o próprio caos das criaturas por uma inteligência particular chamada Raziel, que era o regente de Adão.

O terceiro nome é chamado de Tetragrammaton Elohim; sua numeração é chamada de *Prina*, ou seja, "providência" e "entendimento"; e significa "remissão", "quietude". É o jubileu, a conversão penitencial, uma grande trombeta, a redenção do mundo e a vida do mundo vindouro. Atribuído ao Espírito Santo, tem sua influência pela ordem dos Tronos, ou o que os hebreus chamam de *Abalim*, ou seja, grandes anjos, poderosos e fortes. Pela esfera de Saturno, os administradores dão forma à matéria não estabelecida, cuja inteligência particular é Zafkiel, o governante de Noé, e outra inteligência chamada Jofiel, o governante de Sem. Essas são as três numerações supremas e mais elevadas, por assim dizer, sedes das pessoas divinas, por cujo comando todas as coisas são feitas; sendo executadas pelas outras sete, que são chamadas de "numerações de aprendizagem".

O quarto nome é El, cuja numeração é *Hesed*, que significa "clemência" ou "bondade". Trata-se da graça, da misericórdia, piedade e magnificência. É o cetro e a mão direita. Tem seu influxo pela ordem das dominações, que os hebreus chamavam de *Hasmalim*; e assim, por meio da esfera de Júpiter, modela as imagens dos corpos, concedendo clemência e justiça pacificadora a todos: sua inteligência particular é Zadkiel, o regente de Abraão.

O quinto nome é Elohim Gibor, isto é, "o Deus poderoso", aquele que pune os pecados dos ímpios. Sua numeração é chamada *Gebusacb*, ou seja, "poder", "gravidade". É a fortaleza, a segurança, o julgamento, a punição por meio de matança e guerra. Aplicado ao tribunal de Deus, ao cinto, à espada, à mão esquerda de Deus. Também chamado de *Pachad*, que é o medo. Exerce sua influência por meio da ordem dos poderes, que os hebreus chamam de *Serafins*, e por meio da esfera de Marte, a quem pertence a fortaleza, a guerra e a aflição. Atrai os elementos. Sua inteligência particular é Camael, o regente de Sansão.

O sexto nome é Eloha, um nome de quatro letras unido a *Vaudahat*. Sua numeração é *Tiphereth*, ou seja, "vestimenta", "beleza". É a glória, o prazer, significa "a Árvore da Vida" e banha sua influência através da ordem das Virtudes, que os hebreus chamam de *Malachim*, que são anjos na esfera do Sol, dando-lhe brilho e vida, e daí produzindo metais. Sua inteligência particular é Raphael, que foi o governante de Isaac e Tobias, o mais jovem, e o anjo Peliel, o regente de Jacó.

O sétimo nome é Tetragrammaton Sabaoth, ou Adonai Sabaoth, ou seja, "o Deus dos Exércitos". Sua numeração é *Nezah*, significando "triunfo", "vitória". A coluna direita é aplicada a ele. É a justiça e a eternidade de um Deus vingativo; ele exerce sua influência por meio das ordens de principados, que os hebreus chamam de Elohim, ou seja, Deuses. na esfera de Vênus, dá zelo e amor à justiça e produz vegetais. Sua inteligência é Haniel, e o anjo Cerviel, o regente de Davi.

A oitava é chamada também de Elohim Sabaoth, que é igualmente "o Deus dos Exércitos", não da guerra e da justiça, mas da piedade e do acordo, pois esse nome significa ambos, e precede seu exército. Sua numeração é *Hod*, que é "louvor", "confissão". É a honra e a fome. A coluna da esquerda é atribuída a ele. que banha sua influência por meio da ordem dos Arcanjos, que os hebreus chamam de Ben Elohim, ou seja, "os filhos de Deus". Na esfera de Mercúrio, dá elegância e consonância à fala e produz criaturas vivas. Miguel, o regente de Salomão, é sua inteligência.

O nono nome é Sadai, ou seja, "o Onipotente", "aquele que satisfaz a todos", e Elhai, "o Deus Vivo". Sua numeração é *Jesod*, ou seja, o "fundamento". É o bom entendimento, uma aliança, redenção e descanso. E exerce sua influência por meio da ordem dos Anjos, a quem os hebreus chamam de *Querubins.* Na esfera da lua, causam o aumento e a diminuição de todas as coisas. Providencia os gênios e os guardiões dos homens e os distribui. Sua inteligência é Gabriel, que foi o guardião de José, Josué e Daniel.

O décimo nome é Adonai Melech, isto é, "senhor e rei". Sua numeração é *Malchuth*, "reino", "império". É a igreja, o templo de Deus, um portal. Tem sua influência sobre a ordem dos Animastic, as almas abençoadas, que, segundo os hebreus, é chamada *Issim, os* nobres, os senhores e príncipes. Eles são inferiores às hierarquias e exercem sua influência sobre os filhos dos homens. Dão conhecimento e sua maravilhosa compreensão das coisas, além da engenhosidade e da profecia. A alma do Messias é o presidente entre eles, ou a inteligência Merattron, que é chamada de "primeira criatura" ou "a alma do mundo", que era o guia de Moisés.

CAPÍTULO V

O PODER E A VIRTUDE DOS NOMES DIVINOS

O próprio Deus embora seja uma única essência, tem diversos nomes, que não expõem suas diversas essências ou divindades, mas certas propriedades que fluem dele. Por meio desses nomes, ele derrama sobre nós e sobre todas as suas criaturas muitos benefícios. Dez desses nomes foram descritos acima. Os cabalistas, a partir de um certo texto do Êxodo, derivam setenta e dois nomes, tanto dos anjos quanto de Deus, que eles chamam de "nome de setenta e duas letras" e de Schemhamphores, ou seja, "o expositivo". Desses, portanto, além dos que já contamos antes, está o nome da essência divina, Eheia, אהיה que Platão traduz como *ὤν*, daí o nome de Deus *τοὄν* ou *ὀων*, ou seja, o Ser. Hu, הוא, é outro nome revelado a Esay, significando o abismo da divindade, que os gregos traduzem *ταυτὸν* e os latinos como "ele mesmo". Esch, אש é outro nome recebido de Moisés, que soa como fogo e é o nome de Deus. Na, נא deve ser invocado quando está aflito ou perturbado. Há também o nome Ja, יה, e o nome Elion, עליון, e o nome Macom, מוקם, o nome Caphu, בפב, o nome Innon, יונן e o nome Emeth, que é interpretado como verdade e é o selo de Deus. E há dois outros nomes, Zur, צור, e Aben, אבן, ambos significam uma obra sólida, e um deles expressa o Pai com o Filho. Outros nomes nós colocamos na escala de números; e muitos nomes de Deus e dos anjos são extraídos das Escrituras Sagradas por nossa Cabala e pelas artes Notarianas e Gimetrianas, onde muitas palavras retraídas por algumas de suas letras formam um nome; ou um nome disperso por cada uma de suas letras significa ou indica ainda mais nomes.

Às vezes, eles são reunidos a partir dos cabeçalhos das palavras, como o nome Agla, אגלא, presente neste versículo da Sagrada Escritura, a saber: אתהיבר לעולמארבי ou seja, "o Deus Poderoso para sempre". Da mesma forma, o nome Iaia, יאיא, deste versículo, diz יהוהאלהינו יהוהאהר isto é, "Deus nosso Deus é um só Deus". Assim como o nome Java, יאוא, deste versículo, אור זיהיאזר יהי, ou seja, "que haja luz e houve luz". Também o nome Ararita, אראריתא deste versículo, אהר ראש אהרזתז ראש ייהורו תמורהזואהר, ou seja, "um princípio de sua unidade, o começo de sua individualidade, sua vicissitude é uma coisa só". E esse nome Hacaba, הקבא é extraído desse versículo, יהקרושבברהוא o santo e abençoado. Da mesma forma, esse nome, Jesu, ישו é encontrado nos cabeçalhos desses dois versículos, a saber, יביאשלוהולו, isto é, "até que o Messias venha". E o outro versículo, ינון שמוזית, "seu nome permanece até o fim". Assim também é o nome Amen, אמנ, extraído desse versículo, ארנימלר נאטן, ou seja, "o Senhor é o Rei fiel". Às vezes, esses nomes são extraídos do final das palavras, como o nome Amen desse versículo, לאב והרשעים ou seja, "o ímpio não é assim", mas as letras estão transpostas. Assim, pelas letras finais desse versículo, לימה שמזמח ou seja, "o que para mim?" ou "qual é o nome dele?", encontra-se o nome Tetragrammaton. Em todos eles, uma letra é colocada no lugar de uma palavra, e uma letra é extraída de uma palavra, seja do início, do fim ou de onde você quiser; e às vezes esses nomes são extraídos de todas as letras, uma a uma, assim como esses sete nomes de Deus são extraídos desses três versículos de Êxodo, começando com essas três palavras, יומעו יראו יט, sendo que o primeiro e o último versículos foram escritos da direita para a esquerda, mas o do meio, ao contrário, da esquerda para a direita, como mostraremos a seguir; e assim, às vezes, uma palavra é extraída de uma palavra, ou um nome de um nome, pela transposição de letras, como משיה, de Ismah, ישמה, e Michael de Malachi, מלאבי, mas, às vezes, pela mudança do alfabeto, que os cabalistas chamam de Ziruph, צירוף. Assim, do nome Tetragrammaton, יהוה, são extraídos מצפע, Maz-Paz, בוזו, Ku zu. Às vezes, em razão da igualdade dos números, os nomes são alterados, como Merattron, מטטרון, para Sadai שדי, pois ambos perfazem trezentos e quatorze; assim, Jiai, ייאי e El, אל, são iguais em número, pois ambos perfazem trinta e um. E esses são os segredos ocultos, a respeito dos quais é muito difícil julgar ou fazer uma ciência perfeita; nem podem ser compreendidos ou ensinados em qualquer outro idioma, exceto o hebraico. Portanto, essas palavras sagradas, por si só, não têm seu poder em operações mágicas, pois são somente palavras. No entanto, os poderes divinos ocultos atuam por meio dessas palavras na mente daqueles que, pela fé, aderem a elas.

Mostramos aqui um selo sagrado, eficaz contra qualquer doença do homem, ou qualquer sofrimento que seja, em cuja parte da frente estão os quatro nomes de Deus em forma de quadrado, tão subordinados uns aos outros em um quadrado que, do mais alto ao mais baixo, surgem os mais sagrados nomes ou selos da divindade, cuja intenção está inscrita na circunferência. Na parte de trás está inscrito o nome Ararítha de sete letras, e sua interpretação está escrita ao redor, ou seja, o versículo do qual foi extraído, como pode ser visto na imagem anterior, onde A representa a parte anterior e B a posterior. Isso deve ser feito em ouro puro ou em pergaminho virgem, também puro, limpo e sem manchas. A tinta deve ser feita da fumaça das velas de cera consagradas, ou de incenso e água benta. O operador deve estar purificado e limpo, ter uma esperança infalível, fé constante e elevar sua mente ao Deus Altíssimo, se quiser obter esse poder Divino. Agora, contra as depredações dos espíritos malignos e dos homens, e contra todos os perigos, seja de viagens, águas, energias, armas, etc., da mesma forma como foi dito anteriormente, esses sigilos devem ser gravados de um lado בווו, e estes do outro עפבה, que são o início e o fim dos cinco primeiros versículos do Gênesis e a representação da criação do mundo. Dizem que, por meio dessa ligadura, um homem estará livre de todos os males, se creditar firmemente em Deus, o Criador de todas as coisas. Agora, sendo feitos em uma pequena placa de ouro, como descrito anteriormente, (será constatado o efeito mencionado); a figura pode ser vista na imagem anexa, fig. C e D, onde C mostra a parte anterior e D a posterior.

Que ninguém duvide ou se espante com o fato de que palavras sagradas e nomes divinos, aplicados externamente, possam realizar coisas maravilhosas, visto que, por meio deles, o Todo-Poderoso criou os Céus e a Terra; pois não há nome de Deus entre nós (de acordo com Moisés, o egípcio) que não seja tirado de suas obras, além do nome Tetragrammaton, que é sagrado, significando a substância do Criador em um significado puro.

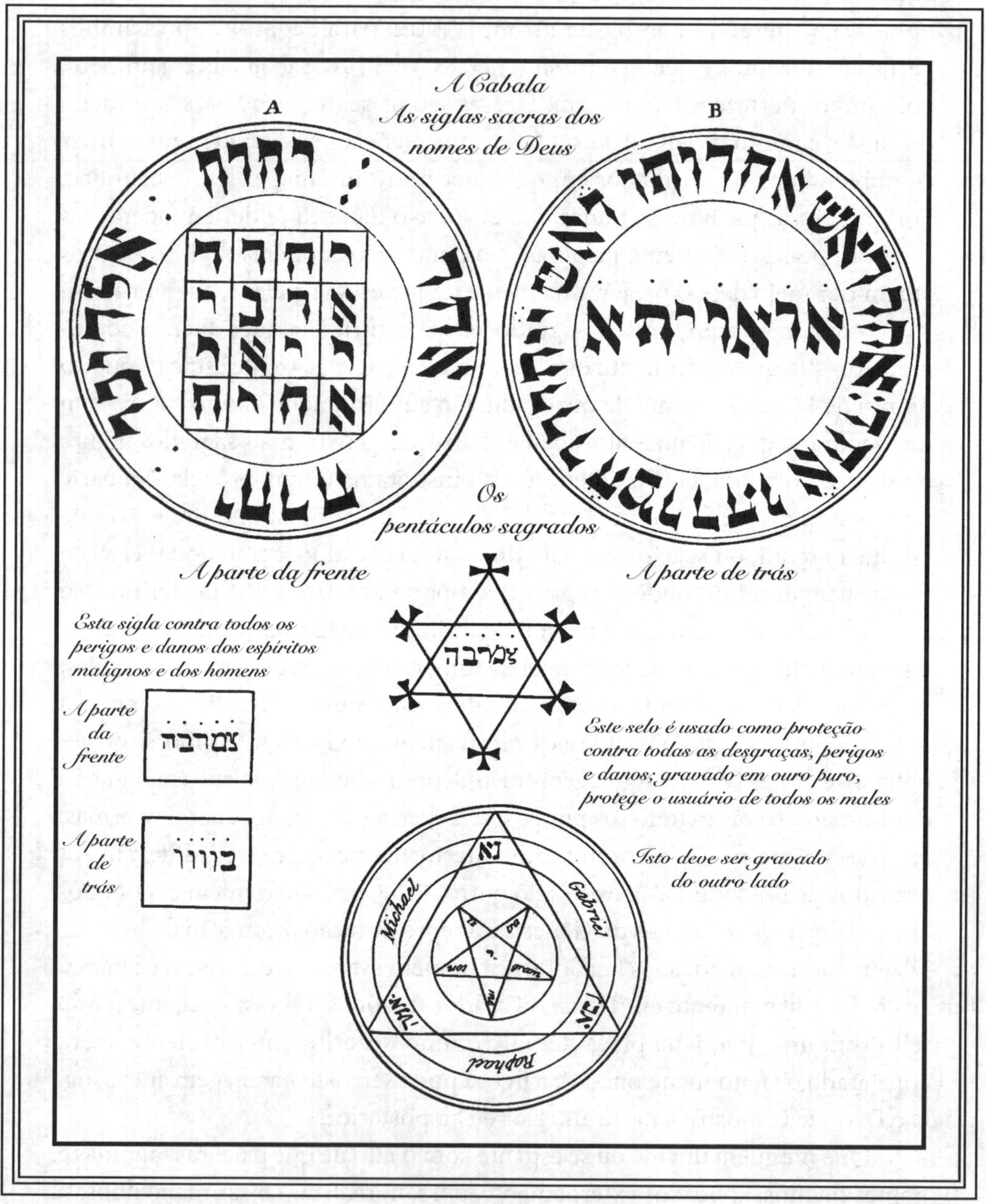

Desenhado por F. Barret — *Publicado por Lackington Allen & Co.* — *Gravado por R. Griffith*

CAPÍTULO VI

INTELIGÊNCIAS E ESPÍRITOS, QUAIS SÃO OS TRÊS TIPOS E SEUS DIFERENTES NOMES, E SOBRE OS ESPÍRITOS INFERNAIS E SUBTERRÂNEOS

Dando sequência, devemos discorrer sobre inteligências, espíritos e anjos. Uma inteligência é uma substância inteligível, livre de toda a massa grosseira e decomposta de um corpo, imortal, insensível, que presta assistência e tem influência sobre todos. A natureza de todas as inteligências, espíritos e anjos é a mesma. Chamo de anjos não aqueles que normalmente chamamos de demônios, mas os espíritos que, pela propriedade da palavra, são conhecedores, compreensivos e sábios. Desses, porém, de acordo com a tradição dos Magos, há três tipos; o primeiro deles chamamos de "supercelestial", tem suas mentes totalmente separadas de um corpo e, são, por assim dizer, esferas intelectuais que adoram um único Deus, sua unidade ou um centro mais firme e estável. Devido a isso, eles são chamados de Deuses, em razão de uma certa participação da Divindade, pois estão sempre cheios de Deus. Eles são apenas de Deus e não governam os corpos do mundo, nem estão aptos para o governo das coisas inferiores, mas infundem a luz recebida de Deus nas ordens inferiores e distribuem o dever de cada um a todos eles.

Na segunda ordem seguem as Inteligências Celestiais, essas que eles chamam de "anjos mundanos" e que são designadas além do culto divino, para as esferas do mundo e para o governo de todos os céus e estrelas. Elas são divididas em tantas ordens quantos são os céus no mundo e quantas são as estrelas nos céus. E foram chamadas de Saturninos os que governam o céu de Saturno e o próprio Saturno, e de Joviais os que governam o céu de Júpiter e o próprio Júpiter; e da mesma forma eles nomearam diferentes anjos, tanto pelo nome quanto pela virtude dos outros astros. Como os antigos astrólogos mantinham cinquenta e cinco movimentos, eles inventaram um grande número de inteligências ou anjos.

E eles colocaram no céu estrelado anjos que pudessem reger os signos, as triplicidades, os decanatos, os quinários, os graus, os astros e as estrelas; pois, embora a escola dos peripatéticos atribua uma única inteligência a cada um dos orbes dos astros, ainda assim, como cada estrela e pequena parte do céu tem seu próprio e diferente poder e influência, é necessário que tenha também sua inteligência governante que possa conferir poder e operar. Para tanto, eles

Anjos Caídos
Nº 1
Um Enganador
Apollion
Instrumentos
da Iniquidade
Belial
Desenhado por F. Barret
Gravado por R. Griffith

estabeleceram doze príncipes dos anjos para governarem os doze signos do zodíaco, trinta e seis para reger o mesmo número de decanatos e setenta e dois para reger os quinários do céu, as línguas dos homens e as nações, quatro para governar as triplicidades e os elementos e sete governadores do mundo inteiro, de acordo com os sete planetas. E deram a todos eles nomes e selos, que eles chamam de caracteres, e os usaram em suas invocações, encantamentos e esculturas, descrevendo-os nos instrumentos de suas operações, imagens, placas, copos, anéis, papéis, velas de cera e coisas semelhantes.

E se em algum momento eles operavam pelo Sol, eles invocavam o nome do Sol e os nomes dos anjos solares, procedendo assim também para os demais.

Em terceiro lugar, eles estabeleceram anjos como ministros para a disposição das coisas que estão abaixo, que Orígenes chamou de "certos poderes invisíveis", aos quais as coisas que estão na Terra são confiadas para serem ordenadas. Pois muitas vezes, não sendo visíveis a ninguém, eles dirigem nossas jornadas e todos os nossos negócios, estão frequentemente presentes em batalhas e, por meio de ajudas secretas, proporcionam o sucesso desejado a seus amigos. E podem ainda, a seu bel-prazer, oferecer prosperidade e infligir adversidade. Da mesma forma, eles se distribuem em outras ordens, conforme suas essências, de modo que alguns são ígneos, outros aquosos, outros aéreos, outros terrosos. Essas quatro espécies de anjos são calculadas de acordo com os quatro poderes das almas celestiais, a saber os ígneos seguem a mente das almas celestiais, de onde concorrem para a contemplação de coisas mais sublimes; os aéreos seguem a razão e favorecem a faculdade racional e, de certa forma, separam-na da sensitiva e da vegetativa, portanto, servem para uma vida viva, assim como os ígneos para a contemplativa. Já os aquosos seguem a imaginação e servem para uma vida voluptuosa; e os terrestres seguem a natureza e favorecem a natureza vegetal. Além disso, esses anjos se distinguem em Saturninos e Joviais, de acordo com os nomes dos astros e dos céus. Alguns são orientais, outros ocidentais, alguns meridionais, outros setentrionais. No entanto, essas coisas não devem ser entendidas necessariamente como se estivessem sujeitas à influência dos astros, mas como se tivessem correspondência com o céu acima do mundo, de onde especialmente todas as coisas são dirigidas e ao qual todas as coisas devem estar em conformidade. Esses anjos são designados para diversos astros, assim como também para diversos lugares e tempos. Não que eles estejam limitados a qualquer lugar ou tempo, nem pelos corpos para os quais são designados, mas porque a Sabedoria Divina assim decretou. Portanto, eles favorecem e amparam mais esses corpos, lugares, tempos e astros, sendo alguns chamados de diurnos,

Cabeças de Daimons Malignos
Nº 2

Desenhado por F. Barret *Gravado por R. Griffith*

outros de noturnos, outros de meridional, conforme a situação. Assim como também alguns são chamados de homens das florestas, outros de montanheses, campesinos, domésticos e homens do campo. Portanto, há Deuses das florestas, Deuses do campo, sátiros, familiares, fadas das fontes, fadas dos bosques, ninfas do mar, náiades, nereidas, dríades, piérides, hamadríades, potâmides, hinnides, agapte, pales, parcades, dodonas, fanilas, levernas, parcas, musas, aonides, castalides, heliconides, pegasides, meonides, phebiades, camenas, graças, gênios, duendes e outros do mesmo tipo, chamados pelo vulgo de "superiores"; alguns de "semideuses" e outros de "deusas". Alguns deles são tão familiares e conhecidos dos homens, que são até afetados por perturbações humanas, por cujas instruções, Platão pensa que os homens muitas vezes fazem coisas maravilhosas. O mesmo acontece com animais que estão mais próximos de nós. Macacos, cães, elefantes, muitas vezes fazem coisas estranhas acima de sua espécie mediante instrução dos homens. E aqueles que escreveram as crônicas dos dinamarqueses e noruegueses testemunham que espíritos de vários tipos nessas regiões estão sujeitos às ordens dos homens. Além disso, alguns desses espíritos parecem corpóreos e mortais, cujos corpos são gerados e morrem. No entanto, a opinião dos egípcios e platônicos é que eles têm vida longa, o que foi especialmente aprovado por Proclo, por Plutarco, pelo filósofo Demétrio e pelo retórico Emiliano, que afirmam o mesmo.

Desses espíritos do terceiro tipo, segundo opinião dos platonistas, há tantas legiões quanto há estrelas no céu, e tantos espíritos em cada legião quanto há estrelas no próprio céu. Mas há (como diz Atanásio) quem pense que o verdadeiro número dos bons espíritos é de acordo com o número de homens, noventa e nove partes, segundo a parábola das cem ovelhas. Outros pensam apenas em nove partes, segundo a parábola dos dez bodes. Outros supõem o número dos anjos igual ao dos homens, porque está escrito "Aquele que designou os limites do povo segundo o número dos anjos de Deus". E sobre esse número muitos escreveram muitas coisas. Os teólogos mais recentes, seguindo os mestres das sentenças Agostinho e Gregório, facilmente se resolvem, dizendo que o número de anjos bons transcende a capacidade humana; ao que, ao contrário, correspondem inúmeros espíritos impuros, havendo tantos no mundo inferior quanto espíritos puros no superior; e alguns teólogos afirmam que receberam isso por revelação. Abaixo desses, eles colocam uma espécie de espíritos subterrâneos ou obscuros, que os platônicos chamam de anjos que falharam, vingadores da maldade e da impiedade, de acordo com o decreto da justiça divina; e eles os chamam de anjos maus e espíritos maus, porque muitas vezes irritam e prejudicam, mesmo que por sua própria vontade. Desses também contam mais legiões; e, da mesma forma, distinguindo-os de acordo com os nomes dos astros e dos elementos, e das partes do mundo, colocam sobre eles reis, príncipes e governantes; e os nomes deles: desses, quatro reis mais perversos governam sobre os outros, de acordo com as quatro partes do mundo. E abaixo deles governam muitos outros príncipes de legiões e muitos oficiais particulares; daí as Górgonas, Statenocte e as Fúrias; e também Tisífone, Alecto, Megera, Cérbero. Porfírio diz que os espíritos desse tipo habitam um lugar próximo à Terra, sim, dentro da própria Terra; e que não há maldade que não ousem cometer. Eles têm uma natureza totalmente violenta e nociva, por isso conspiram e tentam fazer maldades violentas e repentinas. Quando fazem incursões, às vezes se escondem e às vezes praticam violência aberta, e ficam muito satisfeitos com todas essas coisas feitas de maneira perversa e maliciosa.

CAPÍTULO VII

A ORDEM DOS ESPÍRITOS MALIGNOS, SUA QUEDA E SUAS DIFERENTES NATUREZAS

Dentre as Escolas, há alguns teólogos que distribuem os espíritos malignos em nove graus, em contraposição às nove ordens de anjos. O primeiro deles, que são chamados de “falsos deuses” e que usurpando o nome de Deus, seriam adorados como deuses e exigiriam sacrifícios e adorações; como o demônio que disse a Cristo: “Se te prostrares e me adorares, dar-te-ei todos estas coisas”, mostrando-lhe todos os reinos do mundo; e o príncipe deles é aquele que disse: “Subirei acima da altura das nuvens e serei semelhante ao Altíssimo”, que é chamado Belzebu, isto é, um deus antigo.

O segundo grau segue com os espíritos da mentira, como aquele espírito mentiroso que saiu da boca do profeta de Ahab. Seu príncipe é a serpente Píton, de onde Apolo é chamado de Pítio e a mulher de Pitonisa ou bruxa, em Samuel, como aquela que tinha a serpente Píton em seu ventre no Evangelho. Esse tipo de demônio se une aos oráculos e ilude os homens por meio de adivinhações e previsões, para que sejam enganados.

No terceiro grau estão os instrumentos da iniquidade, os chamados “Instrumentos da ira”. Esses são os inventores de coisas más e de todas as artes nefastas; como aquele demônio Teuto, em Platão, que ensinava cartas e dados. Toda maldade, malícia e desonestidade procede deles, dos quais, em Gênesis,

Desenhado por F. Barret   Publicado por Lackington Allen & Co.   Gravado por R. Griffith

quando das bênçãos de Simeão e Levi, Jacó disse: "Instrumentos de Iniquidade habitam suas casas, em seu conselho não deixe minha alma entrar". O Salmista os chamava de "Instrumentos da Morte", Isaías de "Instrumentos da Fúria", Jeremias de "Instrumentos da Ira", Ezequiel de "Instrumentos da Destruição e da Matança". Seu príncipe é Belial, que significa, "sem jugo", "desobediente", "prevaricador" e "apóstata", a respeito e que Paulo diz aos Coríntios: "Que acordo tem Cristo com Belial?"

Em quarto lugar, vêm os vingadores do mal. Seu príncipe é Asmodeus, que causa o julgamento. Depois desses, em quinto lugar, vêm os enganadores, que imitam milagres e servem a conjuradores e bruxos. Eles seduzem as pessoas por meio de seus milagres, como a serpente seduziu Eva. Seu príncipe é Satanás, de quem é dito no Apocalipse "Ele que seduziu o mundo inteiro, fazendo grandes sinais e fazendo o fogo descer do céu à vista dos homens; seduzindo os habitantes da terra com estes sinais que lhe foram dados fazer".

Em sexto lugar, as potências aéreas se oferecem e se unem a trovões e relâmpagos, que consomem o ar, causam pestes e outros males. Dentre eles estão os quatro anjos de que falam as Revelações Apocalípticas, aos quais foi dado o poder de dominar a terra e o mar, segurando os quatro ventos dos quatro cantos da Terra. Seu príncipe é chamado Meririm. Este é o demônio meridiano, um espírito fervente, um demônio que se enfurece no Sul, a quem Paulo, aos Efésios, chama de "o príncipe da potestade do ar", "o espírito que opera nos filhos da desobediência".

A sétima mansão é possuída pelas Fúrias, que são poderes do mal, da discórdia, da guerra e da devastação, cujo nome no Apocalipse é chamado em grego de *Apolion*; em hebraico e *Abaddon*, ou seja, "destruidor" e "devastador". No oitavo lugar estão os acusadores ou inquisidores, cujo príncipe é Astaroth, ou "o pesquisador". Em grego ele é chamado de *Diabolus*, ou seja, "acusador" ou "caluniador"; que no Apocalipse é chamado de "acusador dos irmãos", acusando-os noite e dia diante da face de Deus.

Os tentadores e sedutores ocupam o último lugar; um deles está presente em cada homem, que chamamos de "gênio maligno". Seu príncipe é Mammon, interpretado como "cobiça". Nós, da Cabala, somos unânimes em afirmar que os espíritos malignos vagueiam por este mundo inferior, enfurecidos contra todos os que chamamos de "demônios"; de onde Agostinho, em seu primeiro *Livro da Encarnação do Verbo*, para Januário, diz que, com relação aos demônios e seus anjos contrários às virtudes, os pregadores eclesiásticos ensinaram que existiam tais coisas, mas o que são e quem são, ele não expôs com clareza suficiente. Contudo, eles entendem que o demônio fora outrora um anjo e, tendo se tornado apóstata, persuadiu muitos dos anjos a caírem com ele, os quais até hoje são chamados de seus anjos.

A Grécia, no entanto, não acha que eles sejam condenados, nem que sejam todos propositalmente maus, mas que, desde a criação do mundo, a dispensação das coisas é ordenada por seus meios, de modo que o tormento das almas pecadoras é entregue a eles. Outros teólogos dizem que nenhum demônio foi criado sendo mau, mas que eles foram expulsos do Céu das Ordens dos Anjos bons devido ao seu orgulho, cuja queda não só os nossos teólogos hebreus, mas também os assírios, árabes, egípcios e gregos confirmam com seus princípios. Pherycies, o assírio, descreve a queda dos demônios; e Ophis, isto é, a serpente demoníaca, era o líder daquele exército rebelde. Trismegisto canta a queda dos demônios em seu Pimandro; e Homero, sob o nome de Ararus, em seus versos. Plutarco, em seu Discurso sobre a usura, indica que Empédocles sabia que a queda dos demônios assim se deu; os próprios demônios frequentemente confessam sua queda. Ao serem lançados nesse vale de miséria, alguns que estão perto de nós vagam para cima e para baixo nesse ar obscuro; outros habitam lagos, rios e mares; outros a terra, aterrorizando as coisas terrenas e invadindo aqueles que cavam poços e metais e que causam a abertura da terra, abalando os alicerces das montanhas e atormentando não apenas os homens, mas também outras criaturas. Alguns, contentando-se apenas com o riso e a ilusão, procuram antes cansar os homens do que os ferir. Alguns se engrandecem até à altura do corpo de um gigante e novamente se encolhem até o menor dos pigmeus, e se transformam em diferentes formas, para perturbar os homens com medos vãos; outros estudam mentiras e blasfêmias, como lemos sobre um deles no terceiro livro de Reis, dizendo: "Sairei e serei um espírito mentiroso na boca de todos os seguidores de Ahab". Mas a pior espécie de demônios são aqueles que ficam à espreita, derrubam passageiros em suas viagens, alegram-se com guerras e derramamento de sangue e afligem os homens com os golpes mais cruéis. Lemos sobre eles em Mateus, "por medo de quem nenhum homem ousa passar por aquele caminho". Além disso, as Escrituras contam os demônios noturnos, diurnos e meridionais; e descrevem outros espíritos da maldade com nomes diferentes, como lemos em Isaías sobre sátiros, corujinha-do-mato, sirenas, cegonhas e corujas. Nos Salmos há víboras, basiliscos, leões e dragões. E no Evangelho, lemos sobre escorpiões, Mammom e sobre o príncipe deste mundo e os governantes das trevas, dentre os quais Belzebu, é o príncipe, a quem as Escrituras chamam de "Príncipe da iniquidade".

CAPÍTULO VIII

A PERTURBAÇÃO DOS ESPÍRITOS MALIGNOS E A PROTEÇÃO QUE TEMOS DOS ESPÍRITOS BONS

É da opinião dos sacerdotes que todos os espíritos malignos são dessa natureza, que tanto odeiam a Deus quanto ao homem. Portanto, a Divina Providência colocou sobre nós espíritos mais puros, a quem nos confiou, como pastores e governadores, para que nos ajudassem diariamente e afastassem de nós os espíritos malignos, e os refreassem e restringissem, para que não nos fizessem mal, como fariam a outros sábios. Como se lê em Tobias, Rafael capturou o demônio chamado Asmodeus e o prendeu no deserto do Alto Egito. Destes, diz-nos Hesíodo, existem 30 mil espíritos imortais de Júpiter que vivem na Terra, que são os guardiões dos homens mortais, os quais, para que possam observar a justiça e os atos misericordiosos, revestiram-se de ar para percorrerem por todos os lugares da Terra. Pois nenhum potentado poderia estar seguro, nenhuma mulher poderia continuar incorrupta, nenhum homem neste vale de ignorância poderia chegar ao fim que lhe foi designado por Deus, se os bons espíritos não nos protegessem, ou se fosse permitido que os maus espíritos satisfizessem as vontades dos homens. Portanto, entre os bons, há um guardião ou protetor adequado designado para cada um, corroborando o espírito do homem para o bem; assim, entre os maus espíritos, é enviado um inimigo para dominar a carne e o seu desejo, enquanto o bom espírito luta por nós como um preservador contra o inimigo e a carne. O homem, entre esses contendores, está no meio, e deixado na mão de seu próprio conselho, a quem ele dará a vitória: não podemos, portanto, acusar os anjos, ou negar-lhes o livre-arbítrio, se eles não trouxerem as nações que lhes foram confiadas ao conhecimento do verdadeiro Deus e da verdadeira piedade, mas as deixarem cair em erros e adoração perversa. Isso deve ser imputado a eles mesmos, que, por sua própria vontade, declinaram do caminho certo, aderindo aos espíritos do erro e dando vitória ao demônio. Pois está nas mãos do homem aderir a quem lhe agrada e vencer quem ele quiser; e se uma vez o demônio for vencido, ele se tornará seu servo e, sendo vencido, não poderá mais lutar com outro, como uma vespa que perdeu seu ferrão. Com essa opinião Orígenes concorda, em seu livro *Peri Archon*, concluindo que os santos lutam contra os espíritos malignos e, vencendo-os, diminuem seu exército; impossibilitando o vencido de perturbar mais alguém. Portanto, assim

Cabeças de Daimons Malignos

Nº 4

Poderes do Mal

Abaddon *Mammon*

Desenhado por F. Barret *Publicado por Lackington Allen & Co.* *Gravado por R. Griffith*

como é dado a cada homem um espírito bom, também é dado a cada homem um espírito diabólico e maligno, sendo que cada um deles busca uma união com o nosso espírito e se esforça para atraí-lo para si e para se misturar com ele, como o vinho com a água. O bom, de fato, por meio de todas as boas obras compatíveis com ele, transforma-nos em anjos por meio da união. Como está escrito sobre João Batista em Malaquias "Eis que envio meu anjo diante de tua face"; sobre essa transmutação e união está escrito em outro lugar que "aquele que adere a Deus é feito um em espírito com ele". Por meio de obras malignas, um espírito mau procura nos tornar conforme a si mesmo e a ele nos unir, como Cristo diz de Judas: "Não é que escolhi doze e um de vocês é um demônio?" E isso é o que Hermes diz quando um espírito tem influência sobre a alma do homem, ele espalha a semente de sua própria noção, de onde tal alma, sendo semeada com sementes e cheia de fúria, produz daí coisas maravilhosas e todas as coisas pertinentes aos espíritos. Pois quando um bom espírito exerce influência sobre uma alma santa, ele a exalta à luz da sabedoria; mas um espírito maligno, sendo transfundido em uma alma perversa, incita-a ao roubo, ao homicídio, à luxúria e a tudo o que é próprio dos espíritos maus. Os bons espíritos, como diz Jâmblico, purificam perfeitamente as almas, e alguns nos concedem outras coisas boas. Estando presentes, dão saúde ao corpo, virtude à alma e segurança, tiram o que é mortal em nós, aumentam o calor e o torna mais eficaz para a vida e, harmonicamente, infundem luz em uma mente inteligível. Os teólogos divergem entre si se há muitos guardiões para ou apenas um para cada homem. Nós achamos que há mais de um, pois o profeta diz: "Ele deu a seus anjos uma ordem a teu respeito, para que te guardem em todos os teus caminhos", o que, como diz Jerônimo, deve ser entendido em relação a qualquer homem, bem como a Cristo. Todos os homens, portanto, ao se comportarem de maneira digna, são governados pelo ministério de diferentes anjos e são levados a qualquer grau de virtude, merecimento e dignidade; mas aqueles que se comportam de maneira indigna perante eles são depostos e empurrados para baixo, tanto pelo espírito maligno quanto pelo espírito bom, até o mais baixo grau de miséria, conforme seu mérito maligno exigir. E aqueles que são atribuídos aos anjos mais sublimes, são preferidos aos outros homens; pois os anjos que cuidam deles os exaltam e submetem outros a eles por meio de um certo poder oculto que, embora nenhum deles perceba, aquele que é submetido sente um certo jugo de supremacia do qual não pode se livrar facilmente. Sim, ele teme e reverencia esse poder que os anjos superiores fazem fluir sobre os inferiores e, com certo terror, levam os inferiores a temerem a supremacia. Homero parece ter percebido isso ao dizer que as musas, geradas por Júpiter, sempre ajudaram, como companheiras inseparáveis, os reis gerados por Júpiter, falando em sentido figurado, que por elas se tornaram veneráveis e magníficos. Assim, lemos que Marco Antônio, anteriormente unido por singela amizade a Otávio Augusto, estava acostumado a jogar sempre junto; mas quando, como sempre, Augusto sempre ia embora vencedor, um certo Mago aconselhou Marco Antônio da seguinte forma "Ó Antônio, o que você faz com esse jovem? Afaste-se dele e evite-o, pois embora você seja mais velho do que ele, mais habilidoso do que ele, de melhor descendência que ele e tenha suportado as guerras de mais imperadores, ainda assim seu gênio teme muito o gênio desse jovem, e sua fortuna lisonjeia a fortuna dele; a menos que o afaste, parecerá que vai declinar totalmente a ele". O príncipe não é igual aos outros homens? Como outros homens vão temê-lo e reverenciá-lo sem que um terror divino o exalte e cause medo nos outros, reprimindo-os, para que o reverenciem como um príncipe? Devemos então nos esforçar para que, sendo purificados por fazer o bem, seguindo coisas sublimes e escolhendo momentos e estações oportunas, sejamos confiados ou entregues a um grau de anjos mais sublimes e mais potentes, que, cuidando de nós, possamos merecidamente ser preferidos aos outros.

CAPÍTULO IX

OS TRÊS GUARDIÃES DO HOMEM E DE ONDE CADA UM PROCEDE

Cada homem tem três demônios bons como seus guardiões ou protetor adequado, sendo um deles sagrado, outro de nascimento e o outro de profissão. O demônio sagrado é aquele que, de acordo com a doutrina dos egípcios, é atribuído à alma racional, não pelos astros ou planetas, mas por uma causa sobrenatural – do próprio Deus, o comandante dos demônios –, sendo universal e acima da natureza. Ele dirige a vida da alma e sempre coloca bons pensamentos na mente, sendo sempre ativo em nos iluminar, embora nem sempre o percebamos; mas quando estamos purificados e vivemos pacificamente, então ele é percebido por nós, então ele, por assim dizer, fala conosco e nos comunica sua voz, antes silenciosa, e estuda diariamente para nos levar a uma perfeição sagrada. Assim, acontece que alguns lucram mais em qualquer ciência, arte ou ofício, em menos tempo e com pouco esforço, enquanto outros se esforçam e estudam muito, e tudo em vão; e embora nenhuma ciência, arte ou virtude deva ser desprezada, ainda assim, para que você possa viver prosperamente e conduzir seus negócios com alegria, em primeiro lugar, conheça seu bom gênio, sua natureza e o bem que a disposição celestial lhe promete. E acima de tudo conheça Deus, o distribuidor de tudo isso, que distribui a cada um como lhe agrada. E siga esse princípio, professe isso, esteja familiarizado com a virtude à qual o mais alto distribuidor o eleva e conduz; que fez com que Abraão se destacasse pela injustiça e pela clemência, Isaque pelo temor, Jacó pela força, Moisés pela mansidão e pelos milagres, Josué pela guerra, Fineias pelo zelo, Davi pela religião e pela vitória, Salomão pelo conhecimento e pela fama, Pedro pela fé, João pela caridade, Jacó pela devoção, Tomé pela prudência, Madalena pela contemplação, Marta pela oficialidade. Portanto, em todas as virtudes em que você acha que pode ser mais facilmente proficiente, esforce-se para atingir o auge delas, para que possa se sobressair em uma. Quando em muitas não puder, procure ser tão proficiente quanto possível nas demais. Se, porém, os supervisores da natureza e da religião forem agradáveis, você encontrará um progresso duplo em sua natureza e profissão; mas se eles forem discordantes, siga-os melhor, pois, em algum momento, você perceberá melhor a preservação de uma excelente profissão do que a de seu nascimento.

CAPÍTULO X

A LINGUAGEM DOS ANJOS, COMO ELES CONVERSAM ENTRE SI E COMO CONVERSAM CONOSCO

Poderíamos duvidar se os anjos ou demônios, uma vez que são espíritos puros, usam qualquer fala ou linguagem vocal entre eles ou conosco. Paulo, em algum lugar, diz: "se eu falar com a língua dos homens ou dos anjos", embora essa fala ou linguagem ainda seja muito questionada. Pois muitos pensam que, se eles usam algum idioma, é o hebraico, porque esse foi o primeiro de todos, e veio do céu, e era anterior à confusão de línguas na Babilônia, na qual a lei foi dada por Deus, o Pai, e o Evangelho foi pregado por Cristo, o Filho, e tantos oráculos foram dados aos profetas pelo Espírito Santo. E visto que todas as línguas sofreram e sofrem várias mutações e adulterações, somente essa continua sempre inviolada. Além disso, um sinal evidente dessa opinião é que, embora esse demônio e essa inteligência usem a linguagem das nações com as quais habitam, ainda assim, para aqueles que a entendem, eles nunca falam em qualquer idioma, a não ser neste, o hebraico. Mas agora, como os anjos falam, isso está oculto para nós, como eles próprios estão. Para que possamos falar, a língua é necessária, juntamente a outros instrumentos, como as mandíbulas, o palato, os lábios, os dentes, a garganta, o pulmões, a áspera artéria e os músculos do peito, que têm o início do movimento a partir da alma. Se eu falar a distância devo usar uma voz mais alta; mas, se estiver perto quem ouve, posso sussurrar em seu ouvido, como se estivesse acoplado ao ouvinte, sem nenhum ruído, como uma imagem no olho ou no espelho. Assim, as almas que saem do corpo, os anjos e os demônios falam. E aquilo que o homem faz com uma voz sensível, eles fazem imprimindo a concepção do discurso naqueles a quem falam de uma maneira melhor do que se o expressassem numa voz audível. Assim, o platonista diz que Sócrates percebeu seu demônio pelo sentido, de fato, mas não deste corpo, mas pelo sentido do corpo etéreo oculto no corpo físico. Avicena acredita que os anjos costumavam ser vistos e ouvidos pelos profetas. Esse instrumento pelo qual um espírito dá a conhecer a outro espírito as coisas que estão em sua mente, qualquer que seja sua virtude, é chamado pelo apóstolo Paulo de "língua dos anjos". No entanto, muitas vezes eles emitem uma voz audível, como os que clamaram na ascensão do Senhor: "Homens da Galileia, por que estais a olhar para o céu?" No Velho Testamento, eles falavam com vários patriarcas com uma voz sensível; mas isso só acontecia quando eles assumiam um corpo. Ignoramos, portanto, completamente, como os sentidos desses espíritos e demônios ouvem nossas invocações e orações e veem nossas cerimônias. Pois há um corpo espiritual dos demônios em todos os lugares sensíveis por natureza, de modo que ele toca, vê e ouve sem nenhum meio, e nada pode ser um impedimento para ele. No entanto, eles não percebem da mesma maneira que nós, com órgãos diferentes, mas talvez, assim como as esponjas bebem da água, eles também percebem todas as coisas sensíveis com seu corpo ou de alguma outra maneira desconhecida por nós. Nem todos os animais são dotados desses órgãos, pois sabemos que muitos não têm ouvidos, mas sabemos que eles percebem um som, só não sabemos de que maneira.

CAPÍTULO XI

OS NOMES DOS ESPÍRITOS E DE ONDE PROCEDEM ESSES NOMES; E OS ESPÍRITOS QUE REGEM OS ASTROS, OS SIGNOS, OS CANTOS DO CÉU E OS ELEMENTOS

Muitos e diferentes são os nomes dos espíritos bons e maus. Seus nomes próprios e verdadeiros, no entanto, assim como os dos astros, são conhecidos apenas por Deus, que é o único que enumera a multidão de estrelas e as chama por seus nomes, dos quais nenhum pode ser conhecido por nós, a não ser por revelação divina. Pouquíssimos desses nomes nos foram expressos nas Escrituras Sagradas. Os mestres hebreus pensam que os nomes dos anjos lhes foram impostos por Adão, de acordo com o que está escrito: "O Senhor trouxe todas as coisas que havia feito a Adão, para que ele as nomeasse; e como ele as designava, assim passou a ser o seu nome". Por isso os Mecubals hebreus pensam, assim como os Magos e Cabalistas, que é poder do homem impor nomes aos espíritos, mas somente daquele homem que é digno e elevado a essa virtude por algum dom divino ou autoridade sagrada. Considerando que um nome possa expressar a natureza da divindade ou toda a virtude das essências angélicas, ele não poderá ser pronunciado por nenhuma voz humana. Na maioria das vezes, eles são dados a partir de suas obras, significando algum ofício ou efeito que é exigido pelo coro dos espíritos. Esse nome, então, e não de outra forma, obtém eficácia e virtude para atrair qualquer substância espiritual de cima ou de baixo, para realizar qualquer efeito desejado.

Já vi um homem escrever em um pergaminho virgem o nome e o sigilo de algum espírito, na hora da Lua, e dá-lo para uma rã d'água devorar enquanto murmurava um verso. A rã foi solta na água, e logo em seguida ocorreram pancadas de chuva. Vi o mesmo homem escrever o nome de outro espírito com o seu sigilo na hora de Marte e dar a um corvo murmurando um verso. Ao ser solto, seguiram da parte do céu para onde ele voava, relâmpagos, tremores e trovões horríveis, com nuvens espessas. E esses não eram nomes de espíritos de língua desconhecida, nem significavam outra coisa senão os seus ofícios. Assim são os nomes desses anjos: Raziel, Gabriel, Miguel, Rafael, Haniel, que é o mesmo que dizer: a visão de Deus, a virtude de Deus, a força de Deus, o remédio de Deus e a glória de Deus. Da mesma forma, nos ofícios dos demônios malignos são lidos seus nomes como: um jogador, um enganador, um sonhador, um fornicador e muitos outros semelhantes. Assim, recebemos de muitos dos antigos patriarcas dos hebreus os nomes dos anjos que regem os planetas e os signos: para Saturno, Zaphiel; para Júpiter, Zadkiel; Marte, Camael; Sol, Rafael; Vênus, Haniel; Mercúrio, Miguel e para a Lua, Gabriel. Esses são os sete espíritos que sempre estão diante da face de Deus, a quem é confiada a disposição de todos os reinos celestiais e terrestres que estão sob a Lua. Estes (como dizem os teólogos mais curiosos) regem todas as coisas por certa adversidade de horas, dias e anos; como ensinam os astrólogos a respeito dos planetas sobre os quais eles estão posicionados. Mercurius Trismegistus os chama de "os Sete Governadores do Mundo", que, pelos céus como por instrumentos, distribuem as influências de todas os astros e signos sobre seus inferiores. Há alguns que os atribuem aos astros com nomes um tanto diferentes, dizendo que Saturno é regido por uma inteligência chamada Orifael; Júpiter por Zachariel; Marte por Zamael; o Sol por Miguel; Vênus por Anael; Mercúrio por Rafael e a Lua por Gabriel. Cada um deles governa o mundo durante 354 anos e quatro meses; começando com a inteligência de Saturno, seguindo, em ordem, pelas inteligências de Vênus, Júpiter, Mercúrio, Marte, Lua e Sol, quando o governo retorna ao espírito de Saturno.

Tritêmio escreveu para Maximiliano César um tratado especial sobre estes regentes, o qual, quem o examinar minuciosamente, poderá extrair grande conhecimento dos tempos futuros. Os seguintes espíritos regem os doze signos: Áries, Malahidael; Touro, Asmodel; Gêmeos, Ambriel; Câncer, Muriel; Leão, Verchiel; Virgem, Hamaliel; Libra, Zuriel; Escorpião, Barchiel; Sagitário, Advachiel; Capricórnio, Hanael; Aquário, Cambiel e Peixes, Barchiel. João fez menção a esses espíritos que regem os planetas e os signos no início do Livro do Apocalipse e aos sete espíritos que estão na presença do Trono de Deus, que na minha opinião regem os sete planetas, no final do livro, onde ele descreve a plataforma da cidade celestial, dizendo que nos seus doze portões estão doze anjos. Há também vinte e oito anjos que governam as vinte e oito mansões da Lua, cujos nomes são: Geniel, Enediel, Anixiel, Azariel, Gabriel, Dirachiel, Scheliel, Amnediel, Barbiet, Ardefiet, Neciel, Abdizuel, Yazeriel, Ergediel, Atliel, Azeruel, Adriel, Egibiel, Amutiet, Kyriel, Bethnael, Geliel, Requiel, Abrinael, Aziel, Tagriel, Atheniel, Amnixiel. Há também quatro príncipes dos anjos, que regem os quatro ventos dos quatro cantos do mundo. Miguel governa o vento Leste, Rafael Oeste, Gabriel Norte e Nariel, que alguns chamam de Ariel, governa o Sul. Também são atribuídos aos elementos os seguintes: Cherub para o Ar; Tharsis para a Água; Ariel para a Terra e Seraph para o Fogo. Cada um desses espíritos é um grande príncipe que tem muito poder e liberdade no domínio de seus próprios planetas e signos, em seus devidos tempos, anos, meses, dias e horas, e também em seus elementos, em partes do mundo e nos ventos. E cada um deles exerce seu papel sobre muitas legiões. De acordo com essa mesma regra, há entre os espíritos malignos quatro que, como reis mais poderosos, são colocados sobre os demais, de acordo com as quatro partes do mundo, cujos nomes são: Urieus, rei do Leste; Amaymon, rei do Sul; Paymon, rei do Oeste e Egin, rei do Norte; que os doutores hebreus talvez chamem mais corretamente de: Samuel, Azazel, Azael e Mahazuel, sob os quais muitos outros governam como príncipes de legiões e soberanos. Há também inúmeros demônios com encargos particulares. Além disso, os antigos teólogos gregos contam seis demônios, que eles chamam de Telchines, outros de Alastores; os quais, trazendo má sorte aos homens, tiram água do rio Estige com as mãos e a borrifam sobre a terra, de onde surgem calamidades, pragas e fomes. Diz-se que são chamados de Acteus, Megalezius, Ormenus, Lycus, Nicon, Mimon. Mas aquele que deseja saber exatamente os nomes, ofícios, lugares e tempos distintos dos anjos e demônios malignos, que consulte o livro do Rabi Simão dos Templos. Em seu Livro das Luzes e em seu Tratado da Grandeza da Estatura, assim como no Tratado dos Templos do Rabi Ismael, em quase todos os comentários de seu livro da Formação será encontrado tudo escrito em detalhes sobre eles.

CAPÍTULO XII

OS CABALISTAS DEDUZEM DAS ESCRITURAS SAGRADAS OS NOMES SAGRADOS DOS ANJOS E DOS SETENTA E DOIS ANJOS QUE LEVAM OS NOMES DE DEUS; ACOMPANHAM AS TABELAS DE ZIRUPH E OS CÁLCULOS DOS NOMES E DOS NÚMEROS

Existem outros nomes sagrados de espíritos bons e maus designados para cada ofício que tem uma eficácia muito maior do que os anteriores. Os cabalistas extraíram esses nomes das Escrituras Sagradas de acordo com a arte que foi ensinada a respeito deles; assim como também certos nomes de Deus são extraídos de outros lugares. O princípio geral desses nomes é que, onde quer que qualquer coisa de essência divina seja expressa nas Escrituras, desse lugar o nome de Deus pode ser extraído; ou seja, de qualquer lugar da Escritura em que o nome de Deus seja encontrado expresso, assinala-se o ofício que está sob esse nome. Portanto, onde quer que a Escritura fale do ofício ou da obra de qualquer espírito, daí pode ser extraído o nome desse espírito, seja ele bom ou mau. Observando-se esse princípio inalterável, de que dos bons espíritos recebemos os nomes dos bons espíritos, e dos maus, os nomes dos maus, não devemos confundir, portanto, o claro com o escuro e nem o dia com a noite ou a luz com as trevas, o que, por estes versículos como exemplo, é manifesto:

Sejam como pó diante da face do vento, e que o anjo do Senhor os espalhe. E que seus caminhos sejam de trevas e escorregadios, e que o anjo do Senhor os persiga.

יהיו במוץ ינפל דות ומאלאף יהוהרהה
יהידרבם הטף והלק לקות ומלאף יהוה דרפם

Do Salmo 35, conforme os hebreus, ou do 34 segundo a nossa contagem; são extraídos os nomes desses anjos: מידאל Midael e מיראל Miriael, da ordem dos guerreiros. E do versículo "Porás sobre ele o ímpio e Satanás estará à sua direita", Salmo 109 para os hebreus e 108 na contagem dos latinos, é extraído o nome do espírito maligno Schii, símbolo, significando "um espírito que trabalha com intrigas".

חפקר עליו רשע ושטן יאמלאל ימינו

Há um certo texto em Êxodo contido em três versículos, cada um deles escrito com setenta e duas letras, começando assim: o primeiro *Vajisa*, ויסע, o segundo *Vajabo*, ויבא e o terceiro *Vajot*, זיט que se estendem em uma linha sendo o primeiro e o terceiro da esquerda para a direita, mas o do meio em ordem contrária, começando da esquerda para a direita, termina na esquerda. Cada uma das três letras, subordinada uma à outra, forma um nome, totalizando setenta e dois nomes, que os hebreus chamaram de *Schemhamphorae*, aos quais, caso o nome divino El אל ou Jah יהה for acrescentado, produzirão setenta e dois nomes trissílabos de anjos, sendo que cada um deles carrega o grande nome de Deus, como está escrito: "Meu anjo irá adiante de ti; observa-o, pois, meu nome está nele". E esses são os que regem os setenta e dois quinários celestiais, o mesmo número de nações e línguas e também as articulações do corpo do homem. E são aqueles que cooperam com os setenta e dois senhores da sinagoga, e ainda os setenta e dois discípulos de Cristo. Seus nomes, de acordo com a extração que os cabalistas fazem, estão manifestos na tabela a seguir, de acordo com a maneira que mencionamos.

Agora, há muitas outras maneiras de fazer o *Schemhamphorae* a partir desses versos; como quando todos os três são escritos em uma ordem correta, um após o outro, da direita para a esquerda, além daqueles que são extraídos pelas tabelas de Ziruph e as tabelas de comutações, das quais fizemos menção anteriormente. Como essas tabelas servem para todos os nomes, tanto divinos quanto angelicais, nós as anexaremos a este capítulo.

Esses são os setenta e dois anjos que levam o nome de Deus, *Schemhamphorae*.

Para ver as tabelas etc., consulte as imagens anexas, nº 1, 2, 3 e 4.

CAPÍTULO XIII

COMO DESCOBRIR OS NOMES DOS ESPÍRITOS E DOS GÊNIOS A PARTIR DA DISPOSIÇÃO DOS CORPOS CELESTES

Os antigos Magos ensinavam a arte de descobrir o nome de um espírito para qualquer efeito desejado, extraindo-o da disposição dos céus. Como exemplo, se lhe for proposta qualquer harmonia celestial para fazer uma imagem ou um anel, ou qualquer outro trabalho a ser realizado sob qualquer constelação, se você quiser descobrir o espírito que rege esse trabalho, a configuração do céu sendo elevada, lance as letras em seu número e ordem, a partir do grau do ascendente, de acordo com a sucessão de signos em cada grau, preenchendo todo o círculo dos céus. Então, as letras que caírem nos lugares das estrelas, cuja ajuda você usará, estando de acordo com o número e o poder dessas estrelas marcadas sem número e ordem, formarão o nome de um bom espírito. Mas se você fizer isso a partir do início de um grau que esteja em desacordo com o progresso dos signos, o espírito resultante será mau. Por meio dessa arte, alguns dos mestres hebreus e caldeus ensinam que a natureza e o nome de qualquer gênio podem ser descobertos. Por exemplo, se o grau do ascendente da natividade de qualquer pessoa for conhecido e os outros cantos do céu forem equalizados, então deixe que aquele que tiver o maior número de dignidades de planetas naqueles quatro cantos, chamados pelos árabes de *Almutez*, seja observado primeiro entre os demais; e, de acordo com isso, em segundo lugar, o que estiver próximo a ele no número de dignidades e, assim, em ordem, os demais que obtiverem qualquer dignidade nos cantos que mencionamos. Utilizando-se essa ordem, você poderá saber o verdadeiro lugar e grau delas nos céus, começando pelo grau do ascendente e passando por cada grau, de acordo com a ordem dos signos, até lançar vinte e duas das letras hebraicas. Então, as letras que caírem nos lugares dos astros mencionados, sendo marcadas e dispostas de acordo com a ordem encontrada nos astros e corretamente unidas de acordo com as regras da língua hebraica, formam o nome de um gênio; ao qual, de acordo com o costume, é acrescentado algum nome monossílabo da Onipotência Divina, ou seja *El* ou *Jah*. Mas se o lançamento das letras for feito a partir de um ângulo de queda e contra a sucessão dos signos, e as letras que caírem no *Nadir* (ou seja, no ponto oposto) dos astros mencionados estiverem, segundo essa ordem, como foi dito, unidas, serão chamadas de “gênio maligno”.

Já os caldeus procedem de outra forma, pois não tomam o Almutez dos ângulos, mas o Almutez da décima primeira casa, e depois fazem tudo como foi dito. No entanto, eles descobrem um gênio maligno a partir do Almutez do ângulo da décima segunda casa, que eles chamam de "espírito maligno", lançado a partir do grau da queda contra o progresso dos signos.

CAPÍTULO XIV

A ARTE DE CALCULAR OS NOMES SEGUNDO A TRADIÇÃO DOS CABALISTAS

Há ainda outra arte desses tipos de nomes, que eles chamam de "cálculo"; que é feita conforme tabelas a seguir, introduzindo algum nome sagrado, divino ou angelical, na coluna de letras descendentes, tomando as letras que encontrar nos ângulos comuns sob seus astros e signos, que, sendo reduzidos ordenadamente, formam o nome de um espírito bom da natureza daquela astro ou signo sob o qual entrou. Mas se você entrar na coluna ascendente, tomando os ângulos comuns acima das estrelas e dos signos marcados na linha mais baixa, o nome de um espírito maligno será feito. Estes são os nomes dos espíritos de qualquer ordem reinante no céu, tanto os bons quanto os maus, os quais você pode multiplicar dessa maneira em nove nomes de outras tantas ordens. Ao introduzir um nome, é possível extrair outro de um espírito de uma ordem superior, tanto de um bom quanto de um mau; no entanto, o início desse cálculo depende dos nomes de Deus; pois toda palavra tem uma virtude na magia e, na medida em que depende, a palavra de Deus é estruturada. Devemos então saber que todo nome angelical deve derivar de algum nome primário de Deus. Portanto, para que os nomes dos anjos bons possam ser distinguidos dos nomes dos anjos maus, costuma-se acrescentar algum nome da onipotência divina, como El, On, Jah, Jod, para ser pronunciado junto. E como Jah é um nome de beneficência, e Jod é o nome de uma divindade, os dois nomes são colocados apenas nos nomes dos anjos; mas o nome El, por ser sinônimo de "poder" e "virtude", é acrescentado não apenas aos espíritos bons, mas também aos maus; pois os espíritos maus não podem subsistir ou fazer qualquer coisa sem a virtude de El, Deus. Devemos saber que os ângulos comuns do mesmo astro e signo devem ser tomados, a menos que a entrada seja feita com um nome misto, como são os nomes dos gênios e aqueles dos quais foi falado no capítulo anterior, que são feitos das disposições dos céus, de acordo com a harmonia de várias estrelas. Pois todas as vezes que a mesa deve ser posta com esses nomes, o ângulo comum deve ser tomado sob o astro ou o signo daquele que entra. Além disso, há alguns que estendem essas tabelas de tal forma que acham que, se for feita uma entrada com o nome de um astro, cargo ou qualquer efeito desejado, um demônio, bom ou mau, que sirva a esse cargo ou efeito, poderá ser extraído. Da mesma forma, aqueles que entram com o nome próprio de qualquer pessoa podem extrair os nomes dos gênios sob aquele astro que parecerá estar sobre tal pessoa, conforme eles, por sua fisionomia ou pelas paixões e inclinações de sua mente, e por sua profissão e fortuna, saibam que ela é marcial, saturnina ou solar, ou da natureza de qualquer outro astro. E, embora esses tipos de nomes primários tenham nenhum ou pouco poder por sua significação, os nomes deles extraídos ou os seus derivados são de grande eficácia; como os raios do sol concentrados em uma lente que aquecem mais intensamente, mesmo que o próprio Sol esteja encoberto. Existe uma ordem de letras nessas tabelas, sob os astros, quase como aquelas que existe entre os astrólogos, na ordem de dez, onze e doze. Alphonsus Cyprius escreveu certa vez sobre esta arte de calcular e também a adaptou aos caracteres latinos. Porém, como as letras de todas as línguas, como mostramos no primeiro livro, têm, em seu número, ordem e figura uma origem celestial e divina, admito facilmente que esse cálculo relativo aos nomes dos espíritos podem ser feitos não apenas por letras hebraicas, mas também pelas letras caldeias, árabes, egípcias, gregas e latinas, e muitas outras, desde que as tabelas sejam corretamente elaboradas a partir da cópia da tabela que as reger.

Acontece que muitos fazem objeção ao fato que, nessas tabelas, homens de natureza e fortuna diferentes muitas vezes, devido à repetição de seus nomes, obtêm um mesmo gênio de mesmo nome. Devemos saber, portanto, que não deve ser considerado absurdo que o demônio possa ser separado de qualquer alma e que ele seja colocado sobre outras. Além disso, como muitos homens têm o mesmo nome, assim também os espíritos de diversos ofícios ou naturezas podem ser notados ou assinalados pelo mesmo nome e por um mesmo sigilo ou caractere, ainda que em um aspecto diferente. Pois assim como a serpente às vezes tipifica Cristo, às vezes o demônio, também os mesmos nomes e selos podem ser aplicados às vezes à ordem de um bom homem, às vezes à de um homem mau. Por fim, a própria intenção ardente do invocador, pela qual nosso intelecto se une a diferentes inteligências é a causa de termos às vezes um espírito, às vezes outro (embora invocado sob o mesmo nome) obediente a nós. Veja nas imagens a seguir as tabelas de cálculo dos nomes dos espíritos, bons e maus, sob a regência dos sete planetas e sob a ordem dos doze signos militantes (pág. 235).

A Cabala

Mostrando de uma vez os setenta e dois anjos que levam o nome de Deus, Schemhamphoræ

והו יה	Vehuiah
ילי אל	Ieliel
סיט אל	Sitael
עלמ יה	Elemiah
מהש יה	Mahasiah
לרה אל	Lelahel
אכא יה	Akhaiah
כהת ל	Cahethel
הזי אל	Haziel
אלד יה	Aladiah
לאו יה	Lauiah
ההע יה	Hahiah
יזל אל	Ielael
מבה אל	Mebahel
הרי אל	Hariel
הקמ יה	Hakamiah
לאו יה	Leriah
כלי אל	Caliel
לוו יה	Leuuiah
פהל יה	Pahaliah
נלכ אל	Nelchael
ייי אל	Ieiaiel
מלה אל	Melahel
ההי ית	Hahuiah
נהה הי	Nithhaiah
האא יה	Haaiah
ירת אל	Ierathel
שאח יה	Seehiah
ריי אל	Reiiel
אומ אל	Omael
לכב אל	Lecabel
ושר יה	Vasariah
יהו יה	Iehuiah
להח יה	Lehahiah
כוק יה	Chavakiah
מנד אל	Monadel
אני אל	Aniel
חעמ יה	Haamiah
רהע אל	Rehael
ייז אל	Ihiazel
ההה אל	Hahahel
מית אל	Michael
ויל יה	Vevaliah
ילה יה	Ielahiah
סאל יה	Saliah
ערי אל	Ariel
עשל יה	Asaliah
מיה אל	Mihael
והו אל	Vehuel
דני אנ	Daniel
ההש יה	Hahaziah
עממ יה	Imamiah
ננא אל	Nanael
נית אל	Nithael
מבה יה	Mebahiah
פוי אל	Poiel
נממ יה	Nemamiah
ייל אל	Ieilael
הרה אל	Harahel
מצר אל	Mizrael
ומב אל	Umabel
יהה אל	Iahhel
ענו אל	Annauel
מהי אל	Mochael
דמב יה	Damabiah
מנק אל	Menkl
איע אל	Eiael
הבו יה	Habuiah
ראה אל	Rochel
יבמ יה	Ibamiah
היי אל	Haiaiel
מומ יה	Nevamah

Ilustração 01 *Tabela 1*

A Cabala

A Tabela de Cálculos da Direita

Tabela 2 — *Ilustração 02*

ת	ש	ר	ק	צ	פ	ע	ס	נ	מ	ל	כ	י	ט	ח	ז	ו	ה	ד	ג	ב	א
א	ת	ש	ר	ק	צ	פ	ע	ס	נ	מ	ל	כ	י	ט	ח	ז	ו	ה	ד	ג	ב
ב	א	ת	ש	ר	ק	צ	פ	ע	ס	נ	מ	ל	כ	י	ט	ח	ז	ו	ה	ד	ג
ג	ב	א	ת	ש	ר	ק	צ	פ	ע	ס	נ	מ	ל	כ	י	ט	ח	ז	ו	ה	ד
ד	ג	ב	א	ת	ש	ר	ק	צ	פ	ע	ס	נ	מ	ל	כ	י	ט	ח	ז	ו	ה
ה	ד	ג	ב	א	ת	ש	ר	ק	צ	פ	ע	ס	נ	מ	ל	כ	י	ט	ח	ז	ו
ו	ה	ד	ג	ב	א	ת	ש	ר	ק	צ	פ	ע	ס	נ	מ	ל	כ	י	ט	ח	ז
ז	ו	ה	ד	ג	ב	א	ת	ש	ר	ק	צ	פ	ע	ס	נ	מ	ל	כ	י	ט	ח
ח	ז	ו	ה	ד	ג	ב	א	ת	ש	ר	ק	צ	פ	ע	ס	נ	מ	ל	כ	י	ט
ט	ח	ז	ו	ה	ד	ג	ב	א	ת	ש	ר	ק	צ	פ	ע	ס	נ	מ	ל	כ	י
י	ט	ח	ז	ו	ה	ד	ג	ב	א	ת	ש	ר	ק	צ	פ	ע	ס	נ	מ	ל	כ
כ	י	ט	ח	ז	ו	ה	ד	ג	ב	א	ת	ש	ר	ק	צ	פ	ע	ס	נ	מ	ל
ל	כ	י	ט	ח	ז	ו	ה	ד	ג	ב	א	ת	ש	ר	ק	צ	פ	ע	ס	נ	מ
מ	ל	כ	י	ט	ח	ז	ו	ה	ד	ג	ב	א	ת	ש	ר	ק	צ	פ	ע	ס	נ
נ	מ	ל	כ	י	ט	ח	ז	ו	ה	ד	ג	ב	א	ת	ש	ר	ק	צ	פ	ע	ס
ס	נ	מ	ל	כ	י	ט	ח	ז	ו	ה	ד	ג	ב	א	ת	ש	ר	ק	צ	פ	ע
ע	ס	נ	מ	ל	כ	י	ט	ח	ז	ו	ה	ד	ג	ב	א	ת	ש	ר	ק	צ	פ
פ	ע	ס	נ	מ	ל	כ	י	ט	ח	ז	ו	ה	ד	ג	ב	א	ת	ש	ר	ק	צ
צ	פ	ע	ס	נ	מ	ל	כ	י	ט	ח	ז	ו	ה	ד	ג	ב	א	ת	ש	ר	ק
ק	צ	פ	ע	ס	נ	מ	ל	כ	י	ט	ח	ז	ו	ה	ד	ג	ב	א	ת	ש	ר
ר	ק	צ	פ	ע	ס	נ	מ	ל	כ	י	ט	ח	ז	ו	ה	ד	ג	ב	א	ת	ש
ש	ר	ק	צ	פ	ע	ס	נ	מ	ל	כ	י	ט	ח	ז	ו	ה	ד	ג	ב	א	ת

Desenhado por F. Barret — *Publicado por Lackington Allen & Co.* — *Gravado por R. Griffith*

A Cabala

A Tabela de Cálculos da Esquerda

Tabela 3 *Ilustração 03*

א	ב	ג	ד	ה	ו	ז	ח	ט	י	כ	ל	מ	נ	ס	ע	פ	צ	ק	ר	ש	ת
ת	א	ב	ג	ד	ה	ו	ז	ח	ט	י	כ	ל	מ	נ	ס	ע	פ	צ	ק	ר	ש
ש	ת	א	ב	ג	ד	ה	ו	ז	ח	ט	י	כ	ל	מ	נ	ס	ע	פ	צ	ק	ר
ר	ש	ת	א	ב	ג	ד	ה	ו	ז	ח	ט	י	כ	ל	מ	נ	ס	ע	פ	צ	ק
ק	ר	ש	ת	א	ב	ג	ד	ה	ו	ז	ח	ט	י	כ	ל	מ	נ	ס	ע	פ	צ
צ	ק	ר	ש	ת	א	ב	ג	ד	ה	ו	ז	ח	ט	י	כ	ל	מ	נ	ס	ע	פ
פ	צ	ק	ר	ש	ת	א	ב	ג	ד	ה	ו	ז	ח	ט	י	כ	ל	מ	נ	ס	ע
ע	פ	צ	ק	ר	ש	ת	א	ב	ג	ד	ה	ו	ז	ח	ט	י	כ	ל	מ	נ	ס
ס	ע	פ	צ	ק	ר	ש	ת	א	ב	ג	ד	ה	ו	ז	ח	ט	י	כ	ל	מ	נ
נ	ס	ע	פ	צ	ק	ר	ש	ת	א	ב	ג	ד	ה	ו	ז	ח	ט	י	כ	ל	מ
מ	נ	ס	ע	פ	צ	ק	ר	ש	ת	א	ב	ג	ד	ה	ו	ז	ח	ט	י	כ	ל
ל	מ	נ	ס	ע	פ	צ	ק	ר	ש	ת	א	ב	ג	ד	ה	ו	ז	ח	ט	י	כ
כ	ל	מ	נ	ס	ע	פ	צ	ק	ר	ש	ת	א	ב	ג	ד	ה	ו	ז	ח	ט	י
י	כ	ל	מ	נ	ס	ע	פ	צ	ק	ר	ש	ת	א	ב	ג	ד	ה	ו	ז	ח	ט
ט	י	כ	ל	מ	נ	ס	ע	פ	צ	ק	ר	ש	ת	א	ב	ג	ד	ה	ו	ז	ח
ח	ט	י	כ	ל	מ	נ	ס	ע	פ	צ	ק	ר	ש	ת	א	ב	ג	ד	ה	ו	ז
ז	ח	ט	י	כ	ל	מ	נ	ס	ע	פ	צ	ק	ר	ש	ת	א	ב	ג	ד	ה	ו
ו	ז	ח	ט	י	כ	ל	מ	נ	ס	ע	פ	צ	ק	ר	ש	ת	א	ב	ג	ד	ה
ה	ו	ז	ח	ט	י	כ	ל	מ	נ	ס	ע	פ	צ	ק	ר	ש	ת	א	ב	ג	ד
ד	ה	ו	ז	ח	ט	י	כ	ל	מ	נ	ס	ע	פ	צ	ק	ר	ש	ת	א	ב	ג
ג	ד	ה	ו	ז	ח	ט	י	כ	ל	מ	נ	ס	ע	פ	צ	ק	ר	ש	ת	א	ב
ב	ג	ד	ה	ו	ז	ח	ט	י	כ	ל	מ	נ	ס	ע	פ	צ	ק	ר	ש	ת	א

Desenhado por F. Barret *Publicado por Lackington Allen & Co.* *Gravado por R. Griffith*

A Cabala

A Tabela das Combinações de Ziruph

Tabela 4

אל	בת	גש	דר	הק	וצ	זפ	חע	טס	ינ	כמ
אב	גת	דש	הר	וק	זצ	חפ	כע	יס	כנ	למ
אג	דת	הש	יר	זק	חצ	טפ	יע	כס	לנ	במ
אד	בג	הת	יש	זר	חק	טצ	יפ	כע	לס	מנ
אה	בר	ית	זש	תר	טק	יצ	כפ	לע	מס	גנ
או	בה	גר	ות	חש	טר	יק	כצ	רפ	מע	גס
אז	כד	גה	הת	טש	יר	כק	לצ	מפ	נע	רס
אח	כז	גו	דה	טת	יש	כר	לק	מצ	נפ	סע
אט	בח	גז	דו	ית	כש	לר	מק	נצ	ספ	הע
אי	בט	נח	דז	הו	כת	לש	מר	נק	סצ	עפ
אכ	בי	גט	דח	הז	לת	מש	נר	סק	עצ	ופ
אל	בכ	גי	רט	הח	וז	מת	נש	סר	עק	פצ
אמ	בל	גכ	די	הט	יח	נה	כש	ער	פק	זצ
אנ	במ	גל	דכ	הי	וט	זח	סה	עש	פר	צק
אס	בנ	גמ	דל	הכ	וי	זט	עת	פש	צר	הק
אע	בס	גנ	דמ	הל	וכ	זי	הט	פת	צש	קר
אפ	בע	גס	דנ	המ	ול	זכ	הי	טת	קש	צר
אצ	בפ	גע	דס	הנ	ומ	זל	הכ	טי	קת	רש
אק	בצ	גפ	דע	הס	ונ	זמ	הל	טכ	רה	יש
אר	בק	גצ	דפ	הע	וס	זנ	מה	טל	יב	שת
אש	בר	גק	דצ	הפ	וע	זס	הנ	טמ	יר	בת
את	בש	גר	דק	הצ	ופ	זע	הס	טנ	ימ	כל

A Tabela Racional de Ziruph

Tabela 5

אב	גת	דש	הר	יק	זצ	הפ	טע	ים	כנ	למ
אג	דב	הת	יש	זר	חק	טצ	יפ	כע	לס	מנ
אד	הג	יב	זת	חש	טר	יק	כצ	לפ	מע	נס
אה	ור	זג	חב	טח	יש	כר	לק	מצ	נפ	סע
או	זה	חד	טג	יב	כת	לש	מר	נק	סצ	עפ
אז	חו	טה	יד	כג	לב	מת	נש	סר	עק	פצ
אח	טז	יו	בה	לד	מג	נב	סת	עש	פר	צק
אט	יח	כז	לו	מה	נד	סג	עב	פת	צש	קר
אי	כט	לח	מז	נו	סה	עד	פג	צב	קת	רש
אכ	רי	מט	נח	סז	עו	פה	צד	קג	רב	שת
אל	מכ	ני	סט	עח	פז	צו	קה	רד	שג	תב
אמ	נל	סכ	עי	פט	צח	קז	רו	שה	תד	בג
אנ	סמ	על	פכ	צי	קט	רח	שז	תו	בה	גר
אס	ענ	פמ	צל	קכ	רי	שט	תח	בז	גו	דה
אע	פס	צנ	קמ	רל	שכ	חי	כט	נת	דז	הו
אפ	צע	קס	רנ	שמ	תל	בכ	גי	רם	הח	וז
אצ	קפ	רע	שס	תנ	במ	גל	רכ	הי	וט	זח
אק	רצ	שפ	תע	בס	גנ	רמ	הל	וכ	זי	חט
אר	שק	תצ	בפ	גע	רס	הנ	ימ	זל	חכ	טי
אש	תר	בק	גצ	רפ	הע	וס	זנ	חמ	טל	יכ
את	בש	גר	רק	הצ	יפ	זע	חס	טנ	ימ	כל
אב	גר	הו	זה	טי	בר	מנ	סע	פצ	קר	שת

Desenhado por F. Barret *Publicado por Lackington Allen & Co.* *Gravado por R. Griffith*

Ilustração 04

CAPÍTULO XV

OS SIGILOS E OS SELOS DOS ESPÍRITOS

Devemos agora falar sobre os sigilos e selos dos espíritos. Os sigilos nada mais são do que certas letras e escritos desconhecidos, que preservam os segredos dos espíritos e seus nomes do uso e da leitura de homens profanos, que os antigos chamavam de "letras hieroglíficas" ou "letras sagradas", porque eram dedicadas somente aos segredos de Deus. Era considerado ilícito escrever os mistérios de Deus com os mesmos caracteres com os quais se escreviam coisas profanas e vulgares. Porfírio diz que "os antigos estavam dispostos a ocultar as virtudes divinas por meio de figuras sensíveis e nas coisas visíveis que são consideradas invisíveis"; como se estivessem dispostos a decifrar grandes mistérios em letras sagradas e explicá-los em certas figuras simbólicas; como quando dedicavam todas as coisas redondas ao mundo, ao Sol e à Lua, à esperança e à fortuna; um círculo aos céus e partes de um círculo à Lua; pirâmides e obeliscos ao fogo e um cilindro ao Sol e à Terra. Veja a ilustração a seguir:

A Cabala

As Tabelas para o cálculo dos nomes dos bons e maus Espíritos sob a presidência dos 7 Planetas e os 12 Signos militantes

Ilustração 01

	☽	☿	♀	☉	♂	♃	♄	A linha do Bem
ת	ז	י	ה	ד	ג	ב	א	א
ש	נ	מ	ל	כ	י	ט	ח	ב
ר	ש	ר	ק	צ	פ	ע	ס	ג
ק	ו	ה	ד	ג	ב	א	ת	ד
צ	מ	ל	כ	י	ט	ח	ז	ה
פ	ר	ק	צ	פ	ע	ס	נ	ו
ע	ה	ד	ג	ב	א	ת	ש	ז
ס	ל	כ	י	ט	ח	ז	י	ח
נ	ק	צ	פ	ע	ס	נ	מ	ט
מ	ד	ג	ב	א	ת	ש	ר	י
ל	כ	י	ט	ח	ז	ו	ה	כ
כ	צ	פ	ע	ס	נ	מ	ל	ל
י	ג	ב	א	ת	ש	ר	ק	מ
ט	י	ט	ח	ז	ו	ה	ר	נ
ח	פ	ע	ס	נ	מ	ל	כ	ס
ז	ב	א	ת	ש	ר	ק	צ	ע
ו	ט	ח	ז	ו	ה	ד	י	פ
ה	פ	ס	נ	מ	ל	כ	י	צ
ד	א	ת	ש	ר	ק	צ	פ	ק
ג	ח	ז	ו	ה	ד	ג	ב	ר
ב	ס	נ	מ	ל	כ	י	ט	ש
א	ת	ש	ר	ק	צ	פ	ע	ת
A linha do Mal	♄	♃	♂	☉	☽	♀	☿	

A entrada dos Anjos Malignos

A entrada dos Anjos Bons

	♓	♒	♑	♐	♏	♎	♍	♌	♋	♊	♉	♈	A linha do Bem
ת	ר	כ	י	ט	ח	ז	ו	ה	ד	ג	ב	א	א
ש	א	ב	ג	ד	ה	ו	ז	ח	ט	י	כ	ל	ב
ר	ב	א	ת	ש	ר	ק	צ	פ	ע	ס	נ	מ	ג
ק	מ	נ	ס	ע	פ	צ	ק	ר	ש	ה	א	ב	ד
צ	נ	מ	ל	כ	י	ט	ח	ז	ו	ה	ד	ג	ה
פ	ג	ד	ה	ו	ז	ח	ט	י	כ	ל	מ	נ	ו
ע	ד	ג	ב	א	ת	ש	ר	ק	צ	פ	ע	ס	ז
ס	ס	ע	פ	צ	ק	ר	ש	ת	א	ב	ג	ד	ח
נ	ע	ס	נ	מ	ל	כ	י	ט	ח	ז	ו	ה	ט
מ	ה	ו	ז	ח	ט	י	כ	ל	מ	נ	ס	ע	י
ל	ו	ה	ד	ג	ב	א	ת	ש	ר	ק	צ	פ	כ
כ	פ	צ	ק	ר	ש	ת	א	ב	ג	ד	ה	ו	ל
י	צ	פ	ע	ס	נ	מ	ל	כ	י	ט	ח	ז	מ
ט	ז	ח	ט	י	כ	ל	מ	נ	ס	ע	פ	צ	נ
ח	ח	ז	ו	ה	ד	ג	ב	א	ת	ש	ר	ק	ס
ז	ק	ר	ש	ת	א	ב	ג	ד	ה	ו	ז	ח	ע
ו	ר	ק	צ	פ	ע	ס	נ	מ	ל	כ	י	ט	פ
ה	ט	י	כ	ל	מ	נ	ס	ע	פ	צ	ק	ר	צ
ד	י	ט	ח	ז	ו	ה	ד	ג	ב	א	ת	ש	ק
ג	ש	ת	א	ב	ג	ד	ה	ו	ז	ח	ט	י	ר
ב	ה	ש	ר	ק	צ	פ	ע	ס	נ	מ	ל	כ	ש
א	כ	ל	מ	נ	ס	ע	פ	צ	ק	ר	ש	ה	ת
A linha do Mal	ל	כ	י	ט	ח	ז	ו	ה	ד	ג	ב	א	

A entrada dos Anjos Malignos

A entrada dos Anjos Bons

Ilustração 02

Desenhado por F. Barret — *Publicado por Lackington Allen & Co.* — *Gravado por R. Griffith*

CAPÍTULO XVI

OUTRO MEIO DE FAZER SIGILOS SEGUNDO OS CABALISTAS

Entre os estilos de sigilos hebreus que encontrei, um é de uma escrita muito antiga que Moisés e os profetas usaram, cuja forma não deve ser descoberta precipitadamente por ninguém, pois as letras que eles usam atualmente foram instituídas por Esdras. Há entre eles uma escrita que eles chamam de "Celestial", porque seus sigilos são desenhados pela posição dos astros. Há também uma escrita que eles chamam de *Malachim*, ou *Melachim*, isto é, "anjos" ou "régia", e ainda outra, chamada de "travessia do rio". Os caracteres e figuras de todos eles podem ser vistos nas referidas imagens (pág. 235).

Os cabalistas têm outro tipo de escrita, que antigamente era tida em alta conta, mas agora está tão comum que é colocada entre as coisas profanas, como os vinte e sete caracteres dos hebreus divididos em três classes, cada uma contendo nove letras.

A primeira classe tem como símbolo os selos ou marcas dos números simples e das coisas intelectuais distribuídas em nove ordens de anjos. A segunda classe traz como símbolo as marcas das dezenas e das coisas celestiais nos nove orbes dos céus. A terceira tem as outras quatro letras, com as cinco finais que são as marcas das centenas e das coisas inferiores, ou seja, quatro elementos simples e cinco tipos de compostos perfeitos. De vez em quando, eles distribuem estas três classes em nove câmaras: a primeira é de unidades, intelectuais, celestiais e elementais. A segunda é de dois, a terceira de três, e assim por diante; essas câmaras são enquadradas pela interseção de quatro linhas paralelas que se cruzam em ângulos retos, como está expresso na placa a seguir, figura A. (pág. 238)

A partir daí, sendo dissecadas em partes, surgem nove figuras específicas (veja a figura B) que são das nove câmaras, caracterizando suas letras por aquele *Notariqon*, que, se for de um ponto, mostra a primeira letra daquela câmara; se for de dois, a segunda; se for de três, a terceira letra; como se você quisesse enquadrar o caractere, Michael, símbolo, que surge estendido com cinco figuras (para as quais veja a figura C) que são contraídas para três figuras, que então são contraídas em uma, mas os pontos *Notariqon* são geralmente omitidos e então surge esse caráter de Miguel. (Veja a figura D)

Há ainda outro modo de criar sigilos comum a quase todas as letras e línguas, e muito fácil, que é a junção de letras; como se o nome do anjo Miguel fosse dado, os sigilos dele seriam formados de acordo com a figura E.

Essa moda, entre os árabes, é a mais aceita; também não há nenhuma escrita que seja tão fácil e elegantemente associada a si mesma quanto a árabe; mas nós, não conhecendo de outra forma sua essência ou qualidade, por seus nomes ou obras ou de outra forma, dedicamos e consagramos a eles figuras e marcas pelas quais não podemos de forma alguma obrigá-los a vir até nós, mas que nos eleva até eles. Para não sermos conhecidos por tais sigilos e figuras, colocamos sobre eles nossos sentidos em primeiro lugar, tanto internos quanto externos. Depois, por uma certa admiração de nossa razão, somos induzidos a uma veneração religiosa por eles; e então somos envolvidos com toda a nossa mente em uma adoração extática, com uma crença maravilhosa, uma esperança indubitável e um amor vivificante, invocando-os em espírito e verdade por nomes e caracteres verdadeiros, obtemos deles aquela virtude ou poder que desejamos.

CAPÍTULO XVII

OUTRO TIPO DE SIGILO, OU MARCAS DE ESPÍRITOS, TRANSMITIDOS SOMENTE POR REVELAÇÃO

Há outro tipo de sigilo recebido somente por revelação, que não pode ser descoberto de outra forma. A virtude de tais sigilos vem da revelação da Deidade, da qual existem algumas obras secretas que exalam a harmonia de alguma divindade, ou são, por assim dizer, alguns acordos ou pactos de uma liga entre nós e os deuses. Houve um sinal mostrado a Constantino, o *in hoc vince,* que era deste tipo. Outro sinal foi revelado a Antíoco na figura de um pentágono, que significa "saúde". Pois, sendo resolvido em letras, ele forma a palavra símbolo, ou seja, saúde. Na fé e na virtude desses sinais, ambos os reis obtiveram uma grande vitória contra seus inimigos. Assim, Judas, que, devido a isso, mais tarde recebeu o sobrenome de Macabeu, ao lutar com os judeus contra Antíoco Eupator, recebeu de um anjo um sinal notável, símbolo em virtude do qual mataram primeiro 11.000, com um número infinito de elefantes, e depois novamente 35.000 de seus inimigos. Esse sinal representava o nome de Jeová, e era um emblema memorável do nome de setenta e duas letras pela igualdade de número. A exposição dele é símbolo, que significa "Quem dentre vós é tão forte como Jeová? Veja figura F.

A Cabala

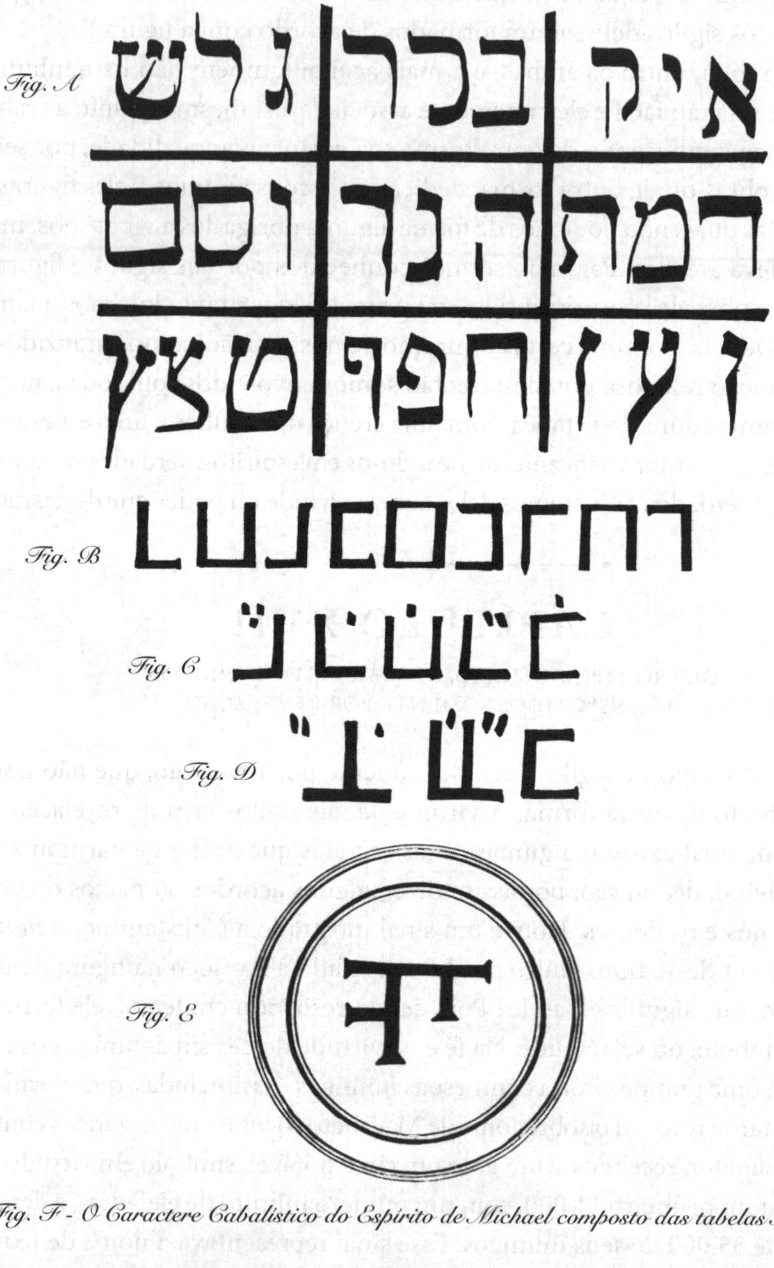

Fig. F - O Caractere Cabalístico do Espírito de Michael composto das tabelas A, B, C

Desenhado por F. Barret *Publicado por Lackington Allen & Co.* *Gravado por R. Griffith*

Ilustração 03

CAPÍTULO XVIII

A CONJURAÇÃO DOS ESPÍRITOS, COMO EVOCÁ-LOS E COMO EXPULSÁ-LOS

Existem três tipos de conjurações pelos quais os espíritos são atraídos, evocados ou expulsos. Algumas conjurações são tiradas do mundo elemental, como quando evocamos um espírito por uma coisa inferior e natural de afinidade com ele ou adversa a ele. Na medida em que os invocamos ou expulsamos, podemos usar sufumigações de flores, ervas, animais, neve, gelo, ou o inferno, o fogo e coisas do gênero. Muitas vezes esses isso tudo é misturado com louvores, bênçãos e consagrações divinas, como aparece no cântico das Três Crianças, no salmo "Louvai ao Senhor desde os céus" e na consagração e bênção do círio pascal. Essa conjuração age sobre os espíritos por meio de uma virtude apreensiva, sob a efeito do amor ou do ódio, pois, na medida em que os espíritos estão presentes, eles favorecem ou abominam qualquer coisa que seja natural ou contra a natureza, já que essas coisas se amam ou se odeiam mutuamente. A segunda conjuração é tirada do mundo celestial, isto é, quando evocados pelo céu, pelos astros, por seus movimentos, raios, luz, beleza, clareza, excelência, fortaleza, influência, maravilhas e coisas semelhantes, esse vínculo atua sobre os espíritos por meio de admoestação e exemplo. Ele também tem algum comando, especialmente sobre os espíritos ministradores e aqueles que são das ordens inferiores. A terceira conjuração é do Mundo Intelectual e Divino, que é aperfeiçoado pela religião; ou seja, quando juramos pelos sacramentos, milagres, nomes divinos, selos sagrados e outros mistérios da religião. Essa conjuração, portanto, é a mais elevada de todas e a mais forte, atuando sobre os espíritos por comando e poder. No entanto, deve-se observar, que após a Providência universal há uma particular, e após a alma universal, há almas particulares. Em primeiro lugar, invocamos pelas conjurações superiores, pelos nomes e poderes que regem as coisas, depois pelos inferiores e pelas próprias coisas. Devemos saber ainda que, por essas conjurações, não apenas os espíritos, mas também todas as criaturas estão vinculadas, como as tempestades, queimadas, inundações, pragas, doenças, forças armadas e todos os animais. E nós podemos chamá-los, seja por evocação, seja por depreciação, seja por bênção, como ocorre no encanto das serpentes. Além dos elementos naturais e celestiais, podemos, a partir dos mistérios e da religião, estudar a cura da serpente no paraíso terrestre e a elevação da serpente no deserto. Da mesma forma, podemos recitar aquele versículo do Salmo 91: "Andarás sobre a áspide e o basilisco, e pisarás o leão e o dragão".

CAPÍTULO XIX

COMO OS FEITICEIROS E OS NECROMANTES EVOCAM AS ALMAS DOS MORTOS

Pelas coisas que já foram ditas, é manifesto que as almas, após a morte, ainda amam os corpos que acabaram de deixar. Como aquelas almas cujos corpos aguardam o devido enterro ou as que deixaram seus corpos por morte violenta e ainda vagam ao redor de seus cadáveres em um espírito perturbado e lacrimoso, atraídos por algo que tem uma afinidade com eles, os meios sendo conhecidos. Como em tempos passados eles eram unidos a seus corpos, eles podem ser facilmente chamados e atraídos pelos amores, fluídos e sabores e também por certas luzes artificiais, canções, sons e coisas semelhantes, que movem a harmonia imaginativa e espiritual da alma. As invocações sagradas e coisas do gênero que pertencem à religião, não devem ser negligenciadas em razão da porção da alma racional que está acima da natureza.

A necromancia tem esse nome porque atua nos corpos dos mortos e dá respostas por meio de fantasmas e aparições e de espíritos subterrâneos, atraindo-os para os cadáveres por meio de certos encantos e invocações infernais, sacrifícios mortais e oblações maléficas.

Há dois tipos de necromancia: uma que ressuscita os cadáveres, o que não é feito sem sangue, e a "sciomancia", a qual basta a invocação da sombra. Para concluir, todos os experimentos são feitos com os cadáveres dos mortos, com seus ossos, seus membros ou qualquer coisa que lhes pertença. Pois há nessas coisas um poder espiritual que lhes é favorável: portanto, eles facilmente atraem o fluxo de espíritos malignos, em razão da semelhança e da propriedade de cada familiar, por meio dos quais, o necromante, fortalecido pela ajuda deles, pode se intrometer nas coisas humanas e terrestres e acender desejos ilegais, causar sonhos, doenças, ódio e paixões semelhantes. E pode também conferir poderes à alma, que, estando ainda envolvida em um espírito lacrimoso e turvo, vagueia em torno do corpo abandonado, podendo cometer as coisas estúpidas que os espíritos malignos cometem. Supõem-se, portanto, que experimentalmente, constatam que as almas nefárias e impuras que não se arrependem, quando são violentamente arrancadas de seus corpos e não sepultadas, vagueiam em torno do cadáver e são atraídas a eles por afinidade.

Os Bruxos facilmente abusam deles para obter algum efeito. As Bruxas, atraindo essas almas infelizes pela oposição de seu corpo ou pela retirada de algumas de suas partes, e as compelindo com seus encantos diabólicos, suplicam pelos cadáveres deformados espalhados pelos vastos campos e pelas sombras errantes daqueles que querem ser enterrados. E pelos fantasmas enviados de Aqueronte e pelos convidados do inferno, que a morte prematura precipitou para lá. E pelos desejos horríveis dos demônios condenados e orgulhosos, vingadores da maldade.

Mas aquele que pudesse restaurar as almas verdadeiramente a seus corpos deveria primeiro saber qual é a natureza própria da alma, de onde ela saiu, com quantos e quão grandes graus de perfeição, se ela é reabastecida e com que inteligência é fortalecida, por quais meios é difundida no corpo, por qual harmonia deve ser compactada com ele e quais afinidades ela tem com Deus, com as inteligências, com os céus, os elementos e todas as outras coisas, cuja imagem e semelhança ela mantém. Para concluir, para saber com quais influências o corpo pode ser unido novamente para a ressurreição dos mortos, são necessárias todas essas coisas que não pertencem aos homens, mas somente a Deus, e a quem ele as comunicará.

CAPÍTULO XX

SONHOS PROFÉTICOS

Chamo de sonho profético aquele que procede da união do espírito, da fantasia e do intelecto, ou aquele que acontece pela iluminação do intelecto atuante acima de nossas almas. Ou ainda pela verdadeira revelação de algum poder divino em uma mente calma e purificada. Por meio disso, nossa alma recebe verdadeiros oráculos e nos dá profecias em abundância. Nos sonhos podemos fazer perguntas e receber respostas. Muitas coisas duvidosas, políticas, coisas desconhecidas ou não desejadas e jamais experimentadas por nossas mentes se manifestam em sonhos. Imagens e representação de coisas e lugares desconhecidos nos aparecem. Aparições de homens, tanto vivos como mortos, e de coisas futuras, são preditas; também são reveladas coisas que já aconteceram em qualquer época, as quais não conhecemos por nenhum relato. E esses sonhos não precisam de nenhuma arte de interpretação, como aqueles dos quais falamos antes, que pertencem à adivinhação, não à presciência. Acontece que aqueles que veem os sonhos, em sua maioria, não os entendem: pois assim como ver os sonhos vem da força da imaginação, compreendê-los vem da força do entendimento. Aqueles cujo intelecto, sobrecarregado pelo uso excessivo da carne, está em um sono morto, ou cujo poder ou espírito imaginativo ou fantasmático é muito embotado e não polido, de modo que não pode receber as espécies e representações que fluem do intelecto superior; esse homem, eu digo, é totalmente inadequado para receber sonhos e profetizar por meio deles. Portanto, é necessário que aquele que deseja receber sonhos verdadeiros mantenha a pureza e um espírito imaginativo imperturbável, e que o componha de modo a torná-lo digno do conhecimento e do governo da mente e do entendimento; pois tal espírito é o mais adequado para profetizar, um espelho mais claro de todas as imagens que fluem (por toda parte) de todas as coisas. Quando estivermos com o nosso corpo são, com a mente tranquila, com o nosso intelecto não embotado por comidas e bebidas, não estivermos tristes por causa da pobreza, não formos provocados pela luxúria, não formos incitados por nenhum vício ou estimulados pela ira ou pela raiva, não tivermos inclinação irreligiosa e profana, não formos dados à leviandade, não nos perdermos na embriaguez e castamente formos para a cama e adormecermos, então nossa alma pura e divina, estando livre de todos esses males citados e separada de todos os pensamentos nocivos e agora livre pelo sonho, é dotada desse espírito divino como um instrumento e recebe aqueles feixes e representações que são lançados, por assim dizer, e brilham da Mente Divina para dentro de si mesma. Como se estivesse em um espelho edificante, ela contempla todas as coisas com mais certeza, clareza e eficácia do que pela investigação vulgar do intelecto e pelo discurso da razão. Os poderes divinos que instruem a alma, sendo convidados à sua sociedade pela oportunidade da solidão noturna, tampouco lhe faltará aquele gênio que governa todas as suas ações quando acordado. Portanto, quem quer que, por meio de meditação tranquila e religiosa e uma dieta temperada e moderada de acordo com a natureza, preserve seu espírito puro, estará muito bem-preparado e se tornará (em certo grau) divino e conhecedor de todas as coisas, além de justo merecedor. Ao contrário, todo aquele que definha com um espírito cheio de fantasias, não recebe visões sutis e distantes, tampouco a visão divina, pois já está enfraquecida. Isso também acontece quando nos deixamos dominar pelo vinho e pela embriaguez. O nosso espírito, oprimido por vapores nocivos (como a água turva pode se apresentar de várias formas), engana-se e fica embotado. Portanto, se alguém quiser receber oráculos por meio de sonhos, e se esses oráculos forem verdadeiros e certos, eu o aconselharia a se abster um dia inteiro de carne e três dias de vinho ou de qualquer bebida forte, e não beber nada além de água pura; pois, para mentes sóbrias e religiosas, os espíritos puros são aderentes, mas enganam aqueles que se afogam na embriaguez e na fartura. Embora os espíritos impuros administrem com muita frequência segredos notáveis àqueles que estão aparentemente embriagados pelo vinho ou por bebidas alcoólicas, todas essas comunicações devem ser desprezadas e evitadas.

Há quatro tipos de sonhos verdadeiros: o primeiro é o matutino, isto é, entre o sono e a vigília; o segundo é aquele que se vê a respeito do outro; o terceiro, é aquele cuja interpretação é mostrada ao sonhador sarcástico na visão noturna, por fim, o quarto, é aquele que é repetido ao sonhador mordaz na visão noturna.

FIM DA PRIMEIRA PARTE

LIVRO II – PARTE II

A PERFEIÇÃO E A CHAVE DA CABALA

OU MAGIA CERIMONIAL

Nesta parte do livro, a que chamamos de "Chave" e "Perfeição" de tudo o que foi escrito, ensinamos a prática completa e integral da Magia Cerimonial, mostrando o que deve ser feito a cada hora do dia; de modo que tudo que foi lido até aqui serve para endossar a teoria, mas agora será aperfeiçoado pela experiência e a prática. Nesta Chave você pode contemplar, como em um espelho, as funções distintas dos espíritos e como eles devem ser atraídos para a comunicação em todos os lugares, estações e horários.

Deve-se saber, então, que os nomes das inteligências reinantes de cada um dos planetas são constituídos dessa maneira; isto é, reunindo as letras das figuras do mundo a partir da ascensão do corpo do planeta, de acordo com a sucessão dos signos através dos vários graus e a partir dos aspectos do próprio planeta nesses mesmos graus, sendo o cálculo feito a partir do grau do ascendente.

Dessa mesma forma são constituídos os nomes dos príncipes dos espíritos malignos, que são tomados sob todos os planetas dos presidentes em uma ordem retrógrada, sendo a projeção feita contrariamente à sucessão dos signos, a partir do início da sétima casa. Agora, o nome da inteligência suprema e mais elevada, que muitos supõem ser a alma do mundo, é coletado dos quatro pontos cardeais da figura do mundo, da maneira já descrita; e pelo caminho oposto e contrário é conhecido o nome do grande demônio ou espírito maligno, sobre os quatro ângulos cadentes.

Assim também deve-se entender os nomes dos grandes espíritos presidenciais que governam o Ar a partir dos quatro ângulos das casas sucessivas, de modo a obter os nomes dos bons espíritos: o cálculo deve ser feito de acordo com a sucessão dos signos, começando pelo grau do ascendente. Para obter os nomes dos maus espíritos, faz-se o caminho inverso.

Deve-se também observar que os nomes dos espíritos malignos são extraídos tanto dos nomes dos espíritos bons quanto dos maus: assim, não obstante, se entrarmos na mesa com o nome de um espírito bom de segunda ordem, o nome do mau será extraído da ordem dos príncipes e governadores; mas se entrarmos na mesa com o nome de um espírito bom da terceira ordem, ou com o nome de um espírito maligno, um governador, seja qual for o modo como forem extraídos, seja por esta mesa, seja por uma figura celestial, os nomes que daí procederem serão dos espíritos malignos, os ministros da ordem inferior.

Deve-se observar ainda que, sempre que entramos nessa tabela com os bons espíritos da segunda ordem, os nomes extraídos são da segunda ordem. E se sob eles extraímos o nome de um espírito maligno, ele será da ordem superior dos governadores. Esta mesma ordem também seria, se entrarmos com o nome de um espírito maligno da ordem superior. Portanto, se entrarmos nessa tabela com os nomes dos espíritos da terceira ordem, ou com os nomes dos espíritos ministradores, tanto dos espíritos bons quanto dos maus, os nomes extraídos serão os nomes dos espíritos ministradores da ordem inferior.

Muitos Magos, homens sem nenhuma autoridade real, farão com que tabelas desse tipo sejam ampliadas com letras latinas, de modo que usando as mesmas tabelas, a partir de qualquer ofício ou efeito, possa ser descoberto o nome de qualquer espírito, tanto bom quanto mau, pela maneira acima apresentada, tomando-se o nome do ofício ou do efeito na coluna de letras, em sua própria linha, sob seu próprio astro. Dessa prática Trismegisto é um grande autor, que entregou esse tipo de cálculo em letras egípcias. Não impropriamente também, isso pode ser referido às letras de outras línguas, pela razão atribuída aos sinais. Na verdade, ele é o único de todos os homens que trataram da obtenção dos nomes dos espíritos.

Portanto, a força, a segurança e o poder com os quais os nomes sagrados dos espíritos são verdadeira e corretamente descobertos, consistem na disposição das vogais, que formam o nome de um espírito e com as quais se constitui o verdadeiro nome e a palavra correta. Ora, essa arte é assim aperfeiçoada e levada a efeito. Primeiro, devemos prestar atenção à colocação das vogais das letras, que são encontradas pelo cálculo da figura celestial, para então encontrar os nomes dos espíritos da segunda ordem, presidentes e governadores. Isso, nos bons espíritos, é assim realizado, considerando-se os astros que constituem e fazem as letras, colocando-as de acordo com sua ordem. Primeiro, que o grau da décima primeira casa seja subtraído do grau do astro que está em primeiro lugar na ordem, e o que restar dele, que seja projetado a partir do grau do ascendente; e onde o número termina, há parte da vogal da primeira letra.

Comece, portanto, a calcular as vogais dessas letras de acordo com seu número e ordem. A vogal que cair no lugar do astro, que é a primeira em ordem, é a mesma vogal atribuída à primeira letra. Depois disso, você encontrará a parte da segunda letra, subtraindo o grau do astro, que vem em segunda ordem. O que restar será lançado a partir do ascendente. E é a partir desta parte que devemos começar o cálculo das vogais. A vogal que cai sobre o segundo astro é a mesma vogal da segunda letra. Assim, consequentemente, podemos procurar as vogais das letras seguintes sempre subtraindo o grau do astro seguinte do grau do astro imediatamente anterior e precedente. Considerando-se que no cálculo dos nomes dos espíritos malignos os nomes dos bons espíritos são tomados a partir do grau da décima primeira casa; nestes deve ser tomado o grau da décima segunda casa. E todas as numerações e cálculos podem ser feitos com a sucessão dos signos, tomando-se o início a partir do grau da décima casa.

No entanto, em todas as extrações feitas por meio de tabelas, as vogais são colocadas de outra maneira. Em primeiro lugar, é tomado certo número de letras, formando o próprio nome, e assim é numerado a partir do início da coluna da primeira letra, ou a partir da qual o nome é extraído; e a letra sobre a qual esse número cai é referida à primeira letra do nome extraído, tomando-se a distância de uma em relação à outra, de acordo com a ordem do alfabeto. O número dessa distância é projetado a partir do início dessa coluna, e onde ele termina estará parte da primeira vogal; a partir daí, calculamos as próprias vogais, em seu próprio número e ordem na mesma coluna. A vogal que cair sobre a primeira letra de um nome, será a mesma a ser atribuída a esse nome.

Encontramos as vogais seguintes, tomando a distância da vogal precedente à seguinte e, consequentemente, conforme a sequência do alfabeto. O número dessa distância deve ser contado a partir do início de sua própria coluna. Onde ele cessar, indica o local da vogal procurada. A partir daí, como dissemos, deve-se calcular as vogais. Caso as vogais caiam sobre suas próprias letras, devem ser atribuídas a elas mesmas. Se alguma vogal cair sobre outra vogal, a primeira deve dar lugar à segunda: e isso deve se estender apenas quando for relacionado a espíritos bons. Com os espíritos maus, o procedimento é o mesmo, exceto que você cobra as numerações de acordo com uma ordem contrária e retrógrada, oposta à sucessão do alfabeto e à ordem das colunas (ou seja, ascendente).

O nome dos anjos bons e de todo homem, da maneira que ensinamos anteriormente a descobrir, não é de pouca autoridade, nem de fundamento ruim. Agora, por bons motivos, mostraremos algumas outras maneiras de forma ilustradas. Uma delas é tomar na data de nascimento os cinco lugares de Hylech; sendo observado que os caracteres das letras são projetados em sua ordem e número, começando por Áries, e as letras que caem sobre os graus dos referidos lugares, de acordo com sua ordem e dignidade, dispostas e aspectadas, formam o nome de um anjo.

Há também outra maneira, quando eles usam o *Almutel*, que é o astro regente e governante dos cinco lugares citados, fazendo a projeção a partir do grau do ascendente. Reunindo-se as letras que caem sobre *Almutel* em ordem, de acordo com a dignidade de cada um, formam o nome de um anjo. Há também outra maneira usada e muito observada pelos egípcios, fazendo cálculos a partir do grau do ascendente e reunindo as letras de acordo com o *Almutel* da décima primeira casa, que eles chamam de "demônio bom", que, ao serem colocadas em ordem, de acordo com suas dignidades, formam os nomes dos anjos.

Agora, os nomes dos anjos maus são conhecidos da mesma maneira, exceto apenas que as projeções devem ser realizadas ao contrário do curso e ordem da sucessão dos sinais; de modo que, buscando os nomes dos bons espíritos, devemos calcular desde o início de Áries e ao contrário, ao atingir os nomes do mal, devemos contar desde o início de Libra. Considerando que, com os bons espíritos numeramos a partir do grau do ascendente; com os maus, pelo contrário, devemos calcular a partir do grau da sétima casa.

De acordo com os egípcios, o nome desse anjo é coletado em conformidade com o *Almutel* da décima segunda casa, que eles chamam de "espírito maligno". Agora, todos aqueles processos dos quais já falamos neste livro podem ser feitos com caracteres de qualquer idioma. Em tudo (como já dissemos) há um número, uma ordem e uma figura mística e divina, de onde vem que o mesmo espírito pode ser chamado por diversos nomes; mas outros são descobertos a partir do nome do próprio espírito, do bem ou do mal, por tabelas formadas para esse fim.

Ora, esses sigilos celestiais consistem em linhas e cabeças. São seis as chamada "cabeças" da tabela, de acordo com as seis magnitudes dos astro, às quais os planetas também são reduzidos. A primeira grandeza contém um astro com o Sol, ou uma cruz; a segunda, com Júpiter, um ponto circular; a terceira, com Saturno, um semicírculo, um triângulo ou uma linha tortuosa, curvilínea ou aguda; a quarta, com Marte, um pequeno traço penetrando na linha, quadrado, reto ou oblíquo; a quinta, com Vênus e Mercúrio, um pequeno traço ou ponto com uma cauda ascendente ou descendente; a sexta, com a Lua, um ponto preto. Tudo isso pode ser visto na ilustração a seguir. As cabeças estão posicionadas de acordo com o local das estrelas do mapa do céu e as linhas devem ser traçadas de acordo com a congruência ou concordância de suas naturezas. É isso que se deve entender sobre as estrelas fixas. Porém, ao erigir os planetas, as linhas são traçadas, as cabeças sendo posicionadas de acordo com seu curso e natureza entre si. Ver Nº 1 na ilustração indicada (pág. 250).

Assim, quando se encontra um sigilo de qualquer imagem celestial ascendente em qualquer grau ou face de um signo, que consiste em astros da mesma grandeza e natureza, o número desses astros é posicionado de acordo com seu lugar e ordem e as linhas são traçadas de acordo com a semelhança da imagem significada, tão copiosamente quanto a própria imagem pode ser feita.

Os sigilos calculados de acordo com o nome de um espírito são compostos pela tabela seguinte, dando-se a cada letra o nome tirado da tabela que combina com este espírito. Embora possa parecer fácil àqueles que o compreendem, há muita dificuldade em saber qual figura ou letra deve ser tomada quando a letra de um nome cai na linha de letras ou figuras.

Isso pode ser conhecido da seguinte maneira: se uma letra cair sobre a linha de letras, considere o número que essa letra pode ter na ordem do nome, como a segunda ou a terceira; depois, quantas letras esse nome contém, como cinco ou sete; e multiplique esses números um após o outro e triplique o produto. Depois, lance o todo (somado) desde o início das letras, de acordo com a sucessão do alfabeto. A letra sobre a qual esse número cair, deve ser colocada como um caráter desse espírito. Mas se qualquer letra de um nome cair sobre a linha de figuras, isso é feito da seguinte maneira: pegue o número de quantas letras essa letra tem na ordem do nome e deixe-o ser multiplicado pelo número de letras que essa letra tem na ordem do alfabeto. Some-os e divida por nove, o restante mostrará a figura ou o número a ser colocado no sigilo, e isso pode ser colocado em uma figura geométrica ou aritmética, não obstante, não deve exceder o número de nove, ou de nove anjos. Ver Ilustração N° 2 (pág. 250).

Os sigilos que são compreendidos pelas revelações dos espíritos tomam sua virtude a partir daí, porque são, por assim dizer, certos selos ocultos, fazendo a harmonia de alguma divindade. São signos de uma aliança celebrada ou de uma fé jurada ou prometida, ou signos de obediência. Esses sigilos não podem ser descobertos por nenhum outro meio.

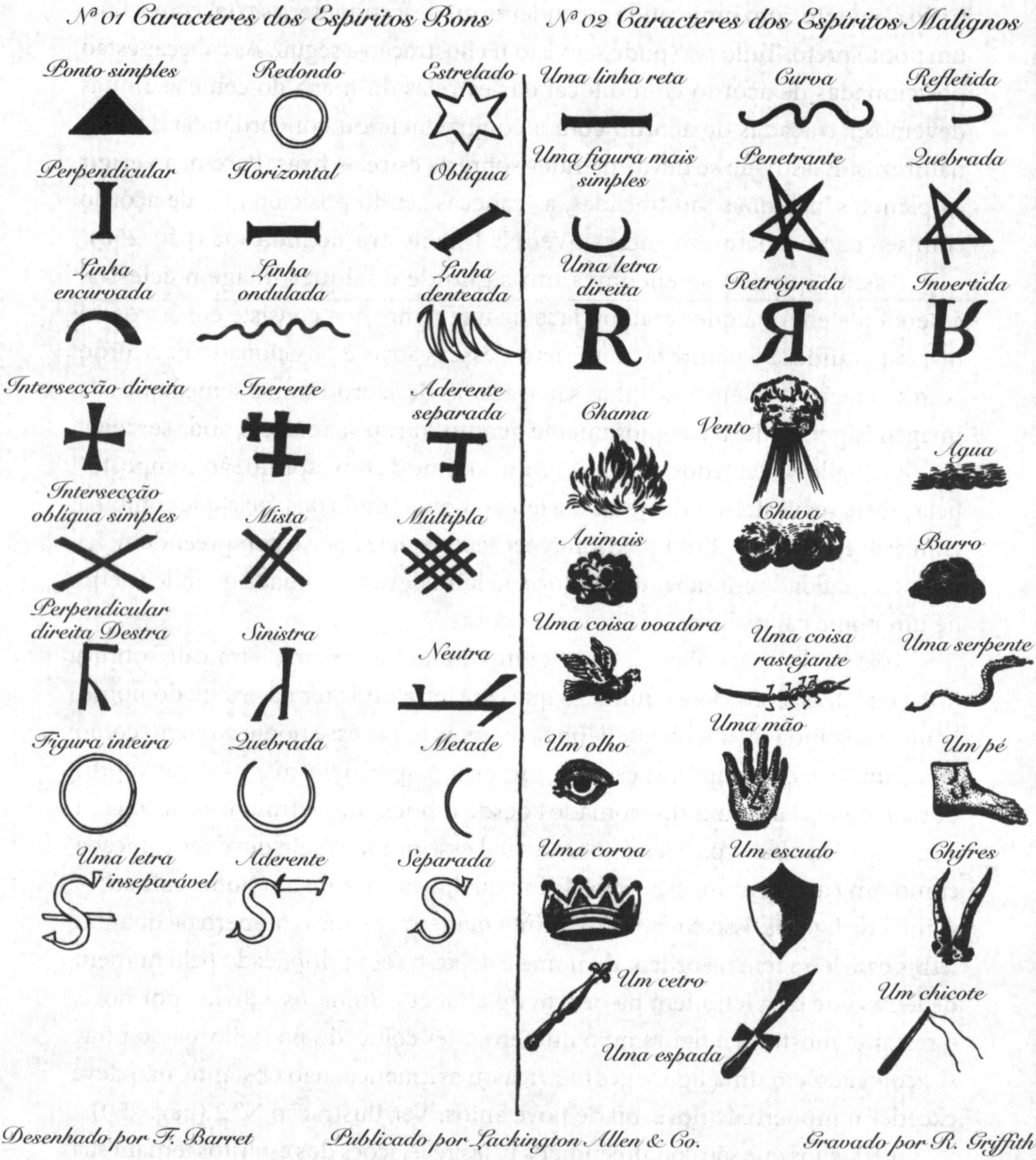

Além desses sigilos, há certas figuras e imagens familiares de espíritos malignos, sob as quais eles costumam aparecer e obedecer àqueles que os invocam. E todos esses sigilos e imagens podem ser vistos nas considerações dos assuntos de cada dia, de acordo com o curso das letras que constituem os nomes dos próprios espíritos; de modo que, se em qualquer letra houver mais do que o nome de um espírito, sua imagem detém a preeminência e as outras transmitem suas próprias ordens. Assim, os que são da primeira ordem, a eles é atribuída a cabeça, a parte superior do corpo, de acordo com sua própria figura; as que são mais baixas possuem as coxas e os pés; as letras do meio atribuem a si mesmas as partes do meio do corpo, para dar as partes que se encaixam; mas se houver qualquer contrariedade, a letra que for a mais forte no número deverá governar; e se forem iguais, todas darão coisas iguais. Além disso, se algum nome obtiver algum sigilo ou instrumento notável da tabela, ele também terá o mesmo sigilo na imagem.

Também podemos chegar ao conhecimento das dignidades dos espíritos malignos por meio das mesmas tabelas de sigilos e imagens, pois qualquer sinal ou instrumento superior da tabela de sigilos que cair sobre qualquer espírito possui essa dignidade. Como se houvesse uma coroa, isso mostra uma dignidade real; se um brasão ou pluma, um ducado; um chifre, um condado; se houver um cetro, uma espada ou um instrumento bifurcado, isso mostra domínio e autoridade. Da mesma forma, as tabelas de imagens mostram os que têm a principal função de rei; a coroa mostra dignidade de juiz e os instrumentos, governo e autoridade.

Por fim, os que têm forma e figura humana têm maior dignidade do que os que aparecem sob a forma e imagem de animais. Assim como aqueles que cavalgam são superiores aos que aparecem a pé. De acordo com todas essas misturas, pode-se julgar a dignidade e a excelência dos espíritos, uns diante dos outros. Além disso, deve entender que os espíritos da ordem inferior, de qualquer dignidade que seja, estão sempre sujeitos aos espíritos da ordem superior; da mesma forma, não é incongruente que seus reis e duques sejam súditos e ministros dos presidentes da ordem superior.

PENTÁCULOS MÁGICOS E SUA COMPOSIÇÃO

Passamos agora a falar dos Pentáculos e Selos sagrados. Pois essas pentáculos são signos e sigilos sagrados, que nos preservam de eventos e chances ruins, ajudando-nos e auxiliando-nos a prender, exterminar e afastar os espíritos malignos, atraindo os bons espíritos e reconciliando-os conosco. Esses pentáculos consistem em sigilos de bons espíritos de ordem superior ou em imagens de cartas ou revelações sagradas, com versículos apropriados e adequados, que são compostos de figuras geométricas e nomes sagrados de Deus, de acordo com o curso e a maneira de muitos deles, ou compostos de todos eles, ou de muitos deles misturados. Os sigilos que nos são úteis para constituir e fazer os pentáculos são os dos bons espíritos, principalmente aqueles de primeira e segunda ordem, e às vezes de terceira ordem. Esses tipos de sigilos devem ser chamados especialmente de sagrados.

Quaisquer que sejam os sigilos desse tipo a serem instituídos, devemos desenhar em torno dele um círculo duplo, no qual devemos escrever o nome de seu anjo; e se acrescentarmos algum nome divino congruente com seu espírito e ofício, será de maior força e eficácia; e se desenharmos em torno dele qualquer figura angular, de acordo com a maneira de seus números, isso é lícito. Mas as imagens sagradas que cobrem os pentágonos são aquelas que em toda parte nos são transmitidas pelos profetas e pelos escritos sagrados, tanto no Antigo quanto no Novo Testamento; como a figura da serpente pendurada na cruz, e outras semelhantes; das quais muitas podem ser encontradas nas visões dos profetas, como em Isaías, Daniel, Esdras e outros, e também nas revelações do Apocalipse. Já falamos sobre elas na Primeira Parte, onde fizemos menção às coisas sagradas; portanto, quando for apresentado qualquer desenho, de qualquer uma dessas imagens sagradas, que o círculo seja desenhado ao redor de cada lado; e que seja escrito algum nome divino que seja adequado e esteja de acordo com o efeito dessa figura, ou então pode ser escrito ao redor dela algum versículo retirado de parte do corpo da Sagrada Escritura, que possa confirmar ou depreciar o efeito desejado. Se um pentágono for feito para obter uma vitória ou vingança contra os inimigos, tanto visíveis quanto invisíveis, a figura pode ser tirada do *Segundo Livro dos Macabeus*, ou seja, uma mão segurando uma espada de ouro desembainhada, sobre a qual deve ser escrito o versículo ali contido, a saber: "Toma a espada sagrada, dom de Deus, com a qual matarás os adversários do meu povo Israel". Ou então pode ser escrito ao redor de um versículo do quinto Salmo: "Nisto está a força do seu braço: antes da sua face está a morte"; ou algum outro versículo semelhante. Mas se você quiser escrever um nome divino sobre a figura, então que seja escolhido um nome que signifique medo; uma espada, a ira, a vingança de Deus, ou algum nome semelhante que seja congruente e concorde com o efeito desejado. E se houver alguma figura angular escrita, que ela seja usada de acordo com a função dos números, como ensinamos quando tratamos dos números e suas operações. Desse tipo temos dois pentágonos de sublime virtude e grande poder, muito úteis e necessários para serem usados na consagração de experiências e espíritos. Um deles é o que se encontra no primeiro capítulo do Apocalipse:

uma figura majestosa de Deus sentada em um trono, tendo em sua boca uma espada de dois gumes, sobre a qual deve ser escrito: "Eu sou Alfa e Ômega, o Princípio e o Fim, aquele que é, e que era, e que há de vir, o Todo-Poderoso. Eu sou o Primeiro e o Último, vivo, no entanto estive morto, e eis que vivo pelos séculos dos séculos; e tenho as chaves da morte e do inferno". Em seguida, serão citados esses três versículos:

"*Munda Deus virtuti tuae* etc. Dá ordem, ó Deus, à tua força; confirma, ó Deus, a tua força em nós. Sejam como pó diante da face do vento, e o anjo do Senhor os espalhe. Sejam todos os seus caminhos como trevas e incerteza, e o anjo do Senhor os persiga."

Além disso, que sejam escritos sobre ele os dez nomes gerais, que são El, Elohim, Elohe, Zebaoth, Elion, Escerchie, Adonai, Jah, Tetragrammaton, Saday.

Há outro pentáculo, cuja figura assemelha-se a um cordeiro imolado, tendo sete olhos e sete chifres; e debaixo de seus pés um livro selado com sete selos, como está no quinto capítulo do Apocalipse. Ao redor, escreva-se este versículo: "Eis que o leão venceu da tribo de Judá, a raiz de Davi / Abrirá o livro e desatará os seus sete selos". E outro versículo: "Vi Satanás, como um relâmpago, cair do céu. Eis que vos dei poder para pisar serpentes e escorpiões, e sobre toda a força de vossos inimigos, nada vos poderá lançar". E que também sejam escritos sobre ele os dez nomes gerais, conforme mencionado anteriormente.

Mas os pentáculos que são assim feitos de nomes e figuras, deixe-os manter esta ordem; pois quando qualquer figura for colocada em conformidade a qualquer número para produzir qualquer efeito ou virtude, deve ser escrito sobre ela, em todos os ângulos, com toda a severidade, algum nome divino, obtendo a força e eficácia da coisa desejada. Ainda assim, no entanto, que o nome desse tipo consiste em tantas letras quanto a figura pode constituir um número; ou de tantas letras de um nome que, reunidas entre si, possam formar o número de uma figura; ou por qualquer número que possa ser dividido sem qualquer superfluidade ou diminuição. Agora, tal nome sendo encontrado, seja apenas um nome ou mais, ou nomes diferentes, deve ser escrito em diversos ângulos na figura; porém, no meio dessa figura, que a revolução do nome seja completa e totalmente colocada, ou pelo menos a parte principal dela.

Da mesma forma, constituímos pentáculos fazendo a revolução de algum tipo de nome em uma mesa quadrada, desenhando ao redor dela um círculo simples ou duplo e escrevendo algum versículo sagrado competente e adequado a esse nome, ou do qual esse nome é extraído. E essa é a maneira de fazer os pentágonos, de acordo com suas diversas formas e modas distintas, as quais podemos, se quisermos, multiplicar ou misturar por curso entre si, para obter maior eficácia, extensão e ampliação da força e da virtude.

Assim como, se uma súplica for feita para a derrubada e destruição de nossos inimigos, devemos nos lembrar de como Deus destruiu a face de toda a Terra com as águas do Dilúvio; da destruição de Sodoma e Gomorra numa chuva de fogo e enxofre e de como Deus derrubou o Faraó e seu exército no Mar Vermelho. E todos devem se lembrar de qualquer outra maldição ou praga encontrada nos escritos sagrados. E isso procede com coisas do mesmo gênero.

Da mesma forma, ao depreciar e orar contra os perigos e riscos das águas, devemos nos lembrar da salvação de Noé no Dilúvio e da passagem dos filhos de Israel pelo Mar Vermelho.

Também devemos nos lembrar de como Cristo andou sobre as águas, e de como ele salvou o navio em perigo de ser lançado pela tempestade; e de como ele comandou os ventos e as ondas, e eles lhe obedeceram; e também, que ele tirou Pedro da água, estando em perigo de se afogar, e coisas semelhantes. Por fim, com eles invocamos e convocamos alguns nomes sagrados de Deus; isto é, aqueles que são significativos para a realização de nosso desejo e acomodados ao efeito desejado. Para derrotar inimigos, devemos invocar e convocar os nomes de ira, da vingança, do medo, da justiça e da fortaleza de Deus. E se quisermos evitar e escapar de qualquer mal ou perigo, invocamos os nomes de misericórdia, defesa, salvação, fortaleza, bondade e nomes semelhantes de Deus. Da mesma forma, quando oramos a Deus para que nos conceda nossos desejos, devemos misturar a eles o nome de algum espírito bom, seja um só ou mais, cuja função seja realizar nossos desejos. Às vezes, também pedimos que algum espírito maligno nos restrinja ou obrigue, cujo nome também misturamos, e com razão, especialmente se for para realizar alguma má obra, como vingança, punição ou destruição.

E se houver algum versículo nos Salmos, ou em qualquer outra parte da Sagrada Escritura, que pareça congruente e agradável ao nosso desejo, o verso deve ser misturado às nossas orações. Agora, depois que a oração tiver sido feita a Deus, é conveniente, muitas vezes, fazer uma oração àquele executor que, em nossa oração anterior a Deus, desejamos que nos administre, seja um ou mais, seja um anjo, uma estrela, uma alma, seja qualquer um dos nobres anjos. Mas esse tipo de discurso deve ser composto de acordo com os papéis que apresentamos na parte anterior de nossa obra, onde tratamos da composição dos encantamentos etc.

Além disso, esses tipos de vínculos têm uma diferença tripla; pois o primeiro vínculo é quando conjuramos coisas naturais; o segundo é composto de mistérios religiosos, por sacramentos, milagres e coisas desse tipo, e o terceiro é constituído de nomes divinos e selos sagrados. Com esses tipos de selos, podemos vincular não apenas espíritos, mas também outras criaturas, como animais, tempestades, incêndios, inundações e a força e o poder das armas.

Também usamos esses vínculos mencionados anteriormente, não apenas por conjuração, mas às vezes por meios de súplicas e bênçãos. Além disso, é muito útil para esse propósito juntar alguma frase da Sagrada Escritura, se alguma for considerada conveniente, como na conjuração de serpentes, comemorando a maldição da serpente no paraíso terrestre e a criação da serpente no deserto, acrescentando aquele versículo: "Andarás sobre a áspide e o basilisco" etc.

A superstição também é muito presente aqui, por meio da tradução de alguns rituais sacramentais, para ligar aquilo que pretendemos impedir; por exemplo, os rituais de excomunhão, de sepulturas, funerais, enterros e coisas do gênero.

CONSAGRAÇÃO DOS OS INSTRUMENTOS E OS MATERIAIS MÁGICOS USADOS NESTA ARTE

A virtude das consagrações consiste principalmente em duas coisas: o poder da pessoa que consagra e a virtude da oração pela qual a consagração é feita.

Pois, na pessoa que consagra, exige-se fineza, constância e santidade de vida. O próprio consagrador, com uma fé firme e indubitável, deve acreditar na virtude, no poder e no efeito da cerimônia.

A oração pela qual a consagração é feita deriva da virtude ou da inspiração divina, ou se compõem a partir de diversos lugares nas sagradas Escrituras, na celebração de alguns dos maravilhosos milagres de Deus, efeitos, promessas, sacramentos e coisas sacramentais, dos quais temos em abundância na escrita sagrada.

Deve-se usar também a invocação de nomes divinos, que são significativos para o trabalho em questão; da mesma forma, a santificação e a expiação são realizadas por meio de aspersão com água benta, unções com óleo santo e sufumigações odoríferas. Portanto, em toda consagração, geralmente se usa a bênção e a consagração da água, da terra, do óleo, do fogo e das sufumigações etc., com velas de cera consagradas ou lamparinas acesas; pois sem luzes nenhuma consagração é devidamente realizada. Deve se observar particularmente o seguinte: quando qualquer coisa (que chamamos de profano) for usada, na qual haja qualquer impureza ou poluição, ela deve, antes de tudo, ser purificada por um exorcismo composto exclusivamente para esse fim, que deve preceder a consagração; essas coisas, sendo assim purificadas, são mais aptas a receber as influências da virtude divina.

Devemos observar também que, ao final de qualquer consagração, depois que a oração é realizada corretamente, como mencionamos, o operador deve abençoar a coisa consagrada, exalando alguma frase com a virtude e o poder divinos da presente consagração, com uma celebração de sua virtude e autoridade, para que assim possa ser mais devidamente realizada, com uma mente sincera e atenta. Mencionarei aqui alguns exemplos para que, por meio deles, possa ser traçado um caminho para toda a sua perfeição.

Consagração da Água

Na consagração da Água, devemos lembrar que Deus colocou o firmamento no meio das águas e a fonte das águas no paraíso terrestre, de onde brotaram quatro rios sagrados que regaram toda a Terra. Da mesma forma, devemos lembrar que Deus fez com que as águas fossem um instrumento de sua justiça ao destruir os gigantes, provocando o dilúvio que cobriu a face de toda a Terra; e na derrota do exército do Faraó no Mar Vermelho, e que Deus conduziu os filhos de Israel por terra seca e pelo meio do rio Jordão, e que também tirou maravilhosamente água da rocha pedregosa no deserto. Diante da oração de Sansão, Deus fez com que a água saísse da mandíbula de um jumento; e ele fez da água o instrumento de sua misericórdia e salvação para a expiação do pecado original. Cristo foi batizado no rio Jordão e, por isso, santificou e purificou as águas. Da mesma forma, certos nomes divinos, que estejam de acordo com isso, devem ser invocados; como, por exemplo, que Deus é uma fonte viva, água viva, a fonte da misericórdia, e nomes do gênero.

Consagração do Fogo

Da mesma forma, na consagração do Fogo, devemos lembrar que Deus criou o fogo para ser um instrumento para executar sua justiça, para punição, vingança e expiação dos pecados. Assim como quando Deus vier para julgar o mundo, ele ordenará que uma conflagração de fogo vá diante dele. Da mesma forma, devemos mencionar que Deus apareceu a Moisés em uma sarça ardente; e também o fato de ele ter ido diante dos filhos de Israel em uma coluna de fogo. E que nada pode ser devidamente oferecido, santificado ou sacrificado sem fogo. Deus instituiu o fogo para ser mantido continuamente no tabernáculo da aliança e, milagrosamente ele reacendeu o fogo, que estava extinto, e o preservou em outro lugar para que não se extinguisse, estando escondido sob as águas. E os nomes de Deus que estão em consonância com isso devem ser invocados; como lemos na lei e nos profetas, que Deus é um fogo consumidor. Não esquecendo, ainda, de quaisquer nomes divinos que signifiquem fogo, como a glória de Deus, a luz de Deus, o esplendor e o brilho de Deus etc.

Consagração do Azeite

Na consagração do óleo e dos perfumes, devemos mencionar as coisas que estão de acordo com esse propósito, como o óleo sagrado da unção mencionado em Êxodo, e os nomes divinos significativos para ele, como o nome de Cristo, que significa "ungido". E todos os mistérios relativos ao óleo nas Escrituras, como as duas oliveiras destilando óleo sagrado nas lamparinas que se acendem diante da face de Deus, mencionadas em Apocalipse.

Bênçãos de luzes, lamparinas, velas etc.

Agora, a bênção das luzes, das lamparinas, velas etc., é extraída do fogo e de tudo o que contém a substância da chama e de todas as semelhanças que existem nos mistérios, como os sete candelabros que se erguem diante da face de Deus. Portanto, apresentamos aqui a maneira de compor as consagrações, que, antes de tudo, são necessárias para serem usadas em todo tipo de cerimônia e devem preceder todo experimento ou trabalho, e sem as quais nada nos ritos mágicos pode ser devidamente realizado.

Na próxima seção, mostraremos a consagração de lugares, instrumentos e coisas semelhantes.

Consagração de lugares, solo, círculo etc.

Ao consagrar qualquer lugar ou círculo, a oração de Salomão deve ser usada na dedicação e consagração do Templo; igualmente, o local deve ser abençoado, sendo aspergido com água benta e com sufumigações. A bênção aos santos mistérios devem ser celebradas; tais como a santificação do trono de Deus, do Monte Sinai, do Tabernáculo da Aliança, do Santo dos Santos e do Templo de Jerusalém. Também a santificação do Monte Gólgota, pela crucificação de Cristo; a santificação do Templo de Cristo; do Monte Tabor, pela transfiguração e ascensão de Cristo etc. E invocando todos os nomes divinos que são significativos para isso; como o Lugar de Deus, o Trono de Deus, a Cadeira de Deus, o Tabernáculo de Deus, o Altar de Deus, a Habitação de Deus e os nomes divinos semelhantes desse tipo, que devem ser escritos sobre o círculo, ou local a ser consagrado.

Na consagração de instrumentos e de todas as outras coisas usadas nessa arte, deve-se proceder da mesma maneira, aspergir com água benta, fazer a unção com óleo santo, selar com algum selo sagrado e abençoar com orações. E deve celebrar as coisas sagradas das Escrituras Sagradas, coletando nomes divinos que sejam compatíveis com as coisas a serem consagradas; como, por exemplo, na consagração da espada, devemos nos lembrar, no evangelho, "aquele que tem duas túnicas" etc. e que, no segundo livro dos Macabeus, onde foi dito que uma espada foi divina e milagrosamente enviada a Judas Macabeu; e se há algo semelhante nos profetas, como "tomai para vós espadas de dois gumes" etc., é porque a espada é uma arma de fogo. No mesmo dia, também consagrará experimentos e livros, e tudo o que for de natureza semelhante, como escritos, gravuras etc., por meio de aspersão, sufumigação, unção, escamação, bênção, junto a celebrações sagradas e chamando a atenção para a santificação dos mistérios; como a Tábua dos Dez Mandamentos que foram entregues a Moisés por Deus no monte Sinai, a santificação do Antigo e do Novo Testamento, e também da lei, dos profetas e das Escrituras, que foram promulgados pelo Espírito Santo. E ainda, devem ser mencionados os nomes divinos que forem convenientes para isso; como o Testamento de Deus, o Livro de Deus, o Livro da vida, o conhecimento de Deus, a sabedoria de Deus e outros semelhantes. E com esses tipos de ritos é realizada a consagração pessoal. Além desses, há outro rito de consagração de grande poder e eficácia; e esse é um dos tipos de superstição, ou seja, quando o rito de consagração ou coleta de qualquer sacramento na igreja é transferido para aquilo que gostaríamos de consagrar.

Deve-se observar que juramentos, oblações e sacrifícios também têm o poder de consagração, tanto real quanto pessoal; e eles são, por assim dizer, certas convenções entre os nomes com os quais são feitos e os que fazemos, aderindo fortemente ao nosso desejo e aos efeitos desejados, como quando sacrificamos usando certos nomes ou fumigações, unções, anéis, imagens, espelhos e algumas coisas menos materiais, como sigilos, selos, pentáculos, encantamentos, orações, desenhos e as Escrituras, dos quais já falamos amplamente antes.

INVOCAÇÃO DE ESPÍRITOS MALIGNOS, COMO CONJURÁ-LOS E COMPELI-LOS A APARECER

Agora, a quem deseja obrigar qualquer espírito a obedecer prontamente, nós mostraremos como fazer certo livro, por meio do qual eles podem ser invocados. Esse livro deve ser consagrado como um "Livro dos Espíritos Malignos", cerimoniosamente composto em seu nome e ordem, ao qual obrigam, com certo juramento sagrado, a obediência pronta e presente do espírito. Esse livro deve, portanto, ser feito do papel mais puro e limpo, geralmente chamado de "papel virgem"; e deve ser inscrito com um desenho no lado esquerdo do livro a imagem do espírito e, no lado direito, seu sigilo, com o juramento acima dele, contendo o nome do espírito, sua dignidade e lugar, com seu cargo e poder. No entanto, muitos Magos compõem esse livro de outra forma, omitindo os sigilos e as imagens; mas acho que é muito mais eficaz não negligenciar nenhuma das coisas mencionadas.

As circunstâncias de lugares, horários e horas, de acordo com os astros sob as quais esses espíritos se encontram e com as quais concordam devem ser observados; com seu local, ritmo e ordem sendo aplicados.

Esse livro, sendo assim escrito, deve ser bem encadernado, adornado, enfeitado, embelezado e mantido em segurança, com registros e selos, para que não aconteça de, após a consagração, abrir-se em alguma parte não prevista e colocar em risco o operador. E, acima de tudo, que esse livro seja mantido tão puro e reverente quanto possível, pois a irreverência da mente faz com que ele perca sua virtude pela poluição e profanação.

Agora, estando esse livro sagrado assim composto, de acordo com o que entregamos, devemos consagrá-lo de duas maneiras: a primeira é que todos e cada um dos espíritos que estão escritos no livro sejam chamados ao Círculo, de acordo com as regras mágicas que ensinamos anteriormente. Coloquem o livro a ser consagrado em um triângulo na parte externa do círculo; depois, leiam na presença dos espíritos todos os juramentos que estão contidos e escritos naquele livro. Em seguida, com o livro a ser consagrado já tendo sido colocado fora do Círculo em um triângulo ali desenhado, obriguem todos os espíritos a impor suas mãos onde suas imagens e sigilos estão desenhados e confirmá-lo e consagrá-lo com um juramento especial e comum. Feito isso, deixe que o livro seja fechado e preservado como dissemos antes. Depois, permita que o espírito parta de acordo com a devida ordem mágica.

Há outro método existente entre nós para consagrar um livro geral dos espíritos, que é mais fácil e tem a mesma eficácia para produzir todos os efeitos, exceto pelo fato de que, ao abrir esse livro, os espíritos nem sempre aparecem visíveis. Esse modo é o seguinte: é feito um livro dos espíritos, como mostramos antes, mas no final devem ser escritos invocações, vínculos e conjurações fortes, com os quais todo espírito possa ser conjurado. Em seguida, o livro deve ser encadernado entre dois lamens ou duas tabelas e, na parte interna, desenhe ou deixe que sejam desenhados dois pentágonos sagrados da Majestade Divina, extraídos antes do Apocalipse, conforme visto. Então, que a primeira delas seja colocada no início do livro e a segunda no fim.

Estando esse livro assim aperfeiçoado, que ele seja levado em uma noite clara e agradável a um Círculo preparado em uma encruzilhada, de acordo com a arte já apresentada. Lá, em primeiro lugar, o livro deve ser aberto e consagrado de acordo com os ritos e maneiras já ensinados a respeito da consagração. Feito isso, que todos os espíritos que estão escritos no livro sejam chamados, em sua própria ordem e lugar, conjurando-os três vezes pelos vínculos descritos no livro, para que venham àquele lugar no espaço de três dias, a fim de assegurar sua obediência e confirmar o vinho ao livro a ser consagrado. Então, embrulhe o livro em um pano de linho limpo, enterre-o no meio do Círculo e feche o orifício para que não seja percebido ou descoberto. Depois que o Círculo tiver sido destruído após a licença dos espíritos, parta antes do nascer do sol e, no terceiro dia, por volta do meio da noite, volte e faça o Círculo novamente e, de joelhos, faça uma oração a Deus e agradeça a ele. Faça um perfume, abra o local em que enterrou o livro e tire-o de lá e guarde-o, sem abri-lo. Então, depois de licenciar os espíritos em sua ordem e destruir o Círculo, parta antes do nascer do sol. E este é o último rito e maneira de consagrar, com proveito para quaisquer escritos, experimentos, etc. que direcionem os espíritos, colocando-os entre dois lamens ou pentáculos sagrados, como mencionado anteriormente. E tendo alcançado o efeito desejado, permita que eles partam.

Agora passamos a falar da convocação de Espíritos bons e maus. Os bons espíritos podem ser invocados por nós, ou para nós, de diversas maneiras, e eles se oferecem a nós de diversas formas e possibilidades, pois falam abertamente àqueles que observam e se oferecem à nossa visão, ou nos informam por meio de sonhos e oráculos sobre as coisas que desejamos muito saber. Quem, portanto, quiser chamar qualquer bom espírito para falar ou aparecer à vista, deve observar particularmente duas coisas: uma delas diz respeito à posição do invocador, e a outra diz respeito às coisas que devem ser exteriormente proibidas à invocação para a conformidade do espírito a ser chamado. É necessário, portanto, que o invocante se disponha religiosamente por muitos dias a tal mistério, e que se conserve casto e abstêmio durante esse tempo, e que se abstraia o máximo que puder de toda espécie de negócios estrangeiros e seculares. Da mesma forma, ele deve observar o jejum, tanto quanto lhe parecer conveniente, e que, diariamente, entre o nascer e o pôr do sol, vestido de linho branco puro, invoque Deus sete vezes e faça uma prece aos anjos para que sejam chamados e invocados, de acordo com a regra que ensinamos anteriormente. Ora, o número de dias de jejum e preparação é geralmente de um mês, ou seja, o tempo de uma lunação inteira. Agora, na Cabala, geralmente nos preparamos quarenta dias antes. Quanto ao lugar, deve ser limpo, puro, íntimo, quieto, livre de qualquer tipo de barulho e que não seja visto por estranhos. Para começar, o lugar deve ser exorcizado e consagrado. Coloca-se nele uma mesa ou altar, coberto com um pano de linho branco e limpo, voltado para o Leste; e de cada lado duas velas consagradas acesas, cuja chama não deve se apagar durante todos esses dias. No meio do altar, coloque-se um lamen, ou o papel sagrado que descrevemos anteriormente, coberto com linho fino, que não deve ser aberto até o fim dos dias de consagração. Tenha em mãos um perfume precioso e óleo de unção puro – e que ambos sejam mantidos consagrados. E ponha um sensor sobre a cabeça do altar, no qual acenderá o fogo sagrado, e faça um perfume precioso para cada dia em que for orar.

Quanto ao seu hábito, tenha uma roupa comprida de linho branco, justa na frente e atrás, que desça até a altura dos pés e seja cingida à altura da cintura. Tenha também um véu de linho branco puro, sobre o qual deverá estar escrito em um lamê dourado o nome *Tetragrammaton*; todas essas coisas deverão ser consagradas e santificadas em ordem. Mas não se deve entrar nesse lugar santo sem ser primeiro lavado e coberto com um pano novo e limpo, e só então poderá entrar, mas com os pés nus e descalços. Quando nele entrar, deve aspergir com água benta, lançar um perfume sobre o altar e, de joelhos, orar diante dele, conforme instruído.

No último dia, quando o tempo tiver expirado, deve jejuar mais rigorosamente. No dia seguinte, ao nascer do sol, entre no lugar sagrado usando as cerimônias descritas anteriormente, primeiro aspergindo-se, perfumando-se e fazendo o sinal da cruz com óleo sagrado na testa e ungindo os olhos, usando a oração em todas essas consagrações. Em seguida, abra o lamen e ore de joelhos diante do altar. A invocação pode ser feita da seguinte forma:

Uma oração para invocar os espíritos bons

Em nome da abençoada e Santa Trindade, eu vos desejo, anjos fortes e poderosos (aqui nomeie os espíritos que você gostaria que aparecessem) que, se for da vontade divina daquele que é chamado de *Tetragrammaton*, etc., o Deus Santo, o Pai, que assumais uma forma que melhor se adapte à vossa natureza celestial, e nos apareçais visivelmente aqui neste lugar, e atendais aos nossos pedidos, desde que não transgridamos os limites da misericórdia e da bondade divinas, solicitando conhecimento ilícito; mas que nos mostreis graciosamente as coisas mais proveitosas para que saibamos e façamos, para a glória e honra de Sua Majestade divina, que vive e reina, sem fim. Amém. Senhor, seja feita a Tua vontade, assim na Terra como no Céu – purifica o nosso coração e não retires de nós o Teu Santo Espírito. Ó, Senhor, pelo Teu nome nós os chamamos, permite que eles nos administrem.

E que todas as coisas concorram para a tua honra e glória, a quem, contigo, o Filho e o Espírito Santo, sejam atribuídos todo o poder, majestade e domínio sem fim. Amém.

A forma particular do Lamen

(ver a ilustração para a forma do Lamen na pág. 290)

Feita a invocação, os anjos bons que deseja lhe aparecerão. Receba-os com uma comunicação modesta e os deixe partir.

O lamen usado para invocar qualquer espírito bom deve ser feito da seguinte maneira: em metal adequado ou em cera nova misturada com especiarias e cores correspondentes; ou pode ser feito com papel branco puro com cores apropriadas. Sua forma externa pode ser quadrada, circular, triangular, ou de tipo semelhante, de acordo com a regra dos números, nos quais devem estar escritos os nomes divinos, tanto gerais quanto especiais. No centro do lamen desenhe um hexágono ou sigilo de seis ângulos. No meio dele, escreva o nome e o sigilo de um astro ou espírito soberano, a quem o bom espírito que será chamado está sujeito. Ao redor desse hexágono, que sejam colocados tantos sigilos de cinco ângulos ou pentágonos quantos forem os espíritos que quisermos reunir ao mesmo tempo. Mas se tivermos apenas um, ainda assim deve haver quatro pentágonos, nos quais o nome do espírito ou dos espíritos, com seus parâmetros, devem ser escritos. Agora, esse lamen deve ser composto quando a lua estiver em sua fase inicial, naqueles dias e horas que estejam de acordo com o espírito; e se pegarmos um planeta afortunado com ele, será melhor para a produção do efeito: a mesa ou o lamen, sendo corretamente feito da maneira que descrevemos, deve ser interpretado de acordo com as regras já apresentadas. E essa é a maneira de fazer a tabela geral ou o lamen para a invocação de todos os espíritos, seja qual for, cuja forma pode ser vista nas imagem de pentáculos, selos e lamens. No entanto, fazemos tabelas especiais congruentes para cada espírito pela regra da qual falamos relativa aos pentáculos sagrados.

Ainda iremos declarar outro rito mais fácil de realizar. Aquele que deseja receber um oráculo de um espírito deve se manter casto, puro e santificado. Então, em um lugar puro, limpo e coberto em todos os cantos com linho branco e limpo, no dia do Senhor na lua nova, que ele entre em tal lugar trajando linho branco, exorcize o lugar, abençoe-o e nele faça um Círculo com brasa consagrada. E que sejam escritos na parte externa do Círculo os nomes dos anjos; na parte interna, escreva os poderosos nomes de Deus; e que sejam colocados dentro do Círculo, nas quatro partes do mundo, os recipientes para os perfumes. Então, tendo se lavado e estando em jejum, que entre no local e reze para o Leste todo o Salmo 119: "Bem-aventurados os imaculados no caminho". Depois faça uma fumigação e ore aos anjos pelos ditos nomes divinos, para que eles apareçam e revelem ou descubram o que deseja tão sinceramente; e faça isso continuamente por seis dias, banhado e em jejum.

No sétimo dia, também em jejum e limpo, entre no Círculo, perfume-o e unja-se com óleo sagrado na testa, nos olhos, nas palmas de ambas as mãos e nos pés; então, com os joelhos dobrados, diga o Salmo 119, como mencionado, com nomes divinos e angelicais. Dito isto, levante-se e caminhe ao redor do Círculo de Leste a Oeste, até que fique cansado com uma vertigem de sua cabeça e cérebro, então caia imediatamente no Círculo, onde pode descansar envolvido e tomado pelo êxtase. Um espírito aparecerá e o informará de todas as coisas que devem conhecidas. Devemos observar também que no Círculo deve haver quatro velas sagradas queimando nas quatro partes do mundo, que não devem faltar luz pelo espaço de uma semana.

A maneira de jejuar é esta: abster-se de todas as coisas que têm uma vida e daquelas que delas provêm, beber apenas água corrente pura; não comer ou beber vinho até o pôr do sol.

Que o perfume e o óleo sagrado da unção sejam feitos conforme estabelecido em Êxodo e em outros livros sagrados da Bíblia. Deve-se observar também que, sempre que ele entrar no Círculo, terá sobre a testa um lamen dourado, no qual deve estar escrito o nome *Tetragrammaton*, da maneira que mencionamos anteriormente.

Oráculos recebidos em sonhos

As coisas naturais e suas próprias misturas também pertencem aos Magos e frequentemente as usamos para receber oráculos de um espírito por meio de um sonho, por meio de incensos, unções, carnes, bebidas, selos, anéis etc.

Agora, aqueles que desejarem receber oráculos em um sonho ou por meio de um sonho, que façam para si um anel do sol ou de Saturno para esse fim. Há também imagens de sonhos que, colocadas sob a cabeça do indivíduo quando ele vai dormir, efetivamente proporcionam sonhos verdadeiros de qualquer coisa que a mente tenha determinado ou consultado antes, cuja prática é a seguinte:

Uma imagem do Sol, cuja figura deve ser um homem dormindo no peito de um anjo, deverá ser feita quando Leão estiver em ascensão, estando o Sol na nona casa de Áries. O nome do efeito desejado deve ser escrito na figura. Na mão do anjo deve vir o nome da inteligência do Sol. A mesma imagem deve seja feita em Virgem ascendente, com Mercúrio favorável em Áries na nona casa; ou em Gêmeos ascendente, com Mercúrio favorável na nona casa em Aquário. E que a imagem seja recebida estando Saturno com um aspecto favorável, e que o nome do espírito seja escrito nela. O mesmo deve ser feito em Libra ascendente, Vênus sendo recebido de Mercúrio em Gêmeos na nona casa e nele escrito o anjo de Vênus. Também se pode fazer o mesmo com a imagem de Aquário ascendente, com Saturno felizmente possuindo a nona casa em sua exaltação, que é Libra. E que seja escrito nele o anjo de Saturno. O mesmo pode ser feito em Câncer ascendente, com a Lua sendo recebida por Júpiter e Vênus em Peixes, e estando favoravelmente colocada na nona casa, escreva nele o espírito da Lua.

Da mesma forma, são feitos anéis de sonhos de extraordinária eficácia. Há anéis do Sol e de Saturno. Sua constelação é quando o Sol ou Saturno ascendem em seu ápice na nona casa, e quando a Lua está unida a Saturno também na nona casa e no signo que fora a nona casa do nascimento. Escreva e grave nos anéis o nome do espírito do Sol ou de Saturno. Por essas regras, pode saber como e por quais meios constituir mais de si mesmo. Mas saiba que essas imagens não funcionam (pois são simples imagens) a menos que sejam vivificadas por uma virtude espiritual e celestial e, principalmente, pelo desejo ardente e pela firme intenção da alma do operador. Mas quem pode dar uma alma a uma imagem, ou fazer com que uma pedra ou metal, argila, madeira, cera ou papel viva? Certamente homem nenhum (pois esse arcano não entra em um artista teimoso), ou somente aquele que transcender o progresso dos anjos e chegar ao próprio arquétipo.

As tabelas de números também conferem o recebimento de oráculos, sendo devidamente formadas sob suas próprias constelações. Tabelas e papéis sagrados também servem para esse efeito, sendo especialmente compostos e consagrados; como o *Almutel* de Salomão e a Tabela da Revolução do nome *Tetragrammaton*. E as coisas que são desse tipo e escritas para produzir esses efeitos, a partir de várias figuras, números, Escrituras Sagradas e imagens, com inscrições dos nomes divinos de Deus e dos nomes dos santos anjos; cuja composição é tirada de diversos lugares das Escrituras Sagradas, Salmos e versículos, e outras promessas certas das revelações e profecias divinas.

Para o mesmo efeito, também se aplicam as santas orações e súplicas, tanto a Deus quanto aos anjos abençoados; cujas petições devem ser compostas, como já mostramos, de acordo com alguma semelhança religiosa, fazendo menção às coisas que pretendemos fazer, como, por exemplo, o sonho de Jacó, de José, do Faraó, de Daniel e de Nabucodonosor no Velho Testamento, e o sonho de José no Novo Testamento, os dos três sábios, ou Magos e o de João, o Evangelista, adormecido no colo do nosso Senhor; e qualquer coisa do gênero que possa ser encontrada na religião, nos milagres e na revelação. Uma vez composta a súplica, quando ele for dormir, deve seguir com uma firme intenção, e então, sem dúvida, será produzido um efeito extraordinário.

Portanto, quem deseja receber oráculos verdadeiros por meio de sonhos deve se abster de jantar e beber, e estar bem-disposto, de modo que o cérebro fique livre de vapores turbulentos. Deve também ter o quarto de dormir limpo e bem-arrumado exorcizado e consagrado. Se assim desejar, pode perfumar o quarto com algum produto conveniente, ungir as têmporas com algum unguento eficaz para esse fim e colocar um anel dos sonhos no dedo. Em seguida, pegue uma das imagens mencionadas, ou alguma tabela sagrada, ou papel, e coloque sobre a cabeça. Depois de fazer uma oração devota, adormeça, meditando sobre o que deseja saber. Assim, receberá um oráculo muito certo e indubitável por meio de um sonho, quando a Lua passar pelo signo que estava na nona casa de nascimento e também quando ela passar pelo signo da nona revolução de seu nascimento e quando ela estiver no nono signo a partir do signo da perfeição.

Essa é a maneira pela qual podemos obter todas as ciências e artes, sejam elas alquimia, magia ou outras, de forma súbita e perfeita, com uma verdadeira iluminação de nosso intelecto; embora todos os espíritos familiares inferiores contribuam para esse efeito e, às vezes, também os espíritos malignos nos informem de forma sensata, intrínseca e extrinsecamente.

Como evocar espíritos malignos, ou familiares ou almas e sombras dos mortos, por meio de um círculo

É conveniente que digamos algo sobre os meios usados pelos exorcistas para elevar ao Círculo o que geralmente é chamado de "espíritos malignos" e os métodos de chamar os fantasmas ou almas daqueles que tiveram uma morte violenta ou prematura.

Agora, se alguém quiser chamar qualquer espírito maligno para o Círculo, ele deve primeiro considerar e conhecer sua natureza, com qual dos planetas ele concorda e quais funções são distribuídas a ele pelo planeta. Sabendo disso, que se procure um lugar adequado e conveniente para a invocação, de acordo com a natureza do planeta e a qualidade dos ofícios do espírito maligno, o mais próximo possível; por exemplo, se o seu poder estiver sobre o mar, rios ou enchentes, ou mesmo que o lugar seja a costa do mar, e assim por diante.

Então escolha um momento conveniente tanto para a qualidade do ar (sereno, calmo, claro e adequado para os espíritos assumirem corpos) quanto para a qualidade e a natureza do planeta e do espírito. De acordo com o dia e a hora em que ele aparecer, a ocasião pode ser favorável ou desfavorável, às vezes durante o dia e às vezes durante a noite, conforme os astros e os espíritos exigirem.

Considerando-se judiciosamente essas coisas, que o Círculo seja feito no local escolhido, tanto para a defesa do invocador quanto para a confirmação do espírito. E no Círculo escreva os nomes gerais divinos e todas as coisas que nos defendem. Com elas, escreva os nomes divinos que arruínam seu planeta e os encargos do próprio espírito. Da mesma forma, escreva nele os nomes dos bons espíritos que governam na época em que você faz isso e que são capazes de encantar e restringir o espírito que pretendemos invocar. E se quisermos fortalecer e fortificar ainda mais o nosso Círculo, podemos acrescentar sigilos e pentágonos que estejam de acordo com o trabalho e ainda podemos, dentro ou fora do Círculo, enquadrar uma figura angular com a inscrição de números convenientes que sejam congruentes entre si e com o nosso trabalho, os quais devem ser conhecidos de acordo com os números e figuras apresentados em nosso primeiro Livro.

Além disso, devemos estar providos de luzes, perfumes, unguentos e medicamentos, compostos de acordo com a natureza do espírito e do planeta, que concordam com o espírito por causa de sua virtude natural e celestial.

Em seguida, devemos nos munir de coisas santas e consagradas necessárias, não apenas para a defesa do invocador e de seus companheiros, mas também para servir de laços para prender e restringir os espíritos; tais como papéis sagrados, lamens, imagens, pentáculos, espadas, cetros, vestimentas material e cores apropriadas.

Em seguida, com todas essas coisas providenciadas, que o exorcista e seus companheiros entrem no Círculo. Em primeiro lugar, que ele consagre o Círculo e tudo o que usar; feito isso de maneira solene e firme, com gestos e semblante convenientes, que ele comece a orar em voz alta da seguinte maneira: primeiro fazendo uma oração ou prece a Deus, em seguida, suplicando aos bons espíritos; mas, antes de tudo, devemos ler alguma oração, salmo ou evangelho para nossa defesa. Depois que essas orações e preces forem feitas, que ele comece a invocar o espírito que deseja, com um encantamento gentil e amoroso para todos os cantos do mundo, com uma celebração de sua própria autoridade e poder. com um encantamento gentil e amoroso para todas as costas do mundo, com uma comemoração de sua própria autoridade e poder. Em seguida, descanse e olhe ao redor para ver se algum espírito aparece; se ele demorar, repita sua invocação até que a tenha feito três vezes. Se o espírito for obstinado e não aparecer, então que o invocador comece a conjurá-lo com poder divino; mas de modo que todas as suas conjurações e celebrações estejam de acordo com a natureza e o ofício do espírito e reitere novamente três vezes, cada vez mais e mais forte, usando injúrias, maldições, punições, suspensão de seu poder e ofício, e coisas semelhantes. Se o espírito aparecer, que o invocador se dirija a ele e receba-o com cortesia, pedindo-lhe sinceramente que lhe diga seu nome, que deverá ser anotado em seu papel sagrado. Prossiga, então, perguntando-lhe o que quiser. E se o espírito parecer obstinado, ambíguo ou mentiroso em qualquer coisa, que ele seja preso por conjurações convenientes; e se duvidar de alguma coisa, faça, fora do Círculo e com a espada consagrada, a figura de um triângulo ou pentágono e obrigue o espírito a entrar nele. Se receber alguma promessa que gostaria de confirmar com um juramento, estenda a espada para fora do Círculo e jure o espírito colocando sua mão sobre a espada. Tendo obtido do espírito o que deseja, ou estando satisfeito de outra forma, peça-lhe que se afaste com palavras corteses, ordenando-lhe que não lhe faça mal. Se ele não se afastar, obrigue-o por meio de conjurações poderosas e, se necessário, expulse-o por meio de exorcismos e sufumigações contrárias. Quando ele se afastar, não saia do Círculo. Permaneça nele e faça algumas orações agradecendo a Deus e aos anjos bons; e também ore por sua defesa e conservação futuras, as quais, se forem realizadas ordenadamente, poderá se afastar e partir. Mas se suas esperanças forem frustradas e nenhum espírito aparecer, ainda assim não precisa se desesperar. Deixe o Círculo após a licença para partir (que nunca deve ser omitida, quer um espírito apareça ou não) retorne em outras ocasiões, fazendo como antes. E se você achar que errou em alguma coisa, então deve emendar acrescentando ou diminuindo, pois a constância da repetição aumenta sua autoridade e poder, aterroriza os espíritos e os obriga a obedecer. Muitas vezes os espíritos vêm, embora não pareçam visíveis (para causar terror àquele que os chama), seja na coisa que ele usa, seja na própria operação. Mas esse tipo de licença não é dado simplesmente, mas por uma espécie de dispensa, com suspensão, até que, além disso, sem um Círculo, esses espíritos podem ser chamados a aparecer, da mesma forma que fizemos na consagração de um livro. Quando pretendemos executar qualquer efeito em que uma aparição não seja necessária, isso deve ser feito usando aquilo que será para nós um instrumento; seja uma imagem, anel, sigilo, mesa, escrita, vela, sacrifício, seja qualquer outra coisa. O nome do espírito deve ser escrito nele com seu sigilo, de acordo com a exigência do experimento, seja escrevendo-o com sangue, seja usando um perfume agradável ao espírito. Da mesma forma, muitas vezes devemos fazer orações e preces a Deus e aos anjos bons antes de invocarmos qualquer espírito maligno, conjurando-o pelo poder divino. Em algumas partes anteriores de nosso trabalho, ensinamos como e por quais meios a alma se une ao corpo.

Neste ponto, iremos lembrá-lo de que essas almas ainda amam seus corpos abandonados após a morte e que certa afinidade as atrai, por assim dizer. Essas são as almas dos homens maus, que abandonaram violentamente seus corpos, e as almas que carecem de um enterro adequado, que ainda vagam em um espírito líquido e turbulento em torno de seus cadáveres mortos; mas essas almas, pelos meios conhecidos pelos quais foram unidas a seus corpos, pelos mesmos vapores, licores e sabores, são facilmente atraídas para eles.

Por isso, as almas dos mortos não devem ser invocadas sem sangue ou pela aplicação de alguma parte de seu corpo abandonado.

Portanto, ao ressuscitarmos essas sombras, devemos petrificar com sangue novo os ossos dos mortos e com carne, ovos, leite, mel e óleo, que fornecem à alma um meio apto a receber seu corpo.

Da mesma forma, deve ser entendido que aqueles que desejam ressuscitar quaisquer almas dos mortos devem escolher os lugares onde se sabe que esse tipo de alma está mais presente; ou por alguma aliança que atrai as almas para seus corpos abandonados, ou por algum tipo de afeição que em tempos passados ficou impressa nelas em sua vida, atraindo as almas para certos lugares, coisas ou pessoas; ou pela natureza forçada de algum lugar adequado e preparado para purgar ou punir essas almas: lugares esses que, em sua maioria, devem ser conhecidos pelo aparecimento de visões, incursões noturnas e aparições.

Portanto, os lugares mais adequados para essas coisas são os pátios das igrejas. Melhor do que eles são os lugares dedicados à execução de julgamentos criminais. Melhor ainda são os lugares onde, nos últimos anos, tem havido tantos e tão grandes massacres públicos de homens; esse lugar é ainda melhor do que aqueles onde algum cadáver morto por morte violenta ainda não foi expiado, nem foi enterrado recentemente; pois a expiação nesses lugares é também um rito sagrado que deve ser devidamente proibido para o sepultamento dos corpos, e muitas vezes proíbe que a alma retorne ao seu corpo e expulsa a alma para longe, para o local do julgamento.

Daí se conclui que as almas dos mortos não são fáceis de serem ressuscitadas, exceto as almas daqueles que sabemos serem maus, ou que pereceram por morte violenta, e cujos corpos não têm o rito do devido sepultamento.

Agora, embora tenhamos falado a respeito de lugares desse tipo, não será seguro nem cômodo ir até eles; mas é necessário que levemos para qualquer lugar que for escolhido alguma relíquia principal do corpo, e com ela ramos um perfume da maneira devida, e realizemos outros ritos cabíveis.

Deve-se saber também que, como as almas são, na verdade, luzes espirituais, portanto, luzes artificiais feitas de certas coisas compatíveis, compostas de acordo com uma regra verdadeira, com inscrições congruentes de nomes e selos, são muito úteis para a elevação de almas falecidas, as almas que partiram. Mas as coisas de que agora se fala nem sempre são suficientes para despertar as almas, devido a uma porção extranatural de entendimento e razão, que é superior e conhecida apenas pelos destinos celestiais e seus poderes.

Devemos, portanto, atrair as ditas almas por meio de poderes sobrenaturais e celestiais devidamente administrados, até mesmo por aquelas coisas que mexem com a própria harmonia da alma, tanto imaginárias quanto racionais e intelectuais, como vozes, canções, sons, encantamentos; e coisas religiosas, como orações, conjurações, exorcismos e outros ritos sagrados, que podem ser convenientemente administrados aqui.

FIM DA SEGUNDA PARTE

A tabela mostrando os nomes dos Anjos que governam os 7 dias da semana com seus Selos, Planetas e Signos

Domingo	*Segunda*	*Terça*	*Quarta*	*Quinta*	*Sexta*	*Sábado*
Michaēl	Gabriel	Camael	Raphaēl	Sachiel	Anaël	Caffiel

☉ ♌	☽ ♋	♂ ♈ ♏	☿ ♊ ♍	♃ ♐ ♓	♀ ♉ ♎	♄ ♑ ♒
nome do 4º céu Machen.	*nome do 1º céu* Shamain.	*nome do 5º céu* Machon.	*nome do 2º céu* Raquie.	*nome do 6º céu* Zebul.	*nome do 3º céu* Sagun.	*não há anjo regente acima do 6º céu*

O Livro dos Espíritos

Um exemplo de livro dos Espíritos que deve ser feito de papel pergaminho virgem

LIVRO II – PARTE III

SOBRE A COMPOSIÇÃO ESPECÍFICA DO CÍRCULO MÁGICO,

EXORCISMOS, BÊNÇÃOS E AS CONJURAÇÕES PARA CADA DIA DA SEMANA E A DESCRIÇÃO DO PROCESSO DE TRABALHO

As instruções a seguir são as principais e a soma total de tudo o que dissemos, só que apresentadas por uma linha de experimento e prática mais próxima do que qualquer outra; pois aqui veremos as funções distintas dos espíritos; da mesma forma, toda a perfeição das cerimônias mágicas é descrita aqui, sílaba por sílaba.

Mas como o maior poder é atribuído aos Círculos (pois eles são verdadeiras fortalezas), vamos agora explicar claramente e mostrar a composição e a figura de um Círculo.

A composição de um Círculo (ver ilustração na pág. 273)

As formas dos Círculos não são sempre as mesmas, elas mudam de acordo com a ordem dos espíritos que devem ser chamados, seus lugares, horários, dias e horas.

Ao fazer um Círculo, deve-se considerar a época do ano, dia e hora, quais espíritos chamar, a que astro ou região eles pertencem e que funções eles têm: portanto, para começar, faça três Círculos com a latitude de nove pés, distantes um do outro cerca de um palmo.

Primeiro, escreva no Círculo do meio o nome da hora em que o trabalho é feito; em segundo lugar, escreva o nome do anjo da hora; em terceiro lugar, o selo do anjo da hora; em quarto lugar, o nome do anjo que rege o dia do seu trabalha e os nomes de seus ministros; em quinto lugar, o nome da época atual; em sexto lugar, o nome dos espíritos que regem essa parte da época e seus presidentes; em sétimo lugar, o nome do regente do signo que rege a época; em oitavo lugar, o nome da Terra, de acordo com o tempo de trabalho; em nono lugar, e para completar o Círculo do meio, escreva o nome do Sol e da Lua, de acordo com a regra de tempo mencionada, pois assim como os tempos mudam, os nomes também mudam. No círculo externo, desenhe, nos quatro ângulos, os nomes dos grandes espíritos presidentes do Ar naquele dia em que o trabalho será feito, ou seja, o nome do rei e de seus três ministros. Fora do Círculo, nos quatro ângulos, faz os pentágonos. No Círculo interno, escreva quatro nomes divinos, com quatro cruzes intercaladas: no meio do Círculo, a leste, escreva *Alfa*; a oeste, *Ômega*; e uma cruz deverá dividir o Círculo ao meio. Quando o círculo estiver concluído, de acordo com as regras, você deverá consagrá-lo e abençoá-lo, dizendo:

"Em nome da santa, abençoada e gloriosa Trindade, prosseguimos com nosso trabalho nesses mistérios para realizar o que desejamos; portanto, consagramos aos nomes mencionados este pedaço de terra para nossa defesa, de modo que nenhum espírito seja capaz de romper esses limites, nem de causar dano ou prejuízo a qualquer um de nós aqui reunidos; mas que eles sejam obrigados a se apresentar diante deste Círculo e responder verdadeiramente às nossas exigências, de acordo com o que agrada Àquele que vive para todo o sempre; e que diz: 'Eu sou o Alfa e o Ômega, o Princípio e o Fim, o que é, o que era e o que há de vir, o Todo-Poderoso; Eu sou o Primeiro e o Último, que vivo e estive morto; e eis que sou o Eu sou o Primeiro e o Último, que vivo e morri, e eis que estou vivo para todo o sempre; e tenho as chaves da morte e do inferno. Abençoe, ó Senhor, esta criatura da terra em que estamos; confirme, ó Deus, sua força em nós, para que nem o adversário nem qualquer coisa má nos faça fracassar, pelos méritos de Jesus Cristo. Amém'."

Também é preciso saber que os anjos regem as horas em uma ordem sucessiva, de acordo com o curso dos céus e dos planetas aos quais estão sujeitos; assim, o mesmo espírito que governa o dia também governa a primeira hora do dia; o segundo a partir dele governa a segunda hora, e assim por diante.

Quando sete planetas e horas tiverem feito sua revolução, ele retorna novamente ao primeiro que rege o dia. Portanto, falaremos primeiro dos nomes das horas.

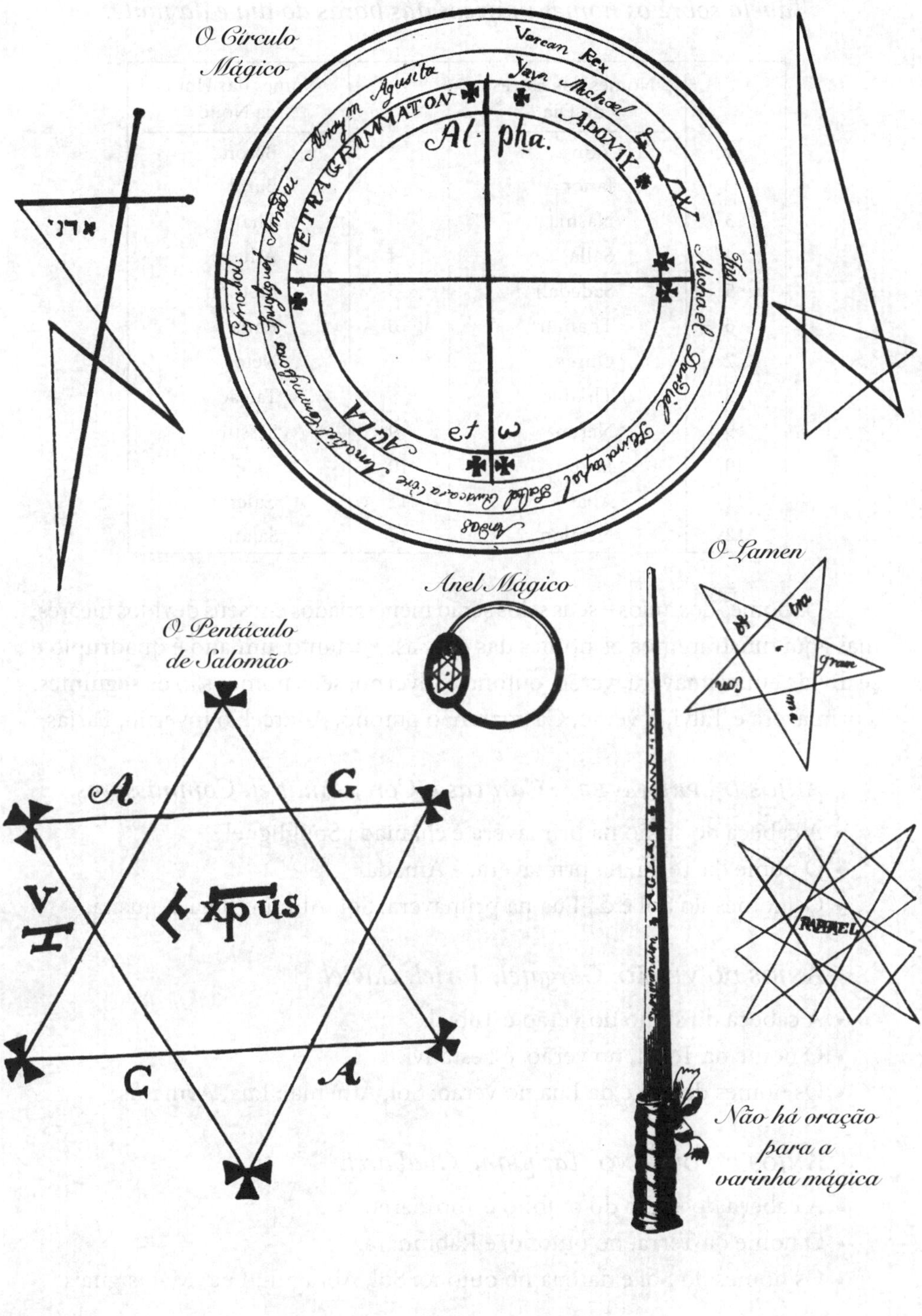

O Círculo Mágico

Anel Mágico

O Pentáculo de Salomão

O Lamen

Não há oração para a varinha mágica

Tabela sobre os nomes mágicos das horas do dia e da noite.

	Nomes das Horas do Dia		Nomes das Horas da Noite
1	Yain	1	Beron
2	Janor	2	Barol
3	Nasnia	3	Thami
4	Salla	4	Athar
5	Sadedali	5	Methon
6	Thamur	6	Rana
7	Ourer	7	Netos
8	Thamic	8	Tafrac
9	Neron	9	Sassur
10	Jayon	10	Agle
11	Abai	11	Calerva
12	Natalon	12	Salam

Os nomes dos anjos e seus selos serão mencionados em seus devidos lugares; mas aqui mostraremos os nomes das épocas. Portanto, um ano é quádruplo e se divide em primavera, verão, outono e inverno; seus nomes são os seguintes: a primavera é Talvi; o verão, Casmaran; o outono, Adarcel; o inverno, Farias.

Anjos da primavera: Caracasa, Core, Amatiel, Commissoros.

- A cabeça do signo na primavera é chamada Spugliguel.
- O nome da Terra, na primavera, é Amadai.
- Os nomes do Sol e da Lua na primavera: Sol, Abraim; Lua, Agusita.

Anjos do verão: Gargatel, Tariel, Gaviel.

- A cabeça do signo do verão é Tubiel.
- O nome da Terra, no verão, é Festativi.
- Os nomes do Sol e da Lua no verão: Sol, Athemai; Lua, Armatus.

Anjos do outono: Tarquam, Guabarel.

- A cabeça do signo do outono é Torquaret.
- O nome da Terra, no outono, é Rabinnara.
- Os nomes do Sol e da Lua no outono: Sol, Abragini; Lua, Matasignais.

Anjos do inverno: Amabaei, Cetarari.

- A cabeça do signo do inverno é Attarib.
- O nome da Terra, no inverno, é Geremiah.
- Os nomes do Sol e da Lua no inverno: Sol, Commutoff; Lua, Affaterim.

Sabendo disso, termine a consagração do círculo dizendo:

Tu me purificarás com hissopo, Senhor, e ficarei limpo; tu me lavarás e ficarei mais branco do que a neve.

Em seguida, borrife o sarne com água benta e prossiga com a bênção dos perfumes.

Bênção dos perfumes

O Deus de Abraão, o Deus de Isaque, o Deus de Jacó, abençoe aqui as criaturas desses tipos, para que elas possam preencher o poder e a virtude de seus odores; de modo que nem o inimigo nem qualquer falsa imaginação possam entrar neles; por nosso Senhor Jesus Cristo etc.

Em seguida, borrife-os com água benta.

O Exorcismo do fogo no qual serão colocados os perfumes

Eu te Exorcizo, ó criatura de fogo, pelo único Deus verdadeiro Jeová, Adonai, Tetragrammaton, para que imediatamente expulses de ti todo fantasma, para que não cause danos a ninguém. Nós te rogamos, Senhor, que abençoes essa criatura de fogo e a santifiques, de modo que ela seja abençoada para apresentar o louvor e a glória de teu santo nome, e que nenhum dano seja permitido ao exorcista ou aos espectadores; por nosso Senhor Jesus Cristo. Amém.

Paramento do Exorcista

Deve ser feito, conforme descrito anteriormente, em linho branco fino e limpo, e deve ficar solto em volta do corpo, mas fechado na frente e atrás.

Pentáculo de Salomão. (Ver ilustração na pág. 273)

Sempre é bom ter esse pentáculo pronto para conjuração, caso os espíritos se recusem a ser obedientes, pois eles não podem ter poder sobre o exorcista enquanto estiverem munidos e fortalecidos pelo pentáculo, já que a virtude dos nomes sagrados nele escritos preside com maravilhosa influência sobre os espíritos.

Deve ser feito no dia e na hora de Mercúrio, sobre um pergaminho feito de couro de cabrito, ou papel branco virgem, puro e limpo, com as figuras e letras escritas em ouro puro. E deve ser consagrado e aspergido (como já foi dito muitas vezes) com água benta.

Ao colocar a vestimenta, é conveniente dizer a seguinte oração:

Oração para quando for colocar o Hábito ou a Vestimenta

Anoor, Amacor, Amides, Theodonias, Anitor; pelos méritos dos anjos, ó Senhor! Vestirei o hábito da salvação, para que eu possa realizar o que desejo, por meio de ti, o santíssimo Adonai, cujo reino dura para todo o sempre. Amém.

O procedimento no trabalho

Que a lua seja crescente e equilibrada, se isso puder ser feito de forma conveniente; mas especialmente que ela não esteja em combustão ou em Via Combusta, que fica entre quatorze graus de Libra e quatorze graus de Escorpião.

O operador deve estar limpo e purificado por nove dias antes de realizar o trabalho. Que ele tenha pronto o perfume apropriado para o dia, e que lhe seja fornecida água benta por um clérigo, ou que ele mesmo a torne benta, lendo sobre ela a consagração da água do batismo. E que ele tenha um novo vaso de barro, com fogo, a veste e o pentáculo; e que todas essas coisas sejam correta e devidamente consagradas e preparadas. Que um dos companheiros carregue o vaso com fogo e os perfumes, e que outro carregue o livro, a vestimenta e o pentáculo; e que o próprio operador carregue a espada, sobre a qual deve ser feita uma oração de consagração. No meio da espada, de um lado, deve estar gravado Agla † e, do outro lado, †. Em † Tetragrammaton †. E, tendo sido fixado o local onde o Círculo deve ser erguido, que ele trace as linhas que ensinamos anteriormente e borrife a espada com água benta, consagrando-a etc.

Portanto, o operador deve se preparar em jejum, castidade e abstinência, pelo espaço de três dias antes do dia da operação. No dia em que for realizar esse trabalho, estando vestido com as vestes mencionadas anteriormente e munido de pentáculo, perfumes, espada, bíblia, papel, caneta e tinta consagrada, e todas as coisas necessárias para isso, que ele entre no Círculo e chame os anjos das quatro partes do mundo que governam os sete planetas, os sete dias da semana, as cores e os metais, cujos nomes verá em seus lugares.

De joelhos dobrados, que ele diga primeiro o Pai nosso ou a Oração do Senhor e, em seguida, que ele invoque os referidos anjos, dizendo:

O angeli! supradicti estote adjutores mihi petitioni et in adjutorum mihi, in meis rebus et petitionibus.

Em seguida, chame os anjos das quatro partes do mundo que regem o Ar no mesmo dia em que ele fizer o experimento; e, tendo empregado especialmente todos os nomes e espíritos dentro do círculo, diga:

O vos omnes, adjutore atque contestor per sedem Adonai, per Hagios, Theos, Ischyros, Athanatos, Paracletos, Alpha et Omega, et per baec tria nomina secreta, Agla, On, Tetragrammaton, quod hodie debeatis adimplere quod cupio.

Contudo, caso sejam persistentes ou refratários, e não se mostrarem obedientes nem à conjuração designada para o dia, nem a qualquer das orações feitas antes, então use o exorcismo seguinte:

Exorcismo geral dos espíritos do ar

Feitos nós segundo a imagem de Deus, dotados de Seu poder e feitos segundo a Sua vontade, exorcizamos-vos, pelo mais nobre e poderoso nome de Deus, El, forte e maravilhoso, (aqui nomeamos o espírito que deve aparecer) e vos ordenamos por Aquele que pronunciou a palavra e ela se cumpriu, e por todos os nomes de Deus e pelo nome de Adonai, Elohim, Elohe, Zebaoth, Elion, Eserchie, Jah, Tetragrammaton, Sadai, Senhor Deus Altíssimo: nós os exorcizamos e ordenamos poderosamente que nos apareçam imediatamente diante deste Círculo, em boa forma humana, sem qualquer deformidade ou tortuosidade; venham todos vós, pois nós vos ordenamos pelo nome Yaw e Vau, que Adão ouviu e falou; e pelo nome de Deus, Agla, que Ló ouviu e foi salvo com sua família; e pelo nome Joth, que Jacó ouviu do anjo que lutava com ele e foi libertado das mãos de seu irmão Esaú; e pelo nome Anaphexeton, que Arão ouviu e pronunciou e foi tornado sábio; e pelo nome e Zebaoth, que Moisés enunciou, e todos os rios se transformaram em sangue; e pelo nome Eserchie Oriston, que Moisés chamou, e todos os rios produziram rãs, e elas subiram às casas dos egípcios, destruindo tudo; e pelo nome de Elion, que Moisés nomeou, e houve muito granizo, como nunca visto desde o princípio do mundo; e pelo nome Adonai, que Moisés nomeou, e ali comeram gafanhotos, que apareceram em toda a terra do Egito, e devoraram tudo o que o granizo havia deixado; e pelo nome Schema Amathia, que Josué invocou, e o sol manteve seu curso; e pelo nome Alfa e Ômega, que Daniel nomeou, e destruiu Bel e matou o dragão; e no nome Emmanuel, que os três filhos, Sidrach, Misach e Abednego, cantaram no meio da fornalha ardente e foram libertados; e pelo nome Hagios; e pelo selo de Adonai; e por Ischyros, Athanasius, Paracletes; e por esses três nomes secretos, Agla, On, Tetragrammaton, eu vos conjuro e contesto; e por estes nomes, e por todos os outros nomes do Deus vivo e verdadeiro, nosso Senhor Todo-Poderoso, eu te exorcizo e ordeno, por Aquele que falou a palavra e tudo se fez, a quem todas as criaturas são obedientes. E pelo terrível julgamento de Deus; pelo incerto mar de vidro, que está diante da divina Majestade, poderosa; pelos quatro animais diante do trono, tendo olhos na frente e atrás; e pelo fogo ao redor de seu trono; e pelos santos anjos do céu; pela poderosa sabedoria de Deus, nós o exorcizamos poderosamente, para que apareça aqui diante deste Círculo, para cumprir nossa vontade em todas as coisas que nos parecerem boas; pelo selo de Baldachia, e por este nome Primeumaton, que Moisés anunciou e a terra se abriu e engoliu Korah, Dathan e Abiram. E no poder desse nome Primeumaton, comandando todo o exército do Céu, nós vos amaldiçoamos e vos privamos de vosso cargo, alegria e lugar, e vos prendemos nas profundezas do abismo, onde permanecereis até o terrível dia do último julgamento; e vos prendemos ao fogo eterno e ao lago de fogo e enxofre, a menos que compareçais imediatamente diante deste Círculo para fazer nossa vontade; portanto, vinde, por estes nomes, Adonai, Zebaoth, Adonai, Amioram; Vinde, vinde, vinde, Adonai ordena; Saday, o poderosíssimo Rei dos Reis, a cujo poder nenhuma criatura é capaz de resistir, seja para vós o mais terrível, a menos que obedeçais e apareçais imediatamente diante deste Círculo, que a ruína miserável e o fogo inextinguível permaneçam convosco; portanto, vinde, em nome de Adonai, Zebaoth, Adonai, Amioram; vinde, vinde, por que vos detendes? Apressai-vos! Adonai, Sadai, o Rei dos Reis, vos ordena: El, Aty, Titcip, Azia, Hin, Yen, Minosel, Achadan, Vay, Vaah, Ey, Exe, A, El, El, El, A, Hy, Hau, Hau, Hau, Vau, Vau, Vau, Vau.

Oração a deus a ser feita nas quatro partes do mundo, no círculo

Amorule, Taneha, Latisten, Rabur, Teneba, Latisten, Escha, Aladia, Alfa e Ômega, Leyste, Orision, Adonai, Ó Pai celestial misericordioso, tem misericórdia de mim, embora pecador; faze aparecer hoje em mim o braço de teu poder contra esses espíritos obstinados, para que eu, por tua vontade, possa ser feito um contemplador de tuas obras divinas e possa ser ilustrado com toda a sabedoria, para honra e glória de teu santo nome. Suplico-te humildemente que esses espíritos que chamo por teu julgamento possam ser obrigados e constrangidos a vir e dar respostas verdadeiras e perfeitas às coisas que eu lhes pedir; e que eles possam fazer e declarar-nos as coisas que eu lhes exigir, sem ferir nenhuma criatura, nem ferir ou aterrorizar a mim ou a meus companheiros, nem ferir qualquer outra criatura, e não assustar ninguém; e que eles sejam obedientes às coisas que lhes forem exigidas.

Então, estando no meio do Círculo, estenda a mão para o pentáculo, dizendo: *Pelo pentáculo de Salomão eu o chamei; dê-me uma resposta verdadeira.*

Segue esta Oração

Beralanensis, Baldachiensis, Paumachia e Apologia Sedes, pelos mais poderosos reis e potestades, e pelos mais poderosos príncipes, gênios, Liachidx, ministros da sede de Tartária, príncipe-chefe da sede de Apologia, na nona legião, eu os invoco. E invocando, eu os conjuro; e estando armado com o poder da Majestade suprema, eu os corroboro veementemente, por Aquele que falou e tudo foi feito, e a quem todas as criaturas são obedientes; e por este nome inefável, Tetragrammaton Jeová, que sendo a barba, os elementos são derrubados, o ar é abalado, o mar recua, o fogo é apagado, a terra treme e toda a hoste dos seres celestiais, terrestres e infernais tremem juntos e são perturbados e confundidos. Portanto, imediatamente e sem demora, vinde de todas as partes do mundo e dê respostas racionais a todas as coisas que eu vos pedir; e vinde pacífica, visível e afavelmente agora, sem demora, manifestando o que desejamos, sendo invocados pelo nome do Deus vivo e verdadeiro, Helioren, e cumpri as nossas ordens, persistindo até o fim e de acordo com as nossas intenções, falando-nos visível e afavelmente com voz clara, inteligível e sem qualquer ambiguidade.

Aparição dos Espíritos

Depois dessas coisas serem devidamente executadas, aparecerão infinitas visões, espectros, fantasmas etc. Batidas de tambores e o som de todos os tipos de instrumentos musicais são feitos pelos espíritos, para que, com o terror, eles possam forçar alguns dos companheiros a sair do Círculo, porque eles não podem fazer nada contra o próprio exorcista: depois disso, você verá uma companhia infinita de arqueiros, com uma grande multidão de bestas horríveis, que se organizarão como se quisessem devorar os companheiros; no entanto, não temas.

O exorcista, segurando o pentágono em sua mão, deve dizer: "Evite essas iniquidades, em virtude do estandarte de Deus". Assim os espíritos serão obrigados a obedecer ao exorcista, e a companhia não os verá mais.

E o exorcista, estendendo a mão com o pentáculo, diz: "Eis o pentáculo de Salomão, que eu trouxe à vossa presença; eis a pessoa do exorcista no meio do exorcismo, que está armado por Deus, sem medo e bem provido, que invoca e chama potentemente pelo exorcismo. Vinde, portanto, com rapidez, pela virtude destes nomes: Aye Saraye, Aye Saraye. Não adieis a vinda, pelos nomes eternos do Deus vivo e verdadeiro, Eloy, Archirna, Rabur, e pelo pentáculo de Salomão aqui presente, que reina poderosamente sobre vós; e pela virtude dos espíritos celestiais, vossos senhores; e pela pessoa do exorcista, no meio do exorcismo. Sendo convocados, apressem-se, venham e obedeçam a seu mestre, que se chama Octinomos".

Feito isso, imediatamente haverá sibilos nas quatro partes do mundo e, em seguida, imediatamente verão grandes movimentos que, quando virem, dirão: "Por que vos detém? Por que se demoram? O que estão fazendo? Preparai-vos para serdes obedientes a vosso senhor, em nome do Senhor; Bathat ou Vachat virá sobre Abrac, Abeor virá sobre Aberer". Então eles comerão imediatamente em suas formas apropriadas; e quando os vires diante do círculo, mostra-lhes o pentáculo coberto com linho fino; descubra-o e diga: "Eis a sua ruína se recusar a obedecer". E de repente eles aparecerão de forma pacífica e dirão: "Pergunte o que quiser, pois estamos preparados para cumprir seus mandamentos, pois o Senhor nos sujeitou a isso". Então diga o exorcista: "Bem-vindos, espíritos ou nobres príncipes, porque eu os chamei por meio daquele a quem todo joelho se dobra, tanto das coisas no Céu, como nas coisas da Terra e debaixo da Terra; em cujas mãos estão todos os reinos dos reis, nem há quem possa contradizer sua majestade. Portanto, eu vos conjuro para que permaneças afável e visível diante deste Círculo, tão longo e tão constante; e que não partas sem minha licença, até que tenhas verdadeiramente e sem qualquer falsidade cumprido minha vontade, em virtude de seu poder que estabeleceu os limites do mar, além dos quais ele não pode passar, nem ir além da lei de sua providência, do Deus Altíssimo, Senhor e Rei, que criou todas as coisas. Amém".

Então deixe o exorcista mencionar o que ele teria feito. Depois disso, diga: "Em nome do Pai, do Filho e do Espírito Santo, ide em paz para vossos lugares; paz seja entre nós e vós; estai prontos para vir quando fordes chamados". (Para ver as figuras do Círculo, do pentáculo e de outros instrumentos, consulte a ilustração da pág. 273)

Para que tenhas uma ideia da maneira de compor o Círculo, apresentamos um desenho para a primeira hora do dia do Senhor, na primavera.

SEGUEM OS VALORES E AS CONJURAÇÕES PARA CADA DIA DA SEMANA

VALORES DO DOMINGO

(Para ver a figura dos selos, planetas, sinais, nomes dos anjos dos vários dias e nomes do quarto Céu, com os sigilos e o livro mágico, veja a ilustração da pág. 270)

ANJOS DO DIA DO SENHOR: Michael, Dardiel, Huratapel.

ANJOS DO AR: regentes no dia do Senhor, Varcan, rei; seus ministros, Tus, Andas, Cynabal.

VENTO REGIDOS PELOS ANJOS DO AR: Vento Norte.

ANJOS DO QUARTO CÉU QUE REGEM NO DIA DO SENHOR (devem ser chamados das quatro partes do mundo): Leste, Samael, Baciel, Abel, Gabriel, Vionatraba; do Oeste, Anael, Pabel, Ustael, Burchat, Suceratos, Capabili; do Norte, Aiel, Ariel, vel Aquiel, Masgabriel, Saphiel, Matuyel; do Sul, Haludiel, Machasiel, Charsiel, Uriel, Naromiel.

PERFUME DO DOMINGO: sândalo vermelho.

Conjuração para o domingo

Conjuro e confirmo sobre vós, anjos fortes e santos de Deus, em nome de Adonai, Eye, Eye, Eya, Aquele que foi e há de vir, Eye, Abray; e em nome de Saday, Cados, Cados, sentado nas alturas sobre os querubins. E pelo grande nome do próprio Deus, forte e poderoso, que é exaltado acima de todos os céus. Eye, Saraye, que criou o mundo, os Céus, a Terra, o mar e tudo o que neles há, no primeiro dia, e os escalou com seu santo nome, Phaa; e pelo nome dos anjos que regem o quarto céu e servem diante do poderosíssimo Salamia, um anjo grande e honrado; e pelo nome de seu astro, que é Sol, e por seu signo, e pelo imenso nome do Deus vivo, e por todos os nomes mencionados anteriormente, eu te conjuro, Michael, ó grande anjo! O principal soberano supremo deste dia; e pelo nome de Adonai, o Deus de Israel, eu te conjuro, ó Miguel, que trabalhes por mim e cumpras todas as minhas petições de acordo com a minha vontade e desejo em minha causa e meus interesses.

Os espíritos do Ar do dia do Senhor estão sob o Vento Norte; sua natureza é obter ouro, pedras preciosas, carbúnculos, diamantes e rubis, e fazer com que se obtenha favor e benevolência, dissolver inimizades entre os homens, elevar as honras e tirar as enfermidades. Eles aparecem, na maioria das vezes, em um corpo grande, cheio e grande, sanguíneo e cruzado, em uma cor dourada, com a tintura de sangue. Seu movimento é como a iluminação do céu; o sinal de que se tornam visíveis é que levam a pessoa que os chama a suar.

Suas formas particulares são:

- Um rei, com um cetro, montado em um leão.
- Um rei coroado; uma rainha com um cetro.
- Um pássaro; um leão; um galo.
- Um traje amarelo.
- Um cetro.

VALORES DA SEGUNDA-FEIRA

(Para conhecer o anjo da segunda-feira, seu sigilo, planeta, signo do planeta e nome do primeiro céu, consulte a ilustração da pág. 270).

Anjos de segunda-feira: Gabriel, Miguel, Samael.

Anjos do ar que governam segunda-feira: Arcan, rei; seus ministros, Bilet, Missabu, Abuhaza.

Vento ao qual estão sujeitos: Vento Oeste.

Anjos do primeiro céu, que regem a segunda-feira: são chamados das quatro partes do mundo. Do Leste, Gabriel, Madiel, Deamiel, Janak; do Oeste, Sachiel, Zaniel, Habiel, Bachance, Corobael; do Norte, Mael, Uvael, Valnum, Baliel, Balay, Humastraw; do Sul, Curaniel, Dabriel, Darquiel, Hanun, Vetuel.

Perfume da segunda-feira: aloés.

Conjuração da segunda-feira pág. 290

Eu conjuro e me fortaleço em vós, anjos fortes e bons, em nome de Adonai, Adonai, Adonai, Adonai, Eye, Eye, Eye; Cados, Cados, Cados, Achim, Achim, Ya, Ya, forte Ya, que apareceu no monte Sinai com a glorificação do rei Adonai, Sadai, Zebaoth, Anathai, Ya, Ya, Ya, Maranata, Abim, Jeia, que criou o mar e todos os lagos e águas no segundo dia. E que estão acima dos Céus e na Terra, e escalou o mar em seu alto nome, e deu-lhe seus limites além dos quais ele não pode passar. Pelos nomes dos anjos que regem a primeira legião e que servem a Orphaniel, um anjo grande, valoroso e honrado, e pelo nome de seu astro, Luna, e por todos os nomes antes mencionados, eu te conjuro, Gabriel, que és o principal soberano da segunda-feira, o segundo dia, que por mim trabalhes e cumpras, etc.

Os espíritos do Ar da segunda-feira estão sujeitos ao Vento Oeste, que é o vento da Lua; sua natureza é dar prata e transportar coisas de um lugar para outro; tornar os cavalos velozes e revelar os segredos das pessoas, tanto presentes quanto futuras.

Suas formas comuns são as seguintes:

Em geral, são de estatura grande e cheia, macios e fleumáticos, de cor semelhante a uma nuvem negra e obscura, com um semblante inchado, olhos vermelhos e cheios de água, cabeça calva e dentes como os de um javali selvagem; seu movimento assemelha-se a uma tempestade marítima extremamente grande. Como sinal deles, aparecerá uma chuva muito grande, e suas formas particulares são:

- Um rei, como um arqueiro, montado em uma corça.
- Um menino.
- Uma caçadora com um arco e flechas.
- Uma vaca; uma pequena corça; um ganso.
- Uma roupa verde ou prateada.
- Uma flecha; uma criatura com muitos pés.

VALORES DA TERÇA-FEIRA

(Para conhecer o anjo de terça-feira, seu sigilo, planeta, signo que rege o planeta e o nome do quinto céu, consulte a ilustração da pág. 270).

Anjos do ar na terça-feira: Samael, Satael, Amabiel.

Anjos do ar que governam na terça-feira: Samax, rei; seus ministros, Carmax, lsmoli, Paffran.

Vento ao qual os referidos anjos estão sujeitos: Vento Leste.

Anjos do quinto céu que governam a terça-feira: a leste, Guel, Damael, Calzas, Arragon; a oeste, Lama, Astagna, Lobquin, Soneas, Jazel, lsiael, lrel; ao norte, Rhaumel, Hyniel, Rayel, Seraphiel, Fraciel Maithiel; ao sul, Sacriel, Janiel, Galdel, Osael, Vianuel, Zaliel.

Perfume da terça-feira: pimenta.

Conjuração da terça-feira

Eu os conjuro e os invoco, anjos fortes e bons, nos nomes Ya, Ya, Ya; He, He, He; Va, Hy, Hy, Ha, Ha, Ha; Va, Va, Va; An, An, An; Aia, Aia, Aia; El, Ay, Elibra, Elohim, Elohim.; e pelos nomes do Deus supremo, que fez o mar e a terra seca e, por meio de sua palavra, criou a Terra e produziu as árvores e selou os planetas, com seu precioso, honrado, reverenciado e santo nome; e pelo nome dos anjos que regem na quinta casa, que são subservientes ao grande anjo Acimoy, que é forte, poderoso e bondoso, e pelo nome de seu astro que se chama Marte, eu te invoco, Samael, pelos nomes mencionados, ó grande anjo! que preside o dia de Marte, e pelo nome de Adonai, o Deus vivo e verdadeiro, que me ajude a realizar meus trabalhos etc. (como na conjuração de domingo).

Os espíritos do Ar na terça-feira estão sob o Vento Leste; sua natureza é trazer ou causar guerra, mortandade, a morte, combustões, trazer dois mil soldados na hora certa; provocar morte, enfermidade ou saúde.

Formas comuns dos espíritos de Marte

Eles aparecem em um corpo de altura elevada, são coléricos, têm uma aparência suja, de cor marrom, escura ou vermelha, com chifres de veados, garras de grifos, e rugem como touros selvagens. Seu movimento é como o fogo a queimar; seu sinal é o trovão e o relâmpago ao redor do Círculo.

Suas formas particulares são:

- Um rei armado, montado em um lobo;
- Um homem armado.
- Uma mulher com um escudo em sua coxa.
- Uma cabra; um cavalo; um veado.
- Uma roupa vermelha; um pedaço de lã; uma prímula.

OS VALORES DA QUARTA-FEIRA

(Para o anjo da quarta-feira, seu sigilo, etc. etc., veja a ilustração da pág. 270)

Anjos da quarta-feira: Rafael, Meil, Serafiel.

Anjos do ar que regem a quarta-feira: Mediar, rei; Ministros, Suquinos, Sallales.

Vento dos referidos anjos do ar: Vento Sudoeste.

Anjos do segundo céu, regentes da quarta-feira: serão chamados no leste, Mathlai, Tanniel, Baraborat; no Oeste, Jeruscue, Merattron; no Norte,

Thiel, Rael, Jarihael, Venahel, Velei, Abuiori, Ucirmiel; no Sul, Milliel, Nelapa, Calvei, vel Laquel.

Perfume da quarta-feira: Mastique.

Conjuração da quarta-feira

Eu vos conjuro e vos invoco, anjos fortes e santos, bons e poderosos, em um nome forte de temor e louvor, Ja, Adonai, Elohim, Saday, Saday, Saday; Eie, Eie, Eie; Asamie, Asamie; e em nome de Adonai, o Deus de Israel, que fez as duas grandes luzes e distinguiu o dia da noite para o benefício de suas criaturas; e pelos nomes de todos os anjos diferenciados, regentes designados na segunda casa diante do grande anjo, Tetra, forte e poderoso; e pelo nome de seu astro, que é Mercúrio; e pelo nome de seu selo, que é o de um Deus poderoso e honrado; e eu te invoco, Rafael, e pelos nomes mencionados, tu, grande anjo, que presides o quarto dia: e pelo santo nome que está escrito na frente de Aarão, criado o Sumo Sacerdote, e pelos nomes de todos os anjos que são constantes na graça de Cristo, e pelo nome e lugar de Ammaluim, que me ajudeis em meus trabalhos etc.

Os espíritos do Ar, na quarta-feira, estão sujeitos ao Vento Sudoeste; sua natureza é dar todos os tipos de metais, revelar todas as coisas terrenas passadas, presentes e futuras; pacificar juízes, dar vitória na guerra, ensinar experimentos e todas as ciências decaídas, e mudar corpos misturados de elementos, condicionalmente, de uma coisa para outra. Eles também trazem saúde ou enfermidades, elevam os pobres e derrubam os ricos, prendem ou soltam espíritos e abrem fechaduras ou ferrolhos.

Esses tipos de espírito têm algumas funções de outros espíritos, não em seu pleno poder, mas em virtude ou conhecimento.

Formas dos Espíritos de Mercúrio

Os espíritos de Mercúrio aparecem em um corpo de estatura mediana, frio, líquido e úmido, belo e de fala afável, em forma humana, como um cavaleiro armado, de cor clara e brilhante. Seu movimento é como o de nuvens prateadas: por seu sinal, causam horror e medo a quem os chama. Suas formas particulares são:

- Um rei montado em um urso.
- Um belo jovem; uma mulher segurando uma roca.
- Um cão, uma ursa e uma pega.
- Uma roupa de várias cores mutáveis.
- Uma vara, um pequeno bastão.

VALORES DA QUINTA-FEIRA

(Para o anjo da quinta-feira, seu sigilo, etc., veja a ilustração da pág. 270)

ANJOS DA QUINTA-FEIRA: Sachiel, Cassiel, Asasiel.

ANJOS DO AR DA QUINTA-FEIRA: Suth, rei; ministros, Maguth, Gutrix.

VENTOS DOS REFERIDOS ANJOS DO AR: Vento Sul. Mas como não há anjos do ar acima do quinto céu, portanto, na quinta-feira, faça as seguintes orações nas quatro partes do mundo:

- NO LESTE: *O Deus magne et excelse et honorale, per infinita secula*; ou "Ó grande e altíssimo Deus, honrado seja teu nome, pelos séculos dos séculos".
- NO OESTE: Ó Deus sábio, puro e justo e de divina clemência, eu te suplico, Pai Santíssimo, que neste dia eu possa entender e realizar perfeitamente minha petição, obra e trabalho; para a honra e glória de teu santo nome, que vives e reinas, sem fim.
- NO NORTE: Ó Deus forte, poderoso e maravilhoso, perpétuo e eterno, conceda que neste dia eu realize o que desejo, por meio de nosso bendito Senhor. Amém.
- NO SUL: Ó poderoso e misericordioso Deus, ouça minhas orações e atenda meu pedido.

PERFUME DA QUINTA-FEIRA: açafrão.

Conjuração da quinta-feira

Eu conjuro e confirmo sobre vós, anjos fortes e santos, pelos nomes Cados, Cados, Cados, Eschereie, Eschereie, Eschereie, Hatim, Ya, poderoso fundador dos mundos; Cantine, Jaym, Janic, Anic, Calbot, Sabbac, Berisay, Alnaym; e pelo nome Adonai, que criou os peixes e os répteis nas águas, e as aves sobre a face da terra, voando em direção ao céu, no quinto dia; e pelos nomes dos anjos que servem no sexto exército diante do Pastor, um santo anjo, um grande e poderoso príncipe, e pelo nome de seu astro, Júpiter, e pelo nome de seu selo, e pelo nome de Adonai, o grande Deus, Criador de todas as coisas, e pelo nome de todas os astros, e por seu poder e virtude, e por todos os nomes mencionados, eu te conjuro, Sachiel, um grande anjo, que é o principal soberano da quinta-feira, que por mim trabalhes, etc.

Os espíritos do ar da quinta-feira estão sujeitos ao Vento Sul; sua natureza é obter o amor das mulheres, fazer com que os homens sejam alegres e felizes, apaziguar brigas e contendas, apaziguar os inimigos, curar os doentes e a doença, causar perdas ou restituir coisas perdidas.

Formas comuns dos espíritos de Júpiter

Aparecem com o corpo sanguíneo e colérico, de estatura mediana, com um movimento honrado e feérico, mas com um semblante suave e uma fala mansa. São da cor do ferro: o motivo deles são relâmpagos e trovões. Como sinal, aparecerão ao redor do Círculo homens que parecerão estar sendo devorados por leões. Suas formas são:

- Um rei, com uma espada desembainhada, montado em um cervo.
- Um homem, usando uma mitra, com vestes longas.
- Uma donzela, com uma coroa de louros, adornada com flores.
- Um touro; um veado; um pavão.
- Um traje azul; uma espada; um buxeiro.

VALORES DA SEXTA-FEIRA

(Para o selo do planeta e o signo que rege o planeta e o nome do terceiro céu, veja a ilustração da pág. 270)

Anjos de sexta-feira: Anael, Rachiel, Sachiel.

Anjos do ar que governam na sexta-feira: Sarabotes, rei; ministros, Amahiel, Aba, Abalidoth, Blaef.

Vento ao qual os anjos do ar estão sujeitos: Vento Oeste.

Anjos do terceiro céu: devem ser chamados das quatro partes do mundo, são: no Leste, Setchiel, Chedusilaniel, Corat, Tamuel, Tenaciel; no Oeste, Turiel, Coniel, Babiel, Kadie, Maltiel, Huphaltiel; no Norte, Peniel, Penael, Penar, Raphael, Ranie, Doremiel; no Sul, Porosa, Sachiel, Chermiel, Samael, Santanael, Famiel.

Perfume da sexta-feira: erva-pimenteira.

Conjuração da sexta-feira

Conjuro e confirmo sobre vós, anjos fortes e santos, pelos nomes On, Hey, Heya, Ja, Je, Saday, Adonai, e pelo nome Sadai, que criou os animais quadrúpedes, os répteis e o homem, no sexto dia, e deu a Adão poder sobre todas as criaturas; portanto, bendito seja o nome do Criador em seu lugar; e pelo nome dos anjos que servem na terceira hoste diante de Dagiel, um grande anjo, um príncipe forte e poderoso, e pelo nome de seu astro, Vênus, e por seu selo, que é sagrado; e por todos os nomes mencionados, eu te conjuro, Anael, que és o principal soberano neste dia, para que trabalhes para mim etc.

Os espíritos do Ar na sexta-feira estão sujeitos ao Vento Oeste. Sua natureza é dar prata, incitar os homens e incliná-los ao luxo, provocar casamentos, atrair os homens a amar as mulheres, causar ou remover enfermidades e fazer todas as coisas que têm movimento.

Suas formas comuns

Eles aparecem com um corpo belo, de estatura mediana, com um semblante amável e agradável, de cor branca ou verde, com as partes superiores douradas. Seu movimento é como o de um estrela clara. Como seu sinal, aparecerão virgens nuas ao redor do Círculo, que se esforçarão para atrair o invocador para um encontro com elas. Suas formas específicas são:

- Um rei, com um cetro, montado em um camelo.
- Uma moça nua; uma cabra.
- Um camelo; uma pomba.
- Uma roupa branca ou verde.
- Flores e a erva sabina.

VALORES DO SÁBADO

(Para os selos, etc., etc., ver a ilustração da pág. 270)

ANJOS DO SÁBADO: Cassiel. Machatan, Uriel.

ANJOS DO AR QUE REGEM NESTE DIA: Maymon, rei; Ministros, Abumalith, Assaibi, Balidet.

VENTO A QUE ESTÃO SUJEITOS: Vento Sul.

A FUMIGAÇÃO DO SÁBADO: enxofre.

Não há anjos governando no Ar no sábado acima do quinto céu; portanto, nos quatro cantos do mundo, no Círculo, use as orações que são aplicadas à quinta-feira.

Conjuração do sábado

Conjuro e confirmo sobre vós, Caphriel, ou Cassiel, Machator e Seraquiel, anjos fortes e poderosos; e pelo nome de Adonai, Adonai, Adonai; Eie, Eie, Eie; Acim, Acim, Acim; Cados, Cados; Ima, Ima, Ima; Salay, Ja, Sar, Senhor e Criador do Mundo, que descansou no sétimo dia; e por Aquele que, por sua boa vontade, deu aos filhos de Israel o sábado, para que o observassem e guardassem e santificassem ao longo de suas gerações, a fim de obterem uma boa recompensa no mundo vindouro; e pelos nomes dos anjos que servem na sétima hoste, diante de Booel, um grande anjo e poderoso príncipe; e pelo nome de seu astro, que é Saturno; e por seu santo selo, e pelos nomes antes mencionados, eu te conjuro, Caphriel, que és o principal soberano do sétimo dia, que é o sábado, que para mim trabalhe etc.

Os espíritos do Ar no sábado estão sujeitos ao Vento Sudoeste: sua natureza é semear discórdias, ódio, pensamentos e cogitações malignas, dar permissão para matar e assassinar e aleijar ou mutilar todos os membros.

Suas formas comuns

Geralmente aparecem com um corpo alto, magro e esguio, com um semblante zangado, tendo quatro faces, uma na parte de trás da cabeça, uma na frente e uma de cada lado, com nariz ou bico. Da mesma forma aparece uma face em cada joelho de cor preta brilhante; seu movimento é do vento, com uma espécie de terremoto; seu sinal é terra branca, mais branca que a neve. Suas formas específicas são:

- Um rei barbudo, montado em um dragão.
- Um homem idoso com barba.
- Uma mulher idosa apoiada em uma muleta.
- Um porco; um dragão; uma coruja.
- Uma roupa preta; um gancho ou foice.
- Uma árvore de zimbro.

Essas são as figuras que esses espíritos geralmente assumem e que são, em geral, terríveis no início das visões.

Mas, como eles têm apenas um poder limitado, além do qual não podem passar, o invocador não precisa ter medo do perigo, desde que esteja bem fortalecido com as coisas que instruímos para serem usadas em sua defesa e, acima de tudo, tenha uma fé firme e constante na misericórdia, sabedoria e bondade de Deus.

FIM DA TERCEIRA PARTE E DA
MAGIA CABALÍSTICA E CERIMONIAL

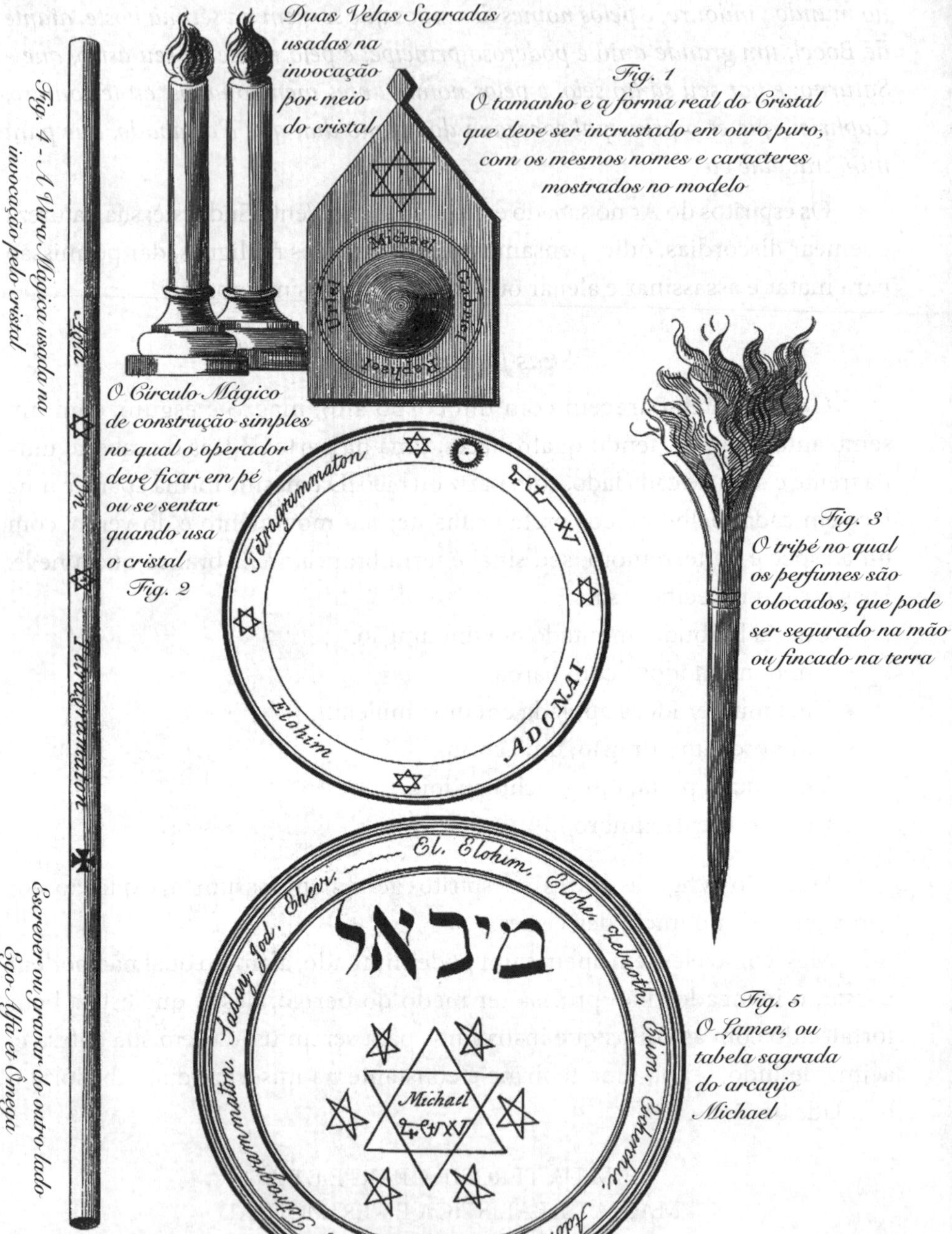

Desenhado por F. Barret — Publicado por Lackington Allen & Co. — Gravado por R. Griffith

A MAGIA E A FILOSOFIA DE TRITHEMIUS DE SPANHEIM CONTENDO SEU LIVRO DE COISAS SAGRADAS E A DOUTRINA DOS ESPÍRITOS

COM MUITOS SEGREDOS CURIOSOS E PRECIOSOS (ATÉ AGORA DESCONHECIDOS PELA MAIORIA)

A ARTE DE ATRAIR OS ESPÍRITOS PARA DENTRO DOS CRISTAIS, ETC.

COM MUITAS EXPERIÊNCIAS NAS CIÊNCIAS OCULTAS, NUNCA ANTES PUBLICADAS NA LÍNGUA INGLESA

Traduzido de um manuscrito latino valioso

Por Francis Barrett,
Estudante de Química, Filosofia Oculta, Cabala etc.

LIVRO II – PARTE IV

A MAGIA E A FILOSOFIA DE TRITHEMIUS DE SPANHEIM

UMA CARTA DO TRADUTOR PARA SEU AMIGO, UM JOVEM ESTUDANTE DESTAS CIÊNCIAS OCULTAS

Meu amigo,

Sabendo ser você um pesquisador curioso das ciências que estão fora do caminho comum de estudo (quero dizer, a arte de prever eventos, magia, talismã etc.), sou movido espiritualmente a lhe oferecer meus pensamentos sobre elas e, por meio dessas ideias aqui escritas, abrir a seus olhos (espirituais) o máximo de informações que lhe parecer necessário saber, por meio das quais você possa ser conduzido pela mão ao delicioso campo da natureza; e lhe dar documentos tais que, guiado pela suprema sabedoria do Altíssimo, possa refrescar sua alma, conduzindo-o pela mão ao delicioso campo da natureza; e para lhe dar documentos que, guiado pela suprema sabedoria do Altíssimo, possa refrescar sua alma com uma deliciosa dose de conhecimento; de modo que, depois de recriar seu espírito com o uso das boas dádivas que Deus possa lhe conceder, você possa ser envolvido pela contemplação da imensa sabedoria daquele grande e magnânimo Ser que o criou.

Agora, se você é um homem, em cuja alma a imagem da Divindade está selada para a eternidade, pense primeiro qual é o seu desejo ao buscar esses mistérios! É riqueza, honra, fama, poder, força, engrandecimento e coisas do gênero? Talvez seu coração diga: Tudo! Tudo isso eu desejaria de bom grado! Se for esse o caso, esta é a minha resposta: busque primeiro se conhecer completamente, limpe seu coração de todos os desejos perversos, vãos e vorazes. Se pensa, ó homem, em obter poder para satisfazer seus desejos, enriquecer seus cofres, construir casas, elevar-se ao pináculo da admiração humana; se essas são suas esperanças e seus desejos, há motivos para lamentar ser bom: todos esses desejos vêm imediatamente do diabo, quero dizer, aquele ser cujos engenhos (miríades de demônios) estão continuamente no ato de colocar prazeres e luxos sensuais diante das mentes e corações depravados do homem, e cujo principal negócio e propriedade é neutralizar as ações e inspirações benevolentes daqueles espíritos abençoados que são os instrumentos de Deus, nosso Criador.

Tema a Deus e ame o seu próximo; não use de engano, não jure, não minta; e que todas as suas ações sejam sinceras. Eis aqui, ó homem, o grande selo de toda a sabedoria terrena, o verdadeiro talismã da felicidade humana. Quando conseguir isso, nada lhe será impossível, desde que Deus o permita; então, com toda a rapidez, aplique sua mente e seu coração para obter conhecimento e sabedoria; com toda a humildade, lance sua dependência somente em Deus, o autor de todas as coisas que não podem morrer.

Conhecer a si mesmo é conhecer a Deus, pois é um dom espiritual de Deus que permite que o homem conheça a si próprio. Essa dádiva é benefício de poucos, como pode ser visto diariamente. Quantos são jogados de um lado para o outro no perigoso mar das paixões conflitantes, e que são mais leves do que penas! Quantos nesta grande cidade colocam seu maior bem na devassidão e na luxúria! Veja suas ações, maneiras e disposições; esses pobres, infelizes e miseráveis desgraçados, tal é a sua magia fatal, paixão e ignorância, que eles acham loucos aqueles que tentam argumentar sobre a vaidade e a miséria de sua situação. Para me tornar mais compreensível, esses são o que o mundo chama de "homens da moda", uma frase insignificante o suficiente quando consideramos que a moda universal deste tempo é o vício, e isso é tão gritante que não é necessário um grande intelecto para descobrir o que está diariamente à vista do observador. Meu amigo, dirijo-lhe estas linhas para que não se suponha que eu o esteja repreendendo por vícios aos quais não posso supor que esteja ligado; pois sei, que sendo o jovem que é, está destinado a receber instrução em contemplações muito mais elevadas e gloriosas do que os filhos da terra são capazes, por isso lhe apresento esta tradução que sei que deseja receber de mim.

Mas cuidado com a lisonja, o amor-próprio e a cobiça, assim prosperará; e seja diligente em sua ocupação, assim seu corpo será alimentado. A ociosidade é ofensiva para a Deidade, a indústria adoçará seu pão integral, e os frutos dela aquecerão seu coração e inspirarão sua alma com gratidão àquele que o abençoa com o suficiente: não busque mais, pois isso o condenará; ore pelo suficiente para alimentar e vestir sua vida, mas não peça mais, para que não se afunde em uma pobreza dolorosa e passe o resto de seus dias em desprezo e mendicância.

Pois saiba de uma coisa que é extremamente necessário saber: se por seu estudo, por sua arte ou qualquer outra coisa pudesse comandar um milhão de espíritos, não lhe seria lícito desejar ganhar riquezas repentinamente, pois a Sabedoria Eterna já decretou e foi dito por Aquele que nunca falou em vão e que não pode mentir, que o homem obterá o pão com o suor de seu rosto. Portanto, não tenhamos em vista o enriquecimento de nós mesmos em bens mundanos, por meios sobrenaturais, ou por um desejo ganancioso daquilo que deveríamos ver com olhos de desprezo, atraindo sobre nós a ira de Deus. Em vez disso, confiemos alegremente e sigamos de fato, em espírito e verdade, estas palavras do apóstolo: "Buscai primeiro o reino de Deus, e todas essas coisas vos serão acrescentadas; não tenhais medo, e Deus fará de vossa casa uma árvore florescente, e de vossa mulher uma videira frutífera".

Adeus, lembre-se de meu pobre conselho e seja feliz.

De seu verdadeiro amigo, F. B.

Nota: para que possa compreender melhor este livro, desenhei as várias figuras, das quais se faz menção nesta obra (ver pág. 290), para que o método exato de trabalho possa ser entendido; da mesma forma foram mostradas as imagens de selos, espíritos e vários outros instrumentos raros e curiosos, que são necessários para que conheça e veja com os próprios olhos; portanto, a construção deles não pode estar sujeito a erros.

- Fig. 1. Forma do cristal para invocação de espíritos, com a placa de ouro puro na qual o cristal deve ser fixado, com os sigilos divinos ao redor.
- Fig. 2. Um círculo mágico (C D E F), de construção simples, para o operador ficar em pé ou sentado quando invocar os espíritos.
- Fig. 3. O cristal (A), dois castiçais de prata ou de outro tipo (G G,) com os círios de cera acesos e o tripé ou recipiente para a sufumigação aromática.
- Figura 4. Uma varinha de ébano preto com sigilos dourados. Os sigilos são explicados.

UM ALERTA PARA OS INEXPERIENTES NESSA ARTE E UMA PALAVRA DE CONSELHO PARA AQUELES QUE DESEJAM SER ADEPTOS

Irmão,

É necessário que eu o informe sobre quaisquer que sejam seus desejos na busca dessa arte a qual chamamos de "Magia", assim serão sua conexão e resposta. Se estiver em busca de vingança, é apropriado que saiba que, em qualquer um desses experimentos aqui apresentados, atrairá para si um demônio vingativo ou um espírito infernal furioso, servindo ao princípio da ira de Deus, Se procura riquezas mundanas e engrandecimento, então terá um espírito terreno ou ardente, que o iludirá com as riquezas do mundo central; se for fama ou o brilho da glória, então os espíritos do orgulho lhe serão atribuídos, os quais gratificarão seu desejo desordenado de glória vã. Para todos esses cargos há espíritos atribuídos que estarão ansiosos para se misturar com seu espírito. Ele o atrairá para sua própria natureza e servirá a todos os seus propósitos de acordo com a extensão da permissão de Deus. Conforme forem seus desejos e de qual princípio eles procedem, assim será atendido; mas se não desejar saber nada além da honra e da glória de Deus e da ajuda ao próximo e, com grande humildade, encher seu coração com o amor de Deus, então terá um espírito puro que atenderá (com a permissão do Senhor) a esses desejos. Portanto, busque o que é bom; evite todo mal, seja em pensamento, palavra ou ação; ore a Deus para que o encha de sabedoria, e então obterá uma colheita abundante. Há dois caminhos magicamente a seu dispor; escolha o que quiser e terá certeza de sua recompensa. Adeus.

Londres, 1800. F.B.

COMO FAZER UM CRISTAL E COMO SE PREPARAR PARA EXPERIMENTAR UMA VISÃO

Peça a um bom lapidador um cristal transparente e translucido, de boa qualidade, do tamanho de uma laranja pequena, ou seja, com cerca de 3,8 centímetros de diâmetro, que ele seja globular ou redondo de todos os lados. Ao obter esse cristal, claro e límpido, sem quaisquer névoa ou manchas, pegue uma pequena placa de ouro puro para envolver em torno de uma de suas metades. Encaixe-a em um pedestal de marfim ou ébano, como pode ver mais detalhadamente descrito no desenho da pág. 290 (veja a fig. 1). Que seja gravado um círculo (A) ao redor do cristal com esses caracteres dentro do círculo próximo ao cristal , em seguida, o nome Tetragrammaton. No outro lado da placa, deixe gravado Michael, Gabriel. Uriel. Rafael, que são os quatro principais anjos que governam o Sol, a Lua, Vênus e Mercúrio; mas na mesa sobre a qual o cristal está, os seguintes nomes, sigilos etc. devem ser desenhados em ordem.

Primeiro, os nomes dos sete planetas e dos anjos que os regem, com seus selos ou sigilos e os nomes dos quatro reis dos quatro cantos da Terra escritos dentro de uma círculo duplo, com um triângulo sobre uma mesa; sobre a qual o cristal deve ser colocado em seu pedestal: feito isso, sua mesa estará completa (como na Fig. D) e apta para o chamado dos espíritos; depois disso, o experimento deve proceder da seguinte forma:

A qualquer hora que queira conversar com os espíritos pela mesa e pelo cristal, deve ser observada a hora planetária. E qualquer que seja o planeta que reine naquela hora, o anjo que governa o planeta deve ser chamado da seguinte maneira; mas primeiro, faça esta breve oração:

"Ó Deus, que és o autor de todas as coisas boas, fortalece, eu te imploro, teu pobre servo, para que ele possa permanecer firme, sem medo, durante este trabalho; ilumina, eu te imploro, ó Senhor, o entendimento obscuro de tua criatura, para que seus olhos espirituais possam ser abertos para ver e conhecer teus espíritos angélicos que descem aqui neste cristal (a mão deve ser imposta sobre o cristal dizendo) e tu, ó criatura inanimada de Deus, seja santificado e consagrado, e abençoado para este propósito, para que nenhuma fantasia maligna possa aparecer em você; ou, se eles conseguirem entrar nesta criatura, possam ser forçados a falar de forma inteligível e verdadeira, e sem a menor ambiguidade, por amor a Cristo. Amém."

"E visto que teu servo que está aqui diante de ti, ó, Senhor, não deseja tesouros maléficos, nem prejudicar seu próximo, nem ferir qualquer criatura viva, conceda-lhe o poder de discernir os espíritos ou inteligências celestiais que possam aparecer neste cristal, e quaisquer dom (seja o poder de curar enfermidades ou de absorver sabedoria, ou de descobrir qualquer mal que possa afligir qualquer pessoa ou família, ou qualquer outra boa dádiva que queira me conceder, permita-me, por sua sabedoria e misericórdia, usar tudo o que eu possa receber para a honra de seu santo nome. Conceda isso por causa de seu filho Cristo. Amém."

Agora, pegue o anel e o pentáculo. Coloque o anel no dedo mínimo da mão direita; pendure o pentáculo em volta do pescoço (observe que o pentáculo pode ser escrito em um pergaminho virgem e limpo ou gravado em uma placa quadrada de prata e suspenso do pescoço até o peito), depois pegue sua vara de ébano preto, com os sigilos dourados e trace o círculo (Fig. 7 C D E F), dizendo: *"Em nome da Santíssima Trindade, eu consagro este pedaço de terra para nossa defesa; para que nenhum espírito maligno tenha poder para romper esses limites aqui prescritos, por Jesus Cristo, nosso Senhor. Amém."*

Então, coloque o vaso para os perfumes entre o seu círculo e a mesa sagrada sobre a qual está o cristal e, com fogo nele, lance seus perfumes, dizendo: *"Eu te conjuro, ó criatura de fogo, por aquele que criou todas as coisas, tanto no Céu como na Terra, no mar e em qualquer outro lugar, que imediatamente expulses de ti todo fantasma, para que nenhum mal seja feito em coisa alguma. Abençoai, ó Senhor, esta criatura de fogo e santificai-a para que seja abençoada, e para que ela se encha do poder e da virtude de seus odores, de modo que nem o inimigo nem qualquer falsa imaginação possam entrar nela, por nosso Senhor Jesus Cristo. Amém."*

Feito isso na ordem prescrita, pegue seu pequeno livro, que deve ter cerca de 17,78 centímetros de comprimento, de papel ou velino branco puro e virgem; da mesma forma, caneta e tinta devem estar prontas para escrever o nome, o sigilo e o ofício, assim como o selo ou a imagem de qualquer espírito que possa aparecer (devo dizer-lhe que nem sempre o espírito chamado sempre aparece, pois o espírito deve ser testado para saber se ele é um ser puro ou impuro, e que facilmente dá para saber por meio de uma fé firme e indubitável em Deus).

Agora, a maneira mais pura e simples de chamar os espíritos é por meio de uma breve oração ao próprio espírito, que é mais eficaz e fácil de executar do que compor uma tabela de letras; pois todas as operações celestiais, quanto mais puras e não misturadas forem, mais agradarão aos espíritos celestiais. Portanto, depois que o círculo estiver desenhado, o livro, os perfumes, a vara, etc. prontos, proceda da seguinte maneira:

(Depois de observar a hora exata do dia e qual anjo representa essa hora, diga:) *"Em nome da abençoada e santa Trindade, eu desejo, ó Miguel*[15]*, anjo forte e poderoso, que se for a vontade divina daquele que é chamado de Tetragrammaton etc., o Santo Deus, o Pai, que tomes uma forma que melhor se adapte à tua natureza celestial e nos apareça visivelmente aqui neste cristal e atenda às nossas exigências, desde que não transgridamos os limites da misericórdia e bondade divinas, solicitando conhecimento ilícito; mas que graciosamente nos mostres as coisas mais proveitosas para sabermos e fazermos, para a glória e honra de Sua Majestade divina, que vive e reina, sem fim. Amém."*

15 .Ou qualquer outro anjo ou espírito

"Senhor, faça-se a Tua vontade, assim na Terra como no Céu; purifica o nosso coração e não retires de nós o Teu Santo Espírito."

"Ó Senhor, pelo teu nome, nós o chamamos, permite que ele nos administre. E que todas as coisas concorram para tua honra e glória, a quem, contigo, com o Filho e com o Espírito Santo, seja atribuído todo poder, majestade e domínio. Amém."

Nota: nesses trabalhos, dois devem estar sempre presentes, pois muitas vezes um espírito se manifesta para um no cristal quando o outro não consegue percebê-lo; portanto, se algum espírito aparecer, como é mais provável que aconteça, para um ou ambos, diga:

"Senhor, nós te agradecemos sincera e calorosamente por ter ouvido nossa oração e te agradecemos por ter permitido que teu espírito aparecesse para nós, o qual, por tua misericórdia, interrogaremos para nossa instrução futura, por meio de Cristo. Amém."

1ª Pergunta: *Em nome do Espírito Santo e imaculado, o Pai, o Filho gerado e o Espírito Santo, que procede de ambos, qual é o seu verdadeiro nome?*

Se o espírito responder "Miguel", então prossiga.

2ª Pergunta: *Qual é o seu ofício?*

3ª Pergunta: *Qual é o seu verdadeiro sinal ou caráter?*

4ª Pergunta: *Quais são os momentos mais agradáveis à sua natureza para conversar conosco?*

Jura pelo sangue e pela justiça de nosso Senhor Jesus Cristo que é verdadeiramente Miguel?

(Aqui, deixe-o jurar e, em seguida, escreva seu selo ou sigilo em seu livro, e ao lado dele, seu ofício e horários a serem chamados, em nome de Deus; escreva também qualquer coisa que ele possa lhe ensinar, ou qualquer resposta que ele possa dar a suas perguntas ou interrogatórios, com relação à vida ou morte, artes ou ciências, ou qualquer outra coisa) e então dirá:

"Grande e poderoso espírito, já que vieste em paz e em nome da sempre abençoada e justa Trindade, então, nesse nome, podes partir e retornar a nós quando te chamarmos em seu nome, a quem todo joelho se dobra. Adeus, Miguel; que a paz esteja entre nós, por meio de nosso abençoado Senhor Jesus Cristo. Amém."

Então, o espírito partirá e dirá:

"A Deus, o Pai, Espírito eterno, fonte da Luz, ao Filho e ao Espírito Santo, seja dada toda a honra e glória, sem fim. Amém."

Vou estabelecer aqui a Tabela dos nomes dos Espíritos e Planetas que governam as Horas; assim, você saberá facilmente, por inspeção, qual Espírito e Planeta governa cada Hora do Dia e da Noite na Semana.

Horas Dia	Anjos e Planetas regentes DOMINGO	Anjos e Planetas regentes SEGUNDA	Anjos e Planetas regentes TERÇA	Anjos e Planetas regentes QUARTA	Anjos e Planetas regentes QUINTA	Anjos e Planetas regentes SEXTA	Anjos e Planetas regentes SÁBADO
	Dia	*Dia*	*Dia*	*Dia*	*Dia*	*Dia*	*Dia*
1	☉ Michael	☽ Gabriel	♂ Samael	☿ Raphael	♃ Sachiel	♀ Anael	♄ Caffiel
2	♀ Anael	♄ Caffiel	☉ Michael	☽ Gabriel	♂ Samael	☿ Raphael	♃ Sachiel
3	☿ Raphael	♃ Sachiel	♀ Anael	♄ Caffiel	☉ Michael	☽ Gabriel	♂ Samael
4	☽ Gabriel	♁ Samael	☿ Raphael	♃ Sachiel	♀ Anael	♄ Caffiel	☉ Michael
5	♄ Caffiel	☉ Michael	☽ Gabriel	♂ Samael	☿ Raphael	♃ Sachiel	♀ Anael
6	♃ Sachiel	♀ Anael	♄ Caffiel	☉ Michael	☽ Gabriel	♂ Samael	☿ Raphael
7	♂ Samael	☿ Raphael	♃ Sachiel	♀ Anael	♄ Caffiel	☉ Michael	☽ Gabriel
8	☉ Michael	☽ Gabriel	♁ Samael	☿ Raphael	♃ Sachiel	♀ Anael	♄ Caffiel
9	♀ Anael	♄ Caffiel	☉ Michael	☽ Gabriel	♂ Samael	☿ Raphael	♃ Sachiel
10	☿ Raphael	♃ Sachiel	♀ Anael	♄ Caffiel	☉ Michael	☽ Gabriel	♂ Samael
11	☽ Gabriel	♂ Samael	☿ Raphael	♃ Sachiel	♀ Anael	♄ Caffiel	☉ Michael
12	♄ Caffiel	☉ Michael	☽ Gabriel	♂ Samael	☿ Raphael	♃ Sachiel	♀ Anael

Horas Noite	Anjos e Planetas regentes DOMINGO	Anjos e Planetas regentes SEGUNDA	Anjos e Planetas regentes TERÇA	Anjos e Planetas regentes QUARTA	Anjos e Planetas regentes QUINTA	Anjos e Planetas regentes SEXTA	Anjos e Planetas regentes SÁBADO
	Noite	*Noite*	*Noite*	*Noite*	*Noite*	*Noite*	*Noite*
1	♃ Sachael	♀ Anael	♄ Caffiel	☉ Michael	☽ Gabriel	♂ Samael	☿ Raphael
2	♂ Samiel	☿ Raphael	♃ Sachiel	♀ Anael	♄ Caffiel	☉ Michael	☽ Gabriel
3	☉ Michael	☽ Gabriel	♂ Samael	☿ Raphael	♃ Sachiel	♀ Anael	♄ Caffiel
4	♀ Anael	♄ Caffiel	☉ Michael	☽ Gabriel	♂ Samael	☿ Raphael	♃ Sachiel
5	☿ Raphael	♃ Sachiel	♀ Anael	♄ Caffiel	☉ Michael	☽ Gabriel	♂ Samael
6	☽ Gabriel	♂ Samael	☿ Raphael	♃ Sachiel	♀ Anael	♄ Caffiel	☉ Michael
7	♄ Caffiel	☉ Michael	☽ Gabriel	♂ Samael	☿ Raphael	♃ Sachiel	♀ Anael
8	♃ Sachiel	♀ Anael	♄ Caffiel	☉ Michael	☽ Gabriel	♂ Samael	☿ Raphael
9	♂ Samael	☿ Raphael	♃ Sachiel	♀ Anael	♄ Caffiel	☉ Michael	☽ Gabriel
10	☉ Michael	☽ Gabriel	♂ Samael	☿ Raphael	♃ Sachiel	♀ Anael	♄ Caffiel
11	♀ Anael	♄ Caffiel	☉ Michael	☽ Gabriel	♂ Samael	☿ Raphael	♃ Sachiel
12	☿ Raphael	♃ Sachiel	♀ Anael	♄ Caffiel	☉ Michael	☽ Gabriel	♂ Samael

Nota: o dia é dividido em doze partes iguais, chamadas de "Horas Planetárias", contadas do nascer ao pôr do sol e, novamente, do pôr ao nascer. Para encontrar a hora planetária, basta dividir as horas naturais por doze, cujo quociente dá a duração das horas planetárias e dos minutos restantes, o que mostra por quanto tempo um espírito rege naquele dia, já que Miguel governa a primeira e a oitava hora do domingo, assim como o ☉. Sabendo a duração da primeira hora, basta olhar na Tabela, pois se for a quarta hora, no domingo, verá na Tabela que a ☽ e Gabriel regem; e assim, por diante, sendo tão claro e fácil que não há como errar.

A CONCLUSÃO DE O MAGO

AVISO

O autor desta obra respeitosamente informa aos interessados nos estudos da Arte e da Natureza, e em especial da Filosofia Natural e Oculta, da Química, da Astrologia etc., que, tendo sido incansável em suas pesquisas nas dignas ciências tratadas de modo geral neste livro, dá aulas particulares e conferências sobre qualquer uma das ciências citadas nesta obra, durante as quais irá desvelar muitas experiências interessantes e valiosas. Aqueles que se tornarem estudantes serão iniciados nas mais requintadas operações da Filosofia Natural, Magia Natural, Cabala, Química, Arte Talismânica, Filosofia Hermética, Astrologia, Fisiognomonia etc. Podendo assim, Adquirir também o conhecimento de Ritos, Mistérios, Cerimônias e Princípios dos antigos Filósofos, Magos, Cabalistas, Iniciados, etc. O objetivo desta Escola (que não ultrapassará o número de 12 estudantes) é investigar os tesouros ocultos da Natureza, levando a mente a contemplar a Sabedoria Eterna, e ainda promover a descoberta de tudo que possa conduzir à perfeição do Homem e aliviar as misérias e as calamidades desta vida, tanto para nós mesmos quanto para os outros. Também vamos estudar a moralidade e a religião de agora para nos assegurar da felicidade depois. E finalmente, promulgar tudo o que possa conduzir à felicidade geral e ao bem-estar da humanidade. Aqueles que se sentem inteiramente dispostos a entrar no caminho dos estudos citados, com os mesmos princípios filantrópicos com os quais o autor convida os amantes da filosofia e da sabedoria a se incorporarem nesta sociedade seleta, permanente e desejável, podem falar sobre o assunto com o autor entre as onze e duas da tarde, n rua Norton, 99, Mary-le-Bonne.

Cartas (porte pago) sobre qualquer assunto deste livro serão respondidas devidamente com as informações necessárias.

LIVRO III

BIOGRAPHIA ANTIQUA

ou

RELATO DAS VIDAS E DOS ESCRITOS DE MAGOS, CABALISTAS E FILÓSOFOS ANTIGOS E MODERNOS

DESVENDANDO OS PRINCÍPIOS E AS DOUTRINAS DOS PRECURSORES DAS

CIÊNCIAS MÁGICAS E OCULTAS:

OS MISTÉRIOS DOS PITAGÓRICOS, GIMNOSOFISTAS, EGÍPCIOS, BRAGMANNI, BABILÔNIOS, PERSAS, ETÍOPES E CALDEUS.

INCLUINDO UM RELATO ESPECIAL E INTERESSANTE SOBRE

ZOROASTRO, FILHO DE OROMASIUS

O PRIMEIRO A INSTITUIR A FILOSOFIA PELO FOGO E PELA MAGIA.

TAMBÉM SOBRE

HERMES TRISMEGISTO, O EGÍPCIO,

E OUTROS FILÓSOFOS, FAMOSOS POR SEU CONHECIMENTO, DEVOÇÃO E SABEDORIA.

Acrescentamos ainda um breve ensaio provando que os Cristãos primitivos eram Magos, e que eles previram, reconheceram e adoraram

O SALVADOR DO MUNDO

e

FUNDADOR DA RELIGIÃO CRISTÃ

BIOGRAPHIA ANTIQUA

ZOROASTRO, FILHO DE OROMASIUS,

O PRIMEIRO A INSTITUIR A FILOSOFIA PELO FOGO E PELA MAGIA

Zoroastro, filho de Oromasius, viveu durante o reinado de Dario, sucessor de Cambises[16]. Diversos autores diferem sobre esta personalidade famosa; alguns o coloca numa época muito posterior a que outros o situam. Mostraremos aqui o que adquirimos dos autores que nos parecem mais fidedignos, sem omitir a história tradicional existente entre os Magos, a qual nossos leitores podem comparar com outras histórias de biógrafos e aceitar o relato que lhes pareça mais racional. Zoroastro, rei dos báctrios, foi derrotado por Ninus e foi considerado inventor da Magia.[17] Eusébio acredita que esta vitória de Ninus

---

16. Lamenta o autor, porque, apesar de seus esforços para conseguir um relato autêntico e satisfatório sobre Zoroastro no instituto de apresentar aos seus leitores, o que conseguiu foi apenas apresentar generalidades, ao invés de informações específicas. Mesmo os historiadores mais respeitáveis, sobre os quais podemos tratar com seriedade, diferem tanto em seus relatos, que pouco pode ser deduzido com precisão dessas fontes. No entanto, optamos por citar diversas autoridades e acrescentar muitas notas e comentários.

17. Considerado o inventor da Magia. Observa-se, porém, que além disso, ele foi o primeiro Mago. Justino nos informa de que esta vitória foi a última de Ninus, e que Zoroastro filosofou com extremo discernimento sobre a natureza e as influências dos astros, assim como os princípios do Universo. Thomas Stanleius, na *Historia philosophiae orientalis*, liv. I, cap. III, informa-nos de que Zoroastro, segundo Eusébio, foi contemporâneo de Semíramis, mas de acordo com Eusébio, é certo que ele foi derrotado pelo rei Ninus. Arnobius, liv. I, p. m. 5., diz: "Antigamente os assírios e os báctrios, os primeiros sob a liderança de Ninus e posteriores a Zoroastro, lutaram uns contra os outros, não só com homens e armas, mas também com magia e a disciplina secreta dos caldeus". Hermipo escreveu cautelosamente sobre tudo que é relativo à magia e explicou cerca de vinte mil versos compostos por Zoroastro. Conta que um tal de Azonaces o iniciou nessa arte, e que ele viveu 5.000 anos antes da Guerra de Troia. Santo Agostinho e Orósio seguiram a tradição mencionada por Justino. Apuleio, em seu Catálogo de todos os Magos famosos da Antiguidade, coloca Zoroastro com grande justiça em primeiro lugar, provando ser ele o mais antigo de todos: *Magicarum artium fuisse perhibeter inventor Zoroastres*. Agostinho, *De Civitate Dei*, liv. 21, cap. XIV. Eudoxo acreditava que arte da magia devia ser considerada a mais nobre e a mais útil de todo o conhecimento terreno. Ele conta que Zoroastro viveu seis mil anos antes da morte de Platão. Isso também afirmou Aristóteles. Agátias, que viveu durante o reinado de Justiniano, informa-nos que segundo os persas daquela época, Zoroastro e Histaspes eram contemporâneos, mas não diz se esse Histaspes era pai de Dario. Sir John Marsham afirmou com certeza que sim, que ele era o pai de Dario, e ainda fundamenta sua opinião no fato de que uma das elegias gravadas no túmulo faz dele o instrutor dos Magos, e que o mesmo historiador que destaca Histaspes na magia chama a ele de pai de Dario. Ammianus Marcellinus, liv. 23. p. m. 324, diz: "Após a época de Zoroastro reinou

é datada no sétimo ano de Abraão. No entanto, vários autores apontam que Zoroastro é de uma época bem anterior. Dizem que Zoroastro riu no dia em que nasceu, um fato único nunca ocorrido, e que seu cérebro pulsava tão forte que repelia a mão colocada em sua cabeça, um presságio de seu conhecimento e sabedoria futuros. Foi dito ainda que ele passou vinte anos no deserto, não comendo nada além de um tipo de queijo que nunca estragava, mesmo envelhecido; e que o amor pela sabedoria e justiça o obrigou a se retirar do mundo para uma montanha, onde viveu solitário; e que ao retornar da montanha, de lá caiu um fogo celeste que arde pela eternidade; e acompanhado dos mais nobres cavalheiros de sua corte, o rei da Pérsia se aproximou da montanha para dirigir preces a Deus; e ainda, que Zoroastro saiu ileso das chamas; confortou e encorajou os persas e por eles ofereceu sacrifícios a Deus. Depois disso, ele não viveu indiferentemente, passando a conviver somente com as pessoas que tivessem nascido para a verdade, capazes do verdadeiro conhecimento de Deus, chamadas entre os persas de "Magos". E desejou que um raio o atingisse no fim dos seus dia, sendo então consumido pelo fogo celeste. E aos persas pediu que juntassem suas cinzas e as conservassem e venerassem em penhor da preservação de sua monarquia. Os persas assim o fizeram e veneraram as

---

Histaspes, um rei muito prudente, pai de Dario. Esse príncipe, tendo adentrado com coragem nas partes mais remotas do Norte da Índia, acabou chegando a uma floresta afastada, onde viviam os brâmanes, com muita tranquilidade e silêncio respeitoso. Nesse retiro de paz, foi-lhe ensinada a ciência do movimento da Terra e dos astros. E aprendido com eles os ritos puros e sagrados da religião. Parte desse conhecimento foi transmitido aos Magos. Com arte de predizer o futuro, eles passaram à posteridade, cada um com sua própria família. Todos os descendentes destas famílias, que foram muitos desde aquela época até o presente, foram destacados para cultivar o conhecimento dos Deuses". Mas errou Ammianus Marcellinus ao dizer que o pai de Dario fora um rei. Sem dúvida ele se equivocou por ter lido que um certo Histaspes fora um grande Mago, e pensou que não havia outro com o mesmo nome a não ser o pai de Dario. Não há dúvida de que existiu um Histaspes, mais antigo que a fundação de Roma, e que um grande profeta foi mencionado pelos autores. "Também Histaspes, o rei mais antigo dos medas, de onde deriva o nome do Rio Histaspes, é o mais admirável de todos. E foi pela interpretação da profecia de um menino, que ele informou à posteridade que o Império Romano, e até o nome romano, deveria ser totalmente destruído, e isso ele previu muito antes do estabelecimento daquela colônia dos troianos", Lactâncio. liv. VII. cap. XV. p. m. 492. Justino, o mártir, informa que ele previu a conflagração geral de todas as coisas perecíveis (Justino, *Apolog*. Liv. II p. 66). Dizem que Pitágoras foi discípulo de Zoroastro durante o reinado de Cambises, filho de Ciro. Apuleio nos informa desse fato. Alguns dizem ter sido Pitágoras escravizado no Egito e levado para a Pérsia. Outros dizem ter sido ele levado para a Babilônia, onde recebeu ensinamento de Zoroastro, o babilônio, a quem eles distinguem do persa. Constatamos que nada menos que cinco "Zoroastros" foram mencionados na História. Podemos acrescentar um sexto, mencionado por Apuleio, que viveu na Babilônia na época em que Pitágoras foi levado por Cambises para lá. O mesmo escritor o chama de "principal intérprete de todos os mistérios Divinos", e diz que Pitágoras foi instruído principalmente por ele. Parece ser ele e Zabratus a mesma pessoa, que, afirma Diógenes, purificou Pitágoras de toda a impureza anterior e lhe ensinou que um homem bom deve conhecer a Deus, a natureza e a filosofia. Ele também foi identificado com Nazaratus, o assírio, sobre quem Alexandre afirma no seu livro sobre os símbolos pitagóricos, ter ensinado Pitágoras. A mesma pessoa também é chamada por Suidas de Zares, por Cirilo de Zaranes e por Plutarco de Zarates.

relíquias de Zoroastro. Mas com o passar do tempo, eles as negligenciaram e sua monarquia caiu na ruína e na decadência.[18] A Crônica de Alexandria acrescenta que Zoroastro, depois de manter esta conversa com eles, invocou Órion e foi consumido pelo fogo celestial. Muitos afirmam Zoroastro foi Cã nas nações orientais, o inventor da Magia. Mr. Bochart refuta essa falsidade. Cedrenus observa que, famoso entre os persas por sua sabedoria, Zoroastro, descendia de Belus, o que significa que ele era descendente de Nimrode. Alguns autores o tomaram por Nimrode, outros, por Assur ou Jafé. Os antigos persas acreditavam que Zoroastro viveu antes de Moisés.[19] Alguns acreditam que ele foi o profeta Ezequiel, e não se pode negar que suas opiniões são fundamentadas na correspondência entre as inúmeras características relacionadas a uns e pertencentes aos outros. George Hornius, por exemplo, acredita tolamente que ele foi o falso profeta Balaão. Huetius mostra que ele foi o Moisés dos judeus e menciona um número infinito de detalhes nos quais as narrativas que temos de Moisés correspondem às histórias relacionadas a Zoroastro. Quão perto qualquer um destes se aproxima da verdade fica evidenciado a seguir, quando veremos os relatos mais prováveis e racionais sobre o assunto e veremos até onde fomos capazes de remontar na tradição dos Magos, a qual preferimos aos confusos e incompletos relatos ordinários existentes. Aqueles que acreditam que

---

18. Essa descrição fabulosa e figurativa do fim de Zoroastro será aqui explicada de acordo com a Tradição dos Magos. A verdade é que ele impôs regiamente aos persas que guardassem com rigor as leis que ele tinha delineado e a doutrina que tanto se esforçou para estabelecer, que era viver em prática com a virtude moral, evitar todo tipo de luxúria, promover as ciências liberais, governar todas as suas ações com prudência e integridade, enfrentar o infortúnio com determinação, resolvê-lo com filosofia e suportar as calamidades inevitáveis da vida com consistência. Esses princípios foram deixados aos seus discípulos para que fossem uma relíquia preciosa, e enquanto fossem respeitados rigorosamente, nem tirania nem opressão precisariam ser temidas. Reunidos esses princípios, os discípulos os seguiram religiosamente como preceitos do grande filósofo. Com o tempo, o vício e a fragilidade humana corromperam sua conduta e fizeram com que negligenciassem seus deveres, causando a ruína e a decadência do império. A idolatria falsamente atribuída a esse sábio homem, ou seja, a instituição do culto ao fogo, deve ser interpretada dessa maneira: o símbolo celestial do fogo significava a verdade; para ele a verdade era o grande e maravilhoso atributo da Divindade, que ele reconhecia e adorava como um único Deus, o fogo eterno da sabedoria, da verdade, da justiça e da misericórdia eternas! Sua magia era o estudo da adoração religiosa desse Ser Eterno. Depois de Zoroastro, quatro pessoas foram escolhidas para educar o sucessor do rei da Pérsia. Escolheram o homem mais sábio, o mais justo, o mais corajoso e o mais equilibrado que puderam encontrar. O homem mais sábio (um dos Magos), o instruiu na magia de Zoroastro; o justo, na arte de governar; o corajoso, na arte da guerra e o equilibrado, na virtude social e na temperança. Perceba que Zoroastro é chamado de filho de Oromasius, e que Oromasius é o nome dado por Zoroastro e seus discípulos ao bom Deus. Na realidade, esse título foi dado pelos persas. Segundo Platão, por causa de sua cultura incomum, de sua religião e sabedoria e de maneira alegórica ou figurativa, esse Mago persa foi chamado de "Filho de Deus", ou "filho da sabedoria", "da verdade" etc.

19. Alguns Magos afirmam que ele é igual Abraão e, frequentemente, chamam-no de Ibrahim Zerdascht, significando "Abrão, o amigo do fogo".

Zoroastro professava e ensinava Magia diabólicas[20] estão errados, sem dúvida. A Magia que ele ensinava (da qual falaremos mais adiante) era apenas o estudo da natureza divina e do culto religioso. Alguns presumiram que Zoroastro foi o defensor de uma doutrina de dois princípios[21], ou de duas causas coeternas, uma das coisas boas, outra das malignas. Plutarco menciona esta doutrina, dizendo que "este Zoroastro, o Mago, de quem se diz que viveu cinco mil anos antes da Guerra de Troia, chamava de Deus bom aquele de Oromases e de Deus maligno o de Arimanius, etc., etc." Ver *Plut. de Iside e Osiride*.

Dr. Hyde, no seu excelente tratado sobre a religião dos antigos persas, cita alguns autores que o apoiam neste assunto. Veremos se eles merecem crédito.

---

20. Uma nota anterior explica com exatidão as relações erradas da sabedoria dos Magos. Aqueles que desejam ver muitas passagens que atestam que a magia dos persas, instituída por Zoroastro, era o estudo da religião, da virtude e da sabedoria, devem consultar *Brissonius de Regno Persarum*, liv. II, p. 178 ss. Edit. Commel, 1595, assim como Júlio César, *Bullengerus Eclog. Ad Arnobium*, p. 346 e sequência. Não podemos ignorar tampouco, que Gabriel Naudé defendeu de maneira mais fundamentada e erudita o nosso Zoroastro contra as ignorantes imputações de necromancia, Magia Negra etc.

21. Foi muito questionado entre os filósofos se Zoroastro foi o primeiro a sugerir a doutrina dos dois princípios: um, foi chamado pelos Magos de "Oromases, o bom", o outro de "Arimanius, o mal". Zoroastro afirmava que o do bem, o princípio autoexistente, incriado e essencial, era *Oromasus*, que significa "um bom Deus" etc. Quanto a *Arimanius*, antes de opinar contra ou a favor de Zoroastro, devemos considerar a sua natureza de forma mais imparcial possível.

Aqueles que leram o periódico de Mr. Bernard (*Nouvelles de la Republique des Lettres*, fevereiro de 1701 e março de 1701, Art. III. l.I.) não precisam ser informados de que a *Historia Religionis Veterum Persarum*, publicada por Dr. Hyde (professor de línguas orientais na Universidade de Oxford) em quatro tomos, no ano de 1700, naquele local, é um dos melhores ensaios já escritos sobre o tema. A ideia fornecida pelo jornalista é suficiente para nos convencer de uma erudição rara e uma profunda discussão que revela destalhes valiosos e incomuns de um país que antes mal conhecíamos. Indo direto ao ponto, Dr. Hyde afirma que os antigos persas reconheciam apenas um princípio incriado, o princípio do bem, ou, em uma só palavra, Deus. Eles consideravam o princípio maligno como um ser incriado. Um dos nomes ou atributos que deram a Deus era "Hormizda". E "Abhariman" era como chamavam o princípio do mal. Os dois nomes tiveram origem em duas palavras gregas: Ὠρομάσδης e Αρειμάνιος uma sendo considerada como o nome do princípio do bem e a outra, do princípio mal, como vimos num trecho de Plutarco. Afirmavam os persas que Abraão foi o fundador de sua religião e que ela, posteriormente, poderia ter sido modificada por Zoroastro. Dizem ainda que nada foi mudado por ele em relação à doutrina de um só princípio incriado, e que sua única inovação foi dar o nome de Lua ao princípio do bem e de Escorpião ao princípio do mal.

Falsas informações e interpretações errôneas foram geradas sobre a Doutrina dos Magos. A mais curiosa de todas a meu ver, é relativa à guerra entre os exércitos da luz e das trevas, que terminou finalmente num acordo com anjos como mediadores. O acordo tinha como condição principal que o mundo inferior teria de ser totalmente entregue ao governo de *Arimanius*, pelo período de 7.000 anos, quando então seria devolvido à luz. Antes dessa suposta paz, *Arimanius* teria exterminado todos os habitantes do mundo. A luz convocou os homens que ainda eram apenas espíritos, retirou-os dos territórios de *Arimanius* e deu-lhes corpos para combater o inimigo. Os corpos foram aceitos e eles lutaram com a condição de receber ajuda da luz para finalmente derrotar *Arimanius*. A ressurreição viria quando ele fosse derrotado. Dá para se concluir, portanto, ter sido este fato a causa da mistura, o que viria a ser a causa da libertação. Os gregos não ignoravam que Zoroastro veio para ensinar sobre uma ressureição futura.

Dizem que Zoroastro não era idólatra, nem ao culto do fogo, nem ao de Mitra.[22] O que parece menos incerto entre tantas coisas que ditas sobre Zoroastro é o fato de ele ter sido introdutor de uma nova religião na Pérsia, tendo feito isso no reinado de Dario, sucessor de Cambises. Muitos persas que não seguem a religião de Maomé ainda conservam o antigo culto de seu país e dedicam a Zoroastro grande veneração, chamando-o de Zardhust. Muitos acreditam que ele veio da China, e tanto outros relacionam ele a coisas miraculosas. Vários autores afirmam que todos os livros publicados sob o nome de Zoroastro, alguns dos quais ainda existem, são duvidosos. Dr. Hyde discorda desta opinião. Suidas afirma que existiam quatro livros de Zoroastro: o primeiro, sobre a natureza, um livro sobre as virtudes das pedras preciosas, chamadas *Gemmis*; e cinco livros de Astrologia e Astronomia, *Praedictiones ex Inspectione Stellarum*. É bem provável

22. Os Magos persas antigos não cultuaram o Sol ou qualquer outro astro. Eles afirmavam não adorar o Sol, mas se dirigiam a ele quando oravam a Deus. Zoroastro recomendava em seus preceitos secretos encontrados posteriormente, de que devemos saudar o Sol, mas não o adorar em cultos religiosos. Ele mostra que suas cerimônias podiam muito bem passar por solenidades civis. Com este propósito, vê-se algumas observações interessantes. Ao fogo, aplica-se o que ele diz sobre o Sol. As reverencias e prostrações dos persas diante do fogo sagrado não eram uma observância religiosa, mas civil. O mesmo deve ser atribuído ao culto ao fogo, visto que, eles o mantinham na *Pyrea*, imitando os judeus. E mesmo que reverenciassem o fogo, cultuando-o e se prostrando a ele, isso não era considerado um culto religioso, mas civil, igual a muitos costumes entre povos orientais que se prostrarem diante de um grande homem (o que poderia ser interpretado como culto ou adoração pessoal). Eu acredito que nós deveríamos ser os últimos a censurar os povos orientais por uma idolatria tão grosseira como a que foi apresentada. Os persas, sempre devotos ao mais sublime estudo da sabedoria, cumpriam seus deveres na vida pela honra de seu Deus. Embora desinformados e bárbaros, eles viviam como homens e não como criaturas irracionais. Por outro lado, conhecemos bem o nosso dever e mesmo assim o praticamos muito mal. Apesar dos importantes benefícios recebidos dos preceitos divinos do cristianismo, é incontestável que, salvo poucos indivíduos, o homem é uma serpente para outro homem. Voltando aos nossos assuntos, era costume antigo se prostar diante dos anjos, mensageiros e representantes de Deus. Além disso, há muitos exemplos deste tipo de culto, não só no Antigo como no Novo Testamento, onde as mulheres, convertidas à verdadeira fé, ao verem os anjos diante do sepulcro de Cristo caíram por terra com os rostos prostados ao chão e os adoraram. Elas sabiam muito bem que não era Deus que estavam vendo, mas seus anjos, como aparece em suas confissões: "Tivemos uma visão de anjos". Portanto, os persas foram chamados erroneamente de "idólatras" e "adoradores do fogo", pois Zoroastro foi o instrumento de sua persistência na verdadeira fé, um homem que conhecia o verdadeiro Deus e o adorava, de maneira peculiar, numa caverna natural, onde vários símbolos representavam o mundo. Mitra aparecia representando o Sol e ocupava o lugar do mestre. Não era Mitra, na verdade, mas o verdadeiro Deus que ele adorava. Portanto, como um verdadeiro filósofo, um distinto alquimista e profundo conhecedor de todas as artes da matemática, rigoroso e austero em sua religião, ele evocou a admiração dos persas, chamando a atenção deles para a sua doutrina. Em resumo, ele vivia numa caverna e se dedicava ao serviço de Deus e ao estudo de todo o conhecimento natural e sobrenatural. Era um homem iluminado, que conhecia o curso dos astros e as propriedades comuns e ocultas de todas as coisas compostas e terrenas. Investigou, experimentou e demonstrou com fogo e geometria (isto é, a química e a matemática), a verdade e a pureza e a fugacidade e a maldade de todas as coisas possíveis de conhecer no estado mortal humano. Assim, a fama, a sagacidade, a sabedoria e a virtude de Zoroastro induziram alguns homens a imporem maliciosamente e de maneira fraudulenta alguns falsos oráculos mágicos sobre os inadvertidos; Invenções diabólicas, escritas em grego e latim etc., como se fossem obras genuínas do Divino e ilustre Zoroastro.

que as citações que Plínio relata como sendo pertencentes a Zoroastro foram tiradas desses livros (Plínio, liv. XVIII. cap. 24). Eusébio recita uma passagem de magnífica descrição sobre Deus, dizendo serem palavras de Zoroastro em seu comentário sagrado sobre os ritos persas. Clemente de Alexandria diz que os seguidores de Pródico ostentavam ter os livros secretos de Zoroastro. Mais provavelmente, o que Clemente quis dizer é que eles se gabavam de ter os livros secretos de Pitágoras, impressos em 1689, junto aos versos das sibilas de Amsterdã, segundo a edição de *Opsopaeus, Oracula Magica Zoroastris, cum Scholiis Plethonis & Pselli.*

HERMES, CHAMADO TRISMEGISTO

OU O TRÊS VEZES GRANDE SÁBIO E MENSAGEIRO

Hermes Trismegisto (autor de *O Divino Pimandro* e de outros livros), viveu antes de Moisés. Hermes recebeu o nome de *Trismegistus* ou de *Mercurius ter Maximus*, isto é, sábio três vezes grande, por ter siso o primeiro sábio a transmitir, por escrito, o conhecimento celeste e Divino à humanidade.

Dizem que foi rei do Egito. Sem dúvida era egípcio, o Moisés dos judeus segundo relatos. Para justificar este fato, alegam, em primeiro lugar, que ele era bem versado em química, melhor ainda, que fora o primeiro a comunicar esta arte aos filhos dos homens. Em segundo lugar, destaca-se sua obra filosófica, ou seja, a descoberta das propriedades medicinais do ouro e a arte de criar o *aurum potabile.* Em terceiro lugar, o ensinamento da Cabala, que, segundo eles, foi dado a ele por Deus no monte Sinai. Tudo isso, eles afirmam, foi originalmente escrito em hebraico, o que confirma ser ele um hebreu, caso contrário teria escrito em sua língua vernácula. Sendo ele ou não Moisés,[23] é fato que Trismegisto também era egípcio. Podermos concluir com certa exatidão, portanto, que a época por ele vivida está bem próxima da que viveu Moisés. Se ele não foi realmente Moisés, embora tantas pessoas o afirmem, é mais do que provável ter sido um rei do Egito, pois sendo o filósofo principal, de acordo com o costume egípcio da época, ele fora iniciado nos mistérios do sacerdócio e preparado para ser o chefe supremo do governo ou o rei.

Hermes foi chamado de *Ter Maximus* por ter conhecimento perfeito de todas as coisas contidas no mundo (o que demonstra no seu *Aureus*, ou *Tratado Áureo*, e em seu *Divino Pimandro*), sendo classificados em três reinos: animal, vegetal e mineral. Aperfeiçoando seu conhecimento e a compreensão destes três reinos, foram transmitidos à posteridade, em forma de enigmas

---

23. Os cabalistas hebreus afirmam que esse Hermes era Moisés e que, embora sossegado, era um homem de profunda seriedade e um sério estudioso de química e Magia Divina. Afirmam também que, inspirado pela Divindade no Monte, Trismegisto conheceu todos os processos naturais e secretos da Natureza. Ele ensinou aos judeus a transmutação de metais *per Cabala*, ou seja, pela tradição oral.

e símbolos, os profundos segredos da natureza, assim como uma descrição autêntica da Quintessência do Filósofo ou do Elixir Universal, que, segundo ele, é o receptáculo de todas as virtudes celestes e terrenas. Isso foi discorrido sobre o Grande Segredo dos filósofos, encontrados posteriormente gravados numa placa de esmeralda, no vale do Ebron.

Johannes Functius, em sua Cronologia, diz que Hermes viveu na época de Moisés, vinte e um anos antes de a lei ser dada no deserto. Suidas parece concordar ao dizer: "*Credo Mercurium Trismegistum sapientem Egyptium floruisse ante Pharaonem*". Frase esta que pode, no entanto, ser aplicada a diversas épocas, pois "faraó" era o nome dado a todos os reis do Egito. É possível ainda que a frase tenha como significado "antes que o nome faraó fosse dado aos reis", e, se assim for[24], Trismegisto viveu 400 anos antes de Moisés, ou seja, antes da descida de Abraão ao Egito. Isso nos tira qualquer dúvida de que ele realmente possuía o grande segredo da obra filosófica, e se Deus um dia apareceu em forma de homem, isso ocorreu com Hermes, como atestam seus livros e seu *Pimandro*. Trismegisto transmitiu nessas obras, para toda a posteridade o número do abismo e o conhecimento Divino, o que mostra não só ter sido ele inspirado pela Divindade, mas também ter sido um filósofo profundo, que obteve sua sabedoria de Deus e das coisas celestiais e não do homem.

24. De acordo com as melhores autoridades, Hermes Trismegisto viveu na época do tirano faraó opressor de Israel, e não o mesmo que Moisés, opondo-se a Jannes e Jambres.

APOLÔNIO DE TYANA,

BREVE NARRATIVA DE SEUS FAMOSOS MILAGRES, PROFECIAS, VISÕES, ACONTECIMENTOS ETC.

Apolônio de Tyana foi uma das pessoas mais extraordinárias que o mundo já conheceu. Nascido em Tyana, na Capadócia, por volta do início do primeiro século, aos dezesseis anos de idade ele se tornou um rígido discípulo de Pitágoras. Renunciou ao vinho, à carne e às mulheres, abdicou do uso de calçados, deixou crescer o cabelo e a barba e se vestia exclusivamente com linho. Logo se tornou reformista e fixou residência num templo de Esculápio, onde pessoas doentes se refugiavam para por ele serem curadas. Quando de sua maioridade, deu parte de seu patrimônio ao irmão mais velho, distribuiu entre os parentes pobres o que restou, reservando para si apenas uma pequena parcela. Durante seis anos, viveu sem falar, ainda que, mesmo durante seu silêncio, tenha debelado diversas insurreições na Sicília e na Panfília. Destas, a mais difícil de acalmar foi a de Aspenda, pois a difícil tarefa era trazer à razão pessoas levadas à revolta pela fome. A causa deste tumulto foi o monopólio de todo o cereal por alguns homens ricos, ocasionando uma terrível escassez na cidade. Sem proferir qualquer palavra à multidão enraivecida, Apolônio pôs fim ao tumulto popular. Ele não necessitava de palavras. Seu silêncio pitagórico produzia os mesmos efeitos que a mais eficiente oratória. Considerado um legislador, Apolônio viajava muito. E mesmo a uma enorme distância, ele entendia todas as línguas, sem nunca as ter aprendido. Surpreendentemente, ele possui a incrível faculdade de saber tudo o que acontecia; quando o Imperador Domiciano foi apunhalado, Apolônio, que se encontrava na praça do mercado de sua cidade, a uma grande distância da ocorrência, exclamou: "Atacaram! Atacaram! Está feito, o tirano não mais existe". Apolônio entendia a linguagem dos pássaros, condenava a dança e outras diversões desse tipo, recomendava a caridade e a piedade, viajou por quase todos os países do mundo e morreu em idade bem avançada. Sua vida foi toda relatada por

Filóstrato, com tantos fatos fabulosos que não nos convém introduzi-los aqui. Precipitadamente, os milagres desse homem foram comparados por muitos aos de Cristo, traçando paralelos entre eles. Não se pode negar, este filósofo recebeu grandes honrarias, tanto em vida quanto após sua morte e, mesmo depois do Paganismo, sua reputação ficou preservada durante muito tempo. Ele escreveu quatro livros sobre Astrologia Judiciária e um tratado sobre Sacrifícios, mostrando o que se deve oferecer à divindade.

Não podemos omitir uma circunstância que ressalta o respeito desta pessoa venerável. Foi dito que Aurélio tornou pública sua intenção demolir a cidade de Tyana, mas um velho filósofo, Apolônio de Tyana, de grande renome e autoridade, um fiel amigo dos Deuses e venerado ele próprio como uma divindade, apareceu a ele em sua forma comum quando se retirava para sua tenda. Foram-lhes dirigidas as seguintes palavras: "Aureliano, se desejas a vitória, não penses mais na destruição dos meus concidadãos! Aureliano, se queres reinar, abstém-te do sangue dos inocentes! Aureliano, se queres conquistar, sê misericordioso!" Reconhecendo a aparição do velho filósofo por ter visto sua imagem em vários templos, Aureliano jurou erguer um templo e estátuas dedicadas a ele, alterando assim sua resolução em saquear Tyana. Recebemos este relato de homens confiáveis, mas pode encontrá-lo em livros da biblioteca de Úlpia. E acreditamos ainda mais neste relato, devido a dignidade de Apolônio, pois terá existido entre os homens um mais santo, venerável, nobre e Divino? Ele restabelecia a vida aos mortos, fazia e dizia coisas além do alcance humano; coisas que qualquer pessoa podia se certificar pelos diversos relatos encontradas nas histórias gregas sobre sua vida. O que pode ser visto em *Vopiscus in Aurelian*, cap. 24.

Os habitantes de Tyana construíram um templo para o seu Apolônio, após sua morte. Sua estátua foi erigida em vários templos. O Imperador Adriano reuniu todos os escritos de Apolônio que conseguiu encontrar, guardando-os com cuidado no seu magnífico palácio em Âncio, junto a um pequeno livro valioso de seu filósofo sobre o *Oráculo de Trofônio*. Este pequeno livro foi visto em Âncio, na época em que Filóstrato viveu. Nenhum atrativo conseguiu tornar esta pequena cidade tão famosa como este valioso e extraordinário livro de Apolônio.

Foi dito que um sábio príncipe indiano, um hábil Mago, fez sete anéis dos sete planetas e deu-os a Apolônio, que passou a usá-los um a cada dia da semana, os quais lhe propiciaram boa saúde e o vigor da juventude até idade bastante avançada. Sua vida foi traduzida do grego de Filóstrato para o francês por Blaise de Vigners, com um amplo comentário do parisiense Artus Thomas, Lorde de Embry. Posteriormente, foi feita uma tradução inglesa de sua vida, a qual foi condenada, proibida e anatematizada sem motivo algum.

Foi dito que um sábio príncipe indiano, um hindu Mago, lhe deu sete anéis dos sete planetas e deuses a Apolônio, que passou a usá-los um a cada dia da semana, os quais lhe propiciaram boa saúde e o vigor da juventude até idade bastante avançada. Sua vida foi traduzida do grego de Filostrato para o francês por Blaise de Vigenère, com um amplo comentário do parisiense Artus Thomas, Conde de Embry. Posteriormente, foi feita uma tradução inglesa desta vida, a qual foi condenada, proibida e anatematizada sem motivo algum.

PEDRO DE ABANO *ou* PEDRO DE APONA,

DOUTOR EM FILOSOFIA E MEDICINA ETC.

Petrus Aponensis, Aponus ou Pedro de Abano, um dos mais famosos filósofos e médicos de sua época, nasceu em 1250, d.C., em um aldeia situada a quatro milhas de Pádua. Estudou por longo tempo em Paris, onde obteve o grau de doutor em Filosofia e Medicina, sendo muito bem-sucedido na prática destas profissões, embora seus honorários fossem muito altos. Gabriel Naudé, em seu *Antiquitate Scholae Medicae Parisiensis*, faz o seguinte relato sobre ele: "Agora vamos falar de Pedro de Apona ou Pedro de Abano, chamado de 'o Conciliator' por conto do seu famoso livro publicado durante sua residência em nossa Universidade.[25] Sabemos que a Medicina permaneceu enterrada na Itália, sendo pouco conhecida, primitiva e despida de adornos, até que seu gênio tutelar, um aldeão de Abano, destinado a libertar a Itália de sua barbárie e ignorância, assim como outrora Camilo libertara Roma do assédio dos gauleses, pesquisou com afinco em que parte do mundo se cultivava primorosamente a literatura culta, tratava-se de maneira sutil a filosofia e ensinava com fundamento e pureza a física. Assegurando-se de que somente Paris poderia reivindicar esta glória, ousou ir para lá. Entregando-se inteiramente a sua proteção, ele se dedicou com afinco aos mistérios da filosofia e da medicina, graduando-se em ambas as disciplinas com louvor. Depois passou a ensiná-las, recebendo grande aprovação. Após permanecer muitos anos por lá, cumulado com a riqueza obtida e tendo se tornado o mais famoso filósofo, astrólogo, médico e matemático de seu tempo, retornou a seu país, onde, na opinião do ponderado Scardeon, foi o primeiro a restaurar a verdadeira Filosofia e Medicina. Portanto, um

25. Mencionado em um discurso por Naudé, onde ele elogia a antiga glória da Universidade de Paris. Citamos acima suas palavras na íntegra, porque elas nos informam que Pedro de Abano compusera essa grande obra em Paris, onde fora alcunhado de o *Conciliator*.

agradecimento devido dever ser feito a Michael Angelus Blondus, um médico de Roma, que publicou no século passado a *Conciliationes Physiognomicae* do referido doutor de Apona. Ao descobrir que a obra fora composta em Paris ema vossa universidade, Angelus resolveu publicá-la em nome e sob o patrocínio de vossa sociedade". Há quem diz que ele praticava magia[26] e que por conta disso fora perseguido pela Inquisição. Provavelmente, se tivesse vivido até o final de seu julgamento, teria sofrido pessoalmente a condenação que sofreu sua imagem após sua morte. Foi ainda observado pelos seus defensores que observam seu corpo retirado do túmulo às escondidas por amigos, que ele escapou da vigilância dos inquisidores, que o teriam condenado à fogueira. Transportado de um lugar a outro, finalmente seu corpo foi depositado na Igreja de Santo Agostinho, sem epitáfio ou qualquer homenagem em sua honra. Acusado de ser um mago e de negar a existência de espíritos, seus acusadores

26. Em seu livro *Apology for great Men accused of Magic*, Naudé diz: "A opinião geral de quase todos os autores é que ele foi o maior Mago de seu tempo e que, por meio de sete espíritos comuns que mantinha presos em um cristal, ele tinha adquirido o conhecimento das sete artes liberais e ainda possuía a arte de fazer retornar ao seu bolso o dinheiro que gastara. Ele foi acusado de magia aos oitenta anos de idade. Ao morrer, no ano de 1305, antes de terminado seu julgamento, foi condenado à fogueira (segundo o relato de Castellan). Um fardo de palha ou vime, representando sua pessoa, foi queimado em público, em Pádua. Através de um exemplo tão rigoroso e por ameaça de castigo igual, pretendiam impedir que os três livros escritos por ele sobre o assunto fossem lidos. O primeiro é o renomado *Heptameron*, ou *Magical Elements of Peter de Abano, Philosopher*, disponível ainda hoje no final das obras de Agrippa. O segundo é aquele que Trithemius chama de *Elucidarium Necromanticum Petri de Abano*. O terceiro, Trithemius denomina *Liber experimentorum mirabilium de Annulis secunde, 28 Mansiom Lunae*". Nota-se que Naudé não destaca estas provas aparentemente convincentes. Ele as refuta, afirmando logo em seguida que Pedro de Apona foi um homem de prodigiosa perspicácia e cultura vivendo numa época de trevas, quando todos suspeitavam que qualquer coisa fora da rotina comum era diabólico. Isso, principalmente, por ele ser dedicado aos estudos e conhecedor da harmonia dos corpos celestes e das proporções da Natureza, adepto da ciência divinatória e excêntrica. "Pedro de Abano (diz ele), destacava-se como um prodígio do saber em meio à ignorância de sua época. Além de sua aptidão por idiomas e física, ele penetrou tão fundo em suas pesquisas das ciências ocultas da natureza abscôndita e exótica, que, após ter dado mais e abrangentes provas em seus escritos sobre fisiognomonia, geomancia e quiromancia, do que era capaz de realizar, abandonou-as todas com sua curiosidade juvenil para se dedicar inteiramente ao estudo da filosofia, física e astrologia. Estes estudos lhe foram tão vantajosos que, mesmo não falando nada sobre os dois primeiros estudos que o apresentaram a todos os papas e pontífices soberanos de sua época e lhe renderam uma reputação que até hoje ele desfruta entre os eruditos, é incontestável que foi no último trabalho que ele se tornou um grande mestre. Isto se comprova não só pelas figuras astronômicas que ele mandou pintar no grande salão do palácio de Pádua, mas também por suas traduções dos livros do rabi Abraham Aben Ezra, um alto erudito, acrescidas do que ele próprio escreveu sobre os dias críticos e o aperfeiçoamento da astronomia e pelo testemunho do renomado matemático Regio Montanus, que, na qualidade de astrólogo, compôs um belo panegírico sobre ele no discurso público que proferiu em Pádua, quando explicou o livro Alfraganus." Muitos autores respeitáveis são da opinião que não foi por causa da magia que a Inquisição o sentenciou à morte, mas porque ele se atreveu a atribuir a causa dos efeitos extraordinários da Natureza às influências dos corpos celestes, e não aos anjos ou daimons. Heresia, ao invés de magia, parece ter sido a causa de sua queda sob a tirania dos sábios padres da fé católica romana, como sendo alguém contrário à doutrina dos seres espirituais.

ainda lhe atribuíam diversas opiniões inconsistentes. Ele tinha tamanha antipatia ao leite, que só de ver outros o tomado, podia provocar-lhe vômitos. Morreu em 1316[27], aos sessenta e seis anos de idade. Um de seus principais livros foi *O Conciliator*, já mencionado.

27. Se comprovado o que lemos em Tomasini, em *Elog. Villor. Ilustr. P. 22*, Naudé deve estar errado ao dizer que "Pedro de Apona foi acusado aos 80 anos de idade e morreu em 1305 d.C.". Freherus afirma o mesmo apoiado pela autoridade de Bernardin Scardeon. Gesner está enganado ao datar Pedro de Apona no ano de 1320. Konig seguiu seu erro. Mas o padre Rapin erra ainda mais que qualquer um dos outros ao situá-lo no século 16, dizendo: "Pedro de Apona, um médico de Pádua que viveu durante o pontificado de Clemente VII, depravou tanto sua imaginação por ler os filósofos árabes e por estudar demais a astrologia de Alfraganus, que foi submetido à Inquisição sob suspeita de magia, etc." Ver Rapin *Reflex. Sur la Philosophiae*, n. 28, p. 360. Vossius seguiu Gesner com uma observação que vale ser considerada. Ele afirma que Pedro de Apona enviou seu livro, *De Medicina Omnimoda*, ao Papa João XXII, que foi eleito em 1316 e se manteve no cargo pontifício por dezessete anos. Isto nos dá a idade deste médico. Mas se ele morreu em 1316, a conclusão não está certa, nem redime Vossius de um erro.

APULEIO,

O FILÓSOFO PLATÔNICO

Conhecido do público por sua famosa obra *O Asno Dourado*, Lúcio Apuleio, O filosofo platônico, viveu no segundo século, durante o governo dos Antoninos. Nasceu em Madaura, uma colônia romana na África, e fazia parte de uma importante família, de onde recebeu uma boa formação, além de ser bem-apessoado. Inteligente e culto, era grande suspeito de que praticar a arte da magia. Estudou em Cartago, depois em Atenas e em Roma, onde, por si só, aprendeu o latim. Com sua curiosidade insaciável, a tudo queria saber, o que o induziu a empreender várias viagens, ingressando em várias fraternidades religiosas. Ele queria chegar ao fundo de seus mistérios. Gastou em viagens quase todo o seu patrimônio, tanto que, ao voltar para Roma, faltou-lhe dinheiro para pagar pelas despesas das cerimônias de admissão a serviço de Osíris, que era seu desejo e ele se viu obrigado a vender suas roupas para completar a quantia necessária. Com sua eloquência e sutileza, conseguiu sustento praticando a advocacia e não lhe faltavam causas, algumas das quais bem importantes. Porém sua condição financeira melhorou mesmo com um casamento afortunado, superando a advocacia. Pudentilla, uma viúva nem jovem nem bela, mas detentora de um bom patrimônio, julgou-o merecedor de suas atenções. Ele não era tímido e nem pretendia guardar sua beleza, sua inteligência, seu esmero e sua eloquência para alguma jovenzinha. Casou-se alegremente com esta viúva rica (e com a mais adequada filosofia, conteve todas as paixões turbulentas que o pudessem atrair para as armadilhas da beleza, instalando-se numa casa de campo próximo a Oëa, uma cidade marítima da África). Este casamento o atirou num processo judicial problemático. Parentes dos dois filhos desta senhora o acusaram de ter usado magia para se apoderar tanto dela quanto do seu dinheiro. Acusaram-no de ser pior que um mago, um feiticeiro, perante Claudius Maximus, procônsul da África. Ele se defendeu energicamente.[28] Sua Apologia, que ele proferiu perante os juízes, fornece-nos exemplos dos mais vergonhosos artifícios que um caluniador vil e descarado é capaz de praticar.[29]

---

28. Além da acusação de magia, ele foi recriminado por sua beleza, por seu cabelo delicado, por seus dentes e por seu espelho. Ele respondeu que lamentava ser falsa a acusação dos primeiros itens. "Como gostaria", retrucou ele, "que estas graves acusações de beleza, cabelo elegante, etc., fossem justas. Então eu poderia responder sem dificuldade, como Paris fez a Heitor na obra de Homero:

'...não desprezes os encantos
com os quais um amante abraça a Vênus dourada.
Fala suave e comovente, aparência agradável,
nenhum desejo pode obtê-los, são os deuses que os concedem.'

POPE

Assim, eu responderia à acusação de beleza. E digo também que, mesmo aos filósofos é permitido um aspecto generoso. Pitágoras, o primeiro filósofo, foi o homem mais belo de sua época, Zeno também, mas como disse, estou longe de ter pretensão a este elogio, já que além de a natureza ter me dotado com pouca beleza, meu estudos constantes desgastam qualquer graça corporal e comprometem minha condição física. Meu cabelo, o qual sou acusado falsamente de encaracolar e de pentear, como pode ver, está longe de ser belo e delicado. Ao contrário, é desalinhado e embaraçado, como um monte de flocos ou grama, e tão cheio de nós por falta de pentear, de desembaraçar e nunca arrumar." Quanto ao terceiro item, ele não negou ter mandado um pó muito exótico para os dentes a um amigo, também alguns versos contendo a descrição exata dos efeitos do pó. Ele alegou que todos, especialmente aqueles que falavam em público, deveriam ter o máximo cuidado em manter limpas suas bocas. Este é um ótimo campo para se defender e expor o adversário ao ridículo, embora e muito provavelmente, ele tenha dado várias oportunidades para ser censurado, exagerando na afetação e destacando-se dentre outros homens eruditos. Vê-se aqui, com que facilidade pode se defender algumas causas, mesmo quando o acusado tem alguma culpa. "Observei que alguns mal podiam conter o riso quando nosso orador me acusou com raiva por manter limpa a minha boca. Ele pronunciara a palavra do pó dental com tanta indignação, como se estivesse pronunciando a palavra 'veneno'. Certamente, não é impróprio a um filósofo estudar a limpeza e não deixar que nenhuma parte do corpo fique suja ou com odor desagradável, especialmente a boca, parte que se usa com maior frequência e profusão quando um homem conversa com outro, fala em público ou reza num templo. Pois a fala é anterior a toda a ação humana, e, como diz um excelente poeta, provém do Muro dos Dentes".

A mesma observação pode ser feita sobre o último tópico de sua acusação. Não é um crime um doutor, de qualquer classe que seja, possuir um espelho. Porém, consultá-lo com frequência exagerada ao se vestir, merece censura. A moralidade na época de Apuleio era muito mais rigorosa que atualmente a respeito do comportamento externo, pois ele não ousou confirmar que usava seu espelho. Ele ainda afirma que poderia fazê-lo, provando isso por meio de várias razões filosóficas, que, para dizer a verdade, são muito mais engenhosas que aplicáveis judicialmente. Mas nega que alguma vez tenha consultado seu espelho, pois diz, aludindo à risível acusação: "Em seguida vem uma longa e amarga discussão sobre o espelho, na qual tão odioso é o crime que a pudicícia quase explode exclamando: 'Um filósofo ter um espelho!' Suponhamos que eu confessasse que tenho, para que não acreditasse que haja realmente algo em vossa objeção se eu o negasse. Não se conclui forçosamente que eu tenha o costume de me vestir na frente do espelho. Muitas coisas eu não tenho, mas gosto de usá-las. Como ter uma coisa não é prova de que se usa esta coisa, a falta desta coisa também não é prova do contrário. Como não sou acusado de possuir e sim de usar um espelho, cabe ao acusador provar em que ocasião, em que lugar e na presença de quem eu fiz uso dele, já que vós determinais ser um crime maior um filósofo se ver no espelho do que um profano contemplar os trajes de Ceres".

29. Temos aqui um exemplo para mostrar que em todas as épocas o espírito da calúnia tem levado homens a forjarem falsas provas, manipulando o que a pessoa disse ou escreveu. A fim de condenar Apuleio por praticar a magia, seus acusadores alegaram que uma carta escrita por sua mulher durante o tempo em que a cortejava continha uma confissão dela de que Apuleio era um feiticeiro e que, na realidade, tinha a enfeitiçado. Não foi tarefa difícil fazer o tribunal acreditar que ela de fato tinha escrito isto, pois somente algumas palavras

Apuleio trabalhava intensamente e escreveu vários livros, alguns em verso e outros em prosa, dos quais apenas uma pequena parte sobreviveu às intempéries do tempo. Ele gostava muito de proferir discursos em público, arrancando aplausos de todos os ouvintes. Em Oëa, quando revelou sua eloquência, a audiência clamou numa só voz que ele deveria receber o título de cidadão honorário. Os cartagineses foram a favor dele e ergueram uma estátua em sua honra. Várias outras cidades lhe prestaram a mesma homenagem.

Dizem que sua esposa segurava uma vela enquanto ele estudava. Mas isto não deve ser interpretado literalmente, pois é uma figura da eloquência gaulesa de Sidonis Apollinaris, *Legentibus meditantibusque candelas et candelabra tenuerunt.* Diversos críticos publicaram impressões sobre Apuleio, como evidencia Phillipus Beraldus em suas extensas notas publicadas sobre *O Asno Dourado,* em Veneza, in-fólio, em 1504, reimpressas in-oitavo em Paris, e em vários outros lugares. Godescalk Stewichius, Peter Colvius, John Wiewer, etc., escreveram sobre todas as obras de Apuleio. Precius publicou *O Asno Dourado* e a Apologia separadamente, com um grande número de observações. Os comentários de Casaubon e de Scipio Gentilis sobre a Apologia são raros e valiosos. A primeira anotação apareceu em 1594, depois veio outra em 1607. *O Asno Dourado* pode ser considerado (como diz Bayle) uma extensa sátira sobre as confusões generalizadas daquela época, causadas pelos "pseudomagos", padres e embusteiros. Esta observação ocorre nas anotações de Fleuri. Qualquer pessoa que se desse ao trabalho e tivesse as qualificações necessárias poderia tecer comentários muito interessantes e instrutivo sobre este romance e informar o mundo sobre diversas considerações que as publicações precedentes nunca mencionaram. Há trechos bastante obscenos neste livro de Apuleio. De maneira geral, acredita-se que o autor inseriu alguns episódios interessantes de sua própria invenção no livro,

---

desta carta foram lidas, fora do contexto, e ninguém exigiu que a carta inteira fosse apresentada. Finalmente, Apuleio deixou-os perplexos ao recitar o texto inteiro da carta de sua mulher. Tornou-se evidente que, longe de se queixar de Apuleio, ela o inocentava, ridicularizando habilmente seus acusadores. São essas as suas palavras (fácil descobrir que exatamente os mesmos termos podem condenar ou inocentar Apuleio, dependendo de virem isolados ou acompanhados do trecho que os precede): "Desejando me casar pelas razões que já mencionei, tu mesmo me persuadiste a escolher este homem, por gostar dele e por querer, através de mim, torná-lo membro da família. Agora, com a instigação de homens maldosos, Apuleio deve ser delatado como bruxo ou feiticeiro, e eu estou deveras encantada por ele. Sem dúvida eu o amo; vem antes que eu perca a cabeça." Ele exacerba merecidamente este tipo de fraude. Suas palavras merecem ser gravadas em letras de ouro para impedir (se possível) todos os caluniadores de práticas e ciladas parecidas. Ele diz: "Há muitas coisas que quando isoladas viram calúnia. Qualquer discurso pode fornecer assunto para acusação, se aquilo que está relacionado com as palavras precedentes for desprovido de sua introdução, se algumas coisas forem suprimidas ao bel-prazer, se aquilo que é dito em repreensão aos outros, por terem inventado uma calúnia, for pronunciado pelo leitor como uma afirmação da sua verdade".

entre eles, a história de Psiquê. *Horum certe noster itae imitator fuit, ut è suo penu enumerabilia protulerit, atque inter caetera venustissimum illud Psyches, Ἐπεισόδιον.* Esse episódio forneceu a Molière assunto para uma excelente peça dramática, e a M. de la Fontaine, para um belo romance.

ARISTÓTELES

O PERIPATÉTICO

Aristóteles, comumente chamado de "Príncipe dos Filósofos", ou "o Filósofo", por sua grandeza, foi o fundador de uma organização que ultrapassou e finalmente engoliu todas as outras. Não que esta ordem não tenha tido sua dose de má sorte também. Notadamente, no século 16, ela foi abalada violentamente, até que teólogos católicos, por um lado, e protestantes por outro, correram em seu socorro (como se corre para apagar um incêndio), e a fortaleceram tão intensamente pelo braço secular contra a Nova Filosofia, que pouco provável é que vá perder seu domínio. E uma obra do padre Rapin, Mr. Moreri encontrou bastante material de qualidade e produziu um extenso artigo sobre Aristóteles, suficiente para não precisar de mais colaboração. Não pretendo me estender além dos limites do assunto. Contento-me em explanar alguns erros que achei a respeito deste filósofo. Não é certo que Aristóteles praticara a ciência farmacêutica em Atenas enquanto fora discípulo de Platão, como também não é concreto que não o fizera. Não devemos dar muito crédito ao conhecimento atual de que ele aprendera várias coisas com um judeu, e menos ainda à história de sua suposta conversão ao judaísmo. Engana-se redondamente quem supõe que ele tivesse nascido judeu. Um destaque errado dado a um certo trecho causou este engano. Erram também aqueles que dizem que Aristóteles fora discípulo de Sócrates durante três anos; Sócrates morreu 15 anos antes do nascimento de Aristóteles. Já o comportamento de Aristóteles em relação a seu mestre Platão é relatado de diversas maneiras. Uns afirmam que, com uma terrível vaidade e ingratidão Aristóteles ergueu um altar contra outro altar, isto é, fundou uma escola em Atenas quando Platão estava vivo, opondo-se a ele. Outros dizem que ele se tornou professor só depois da morte de seu mestre. E em nada lhe são vantajosos também os fatos que contam em relação a seus amores. Alegava-se que sua afeição conjugal era idólatra e que, se Aristóteles não tivesse se retirado de

Atenas, o processo por irreligiosidade que os sacerdotes iniciaram contra ele teria o levado às mesmas consequências que o de Sócrates. Embora merecesse grandes louvores, é certo que a maioria dos erros a seu respeito baseia-se nos insensatos elogios tecidos a ele. Por exemplo, não é totalmente falso dizer que, se Aristóteles falou como homem em sua filosofia da Natureza, falou como um deus em sua filosofia moral, e que na sua filosofia moral, é uma questão saber se ele comunga mais com o advogado que com o sacerdote, mais com o sacerdote que com o profeta, mais com o profeta que com Deus. Não se absteve o Cardeal Pallavicino em afirmar que, não fosse Aristóteles, faltariam à Igreja alguns dos seus artigos de fé. Os cristãos não são os únicos a reconhecer a filosofia de Aristóteles. Os maometanos são um pouco menos preconceituosos a seu favor. Até os dias de hoje, é dito, que apesar da ignorância que reina entre eles, existem escolas para essa ordem. É motivo de eterno assombro para aqueles que sabem o que é a filosofia, descobrir que durante vários anos a autoridade de Aristóteles fora tão respeitada nas escolas, a ponto de, numa discussão, se alguém citava uma passagem do filósofo, a pessoa que defendia a tese, ao invés de dizer que iria passar na resposta, era obrigado a negar a passagem ou explicá-la a seu modo. É assim que tratamos as Escrituras Sagradas nas escolas de Teologia. Os parlamentos que extinguiram toda a filosofia que não fosse a de Aristóteles são mais perdoáveis que os doutores. Porque, independentemente de os membros do parlamento estarem convencidos de que esta filosofia era ou não a melhor de todas, poderiam proibir novas opiniões em prol do bem público para que as divisões acadêmicas não ampliassem sua influência nociva a ponto de perturbar a tranquilidade do estado. O mais surpreendente para os sábios é que os professores fossem tão inclinados a favor da filosofia de Aristóteles. Se este preconceito se restringisse a sua poesia e retórica, menos extraordinário seria. Mas estas eram as suas obras mais fracas, quero dizer, sua *Lógica* e *Filosofia Natural*.[30] A justiça, no entanto, deve ser feita aos seus seguidores mais ofuscados, por terem o abandonado nos pontos em que ele colidia com o cristianismo, pontos cruciais, como o de defender a eternidade do mundo e não acreditar que a providência abrangesse os seres sublunares.

30. Para nos convencermos da fragilidade destas obras, basta lermos o *Exercitationes Paradoxicae adversos Atistoteleos*, de Gassendus. Ali ele diz o suficiente contra a filosofia de Aristóteles de modo geral, no intuito de convencer qualquer leitor que não seja preconceituoso de que ela é muito deficiente; destrói principalmente a Lógica deste filósofo. De maneira semelhante, Gassendus estava preparando uma crítica da Filosofia Natural, Metafísica e Ética, quando, assustado com a formidável indignação que estava provocando entre os peripatéticos, decidiu abandonar seu trabalho para não se expor às perseguições vexatórias. Na Lógica e na Filosofia Natural de Aristóteles há muita coisa que revela a superioridade e a profundidade de seu gênio.

Quanto à imortalidade da alma, não se sabe ao certo se ele a reconhecia ou não.[31] No ano de 1647, o famoso capuchinho, Valerian Magni, publicou uma obra sobre o ateísmo de Aristóteles. Cerca de cento e trinta anos antes, Marc Antony Venerius publicou um sistema de filosofia desvelando várias inconsistências entre a doutrina de Aristóteles e as verdades religiosas. Campanella afirmou o mesmo em seu livro de *Reductione ad Religionem*, aprovado por Roma, em 1630. Pouco tempo depois, afirmava-se na Holanda, no prefácio de alguns livros, que a doutrina deste filósofo pouco se diferenciava da de Spinoza. Entretanto, caso alguns de seus peripatéticos fossem confiáveis, Aristóteles não ignorava o mistério da Trindade. O filósofo concluiu muito bem sua vida e desfruta de felicidade eterna. Escreveu uma grande quantidade de livros, do quais uma boa parte chegou até nós. É bem verdade que alguns críticos levantam milhares de dúvidas a respeito deles, mas Aristóteles foi extremamente respeitado em sua própria cidade e não faltavam heréticos que adorassem sua imagem, assim como a de Cristo. Há um livro que menciona que, antes da Reforma, havia igrejas na Alemanha onde *A Ética* de Aristóteles era lida todos os domingos de manhã, no lugar do Evangelho. Poucos exemplos de zelo religioso se equiparam ao zelo para com a filosofia peripatética. O diplomata Paul de Foix, famoso por suas missões e sua erudição, não quis se encontrar com Francis Patricius em Ferrara, porque soube que esse erudito ensinava uma filosofia diferente da peripatética. Isto equivalia a tratar os inimigos de Aristóteles como os zelotes tratam os heréticos. Afinal, não é de surpreender que a filosofia peripatética, conforme tem sido ensinada durante vários séculos, achasse tantos protetores, ou que os seus interesses sejam considerados inseparáveis dos da Teologia, pois ela acostuma a mente a concordar sem provas. Esta união de interesses pode ser avaliada como uma reivindicação dos peripatéticos à imortalidade de sua ordem e um argumento para abater as esperanças dos novos filósofos. Além do mais, devemos considerar que os modernos rejeitaram algumas doutrinas de Aristóteles que, mais cedo ou mais tarde, devem ser adotadas novamente. Se for verdade o que se conta sobre os primeiros reformadores que protestaram alto contra a filosofia peripatética, os teólogos protestantes alteraram muito sua conduta. A causa da morte de Aristóteles, em alguns aspectos, glorifica a memória que se tem dele. Segundo relato de alguns, foi o desgosto por não ter

31. Pomponatius e Niphus divergiram grandemente sobre este assunto. O primeiro afirmava que a imortalidade da alma era inconsistente com os princípios de Aristóteles; o último defendeu o contrário. Veja o discurso de *La Mothe le Vayer* sobre a imortalidade da Alma, e Bodin, na página 15 do Prefácio à *Daemonomania*.)

sido capaz de descobrir a causa do influxo e do refluxo do Euripo que causou a perturbação da qual ele morreu. Outros dizem que ele se envenenara para escapar de um processo movido contra ele por irreligiosidade, refugiado na ilha de Eubeia. Mas por que Aristóteles precisaria se livrar da perseguição desta maneira, deixando Atenas? Hesychius afirma que não somente a sentença de morte fora pronunciada contra ele por causa de um hino composto em honra de seu sogro, como também teria Aristóteles ingerido a planta acônito para executar esta sentença. Se fosse verdade, outros autores também teriam mencionado.

É infinito o número de escritores antigos e modernos que exercitaram sua pena falando de Aristóteles, seja para tecer comentários sobre ele ou para traduzi-lo. Em algumas edições de suas obras, pode-se encontrar uma relação deles, mas nunca completa. Recomendo um tratado do padre Labbé, intitulado *Aristotelis et Platonis Graecorum Interpretum, typis hactenus editorum brevis conspectus*, que é um breve apanhado dos intérpretes gregos de Aristóteles e Platão publicados até a presente data, impresso em Paris, no ano de 1657, in-quarto. Mr. Teissier dá o nome de quatro autores que escreveram a biografia de Aristóteles: Ammonius, Guarini de Verona, John James Beurerus e Leonard Aretin. Ele se esqueceu de Jerome Gemusaeus, médico e professor de filosofia em Basileia, autor do livro: *De Vita Aristotelis, et ejus Operum Censura* (A Vida de Aristóteles, e Crítica de suas Obras).

Peter Bayle

ARTEMIDORO DE ÉFESO

O SONÂMBULO OU SONHADOR

Artemidoro (que muito escreveu a respeito dos sonhos) nasceu em Éfeso. Como ele mesmo nos informa, sua vida foi durante o reinado de Antonino Pio, onde diz que conheceu um atleta que, tendo sonhado que perdera a visão, conquistou o prêmio nos jogos celebrados por ordem do Imperador. Nenhum autor jamais se empenhara tanto quanto Artemidoro num assunto tão útil. Tudo o que tinha sido escrito sobre o assunto dos sonhos foi adquirido por ele, o que somava vários volumes. Muitos anos viajando foram necessários para juntá-los, assim como as diferentes opiniões de todos os eruditos vivos da época. Artemidoro mantinha uma correspondência intensa com os eruditos das cidades e associações da Grécia, da Itália e das ilhas mais populosas, por toda a parte recolhia relatos de sonhos que chegavam ao seu conhecimento, junto aos fatos que continham. Desprezava a censura de pessoas orgulhosas e arrogantes, que tratam os aspirantes a predições como impostores. Desconsiderando as censuras desses intolerantes, frequentou esses adivinhos durante muitos anos. Resumindo, Artemidoro devotou todo o seu tempo, esforços e pensamentos à ciência dos sonhos. Ele acreditava que o esforço em juntar tanto material o habilitava a garantir, pela razão e pela experiência, suas interpretações. Infelizmente ele se concentrou somente nos assuntos mais triviais e fúteis, sonhados por quase todos. Os sonhos explicados por Artemidoro admitiam uma interpretação bem diferente, com a mesma probabilidade e pelo menos com as mesmas semelhanças naturais nas quais o intérprete se baseava. Nem vou dizer nada sobre o dano feito às milícias celestes, às quais devemos necessariamente atribuir a direção dos nossos sonhos se esperamos encontrar neles um presságio do futuro. [32] Artemidoro se esforçou intensamente para ensinar a seu filho essa

32. Segundo Artemidoro, alguns dos fatos mais insignificantes que aparecem em sonhos predizem coisas muito extraordinárias. Na minha opinião, sonhar com o próprio nariz, dentes ou coisas intrigantes deste tipo, significa apenas fatos particulares. No entanto, não podemos deixar de atribuir um sonho verdadeiro e significante a qualquer outra causa que não às inteligências celestes, ou a um daimon maligno, ou ainda

ciência, como relato visto em dois livros dedicados a ele. A voracidade com que se lançava a estes estudos não causa tanto espanto se levarmos em consideração que ele acreditava ser inspirado diretamente por Apolo. Ele dedicou seus três primeiros livros a um tal de Cassius Maximus, e os dois outros a seu filho. As obras foram impressas em grego, em Veneza, no ano de 1518. Em 1603, Rigaultius os publicou em Paris, em grego e latim, com notas específicas. A tradução latina usada por ele foi a publicada por John Cornarius, na Basileia, no ano de 1539. Artemidoro escreveu um tratado sobre a arte Divinatória e outro sobre quiromancia, dos quais não temos nem vestígio. Tertuliano não o mencionou no trecho onde cita vários autores onirocríticos, mas Luciano não o esqueceu, embora tenha mencionado apenas dois escritores nessa categoria.

à própria alma (que possui uma virtude profética inerente, como tratamos amplamente no nosso Segundo Livro sobre a Magia, onde falamos de sonhos proféticos). Não admitir, em minha opinião, que estas causas sejam capazes de transmitir da melhor maneira a mais simples informação a respeito de uma calamidade ou mudança de sorte ou de circunstâncias, esses eventos insignificantes, como nariz coçando ou dente caindo, atribuiria aos sonhos apenas uma pequena e deficiente porção de conhecimento. Tais maneiras de nos transmitir um pré-conhecimento de eventos futuros, permito-me dizer, são indignas de seu conhecimento, sutileza ou poder. Se eles não podem nos instruir por meio de sinais melhores, como é enorme sua ignorância; Se eles não querem, como é enorme sua malícia! Portanto, todos estes sonhos intrigantes devem ser inteiramente rejeitados por serem fúteis e insignificantes. Devemos nos lembrar de que "um sonho vem através de muitos assuntos", frequentemente de muitas maneiras diferentes. Os sonhos que devem chamar a nossa atenção e dos quais podemos extrair premonições de acidentes e fatos futuros são aqueles que são totalmente consistentes, independentemente de qualquer discurso anterior, de acidentes ou de outras circunstâncias semelhantes. A pessoa que deseja ter sonhos verdadeiros deve estar preparada para se tornar um receptáculo adequado dos poderes celestes. Isso apenas adotando uma dieta equilibrada e frugal e mantendo a mente em sublime contemplação, imbuída de um desejo religioso de ser informada de qualquer infortúnio, acidente ou evento que poderá provocar miséria, pobreza ou desvio mental, com o objetivo de minimizar o revés, orando para a sabedoria divina para que seja do seu agrado desviar o mal iminente ou capacitá-la a enfrentá-lo com sucesso, aguentando com paciência até que a vontade da Divindade se cumpra. Estas são as informações que devemos desejar receber por sonho, visão ou outros meios, das quais frequentemente somos avisados e com isso predizemos coisas futuras, como o presságio da morte de certos amigos. Sei por experiência que tudo isso é verdadeiro e comprovado.

BABILÔNIOS

Sob este título, daremos ao leitor apenas um arcabouço geral do conhecimento oculto antigo existente entre os caldeus da Babilônia, famosos por suas especulações em astrologia. Diodoro Sículo , conhecido como "Diodoro de Sicília", vem nos informar que os habitantes da Babilônia asseguravam que sua cidade era bastante antiga, calculada em cerca de quatrocentos e setenta e três mil anos de tempo decorrido desde as primeiras observações de seus astrólogos até a chegada de Alexandre. Outros dizem que os babilônios alardeavam terem preservado nos seus arquivos as observações que seus astrólogos tinham feito sobre os nascimentos ocorridos em quatrocentos e setenta mil anos. Temos aí que corrigir uma passagem de Plínio, que alguns autores usam inapropriadamente para outros propósitos, mas inclusive para contradizer a antiguidade da Babilônia. Sem dúvida, Aristóteles sabia que os babilônios se vangloriavam de ter uma série de observações astronômicas que compreendia um número significativo de séculos. Ele desejava confirmar a veracidade disso embasado por Calístenes, que fazia parte do séquito de Alexandre, mas encontrou um grande equívoco no relato. Calístenes poderia ter lhe assegurado, que as observações astronômicas vistas por ele na Babilônia compreendiam não mais que 1903 anos. Simplício também relatou este fato, tomando-o emprestado de Porfírio. Se dermos créditos ao cálculo de Calístenes, devemos concordar que, depois do Dilúvio, os homens se apressaram em se tornar astrólogos, pois, segundo a Bíblia hebraica, não poderia ter passado mais de dois mil anos[33] entre o Dilúvio e a morte de Alexandre. Não sem motivo questionamos o relato de Simplício. É de fato marcante o fato de que todos os autores da Antiguidade que atribuíram a Semíramis a construção da Babilônia recorreram unicamente à autoridade de Ctesias, cujas histórias estão cheias de fábulas. Vemos, portanto, que Berosius culpa os escritores gregos por afirmarem que Semíramis teria tido a sorte de

33 .Epigenus nos conta que entre os babilônios as observações celestes eram praticadas desde quatrocentos e setenta mil anos antes e inscritas nas colunas ou nas placas de tijolos. Berosius e Cristodemus diminuem para quatrocentos e noventa anos essa contagem.

construir a Babilônia, adornando-a com as mais belas estruturas. O adendo a Moreri cita *Quintus Curtius,* em relação à falta de modéstia das mulheres babilônias,[34] que se prostituíam por dinheiro, permitindo o uso de seus corpos a estranhos, movidas pela ideia de cumprir suas devoções exigidas por Vênus. Observemos que estas somas eram depois destinadas a usos religiosos.

34. Uma cerimônia lasciva muito antiga. A carta de Jeremias inserida no livro de Baruq faz alguma menção sobre isso, porém de maneira obscura, e necessita de um comentário tirado de Heródoto. O texto é o seguinte: "As mulheres, cingidas de corda, sentavam-se nos caminhos, mas se alguma delas, atraída por algum homem que passava, deitava-se com ele, era repreendida por sua companheira, que dizia que não fora julgada tão digna de honra quanto ela, nem tivera sua corda rompida". Heródoto dizia existir uma lei na Babilônia que obrigava todas as mulheres do país a se sentarem próximas ao templo de Vênus e esperar uma oportunidade de copular com um estranho etc.

A VIDA DE HEINRICH CORNELIUS AGRIPPA, CAVALEIRO

DOUTOR DE AMBAS AS LEIS, CONSELHEIROS DE CARLOS V, IMPERADOR DA ALEMANHA, E JUIZ DO TRIBUNAL DE SUCESSÕES

Heinrich Cornelius Agrippa, um Mago e um homem muito culto,[35] viveu no século 16. Nasceu em Colônia, no dia 14 de setembro de 1486, fruto de uma nobre e antiga família de Nettesheim, Bélgica. Com o desejo de seguir os passos de seus antepassados, que durante gerações tinham servido os príncipes da casa da Áustria, Cornelius entrou cedo a serviço do Imperador Maximiliano. Inicialmente recebeu o cargo de secretário, mas como era qualificado igualmente tanto para a espada quanto para a pena, tornou-se soldado e serviu o Imperador durante sete anos, no seu exército da Itália. Tendo se destacado em várias ocasiões, recebeu como prêmio por suas ações corajosas o título sagrado de Cavaleiro do campo. Como desejava acrescentar as honrarias acadêmicas às militares, para tanto, graduou-se doutor em direito e medicina. Dono de uma inteligência extraordinária, desde a juventude aplicava sua mente aos estudos. Por causa destes enormes talentos naturais, obteve grande conhecimento em quase todas as artes e ciências. Era um dedicado pesquisador dos mistérios da natureza, empreendendo cedo a busca da Pedra Filosofal. Dizem que foi até recomendado a alguns príncipes na qualidade de mestre da arte da alquimia[36] e que ele tinha todos os dons para se tornar uma grande celebridade. Agrippa

35. Como ele mesmo afirma no prefácio de seus três livros de Filosofia Oculta e Magia, onde ele diz "sou deveras um Mago", aplicando a palavra "magia" à boa e sublime ciência, não às artes profanas e demoníacas. Paul Jovius, Thevet e Martin del Rio o acusaram não de magia (porque não podemos aplicar isso às artes de necromancia), mas de Magia Negra. Mostraremos em algumas notas os fundamentos desta acusação contra Agrippa e examinaremos o quanto a informação deles justificará a calúnia que levantaram contra esse autor.
36. Não temos elementos para dizer que ele tenha estado de posse do grande segredo da transmutação, nem podemos colher tal informação em seus escritos. A única circunstância relativa a isso é que o próprio Agrippa diz na Filosofia Oculta, que tinha feito ouro, não mais do que aquele de onde a alma foi extraída.

tinha um conhecimento muito amplo das coisas em geral, assim como de línguas cultas. Foi aluno de Trithemius, que escreveu sobre a natureza, o ministério e as funções das inteligências e dos espíritos. Detentor de uma natureza irrequieta, ele mudava frequentemente de lugar e teve a infelicidade de atrair sobre si a indignação do clero papal por causa de seus escritos. Cartas creditadas a ele nos mostram sua passagem na França antes de 1507, tendo viajado pela Espanha em 1508, e passado por Dole em 1509. Lá proferiu conferências públicas que o levaram a uma disputa com Cordelier Catilinet. Naqueles tempos, os monges suspeitavam de heresia e consideravam erro tudo o que não entendiam. Como poderiam deixar Agrippa impune e sem explicar a misteriosa obra de *Reuchlinus de Verbo Mirifico*? Este era um assunto comum nas conferências proferidas em Dole, em 1509, com grande sucesso. No intuito de ganhar as boas graças de Margarida da Áustria, regente dos Países-Baixos austríacos, ele escreveu um tratado sobre a superioridade das mulheres. Mas a perseguição dos monges o impediu de publicá-lo. Desistindo da causa, foi para a Inglaterra, onde escreveu sobre as *Epístolas de São Paulo*, embora tivesse outro assunto particular em mãos. Voltando a Colônia, articulou conferências públicas sobre questões da divindade, chamadas de *Quodlibetales*, após o que ingressou no exército do Imperador Maximiliano, na Itália, e lá continuou, até o Cardeal de Sainte Croix chamá-lo para Pisa. Ali, Agrippa teria exercido suas habilidades na qualidade de Teólogo do Conselho se esta assembleia tivesse continuado. O que não seria um meio de agradar a corte de Roma, ou de merecer a carta de agradecimento que tinha recebido de Leão X, o que nos faz concluir que ele mudou de opinião. Depois disso, Agrippa ensinou Teologia em público, em Pavia e Turim. Deu também conferências sobre Hermes Trismegisto, em Pavia, no ano de 1515. Ele tinha uma bela e talentosa esposa, com quem teve um filho. Perdeu-a em 1521, casando-se novamente com uma prendada senhora em Genebra, no ano de 1522, de quem se fala muito bem. Com esta esposa teve três filhos, dois meninos e uma menina, que morreu. No seu segundo livro de cartas consta que seus amigos se esforçaram para lhe conseguir uma posição honrada em vários lugares, como em Grenoble, Genebra, Avignon ou Metz. Tendo conseguido o posto que lhe foi oferecido na última cidade. Descobri que, no ano de 1518, Agrippa foi escolhido pelos lordes de Metz para exercer a função de advogado, síndico e orador deles. As perseguições que lhe moveram os monges, tanto devido ele ter refutado a opinião geral a respeito dos três maridos de Sant'Ana, como por ter protegido uma camponesa acusada de feitiçaria, fizeram-no deixar a cidade de Metz. A história é a seguinte: segundo a sugestão do dominicano

Nicholas Savini, inquisidor da fé em Metz, por um mero preconceito com base no fato de ser filha de uma bruxa que tinha sido queimada, uma camponesa foi acusada de feitiçaria e devia ser torturada. Assumindo imediatamente sua defesa, Agrippa fez o que pôde para impedir esse procedimento tão irregular, mas não conseguiu impedir que a mulher fosse interrogada. Contudo, ele conseguir ser o instrumento de prova de sua inocência. Os acusadores da mulher foram condenados a pagar uma multa. A penalidade era muito branda e estava longe de ser uma retaliação. Essa camponesa era de Vapey, uma vila situada perto dos portões de Metz, pertencente à paróquia da catedral. O principal acusador desta mulher, Messin, exibia paixões tão sórdidas e tamanha ignorância de literatura e filosofia que Agrippa, na sua carta de 2 de junho de 1519, chama a cidade de Metz de "a madrasta da cultura e da virtude". Esta reflexão satírica de Agrippa pode ter originado o provérbio "Metz, a cobiçosa madrasta das artes e da ciências". Isso pode tê-lo induzido a tratar da monogamia de Sant'Ana, pelo fato de ter visto que James Faber Stapulensis, seu amigo, fora destroçado pelos pregadores de Metz por ter defendido esta opinião. No ano de 1520, Agrippa voltou para Colônia, sua cidade natal, abandonando de livre vontade uma cidade que os inquisidores maldosos tinham transformado em inimiga da cultura e do mérito autêntico. Sem dúvida, este é o destino de todas as cidades onde pessoas assim se tornam poderosas, independentemente da religião a que pertençam. Ele deixou novamente sua cidade no ano de 1521 e foi a Genebra, mas sua sorte não melhorou muito por lá. Agrippa queixava-se de não ser rico o bastante para viajar para Chamberi a fim de solicitar a pensão que esperava do Duque de Savoy. Esta expectativa não resultou em nada, o que fez com que deixasse também o local e fosse para Friburgo, na Suíça, em 1523, para praticar a medicina como o tinha feito em Genebra. No ano seguinte, foi a Lyon e obteve uma pensão de Francisco I. Ficou a serviço da mãe do príncipe na qualidade de seu médico particular, mas não melhorou muito de vida, nem seguiu a princesa quando esta deixou Lyon, em agosto de 1525, para acompanhar sua filha até as fronteiras da Espanha. Em Lyon, usando em vão da influência de seus amigos para obter o pagamento de sua pensão, Agrippa permanece em espera. Antes mesmo de receber, teve o desgosto de ser informado de que fora riscado da lista. A causa de seu infortúnio foi não ter acatado ordens da princesa para investigar, pelas regras da Astrologia, os rumos iriam tomar os negócios da França. Agrippa expressara sua desaprovação com liberdade demasiada pelo fato de a princesa tê-lo incumbido de uma curiosidade tão fútil, ao invés de usar suas habilidades em questões mais importantes. Isto muito contrariou sua ama, deixando-a extremamente exaltada quando soube que Agrippa, pelas regras da Astrologia, da Cabala, ou de alguma outra arte, tinha predito novos triunfos ao condestável de Bourbon.[37] Considerando-se descartado, Agrippa resmungou, esbravejou, ameaçou e escreveu sobre isso. Nada disso se resultou e ele foi obrigado a procurar outro lugar para viver. Interessou-se então pelos Países-Baixos. Após longa espera, obteve os passes necessários, chegando a Antuérpia no mês de julho de 1528. O procedimento rude do Duque de Vendôme foi uma das causas da demora. Ao invés de ele assinar o passe para Agrippa, rasgou-o, dizendo que "não assinaria um passaporte para um prestidigitador". No ano de 1529 o rei da Inglaterra enviou a Agrippa um convite cordial para ir até os seus territórios. Na mesma ocasião ele foi convidado pelo chanceler do Imperador, por um Marquês italiano e por Margarida da Áustria, regente dos Países-Baixos. Agrippa aceitou a oferta feita por Margarida e foi nomeado historiógrafo do Imperador, posto conseguido para ele pela princesa. De início publicou *A História do Governo de Carlos V*, logo depois foi obrigado a escrever a oração fúnebre daquela princesa, cuja morte foi, de certa maneira, a vida para nosso Agrippa, pois ela tinha uma estranha predisposição contra ele. Sentimento este dedicado a ele também por sua Imperial Majestade. Seu *Tratado Sobre a Futilidade das Ciências*, que ele mandou imprimir em 1530, deixou seus inimigos terrivelmente irritados. O *Tratado Sobre a Filosofia Oculta*, publicado em Antuérpia logo depois, rendeu ainda mais pretextos para difamá-lo. Sua sorte foi que o Cardeal Campegius, núncio do Papa, e o Cardeal De La Mark, Bispo de Liège, eram seus defensores. Mas nem mesmo a influência destes dois prelados conseguiu lhe garantir a pensão de historiógrafo, nem impediu sua prisão em Bruxelas, no ano de 1531, da qual, no entanto, foi logo libertado. No ano seguinte,

---

37. Veja as palavras de Agrippa, em sua 29ª epístola, liv. Iv. P. 254, que são as seguintes: "Escrevi ao Senescal, pedindo-lhe que a aconselhasse a não mais fazer mau uso das minhas habilidades, aplicando-as a uma arte tão indigna, para que no futuro eu pudesse evitar estas tolices, já que tinha capacidade de servi-la em funções muito mais adequadas". Mas o maior infortúnio foi que "esta arte indigna", e "estas tolices", como ele as chamou, prediziam o sucesso do oponente, como podes julgar por ti mesmos nas suas próprias palavras: "Eu me lembro de ter contado numa carta ao Senescal que, ao traçar a constante do nascimento do condestável de Bourbon, vi com clareza que este ano ele iria obter a vitória sobre vossos exércitos". Aqueles que conhecem a história desses tempos, devem perceber claramente que Agrippa não poderia ter prestado pior serviço à Francisco I ao prometer sucesso ao condestável. Desde então, Agrippa foi visto como um bourbonista. Para silenciar esta repreensão, ele reapresentou o serviço que tinha prestado a Françal, quando dissuadiu 4000 soldados de infantaria de seguir o partido do imperador, engajando-os no serviço de Francisco I. Ele afirmou recusar as grandes vantagens que lhe foram prometidas quando deixou Friburgo, caso entrasse no serviço do condestável. A quarta e a sexta carta do livro V. mostram que manteve uma estreita correspondência com o príncipe em 1527. Mesmo o aconselhando, recusava-se a se juntar a ele, no entanto, prometeu-lhe a vitória. Também lhe assegurou que os muros de Roma iriam cair ao primeiro ataque, mas omitiu a informação de um detalhe, ou seja, que o condestável seria morto lá.

visitou o Arcebispo de Colônia, de quem recebera uma carta de agradecimento, o mesmo a quem tinha dedicado seu compêndio *Filosofia Oculta*. Muito aflito e com medo de seus credores, devido a interrupção de seu salário, acabou permanecendo em Colônia mais tempo do que desejava. Combateu intensamente os inquisidores que interromperam a impressão do seu *Filosofia Oculta*, uma nova edição corrigida e ampliada, que seria publicada em Colônia - veja a vigésima sétima carta e as seguintes, do sétimo livro. Apesar disso, a impressão do ano de 1533 foi terminada. Agrippa permaneceu em Bonn até 1535, quando então quis voltar a Lyon. Foi aprisionado na França por algo que dissera contra a mãe de Francisco I, mas logo o libertaram a pedido de certas pessoas, indo depois a Grenoble, onde morreu no mesmo ano, em 1535. Alguns dizem que Agrippa morreu no hospital, mas isto é mera maldade, pois seus inimigos diziam qualquer coisa, movidos pela inveja, para depreciar seu valor e caráter. É certo que tenha morrido na casa do procurador geral da província de Dauphiné, cujo filho era o ex-presidente de Grenoble. Mr. Allard, na página 4 do livro da *Biblioteca de Dauphiné*, diz que Agrippa morreu em Grenoble, na casa pertencente à família de Ferrand, na rua Clerk, ocupada na época pelo presidente Vachon, e que foi enterrado no convento dos dominicanos. Ele sempre abraçara a fé romana, portanto não se pode dizer que era um luterano.[38] Burnet, em sua *História da Reforma*, afirma que Agrippa havia escrito a favor do divórcio do rei Henrique VIII. Mas as suas cartas mostram o contrário, como também sua declamação sobre a futilidade das Ciências, onde ele diz: "Soube que um certo rei, dos tempos de hoje, pensa ser legal se divorciar de uma mulher com quem esteve casado durante vinte anos, e esposar uma prostituta". Quanto à acusação referida de magia demoníaca, foi apresentada contra ele por Martin del Rio e outros, afirmando com segurança que Agrippa pagava suas despesas nas estalagens, etc. com moedas de chifre, enfeitiçando os sentidos dos que as recebiam, fazendo-os tomarem-nas por dinheiro real. Tem também a história do estalajadeiro em Louvain, que, na ausência de Agrippa, despertou o diabo em seu estúdio e com isto perdeu a vida. E a história de Agrippa voltando para casa, que ao ver os espíritos dançando no telhado, mandou um deles entrar num cadáver, ir até o mercado e cair lá. Todas essas histórias afirmadas por Martin del Rio são ridículas demais para que homens sensatos e esclarecidos acreditem nelas, sendo até mesmo totalmente improvável que Agrippa lidasse com Magia

38. Agrippa, em sua *Apologia*, cap. 19, fala de Lutero em termos eloquentes com tal desprezo em relação aos adversários daquele reformador, que deixa claro porque Sixtus Sienensis afirmou que Agrippa era luterano.

Negra. Quanto à magia, no sentido em que nós a entendemos, não resta dúvida de que ele era mestre, como comprovam seus três livros sobre *Filosofia Oculta*. Isso sem nada dizer do quarto livro, que temos autoridade para afirmar jamais ter sido escrito por Agrippa, como mostraremos oportunamente quando tratarmos da história de sua *Filosofia Oculta*. Em poucas palavras, para resumir o caráter de Agrippa, é certo lhe fazer justiça e reconhecer que, de seu temperamento impetuoso, que lhe rendeu muitas rusgas, cartas a vários amigos mais íntimos, escritas aparentemente sem qualquer propósito de publicação, retratam um homem dado a reflexões sobre religião e um cristão praticante. Agrippa era bem versado em muitas das principais e secretíssimas operações da Natureza, ou seja, as ciências da magia natural e celeste. Certamente realizou coisas estranhas (aos olhos vulgares), aplicando os ativos aos passivos, como qualquer um de nós também o faz. Ele foi um excelente astrólogo, médico e matemático, nessas qualidades, assim como através da magia, realizou ações admiráveis e predisse muitas coisas incomuns. John Wierus, seu criado, conta várias particularidades interessantes e curiosas que lançam luz sobre o caráter misterioso de Agrippa e servem para livrá-lo da imputação escandalosa de ser um professor de Magia Negra. Fato é que, como ele permanecia semanas inteiras em seu estúdio e ainda assim sabia de quase todos os acontecimentos em vários países do mundo, pessoas tolas diziam que seu cão negro era um espírito maligno, por meio do qual Agrippa obtinha todas essas informações, transmitindo ao seu mestre os postos dos inimigos, os números e os desígnios. Este é o relato de Paul Jovius, no qual dá para ver em que ele se baseou para formar sua opinião sobre esse grande homem. É de se admirar que Gabriel Naudé não tivesse a precaução de contestar a grande quantidade de falsidades históricas que estes acusadores acreditavam ser verdadeiras sobre Agrippa. Naudé supõe que os monges e outros da ordem eclesiástica não pensavam em desacreditar a *Filosofia Oculta* até um bom tempo depois de publicada. Ele afirma a insurgência contra esta obra apenas por vingança, por supostos danos causados a eles pela obra *Futilidade das Ciências*, não descartando a verdade de que este último livro ofendeu a muitos. Os monges, os membros das universidades, os pregadores e os teólogos viram-se fielmente retratados no livro. Agrippa era demasiado acolhedor. "Uma rápida olhada em seu livro (Futilidade das Ciências) bastou para me convencer de que ele foi um autor de gênio fogoso, leitura extensa e grande memória, mas às vezes mais exagerado do que escrupuloso em escolher seus assuntos, preferindo um estilo mais truculento ao invés de tranquilo." Agrippa condena o vício e glorifica a virtude em todos os lugares e para todas as pessoas, porém, para alguns nada é aceitável senão for panegíricos. Ver Erasmi Epist. liv. xxvii, p. 1083.

Vamos agora descrever em poucas palavras a história da *Filosofia Oculta* para concluirmos este tópico. Agrippa compôs esta obra nos seus dias de juventude, mostrando-a ao Abade Trithemius, de quem fora aluno. Trithemius se encantou com a obra, como mostra a carta que escreveu a Agrippa no dia 8 de abril de 1510, aconselhando-o, no entanto, a transmitir o seu conteúdo somente para aqueles em quem pudesse confiar. Contudo, várias cópias manuscritas se espalharam por quase toda a Europa. Desnecessário dizer que a maioria dessas cópias não era totalmente fiel ao original, o muito acontece nesses casos. Ao se dar conta de que a obra poderia ser impressa baseada numa dessas cópias erradas, Agrippa viu-se compelido a publicá-la ele mesmo, com os acréscimos e as alterações que tinha feito para aperfeiçoá-la, após tê-la mostrado ao Abade Trithemius. Melchior Adam estava errado quando afirmou que Agrippa, em idade já avançada, mostrou ao Abade Trithemius a obra corrigida e ampliada. Ele tinha refutado sua *Filosofia Oculta* em sua *Futilidade das Ciências*, e mesmo assim a publicou para impedir outros de imprimir uma edição mutilada e errada. Agrippa obteve a aprovação dos doutores de Teologia e de algumas outras pessoas designadas pelo conselho do imperador para examinar a obra.

"Este livro foi examinado e aprovado por certos prelados da Igreja, por doutores perfeitamente versados em literatura sagrada e profana e por comissários especialmente designado para este propósito pelo conselho de César. A obra foi aceita por todo conselho após isso e foi licenciada por um diploma autêntico de Sua Majestade Imperial, com o selo em cera vermelha da Águia de César. Em seguida, foi impressa para o público e vendida em Antuérpia, depois em Paris, sem qualquer oposição."

Após a morte de Agrippa, um quarto livro lhe foi acrescentado, escrito por outra pessoa. Jo. Wierus de Magis, cap. 5, p. 108, diz: "A estes (livros de Magia) pode-se acrescentar corretamente uma obra publicada recentemente e atribuída ao meu falecido anfitrião e preceptor honrado, Heinrich Cornelius Agrippa, morto há mais de quarenta anos. Concluo que a obra foi acrescentada incorretamente em seu repertório, sob o título de O Quarto Livro da Filosofia Oculta, ou das Cerimônias Mágicas, que pretende ser também uma Chave aos três livros anteriores da Filosofia Oculta e todos os tipos de Operações Mágicas." Assim se expressa John Wierus. Há uma edição in-fólio da *Filosofia Oculta* de 1533, sem especificar o lugar onde foi impressa. No prefácio consta a sanção de Carlos V, com data de 12 de janeiro de 1529, em Mechlin. Mencionadas as principais obras de Agrippa. Basta acrescentar que ele escreveu *Um Comentário sobre a Arte de Raimundo Lúlio* e *Uma Dissertação sobre o Pecado Original*, onde ensina que a queda de nossos primeiros pais foi causada por seu amor impudico. E ainda prometeu um trabalho contra os dominicanos que agradaria a muitas pessoas tanto dentro como fora do âmbito da Igreja de Roma.[39] Agrippa tinha algumas opiniões incomuns, protestante nenhum jamais falara com tanta impetuosidade que ele contra a impudência das compilações sobre as vidas dos santos. Não devemos esquecer da *Chave* de sua *Filosofia Oculta*, reservada somente para seus amigos mais próximos e explicada de uma maneira que difere muito pouco das reflexões de nossos quietistas.[40] Muitos supõem, no entanto, que o quarto livro da *Filosofia Oculta* seja a *Chave* que Agrippa diz em suas cartas ter reservado para si. Com uma margem grande de probabilidade, podemos objetar que ele acenava ao mundo com esta *Chave* para ser cortejado pelos curiosos. James Gohory e Vihenere disseram que Agrippa fingia ser o Mestre da Prática do Espelho de Pitágoras. Eles também afirmavam que Agrippa sabia o segredo de extrair o espírito do ouro do corpo do espelho, para converter prata e cobre em ouro puro. Mas ele explica o que quer dizer com esta *Chave*, quando diz, na Epist. 19. lib. v.: "Esta é a verdadeira Filosofia Oculta das maravilhas da natureza. A sua Chave é o entendimento, pois quanto mais alto elevarmos nosso conhecimento tanto mais sublime serão nossas conquistas em relação à virtude, assim, realizaremos as coisas mais grandiosas com mais facilidade e mais efeito". Agrippa menciona esta *Chave* em duas cartas escritas a um religioso que se dedicou ao estudo das Ciências Ocultas, frei Aurélio de Aqualpendente Austin. Ele diz: "Que relatos surpreendentes encontramos, e quão grandiosos escritos existem sobre o poder invencível da Arte da Magia, das imagens prodigiosas dos Astrólogos, das assombrosas transmutações dos Alquimistas e dessa pedra abençoada pela qual, à maneira de Midas, faz com que todos os metais sejam transformam em ouro. Mesmo que tudo isto seja vão, fictício e falso quando praticado literalmente". Ele ainda diz: "Tais coisas são enunciadas e escritas por grandes e sérios filósofos, cujas tradições ninguém

39. "No tratado, escrevo sobre os vícios e as opiniões errôneas dos dominicanos, além de expor ao mundo inteiro suas práticas maléficas, tais como o sacramento, muitas vezes infectado com veneno, inúmeros pretensos milagres, reis e príncipes envenenados, cidades e estados traídos, o populacho seduzido, heresias aprovadas e o resto das ações desses heróis e seus crimes atrozes." Veja Agrippa, *Opera*, t. ii. p. 1037.

40. Quietismo é uma forma de misticismo religioso que envolve completa extinção da vontade humana, afastamento das coisas mundanas e contemplação passiva de Deus e das coisas divinas. Foi ensinado pelo padre Molinos, no século 17, na Espanha.

ousa dizer que são falsas. Não, seria ímpio pensar que é mentira; afirmo apenas que existe outro significado diferente do literal". E ele acrescenta: "Não devemos procurar fora de nós mesmos o princípio dessas operações tão grandiosas. É um espírito dentro de nós que pode perfeitamente realizar muito bem tudo o que o espantoso Matemático, o prodigioso Mago, o maravilhoso Alquimista e o encantador Necromante podem realizar".

Nos habitat, non tartara; sed nec sidera coeli,
Spiritus in nobis qui viget, illa facit.

Ver Agrippa, *Epist. dat. Lyon*, 24 de setembro, 1727.

Nota: os três livros de Agrippa sobre o tema da Magia, e posteriormente o quarto, foram traduzidos para o inglês e publicados em Londres, no ano de 1651. Mas são tão raros hoje em dia que é difícil encontrá-los, e quando os acham, são vendidos pelos livreiros a um preço muito alto.

ALBERTO MAGNUS

O dominicano Alberto Magno, Bispo de Ratisbona e um dos doutores mais famosos do século 13, nasceu em Lauingen, no Danúbio, Suábia, no ano de 1193, ou 1205. O dicionário de Moreri nos fornece um relato das várias ocupações as quais foi encarregado e do sucesso de suas conferências em diversas cidades. Diz também que ele praticava a obstetrícia e que estava em busca da Pedra Filosofal. Dizia ainda, que ele era um famoso Mago, tendo construído uma máquina com forma humana, que lhe servia de oráculo e explicava todas as dificuldades apresentadas a ela. Eu poderia acreditar facilmente que, como ele entendia muito bem de matemática, pode ter composto uma cabeça que, com a ajuda de alguns espíritos, poderia articular certos sons. Embora fosse bem qualificado para ser o inventor de tal artilharia, não há razão para acreditar nisso, pois aqueles que atribuíram a invenção a ele estão enganados. Foi dito ainda, naturalmente, que Magnus tinha uma inteligência obtusa por natureza e estava a ponto de abandonar o mosteiro, porque perdera as esperanças de alcançar aquilo que seu hábito de frade exigia dele. Porém, dizem que a Santa Virgem lhe apareceu perguntando-lhe em qual área gostaria de se distinguir, se na Filosofia ou na Teologia. Magnus escolhera a Filosofia, e a Santa Virgem lhe disse que ele sobrepujaria todos os homens de seu tempo nessa ciência, mas que, como castigo por não ter escolhido a Teologia, voltaria, antes de morrer, à sua estupidez anterior. Acrescenta-se que, depois dessa aparição, ele tenha manifestado uma prodigiosa inteligência e melhorado tanto em todas as ciências que ultrapassou seus preceptores. Contudo, três anos antes de sua morte, estando ele numa Tribuna, no meio de uma conferência sobre Teologia em Colônia, esqueceu num instante tudo o que sabia. Numa tentativa vã de lembrar de suas ideias, percebeu que a predição se realizara. Surgia daí então o ditado de que ele foi milagrosamente convertido de asno em filósofo e, depois, de filósofo em asno. Nosso Alberto era um homem muito pequeno.[41] Após viver

41. Quando veio à presença do Papa, após permanecer em pé por algum tempo, sua Santidade ordenou que se erguesse, pensando que estivesse ajoelhado.

oitenta e sete anos, morreu no ano de nossa redenção, 1280, em Colônia, no dia 15 de novembro. Foi sepultado no coro do meio do convento dos dominicanos e suas entranhas foram levadas a Ratisbona. Seu corpo ainda estava inteiro no tempo do imperador Carlos V, e, por uma ordem sua, foi transladado e depois devolvido ao primeiro monumento. Alberto Magno escreveu uma quantidade tão vasta de livros que chega a vinte e um volumes in-fólio, na edição de Lyon, 1651.

ROGER BACON

COMUMENTE CHAMADO DE FREI BACON

Inglês, Frade Franciscano, Químico, Matemático e Mago, Roger Bacon foi um grande Astrólogo que viveu no século 13. Há uma tradição nos anais ingleses que conta que este frade fez uma cabeça de bronze, com Saturno como ascendente, que falava com voz humana e dava respostas a todas as suas perguntas. Francis Picus diz ter lido num livro escrito por Bacon "que um homem podia predizer o futuro por meio do espelho almuchesi composto segundo as regras da perspectiva, contanto que o usasse sob uma boa constelação e antes levasse seu corpo a um estado equilibrado e temperado pela química". Isto é compatível com o que John Picus afirmara, que Bacon se dedicava somente ao estudo da Magia Natural. Este frade enviou diversos instrumentos de sua invenção ao Papa Clemente IV. Vários de seus livros foram publicados (mas agora são muito raros), a exemplo temos o *Specula Mathematica et Perspectiva;* o *Speculum Alchymiae; De Mirabili Potestate Artis et Naturae; Epistolae, cum Notis* etc. É amplamente provável que ele não realizara nada por meio de qualquer pacto com os demônios, ele apenas atribuía às coisas uma eficácia surpreendente que naturalmente não poderiam possuir. Bacon era bem versado em Astrologia judiciária. Sua obra *Speculum Astrologiae* foi condenada por Gerson e Agrippa. Francis Picus e muitos outros a condenaram tão somente pelo fato de o autor afirmar que, submetidos a julgamentos melhores, os livros sobre Magia deveriam ser cuidadosamente conservados, pois ele acreditava que, chegaria um tempo, vindo de certas causas não específicas, todos os livros deveriam ser usados novamente em alguma ocasião. Naudé acrescenta "que Bacon era tão dedicado à Astrologia judiciária que Henry de Hassia, William de Paris e Nicholas Oresmius foram obrigados a investir incisivamente contra seus escritos". Bacon foi membro do Brazennose College, em Oxford, no ano de 1226 e foi, sem dúvida, a glória da época em que viveu, podendo talvez competir com os maiores que apareceram desde então. Considerando-se a época em que viveu, é extraordinário ele ter conseguido tal profundidade de conhecimento em todos os assuntos. Seus tratados são escritos com tal elegância, consistência e força, composto de observações tão corretas e exóticas da natureza que, entre todos os químicos conhecidos, não sabemos de nenhum que pudesse competir com ele. A reputação de sua erudição incomum ainda sobrevive na Inglaterra. Suas acomodações em Oxford ainda são expostas ao público até os dias atuais. Existe uma tradição que diz que o local ruirá quando um homem mais importante que Bacon ali entrar. Roger Bacon escreveu muitos tratados. Os que ainda são encontrados contêm suficiente beleza para nos fazer lamentar a grande perda do restante. Duas peças pequenas, escritas em Oxford e disponíveis atualmente falam sobre a Química. Esses manuscritos podem ser vistos na Biblioteca de Leiden. Eles foram levados da Inglaterra para lá com os manuscritos de Vossius. Nestes tratados ele mostra claramente como metais imperfeitos podem ser transformados em metais perfeitos. Bacon adota inteiramente a noção de Geber de que o mercúrio é a base comum de todos os metais e o enxofre é o que os cimenta. Ele defende que é por meio de uma depuração gradual da matéria mercurial por sublimação e pela acessão de um enxofre mais sutil pelo fogo que a natureza faz o seu ouro. E que, se durante o processo, qualquer outra terceira matéria intervir, além do mercúrio e do enxofre, surge algum metal inferior. Assim, se aprimoramos o chumbo, imitando as operações da natureza, podemos facilmente transformá-lo em ouro de boa qualidade.

Várias operações usadas por Bacon foram comparadas às experiências de Monsieur Homberg pela curiosidade de um príncipe, o Duque de Orleans. Com essas comparações, foi revelado que Bacon descrevera algumas das mesmas coisas que Homberg publicara como sendo de suas próprias descobertas. Por exemplo, Bacon ensina claramente que se unirmos enxofre puro com mercúrio, originaremos ouro, o mesmo princípio em que se baseou Monsieur Homberg para fazer diversos experimentos a fim de produzir ouro, descritos no *Memorial da Academia Real das Ciências.* Seus outros escritos sobre Física mostram esse mesmo gênio e força mental. No tratado[42] *Of the Secrets Works of Nature,* que fala sobre os Segredos das Obras da Natureza, ele mostra que um perfeito conhecedor da maneira como a Natureza observa seus processos não só poderia rivalizar com a própria Natureza como também sobrepujá-la.

As obras deste autor foram impressas in-oitavo e in-duodécimo, sob o título de *Frater Rogerius Baco de Secretis Artis et Naturae*, porém acabaram se tornando extremamente raras. Examinando-as repetidamente, podemos

42. *De Secertis Naturae Operibus.*

perceber que Bacon não desconhecia as muitas descobertas principais do presente e do passado. A pólvora, certamente ele conhecia; o trovão e o relâmpago, ele conta, podem ser produzidos artificialmente; e que o enxofre, o salitre e o carvão separados não apresentam nenhum efeito sensível, mas quando misturados em proporção correta e armazenados juntos, podem produzir um terrível estampido. Uma descrição mais precisa da pólvora não pode ser dada por meio de palavras. Mesmo assim, em época posterior, Barthol Shwartz, um jesuíta, teve a honra da descoberta. Bacon menciona também um tipo de fogo inextinguível, preparado artificialmente, indicando que conhecia alguma coisa sobre o fósforo. Sem dúvida ele tinha uma noção da rarefação e da estrutura da bomba de ar. Ele observa que uma carruagem construída com base nos princípios da mecânica e sustentada por globos muito grandes, especificamente mais leves que o ar comum, poderia carregar um homem suspenso através da atmosfera. Isto prova que ele também tinha uma ideia competente de aerostática. Há muitas reflexões interessantes neste nobre autor que suscitam a admiração do leitor, mas nenhuma provocaria maior espanto do que ver uma pessoa de mérito tão sublime ser vitimada pelo ardor devasso de cegos fanáticos. Veja Boerhaave, Química, p. 18.

RAYMON LLULL

UM ALQUIMISTA FAMOSO

Raimundo Lúlio, ou Raymon Llull, é o próximo da nossa sequência. Nascido na Ilha de Maiorca, no ano de 1225, de uma distinta família, Lúlio não assumiu sua aptidão para a Química antes da segunda parte de sua vida. Ao se dedicar à Química, ele logo começou a pregar outro tipo de doutrina, pois, segundo ele, esta arte, só se adquire com experiência e prática, não podendo ser entendida por meio de palavras e sons ineficientes. Este é o primeiro autor que consegui encontrar que considera claramente a Alquimia no contexto da Medicina Universal. Depois dele, fazer esta relação tornou-se algo popular e as bibliotecas se encheram de escritos seguindo esta tendência.

O próprio Llull, além de seus escritos acadêmicos, tem uma boa quantidade de livros escritos após ter se voltado para esta linha de pensamento. Isso é bem difícil de quantificar, pois ele costumava assinar os trabalhos dos seus discípulos e seguidores. Boerhaave diz: "Eu analisei a maioria de suas obras, na minha opinião são todas excelentes, muito além da expectativa. Tanto que quase chego duvidar se seriam obras daquela época. Elas são tão repletas de experimentos e observações encontrados nos escritores posteriores que, ou os livros são suspeitos, ou os antigos químicos deveriam estar familiarizado com um mundo de coisas que passam por descobertas da prática de nossa época. Ele dá explicações muito claras do fósforo, que chama de "Fogo Vestal", o Offa Helmontii, etc., no entanto, sem dúvida ele escreveu 200 anos antes de Helmont ou de meu Lorde Bacon."

Raymon viajou pela Mauritânia, onde, presume-se, ele se deparou pela primeira vez com a Química e os assimilados dos escritos de Geber e os princípios de sua arte. Esta opinião se apoia na evidente concordância entre os dois. Os autores espanhóis atribuem a ocasião de sua viagem a um caso de amor: ao que parece, tinha ele se apaixonado por uma moça daquele país, que recusava obstinadamente suas atenções. Quando ele lhe perguntou a razão, ela lhe mostrou seu seio tomado pelo câncer. Llull, como generoso admirador que era, imediatamente partiu para Mauritânia, onde vivia Geber, em busca de algum alívio para sua amada. Ele terminou seus dias na África, onde, depois de se tornar missionário e pregar o Evangelho aos infiéis, foi apedrejado até a morte.[43]

43. A história deste eminente iniciado é muito confusa. O escritor Mutius é peremptório ao dizer que esse bom homem, inteiramente dedicado à religião, nunca se aplicou à química ou à pedra filosofal. Mesmo assim, temos diversos relatos sobre sua fabricação de ouro. Entre uma variedade de autores, Gregory de Toulouse afirma que "Llull ofereceu a Eduardo III, Rei da Inglaterra, um suprimento de seis milhões para guerrear contra os infiéis". Além dos manuscritos, as seguintes publicações levam o nome de Llull: *A Teoria da Pedra Filosofal, A Prática, A Transmutação dos Metais, O Codicílio, O Vade-Mecum, O Livro das Experiências, A Explicação do seu Testamento, As Reduções,* ou *Acusações e o Poder das Riquezas.*

GEORGE RIPLEY

Um cônego ou monge por profissão, de nacionalidade inglesa, vindo de Bridlington, George Ripley tinha em seus escritos, todos muito bons dentro da sua categoria, o mesmo estilo dos de Bacon, só que mais alegóricos. Não sendo médico, ele não se intrometeu na prática desta área, porém tinha conhecimento da cura pelos metais, que, na sua linguagem, tratava-se da purificação e da maturação destes. Ripley seguia rigorosamente os princípios de Geber e Bacon, e sustentava com novas evidências, por exemplo, que o mercúrio é a matéria universal de todos os metais. E que se colocado sobre o fogo com enxofre puro, o mercúrio poderia se transformar em ouro, mas se algum deles estiver doente ou leproso, isto é, infectado por alguma impureza, no lugar do ouro, resultaria algum outro metal. Ripley diz que, se o mercúrio e o enxofre são suficientes para produzir todos os metais, a partir deles pode-se produzir um remédio universal, ou metal, para a cura de todos os doentes. Ele foi entendido erroneamente por alguns de que esse fosse um metal universal, eficaz contra todas as doenças do corpo humano.

GEORGE RIPLEY

JOHN E ISAAC HOLLANDUS

John e Isaac eram dois irmãos, engenhosos homens de muitos talentos que escreveram sobre os áridos assuntos da Química. Diz-se que eles viveram no século 13, mas isso não é tido como muito correto. É deles a invenção da arte da esmaltação, como também a coloração de vidros e pedras preciosas por meio da aplicação de finas placas de metal. Seus escritos têm a forma de expressões, descrevendo todas as operações até os mínimos detalhes. Seu Tratado sobre a esmaltagem foi considerado a maior e uma das suas melhores obras terminadas, contendo tudo o que se refere a fusão, separação e preparação de metais. Seus escritos e seus efeitos sobre destilação, fermentação e putrefação são excelentes. Eles parecem ter pelo menos o mesmo entendimento sobre o assunto quanto qualquer pesquisador moderno. John e Isaac apresentam uma grande quantidade de experimentos com o sangue humano, que Van Helmont e Mr. Boyle retomaram para novas descobertas. Eu tenho uma obra muito extensa, sobre uma construção de fornalhas e instrumentos químicos, in-fólio, assinada por eles. Seus escritos podem ser facilmente comprados e merecem ser examinados devido os valiosos segredos neles contidos, que podem traçar o caminho para grandes descobertas. (Veja Boerhaave, p. 21)

PHILIPPUS AUREOLUS THEOPHRASTUS PARACELSUS BOMBAST DE HOENHEYM,

O PRÍNCIPE DOS MÉDICOS E DOS FILÓSOFOS PELO FOGO, MÉDICO ADMIRÁVEL, POLÊMICO, O TRISMEGISTO DA SUÍÇA. PRIMEIRO REFORMADOR DA FILOSOFIA QUÍMICA, INICIADO NA ALQUIMIA, NA CABALA E NA MAGIA, SECRETÁRIO FIEL DA NATUREZA, MESTRE DO ELIXIR DA VIDA E DA PEDRA FILOSOFAL. GRANDE MONARCA DOS SEGREDOS QUÍMICOS.

Vive agora em seu mausoléu, para onde se retirou, desgostoso com os vícios e as tolices da humanidade, mantendo-se com sua própria

QUINTESSENCIA VITAL

Como ele mesmo informou, Paracelso nasceu no ano de 1494, numa aldeia na Suíça, chamada Hoenheym (que significa "no lar alto"), a duas milhas de Zurique. Seu pai, filho natural de um grande mestre da ordem Teutônica, foi educado para a Medicina e a praticou naqueles recantos obscuros. Dono de uma excelente e copiosa biblioteca, dizem que ele se distinguiu em sua profissão. Paracelso sempre fala dele com o maior respeito, chamando-o de *laudatissimus medicus in eo vico*. Foi deste pai que Paracelso recebeu sua primeira instrução. Após um período de estudos em casa, Paracelso foi entregue aos cuidados de Trithemius, o célebre Abade de Spanheim, ele próprio um iniciado, que escreveu sobre a Cabala. Com ele aprendeu, principalmente, as letras e os idiomas, sendo transferido depois para Sigismund Fugger, para aprender Medicina, Cirurgia e Química. Paracelso fala de todos esses mestres com grande veneração, especialmente do último, o que mostra que ele não era tão grosseiro e mal-educado como geralmente o descreviam. Toda essa informação são oferecidas a nós pelos seus escritos, especialmente o prefácio para o seu *Cirurgia Menor*, no qual ele se defende de seus acusadores. Aos vinte anos de idade empreendeu uma viagem pela Alemanha e Hungria, visitando todas as minas mais importantes, travando conhecimento com mineradores e operários, aprendendo tudo relativo aos metais e sua arte. Nesta pesquisa, Paracelso foi de uma determinação e coragem incomuns. Ele os conta sobre os muitos perigos pelos quais passou em terremotos, avalanches de pedras, inundações, cataratas, exalações, umidade, calor, fome e sede. E não perdia a oportunidade em insistir no valor de uma arte quando adquirida em condições tão difíceis. Essa disposição para buscas em minas o levou a Moscóvia quando, perto da fronteira com a Tartária, foi feito prisioneiro pelo povo daquele país e conduzido à presença do grande Cã. Aprendeu sobre diversos segredos em seu cativeiro, até que o Cã mandou enviá-lo a uma expedição perante a embaixada do Grão-Senhor (o Sultão da Turquia), liderada por seu próprio filho. Paracelso seguiu junto na qualidade de companheiro. Chegando a Constantinopla, aos vinte e oito anos de idade, ali aprendeu o segredo da Pedra Filosofal com um generoso árabe, que lhe ofertou este nobre presente, o *Azoth*, como ele o chamava. Este incidente é relatado apenas por Helmont. O próprio Paracelso, que é bastante discursivo sobre suas outras viagens, nada conta sobre seu cativeiro. Ao voltar da Turquia, realizou excelentes curas praticando cirurgia no Exército Imperial. Não se pode negar sua excelência nessa arte, da qual o seu *Cirurgia Avançada*, impresso in-fólio, será para sempre um monumento imponente. Ao voltar para sua terra natal, recebeu o título de *Utriusque Medicinae Doctor*, ou "Doutor em Medicina ou Cirurgia Externa e Interna", tornando-se famoso em ambas, indo muito além do que a prática da época poderia almejar. Isso não é de se admirar, pois a Medicina estava então em péssimas condições. A prática e a própria terminologia era toda galênica e árabe. Nada era inculcado além de Aristóteles, Galeno e os árabes. Não se lia Hipócrates, nem ao menos havia edições de suas obras, e ele mal era mencionado. Sua teoria consistia no conhecimento dos quatro graus, os temperamentos etc., e toda a sua prática se restringia à sangria, à purgação, aos vomitórios, à aplicação de clister etc. Nessa época uma nova doença apareceu e se disseminou pela Europa: a "doença venérea". Os remédios galênicos comuns eram totalmente ineficientes; sangria, purgação e remédios depurativos não adiantavam e os médicos estavam sem saber o que fazer. Jac Carpus, um célebre anatomista e cirurgião em Bolonha, era o único capaz de curá-la, administrando mercúrio, que provocava a salivação. Descoberto este segredo em suas viagens pela Espanha e pela Itália, durante alguns anos ele o colocou em prática com tanto sucesso e reconhecimento, que é incrível a riqueza imensa que este único *nostrum* (droga, remédio) lhe trouxera (baseado em confiável autoridade, foi dito que em um ano ele amealhou seis mil pistolas). Ele mesmo confessou desconhecer o tamanho de sua própria fortuna, já que os capitães, mercadores, governadores, comandantes, etc., que trouxeram essa doença imunda da América, ficavam felizes em lhe dar o valor que fosse pedido para que os livrasse dela. Nesta época, Paracelso já tinha aprendido as propriedades do mercúrio, provavelmente de Carpus, que realizava a mesma cura, mas de maneira diferente. Enquanto Carpus fazia tudo por meio da salivação, Paracelso conseguia seu objetivo de maneira mais suave fazendo pílulas de seu preparado. Ele confirma ter curado desta forma também a sarna, a lepra, úlceras, doença de Nápoles e até a gota, doenças dadas como incuráveis pela prática popular; sendo assim lançada a base para toda a sua futura fama e fortuna.

Com esse repertório de habilidades e tendo atingido um grau de superioridade acima de seus irmãos de profissão, Paracelso foi convidado pelos curadores da Universidade da Basiléia para o cargo de Professor de Medicina e Filosofia. A arte da impressão e o gosto pelo saber e pela arte era algo novo e florescia[44], os magistrados da Basiléia se esforçavam para trazer renomados professores de todas as partes do mundo. Desidério Erasmo, professor de Teologia, e J. Oporinus, professor da língua grega foram ambos contratados. Em 1527, aos 33 anos de idade, Paracelso se juntou a eles. Em sua apresentação naquela província, tendo que fazer um discurso público perante a universidade, ele colocou um aviso muito elegante acima da entrada, convidando a todos para suas aulas. Na primeira aula, mandou colocar um recipiente de bronze no pátio da escola, onde derramou enxofre e salitre e queimou solenemente os livros de Galeno e Avicena, alegando que tinha discutido com eles às portas do inferno e os havia derrotado. Por esta razão, proclamou que os médicos deveriam segui-lo e não mais se denominarem "galenistas", mas, sim, "paracelcistas". "Saibam, doutores" disse Paracelso, "meu barrete de doutor contém mais conhecimento que todas as vossas cabeças, minha barba tem mais experiência que todas as vossas academias: gregos, latinos, franceses, alemães, italianos, eu serei o vosso rei."

Durante o tempo que foi professor, Paracelso leu seus livros *De Tartaro*, *De Gradibus*, e *De Compositionibus* em audiências públicas, e sempre acrescentava um comentário sobre o livro *De Gradibus*. Estes livros foram impressos depois

44. Estamos felizes em poder dizer que o gosto pelo saber e pelas artes (apesar das tolices da época), nunca prevaleceu tanto como atualmente. O ano de 1801 inicia uma era de florescimento da ciência, na qual até nossa mulheres parecem querer tomar parte, como, por exemplo, uma senhora de posição que foi em sua carruagem até Fosterlane, em Cheapside, e comprou uma forja de ferreiro portátil para seu uso particular. Uma pessoa forte e atlética, apta para o trabalho manual com o ferro e para outras experiências.

na Basileia, para uso de seus discípulos, portanto, podem ser considerados escritos autênticos. Na mesma época, escreveu *De Calculo*, resultando em uma obra da qual Helmont fala com grande aprovação.

Mesmo sendo professor numa Universidade tão erudita, Paracelso conhecia muito pouco do latim. Suas longas viagens e atividades comerciais, além do pouco uso da língua, fizeram-no perder a habilidade de escrever, ler ou lecionar nessa língua. Sua natural impetuosidade o desqualificava para o ensino. Embora seus ouvintes e discípulos fossem numerosos no início, muitos desistiram, deixando-o a "pregar para as paredes". Paracelso acabou por se entregar à bebida em diversos momentos deste período. Próximo a ele naqueles dias, Oporinus diz que Paracelso nunca estava sóbrio, que ele bebia de manhã até a noite e da noite até a manhã, num círculo vicioso. Com o passar do tempo, Paracelso se cansou do magistério e, após três anos, abandonou-o, dizendo que nenhuma outra língua, a não ser o alemão, era adequada para revelar os segredos da química.

Após este ocorrido, Paracelso voltou a sua vida itinerante, viajando e bebendo, vivendo entre hospedarias e tavernas, continuamente embriagado. Mesmo assim, ele realizava curas admiráveis pelo caminho. Agiu assim por quatro anos, dos 43 aos 47 anos de idade, quando morreu numa hospedaria em Salzburgo, chamada "Cavalo Branco", num banco em um canto da chaminé. Oporinus nos conta que, quando Paracelso vestia uma roupa nova, ele não a tirava até que se transformasse em farrapos. Diz ainda que mesmo com seus excessos em bebida, Paracelso nunca foi viciado em luxúria. Mas há uma razão para isso: quando criança, devido a um descuido de sua ama, ele foi atacado por uma fêmea de porco selvagem, que o feriu seriamente perto de onde os três membros se encontram, transformando-o num eunuco. Consequentemente a isso, em seus escritos, ele não perdia a oportunidade em atacar as mulheres.

Assim foi a vida de Paracelso, um homem imortal que, cansado da vida, retirou-se para um canto do mundo, sustentando-se ali com sua própria Quintessência da Vida.

Em vida, Paracelso publicou apenas três ou quatro livros, após sua morte, porém, sua obra se tornou prodigiosamente volumosa: mal se passava um ano sem que um livro de sua autoria fosse publicado. Segundo se dizia, achavam seus escritos em alguma velha parede, teto ou algo assim. Todas as obras publicadas com seu nome foram impressas juntas em Estrasburgo, no ano de 1603, em três volumes fólio, e novamente em 1616. O excelente professor e editor J. Oporinus, já mencionado aqui, serviu continuamente, Paracelso durante três anos, na qualidade de seu empregado doméstico, na esperança de aprender alguns de seus segredos. Foi ele que publicou as obras de Vesalius, considerado o homem que as colocou na linguagem elegante na qual aparecem agora. E uma carta a Monavius tratando da vida de Paracelso, ele se confessa surpreso em encontrar tantas obras de seu mestre. Oporinus alega que durante todo o tempo em que esteve com Paracelso, o próprio nunca escrevera palavra alguma, nem mesmo pegara uma pena na mão, forçando-o, porém, a escrever o que ditava. Oporinus se admirava muito de como podia palavras e discursos tão coerentes, próprios das pessoas mais sábias, saírem da boca de um ébrio. Sua obra, chamada *Archidoxa Medicinae,* contém os princípios e as máximas da arte. Inicialmente foram publicados nove volumes. No prefácio, o autor diz o seguinte: "Pretendia publicar dez volumes do meu *Archidoxa*, mas vendo que a humanidade não merece o tesouro que é o décimo, mantenho-o encerrado em minha cabeça. Resolvi firmemente nunca os tirar de lá, ao menos até que todos tenham abnegado Aristóteles, Avicena e Galeno e jurado fidelidade exclusiva ao Paracelso".

Este volume veio finalmente a público por caminhos desconhecidos. Sem dúvida, uma obra excelente, figurando entre as principais produções que apareceram no campo da química. Porém não dá para afirmar se pertence ou não a Paracelso, mas a seu favor tem o fato de conter muitas coisas que têm sido desde então copiadas indevidamente em grandes obras. O *Lithonthriptic* e o *Alcabest,* de Van Helmont, provavelmente se inspiram nesse livro. Dentre os escritos autênticos de Paracelso figuram *De Ortu Rerum Naturalium, De Transformatione Rerum Naturalium* e *De Vita Rerum Naturalium*. O resto é falso ou muito duvidoso, especialmente as obras teológicas.

O grande sucesso e a fama desse homem, a quem muitos atribuem a posse de um remédio universal, podem ser justificadas por outros princípios. É certo que Paracelso conhecia bem o uso e as propriedades do ópio e que os galenistas da época o rejeitavam por possuir um quarto grau de frieza. Oporinus relata que Paracelso fabricou pequenas pílulas que tinham cor, forma e tamanho do excremento de ratos, mas que nada passada simplesmente de ópio, chamando-as pelo nome bárbaro de *laudanum*, ou seja, "remédio louvável". Ele as levava sempre consigo e as prescrevia para disenterias e casos de dor intensa, ansiedades, delírios e vigília doentia. Ser o único a possuir o uso de um remédio tão extraordinário e nobre como o ópio já era o suficiente para torná-lo famoso.

Outro grande remédio desenvolvido por Paracelso foi o turbito mineral. A primeira vez em que ele foi mencionado foi no seu *Clein Spital Boeck*, ou

Chirurgia Minor, quando forneceu seu modo de preparo. Quanto à pedra filosofal, Oporinus diz que se espantava ao vê-lo muitas vezes sem um tostão no bolso em um dia, e no dia seguinte o bolso cheio de dinheiro; e ainda o fato de ele que nada levava consigo em suas viagens para o exterior. Ele acrescenta ainda que, com certa frequência, emprestava dinheiro de seus companheiros, cocheiros e porteiros, devolvendo vinte e quatro horas depois acrescido de extravagantes juros, sem que ninguém, a não ser ele mesmo, soubesse a origem da quantia. Em *Theatrum Alchymiae* ele menciona um tesouro escondido debaixo de uma árvore; são coisas assim que levavam muitos a crer que Paracelso possuía a arte de fabricar ouro. Seria difícil, porém, que tais conhecimentos nobres que ele possuía, dessem a subsistência de tais feitos sem o *lapis philosophorum*.

JOHN RUDOLPH GLAUBER

J.R. Glauber, um renomado químico de Amsterdam, foi considerado o Paracelso de sua época. Sempre em constantes viagens, Glauber descobriu muitos e grandes segredos. Escreveu mais de trinta tratados, como de médico em alguns, iniciado, em outros e ainda conhecedor de metais em outros. Destacando-se principalmente nesta última arte e na alquimia. Pessoa de fino trato, educado e sem dúvida alguma um bom conhecedor de química. Inventor do sal que ainda hoje é comercializado como o "Sal de Glauber", assim como de outros tipos de sais, ácido sulfúrico, etc. Famoso por supervalorizar seus elixires e preparados, dizem que Glauber fazia negócios desonestos com suas fórmulas secretas. Ele costumava vender suas melhores descobertas a preços exorbitantes para os químicos e outros interessados e, em seguida, revendia-os ou os tornava públicos para aumentar sua fama. Por essa razão vivia sempre em guerra com eles. Seus principais escritos foram *De Furnis* e *De Metallis.* Muito embora escritas em holandês, essas obra foram traduzidas para o latim e para o inglês. Foi Glauber quem mostrou, perante os Estados da Holanda, que a areia contém ouro, mostrando a eles um experimento que os deixou inteiramente convencidos. Porém, seria necessário tanto chumbo, fogo e trabalho para obter o ouro, que o processo não valia a pena.[45] De qualquer forma Glauber demonstrou claramente que não há terra, areia, enxofre, sal ou qualquer outra substância que não contenha ouro em maior ou menor quantidade. Resumindo, muitos segredos valiosos foram revelados por Glauber. Hoje esses segredos estão nas mãos de alguns dos nossos químicos mais modernos.

45. Vários químicos eminentes afirmaram que, por ser muito simples e levar pouco tempo, este processo poderia ser realizado com vantagem. É preciso apenas prata, areia e protoxido de chumbo.

DOUTOR DEE E SIR EDWARD KELLY

Optei por contar a história do Doutor John Dee e de Sir Edward Kelly juntas, cavaleiro, por eles serem colegas declarados. A fama popular os associa de alguma forma ao descobrimento da pedra filosofal. Além de ter profundos conhecimentos em química, Dee dominava bem a matemática e, de maneira especial, a geometria e a astrologia. Sir Edward Kelly, porém, parece se sair melhor em alquimia. Em alguns livros de Dee publicados, encontram-se breves anotações dos fatos ocorridos durante seus trabalhos, como: *Donum Dei, Cinco Hibras*, em outro lugar, vemos: "Hoje Edward Kelly me revelou o grande segredo, *sit nomen Domini benedictum*". Ashmole diz de forma enfática que eles dominavam o segredo do pó de projeção e, com uma pitada não maior que o menor grão de areia, transformavam uma onça e um quarto de mercúrio em ouro puro. Mas há um equívoco aqui. Se admitirmos que eles possuíssem o pó de projeção, teremos de concordar que detinham o segredo de como fazê-lo. Mas a história conta que eles acharam quantidade considerável deste pó nas ruínas da Abadia de Glastonbury, e com ele realizavam muitas transmutações notáveis para a satisfação de várias pessoas. Em especial Kelly, que tem a fama de ter dado de presente anéis de fio de ouro no valor de 4000 libras no casamento de sua serviçal. Diz-se, também, que uma peça de panela de bronze, feita por ordem da rainha Elizabeth e enviada para eles no exterior, foi devolvida transformada em ouro puro. Dee presenteou o duque de Hesse com doze cavalos húngaros, o que jamais poderia ser esperado de um homem da sua posição sem algum recurso extraordinário. Em 1591 foram para a Alemanha e se instalaram por algum tempo em Trebona, na Boêmia. O propósito desta viagem é muito misterioso. Disseram alguns que eles pretendiam visitar os alquimistas desses países para esclarecer o procedimento da produção do pó. E que viajaram pela Polônia nessa busca, sendo bem-sucedidos, segundo contam. Outros dizem que não. Há ainda quem diz que eles foram enviados pela rainha na qualidade de espiões, e que a alquimia era apenas um pretexto, ou meio, para que as pessoas confiassem neles. Mas este assunto só seria esclarecido em um livro escrito por Dee, intitulado *As Conferências de Dee com os Espíritos*, que alguns conjeturam ser mera criptografia do *Trithemius*. Doutor Hook sustenta isso também. Este livro, entretanto, é verdadeiramente interessante quanto às diversas operações mágicas expostas, sendo escrito pelo próprio punho do Doutor na forma de diário. O livro relata as circunstâncias das consultas que Dee manteve com alguns espíritos (bons e maus) em companhia de Sir Edward Kelly. Pouco depois de ter partido da Inglaterra, a biblioteca de Dee foi aberta por ordem da rainha e 4000 livros e 700 manuscritos raros foram apreendidos sob a alegação de que Dee era um conjurador. A rainha tentou trazê-lo de volta, pouco tempo depois, usando meios incomuns, no que foi ajudada por uma briga com Kelly; Dee voltou em 1596. Em 1598 foi nomeado diretor da Universidade de Manchester, onde morreu.[46]

Alguns de seus manuscritos, muito interessantes, por sinal, assim como o cristal para dentro do qual ele costumava invocar os espíritos, estão expostos atualmente, cercados de muitos cuidados, no Museu Britânico.[47]

Quanto a Sir Edward Kelly, o imperador, suspeitando que ele possuísse o segredo da pedra filosofal, trancou-o na prisão na esperança de partilhar dos lucros da transmutação. Kelly, no entanto, frustrou suas intenções. Depois de ser encarcerado mais duas vezes, procurou escapar amarrando lençóis de sua cama uns nos outros; quando os nós se soltaram, ele caiu, quebrando a perna. Logo depois perdeu a vida.

46. Os autores discordam muito a respeito do lugar onde o Doctor Dee terminou a vida. Segundo eminentes historiadores, parece que ele morreu em sua casa, em Mortlake.

47. Embora os manuscritos de Dee e seu Cristal Mágico possam ser vistos no museu, seis ou sete indivíduos residentes em Londres afirmam ter a pedra em sua posse, tentando enganar os crédulos para que estes a comprem por um preço exorbitante.

CONCLUSÃO

Após reunidos relatos interessantes e curiosos sobre as vidas desses grandes homens, famosos por suas especulações e conhecimento filosófico, aproximamo-nos da conclusão. Devo apenas acrescentar que, com fidelidade e imparcialidade foi visto o suficiente neste esboço biográfico para provar a autenticidade da Nossa Arte, ao mesmo tempo que diversas opiniões de diferentes pessoas em diferentes épocas foram respeitadas. Do mesmo modo, foi feito com muito esforço, um trabalho necessário para explicar o que se traduz com a palavra "Magia" para livrar o termo de qualquer associação diabólica com espíritos malignos, etc. Por estar aliado a nossos deveres religiosos, o leitor foi conduzido às anotações encontradas no artigo sobre Zoroastro, onde falamos dos Magos, ou sábios, provando que os primeiros que adoraram o Cristo foram na realidade os Magos. É suficiente o que foi visto a respeito das principais personalidades que se destacaram em épocas passadas por sua laboriosa pesquisa pelos labirintos da filosofia oculta e natural. Há muitos outros filósofos mencionados na história, tanto antiga quanto moderna. Uma relação extensa de biografias e generalidades não caberia nos alcance desta obra. Ficou decidido, então, estudar algumas personalidades (relacionadas ao assunto apresentado), que mais se destacaram pelo conhecimento do oculto. Já os motivos que me levaram a dedicar-me a essa ciência, por influência particular da configuração planetária, pode ter impulsionado e até orientado minha mente e meu intelecto para a observação e o estudo da Natureza e suas simples operações, assim como as mais ocultas; deixo isso ao julgamento dos astrólogos. Não me importo, no entanto, de submeter-me a uma análise do meu nascimento, que anexarei ao esboço de minha própria história, a qual pretendo publicar no futuro, incluindo um vasto número de experiências interessantes nas operações ocultas e químicas que foram por mim observadas ou que me foram comunicadas por outros. Digo que ninguém pode alcançar um efeito completo com um trabalho de astrologia (como já observamos), que tenha tanta afinidade com as experiências talismânicas etc., sem o devido conhecimento e a observação das qualidades e efeitos das constelações (o que nos proporcionou dar-lhe o título de "Arte Constelatória"). O homem deve estar bem familiarizado com a Natureza e com as qualidades e os efeitos dos quatro elementos e dos reinos animal, vegetal e mineral. Este conhecimento não pode ser adquirido de maneira mais eficaz do que pelas experiências químicas, que destrancam as câmaras secretas da Natureza e introduzem o estudioso ao mundo do conhecimento. Este aprendizado só pode ser obtido através da análise química, onde decompomos corpos mistos, reduzindo-os à sua natureza mais simples, o que nos leva a conhecer profundamente os poderosos princípios ativos que causam as maravilhosas transmutações de um corpo composto em outro de uma espécie diferente, como foi visto no decurso de nossas operações com sais e metais, dando-nos ideias claras e abrangentes dos princípios da vida ou da reprodução, putrefação ou morte.

Para concluir, devemos refletir principalmente sobre algo a ser conseguido como base para a realização do que resta: a Grande Causa Primeira, a Sabedoria Eterna, para conhecer o Criador contemplando a criatura. Este é o grande segredo dos filósofos e a chave-mestra de todas as ciências humanas e Divinas. Sem isto, ainda estamos vagando por um labirinto de perplexidade e erros, de trevas e de sombras. O resumo da perfeição e de todo o conhecimento, portanto, é viver no temor a Deus, no amor e na caridade com todos os homens.

FIM

Leitura Recomendada pela Editora

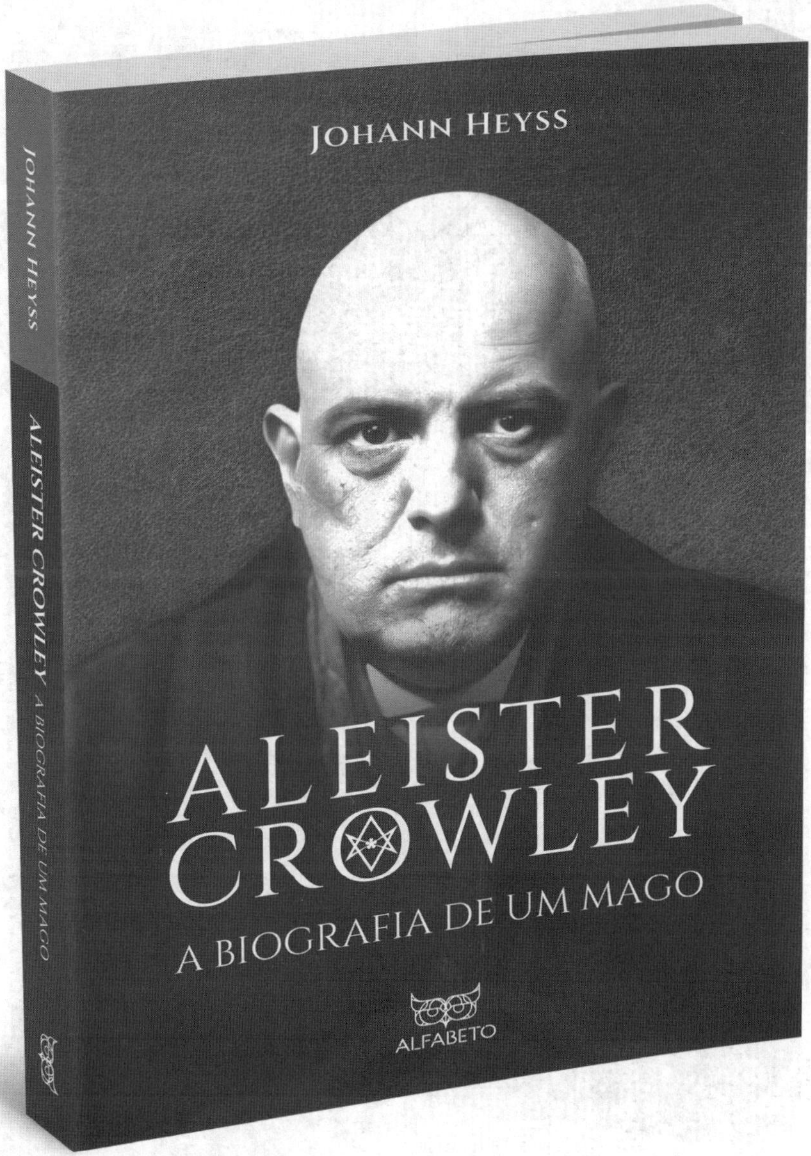

Leitura Recomendada pela Editora